卫生部“十一五”规划教材

Medicine Merchandise

医药商品学

主　编　袁　强　宋捷民

副主编　来平凡　袁　弘　成信法

编　委　陈　锋　梁泽华　管家齐
　　　　谢　军　黄建波　胡　洁
　　　　茅月娟　张晓东　何　岚

浙江大學出版社

图书在版编目（CIP）数据

医药商品学 / 袁强，宋捷民主编. —杭州：浙江大学出版社，2003.8（2023.8 重印）
卫生部“十一五”规划教材
ISBN 978-7-308-03385-5

Ⅰ.医… Ⅱ.①袁…②宋… Ⅲ.药品－商品学－高等学校－教材 Ⅳ.F763

中国版本图书馆 CIP 数据核字（2003）第 063672 号

医药商品学
袁 强 宋捷民 主编

责任编辑 傅百荣
封面设计 刘依群
出版发行 浙江大学出版社
（杭州市天目山路 148 号 邮政编码 310007）
（网址：http://www.zjupress.com）
排 版 杭州青翊图文设计有限公司
印 刷 广东虎彩云印刷有限公司绍兴分公司
开 本 787mm×1092mm 1/16
印 张 20.75
字 数 531 千
版 印 次 2003 年 8 月第 1 版 2023 年 8 月第 16 次印刷
书 号 ISBN 978-7-308-03385-5
定 价 55.00 元

浙江大学出版社市场运营中心联系方式：0571－88925591；http://zjdxcbs.tmall.com

前　言

医药商品学是研究医药商品价值与使用价值及其实现规律的一门学科。医药商品作为一种特殊的商品，对于防治疾病、保障人们身体健康有着极其重要的作用。医药产业作为我国的一个重要行业，是本世纪最有发展潜力的经济领域之一。

认真、系统地研究医药商品及其发展变化规律，可以了解医药商品的性质、来源、质量变化，制订切实可行的质量控制指标，寻找科学合理的包装、储存和养护方法。随着我国市场经济的迅速发展，商品竞争日趋激烈，据国家经贸委统计，仅2002年由于小企业倒闭和大企业之间的整合使近1000家医药企业被淘汰。截至2002年11月，国内医药行业企业数目为4296家，较一年前的6000多家出现大幅度下降。这就要求医药生产、经营企业要按市场规律和经济规律来进行决策，按照全面质量管理的要求，以GMP和GSP来指导医药生产和经营，按照商品学的原理来组织医药商品的物流和商流。特别是我国加入世界贸易组织后，面临着全球竞争的挑战，更加要求医药企业必须提高整体素质，加强产品的质量管理，完善质量保证体系，投入到国际市场的竞争中去。

医药商品学介于药物学和商品学两大学科之间，是学科交融的产物。为了适应市场的需要，同时，也是商品学学科自身发展的需要，许多高等院校都逐步开设了医药商品学课程。为了满足教学的需要，浙江中医学院和浙江大学药学院组织教师联合编写了《医药商品学》。本书适合药学类、中药类专业的本科教学或其他专业的辅修、选修使用，也可作为医院、药厂、医药公司及零售药店等药学专业人员的参考用书或作为函授、自考等成人教育的辅导用书。

本书分上、下两篇，共15章。上篇为总论，分为13章，概述了医药商品学的定义、研究对象、基本任务、命名与分类、经营与管理、质量标准与质量控制、包装与储存、商标与广告、电子商务、信息研究与预测及新产品开发等基本理论。下篇为分论，分为2章，重点介绍常用的医药商品，其中西药按照药物作用分类收载232种；中药按照药用部分及剂型，分别收载中药材53种、中成药78种。

医药商品学作为一门新兴的学科，涉及知识面广泛，在学科界定、编写框架构建及内容安排等方面均有较大的难度。由于时间仓促和水平有限，书中难免存在缺点和错误，敬请各位专家和广大读者提出宝贵意见，以便日后修订，趋于完善。

作　者

2003年8月12日

目 录

上篇 总论

第一章 医药商品学概论

第一节 医药商品学的概念 …… 3
第二节 医药商品学的研究内容与任务 …… 3
第三节 学习医药商品学的意义 …… 4

第二章 医药商品的性质与分类

第一节 医药商品的来源 …… 6
第二节 医药商品的化学组成 …… 7
第三节 医药商品性质的变化 …… 10
第四节 医药商品的分类 …… 15

第三章 医药商品的质量与管理

第一节 医药商品的质量 …… 20
第二节 医药商品的质量管理 …… 22
第三节 医药商品的质量标准 …… 26
第四节 医药商品的监督检验 …… 32

第四章 医药商品的经营

第一节 医药商业企业 …… 35
第二节 医药商品的经营 …… 38
第三节 医药商品市场 …… 41
第四节 医药商品的价格 …… 46
第五节 药品经营管理规范 …… 49

第五章 医药商品的运输

第一节 物流和商流 …… 53
第二节 医药商品的装卸和搬运 …… 56
第三节 医药商品的运输 …… 57
第四节 医药商品的收发及质量保护 …… 62

第六章 医药商品的储存与养护

第一节 医药商品储存的意义和原则 …… 67
第二节 医药商品养护的意义和原则 …… 68
第三节 医药商品储存和养护的常规 …… 70

第七章 医药商品的包装

第一节 医药商品包装的概念与作用 …… 87
第二节 医药商品包装的材料与管理办法 …… 88
第三节 医药商品包装的分类 …… 93
第四节 医药商品包装的要求和标志 …… 95
第五节 医药商品包装条码 …… 108

第八章 医药商品的商标

第一节 商标的基本知识 …… 113
第二节 商标法规知识 …… 117
第三节 商标的设计 …… 122
第三节 医药商品的商标 …… 124

第九章 医药商品的广告宣传

第一节 广告 …… 128
第二节 广告媒介与广告效果 …… 130
第三节 药品广告审查管理和标准 …… 134

第十章 医药商品的电子商务

第一节 医药商品电子商务的概念 …… 139
第二节 医药商品电子商务的运作 …… 141
第三节 医药商品电子商务的管理 …… 144
第四节 我国医药商品的电子商务 …… 147

第十一章 医药商品信息

第一节 医药商品信息的概念……150
第二节 医药商品信息的分类和来源……152
第三节 医药商品信息的收集……155
第四节 医药商品信息的处理……158
第五节 医药商品信息的研究……162

第十二章 医药商品预测

第一节 商品预测的基本原理……165
第二节 医药商品预测的概念……166
第三节 医药商品预测的程序……171
第四节 医药商品预测的方法……172

第十三章 医药新产品的开发

第一节 新产品的概念及其分类……178
第二节 医药新产品市场开发原理及战略……180
第三节 医药新产品开发模式……182
第四节 医药新产品开发程序与要求……185
第五节 医药新产品市场调研……187
第六节 医药新产品开发的风险和成功条件……189
第七节 新药的申报与审批……190
第八节 新药的监测和技术转让……194
第九节 新生物制品的管理……196
第十节 仿制药品的管理……198

下篇 分论

第十四章 西药商品

第一节 抗微生物药物……201
第二节 抗寄生虫药物……209
第三节 主要作用于中枢神经系统的药物……213
第四节 麻醉药及其辅助药物……218
第五节 主要作用于植物神经系统的药物……219
第六节 主要作用于循环系统的药物……221
第七节 主要作用于呼吸系统的药物……225

第八节 主要作用于消化系统的药物…… 227
第九节 主要作用于泌尿系统的药物…… 230
第十节 主要作用于生殖系统及泌乳功能的药物…… 231
第十一节 影响血液及造血系统的药物…… 231
第十二节 抗变态反应药物…… 235
第十三节 激素及其有关药物…… 236
第十四节 维生素类…… 241
第十五节 酶类及其他生化制剂…… 243
第十六节 调节水、电解质及酸碱平衡用药…… 244
第十七节 营养药…… 248
第十八节 抗肿瘤药…… 248
第十九节 影响机体免疫功能的药物…… 256
第二十节 延缓衰老药及某些老年病用药…… 257
第二十一节 消毒防腐药…… 258
第二十二节 解毒药…… 259
第二十三节 眼科用药…… 260

第十五章 中药商品

第一节 中药材…… 262
第二节 中成药…… 304

上篇　总论

第一章　医药商品学概论

第一节　医药商品学的概念

医药商品学是一门研究药品、保健品和其他医疗用品作为商品的使用价值及在流通过程中实现使用价值规律的应用学科。

医药商品学研究的客体是医药商品。医药商品的范围很广，其主要作用是维护人类健康。医药商品一般分为六大类，即中药材和饮片、中成药、中医营养保健康复用品、西药化学药和生物药、医药原料药及中间体、医疗器具和医疗设备及医用材料等。

医药商品学以医药商品为研究对象，是研究医药商品使用价值的一门学科。商品质量是商品使用价值的基础。因此，商品学研究的中心内容是商品质量，即围绕商品质量这个中心内容研究商品质量的形成及其影响因素，研究商品质量标准、质量评价方法、质量管理，研究商品包装、广告、商标、保管、运输、储藏、养护、维修及其使用方法等。

医药商品学学科体系的总体框架由总论和分论构成。总论部分，即医药商品学学科体系框架的主体部分，包括医药商品质量标准，医药商品包装，医药商品养护、储运等。分论部分，即医药商品学学科体系的支架部分，如西药商品、中药商品，等等。商品学总论和商品学分论构成了商品学学科完整的科学体系。

第二节　医药商品学的研究内容与任务

从医药商品学学科性质看，商品学是既具有自然科学属性，又具有社会科学属性的综合性应用学科。科学技术的提高，现代商品经济的发展，使医药商品学面临许多新问题和新任务，其研究内容更加丰富，涉及的范围更加广泛，需要运用技术、经济、社会的观点，全面地考察、研究和评价医药商品的质量和使用价值。

一、医药商品学的研究内容

(1)研究与医药商品质量有关的自然属性，也就是要研究医药商品的外形、规格、结构，研究其化学性质、物理机械性质、生物学性质、生理学与生态学性质等。

决定医药商品的内在质量是化学性质、物理性质、生物性质等。决定商品的外在质量是医药商品的规格、剂型、结构等。

(2)研究影响医药商品质量的因素，主要研究商品质量在流通和使用过程中的各种变化规律及各种外界因素对这些变化的影响。例如：医药商品分类(商品信息化)，医药商品标准化的管理，医药商品的保管、储藏与养护，医药商品包装与运输，医药商品广告与商标，医药商品与健康，医药商品与环境保护，医药商品商务电子化等。

二、医药商品学的研究任务

1. 研究医药商品质量监督与管理

医药商品是特殊的商品，其质量的优劣，直接关系到人民的生命与健康。在医药商品生产和流通领域过程中为保证商品使用价值的实现，必须依据医药商品标准对其质量进行鉴定、评价；另外，依照法规也必须对医药商品质量实行监督与管理，以维护广大消费者的权益。

2. 研究医药商品经营技术

为了控制与减少医药商品在流通领域中的损失，提高经营效益，必须研究医药商品经营技术，如商品储存运输技术、保管养护技术等。

3. 研究商品促销手段

科学的促销手段，是企业获取信誉、增强市场竞争能力的重要措施。研究如何科学、准确、真实地向消费者宣传介绍医药商品，以及原料组成、规格、功能、主治、特点、使用方法、保管方法、维护技术等，可以达到引导消费，提高经营效益的目的。

4. 研究新产品开发

在市场经济充分发展的条件下，为满足社会需要，提高企业市场竞争能力，拓宽商品使用领域、使用范围、使用功能，就必须应用新技术，研究开发新产品，使企业在市场上始终保持旺盛的生命力。

第三节　学习医药商品学的意义

医药商品学是一门新学科。我国由计划经济转入市场经济后，医药商品也由国家统一调配转为由市场调节，所以需要我们从市场的角度对医药商品进行研究。学习医药商品学有十分重要的意义。

一、提高经济效益

医药商品经营者的目的是提高经济效益。以前，我国对医药商品的外形、规格等包装不重视，往往是优质的材料、粗劣的包装，这使我国医药产品长期处于低产值的阶段。通过学习医药商品学，我们要将现代电子技术应用于原料采购、运输、储存等方面以减少损耗。通过应用先进的生产工艺，提高产品质量，通过广告和商标扩大影响、树立名牌形象，通过包装、装潢增加产品价值和销售量，同时使生产者、设计开发者、经营者掌握必需的商品知识，以达到提高效益、增加价值的目的。

二、有利于消费

医药商品的广告宣传要合法正确，要能指导消费，有利于民众的身体健康和美化生活。说明书与标签要详细准确，包装要能吸引或刺激消费者。学习商品学可以使我们正确评价商品，正确宣传与解释商品，起到促进生产与指导消费的积极作用。

三、保证质量

一般来讲，医药商品在生产过程中的质量容易把握，但一出厂进入流通领域就很难把握了。因为在流通领域中环境变化大，人为因素增加，如冷、热、湿、虫蛀、鼠咬，均可影响医药商品的质量；另外，现在医药商品竞争激烈，企业要通过广告宣传，利用商标法来保护优质医药商品。学习商品学可以熟悉和掌握医药商品的经营管理法规，可以了解商品产销概况、分类方法、品种规格、性能特点、质量标准、包装条件、养护措施、使用常识等，有助于搞好医药商品经营管理和提高医药企业管理水平。

四、扩大国外市场

国外市场对医药商品的特征非常严格。以前要求标明药品所含的化学成分；现在改为要求注明药效，并且对医药商品的重金属含量、农药残留量都有严格要求，而且要求说明书规范易懂、外包装美观，对商标的注册及商品对环境的影响等也有严格要求。这就要求我们对商品特征进行研究，使其符合国际市场的要求，以提高我国医药商品在世界上的地位，达到占领广阔的世界医药商品市场的目的。

第二章 医药商品的性质与分类

《中华人民共和国药品管理法》中关于药品的定义是:“药品:指用于预防、治疗、诊断人的疾病,有目的地调节人的生理功能并规定有适应症、用法和用量的物质,包括中药材、中药饮片、中成药、化学原料药及其制剂、抗生素、生化药品、放射性药品、血清疫苗、血液制品和诊断药品等。”医药商品作为一种特殊的商品,有其独特的社会属性和自然属性。医药商品的社会属性指的是医药商品的使用可以治疗和预防疾病,保证人们身体健康;其自然属性指的是医药商品本身固有的性质、功能、作用、形态、特征等。研究医药商品的性质及分类对于了解医药商品的社会属性和自然属性,掌握医药商品的内在质量、影响因素及其变化规律,安全用药,对医药商品的鉴定、包装、储存、运输等经营活动具有指导意义。

第一节 医药商品的来源

医药商品的种类繁多,品种复杂,从其来源来看,可大致分为无机药品类、有机药品类、生药类和其他生物性药品类。

一、无机药品类

无机药品种类不多,化学组成也较简单,在医疗上常用到的有硫、碘等单质,还有各种元素(如钠、钾、铵、钙、镁、铝、铁、汞、银、铜、铋、铅、锑、砷等)的氯化物、溴化物、碘化物、硫酸盐、硝酸盐、碳酸盐、硅酸盐、氢氧化物、氧化物等。它们的药名绝大多数都是化学名,根据药名就可以知道它们的组成。

无机化学类药品大多为原料药,它们被用于配制各种制剂。其化学组成简单,性质稳定。无机类药品一般都带有结晶水,表现出易风化、易吸潮、易挥发、易氧化等特性。无机类药品的命名通常采用其化学名称,如氯化钙、氯化钾等;如其化学名不常用,则用其通用名称,如石膏($CaSO_4 \cdot 2H_2O$);新研发的无机化学类药品,可根据化学命名原则命名。

二、有机药品类

有机药品种类繁多,化学组成远比无机药品复杂,除部分有机药品如乙醇、乙醚、氯乙烷等采用化学名作为它们的药名外,大部分有机药品由于化学结构比较复杂,不便以化学名作为药名(如利血平、止血敏等),因此,只提药物的名字还不能了解它们的组成。现将比较常用的有机药品分为以下几类:

烃类(如凡士林、液体石蜡),烃的卤族衍生物(如氯乙烷、碘仿);醇类及酚类(如乙醇、甘油、苯酚);醚类(如乙醚);醛类(如甲醛溶液);糖类(如葡萄糖);酸类(如枸橼酸、水杨酸);酯类及盐类（如亚硝酸异戊酯、枸橼酸钠）；胺及酰胺类（如尼可刹米、糖精钠、磺胺）；酰脲类（如巴比妥）；有机碘、砷及重金属化合物（如碘解磷定、卡巴胂、红汞、酒石酸锑钾、次水杨酸铋）等。

三、生药类

生药的来源广泛，其中所含化学成分的种类和数量均不相同，其药效也不相同。通常生药可以分为根及根茎类生药，如单子叶植物和双子叶植物的根和根茎：绵马贯众、大黄、川乌、附子、黄连、白芍、葛根、甘草、黄芪、人参、三七、当归、柴胡、龙胆、丹参、紫草、黄芩、地黄、党参、苍术、半夏、石菖蒲、川贝母、麦冬、莪术、天麻、板兰根等。茎木类生药，如木通、沉香、钩藤、鸡血藤等。皮类生药，如厚朴、肉桂、黄柏、秦皮、杜仲等。叶类生药，如番泻叶、艾叶等。花类生药，如槐米、丁香、洋金花、金银花、红花、菊花等。果实种子类生药，如五味子、山楂、苦杏仁、陈皮、小茴香、马钱子、砂仁、枸杞子等。全草类生药，如麻黄、穿心莲、薄荷、青蒿、茵陈、石斛、白花蛇舌草等。藻菌地衣类生药，如冬虫夏草、茯苓、猪苓、松萝等。树脂类生药，如血竭、阿魏、乳香、没药等。动物类生药，如珍珠、全蝎、鹿茸、麝香等。矿物类生药，如朱砂、石膏、滑石、龙骨等。其他类生药如五倍子、儿茶、芦荟等。

四、其他生物性药品类

生物性药品包括抗生素、激素、维生素、生化药品（如酶、蛋白质、氨基酸、核酸降解物）、生物制品等。

第二节　医药商品的化学组成

医药商品都是由一定种类和数量的化学成分所组成，这些化学组成成分的种类和数量对医药商品的品质、规格、疗效及储运有着决定性（或密切）的影响。研究和掌握医药商品的化学组成成分，是确保医药商品质量的重要前提。

一、研究医药商品化学组成的意义

1. 研究医药商品的化学组成是研究医药商品自然属性、质量及其变化规律的依据

医药商品虽然种类繁多，其性质也不相同，但归根结底是由医药商品的化学成分，特别是主要化学成分决定的。不仅仅是由多种不同元素组成的化合物才表现出性质各异的化学和物理特性，即使是由相同的几种元素和相同数量的原子组成的化合物，也会由于原子间排列不同而呈现出不同的自然属性和质量差别。例如，双糖中的蔗糖、麦芽糖和乳糖，分子式都是 $C_{12}H_{22}O_{11}$，分子量也都是 342。但是，由于结构不同，各自也表现出不同的性质。蔗糖是葡萄糖和果糖的结合体，麦芽糖为两分子葡萄糖结合体，乳糖则是半乳糖和葡萄糖的结合体。这种化学性质上的不同，使得它们在用途、包装、储存等方面，也有若干不同的要求。因此，在研究医药商品的自然属性、质量及其变化规律时，必须深入研究医药商品的化学成分，特别是对医药商品质量及其质变过程有密切关系的化学成分，更应进行深入的研究，以采用相应的养护措施。

2. 研究医药商品的化学组成可以检验医药商品中的有效成分、制订质量控制指标

医药商品中有效成分含量的高低，在很大程度上决定了医药商品质量的高低。对于医药商品化学成分的研究，可以检验医药商品中有效含量的多少和是否达到了规定的标准，从而确定其质量的高低及是否能起到疗效作用。市场上销售的医药商品，经药品监督部门抽查，如不符合国家药典和国家医药监督管理局颁布的药品质量标准指标，均为伪劣药品，不得出售。

3. 研究医药商品的化学组成可以确定医药商品中毒性成分的含量及最大限度

医药商品中许多成分除产生药效外，还会产生毒、副作用。俗话说，是药三分毒。毒、副作用的存在不仅降低了医药商品中的药用价值，而且对医药商品本身的生存产生极大的影响，会导致药品的限用或禁用。如龙胆泻肝丸、冠心苏合丸等由于含有毒性成分马兜铃酸，长期使用或短期大剂量使用会导致肾脏萎缩、硬化、逐渐失去功能，严重的会因肾功能衰竭而死亡，因此被国家卫生主管部门禁用。在医药商品的研发、生产中，应当通过药理研究和化学分析，确定毒性成分及其含量的最高限度。并研究消除或降低毒性成分影响的技术措施。

二、医药商品的化学组成成分

构成医药商品的化学成分主要有水分、矿物质、碳氢化合物、有机酸和有机碱、蛋白质、糖类、脂肪、维生素等。

1. 水分

医药商品中的水分呈 4 种不同状态而存在：

(1)吸着水。吸着水是大气中的水蒸气，吸着在药品的表面或被吸收到内部的水分，这种水分随空气湿度的变化而变化。

(2)游离水。游离水是存在于动植物性商品细胞内的水分，其中还溶有糖、酸和矿物质等。当处于干燥状态时，这种水分很容易从商品体内蒸发出来，因此商品中的游离水会随空气的温湿度变化而变化。

(3)胶体结合水。胶体结合水是与商品成分中的胶体物质(蛋白质)结合在一起的一种水分。胶体结合水比较稳定地存在于商品体内，在 0℃时不结冰，当温度升高到 100℃时也不蒸发，而且难以排除。

(4)水合水。水合水是商品成分中的结晶水和结构水。结晶水是指成为结晶状态商品中所含的水分；结构水是含在物质结构内的分子中的水分，能形成各种水合物。这种水分只有在高温条件下才能分离出来。

2. 矿物质

商品经高温灼烧后，在灰分中存在的各种元素。根据矿物质在食品中的含量，可以分为常量元素、微量元素和超微量元素。矿物质对于机体生命具有很重要的意义，能够参加机体的新陈代谢，调节渗透压，维持体内酸碱平衡；也能够参与构成人体的某些组织，如钾是构成血管以及保持肌肉和神经的正常功能所必须的，钙是骨骼的重要组成成分，磷是脑组织、神经的组成成分等。缺乏矿物质，会导致发生某些疾病。

3. 碳氢化合物

由碳、氢两种元素构成的有机化合物称为烃类化合物。烃的种类很多，根据其分子结构的不同，一般可分为开链烃和闭链烃；开链烃又可分为饱和烃和不饱和烃，闭链烃也可分为脂环烃和芳香烃。碳氢化合物是一种重要的制药原料。

4. 有机酸和有机碱

在医药商品的成分中常常含有各种酸类或碱类。其中最主要的是有机酸和有机碱。

(1)有机酸。有机酸大多为弱酸，在医药商品中存在较多的有甲酸、醋酸、酪酸、乳酸、琥珀酸、苹果酸、酒石酸和柠檬酸等。

(2)有机碱。有机碱是分子中存在氨基(—NH_2)的一类物质，具有碱性。简单的有甲胺、乙胺、二甲胺、三甲胺，复杂的如生物碱等。生物碱有着极为显著的生理活性，对人体有强烈的作用。生物碱味苦有毒，微量时可以作药，是医药上很重要的药剂。

5. 蛋白质

蛋白质是由多种氨基酸结合而成的高分子化合物，是生物体的主要组成物质之一。组成蛋白质的主要元素有碳、氢、氧、氮，除此以外，多数蛋白质还含有硫、磷，少数蛋白质含有铁、铜、锰、锌、碘等元素。蛋白质分子结构复杂，其水解的最终产物是氨基酸。组成各种蛋白质的基本单位是氨基酸。氨基酸的种类有30余种。根据蛋白质中氨基酸种类的不同，可以分为两大类：必需氨基酸和非必需氨基酸。必需氨基酸是指人体所不能合成的，而人体需要量又较多的那些氨基酸，包括色氨酸、赖氨酸、苯丙氨酸、异亮氨酸、亮氨酸、苏氨酸、蛋氨酸和颉氨酸8种。其余为非必需氨基酸，即人体需要，但能在人体内自己合成的氨基酸。

由全部必需氨基酸组成的蛋白质，称为"完全蛋白质"。这种蛋白质营养价值高，符合人体对蛋白质的需要，如鸡蛋、鱼、牛肉、乳品中的蛋白质。多数动物性蛋白质都属于完全蛋白质。缺少一种或数种必需氨基酸的蛋白质，称为"不完全蛋白质"。多数植物性蛋白质属于不完全蛋白质，但植物中大豆的蛋白质与动物蛋白质极相近。

蛋白质除了能产生与碳水化合物(糖类)相等的热量外，还是构成人体的物质基础。人体的新陈代谢是依靠蛋白质不断更新的。此外，维持人体各种生理活动的酶，也是一种特殊蛋白质。没有酶的催化作用，一切生命活动就会停止。

6. 糖类

碳水化合物分子组成中，氢原子与氧原子的数之比为2∶1，与水分子组成相同，类似碳和水的化合物，所以叫做碳水化合物，也称"糖类"。可用通式$C_m(H_2O)_n$表示。按碳水化合物分子中存在的"简单糖分子"数目多少，可以把碳水化合物分为单糖、双糖、多糖三类。单糖是糖分子中最简单的糖类，包括葡萄糖、果糖和半乳糖，分子式为$C_6H_{12}O_6$；双糖又称二糖，是由两分子单糖失掉一个水分子缩合而成的，包括蔗糖、麦芽糖和乳糖，分子式为$C_{12}H_{22}O_{11}$；多糖是由许多单糖分子失水缩合而成的复杂碳水化合物，食品中常见的多糖有淀粉、糖元、半纤维素和纤维素等，分子式为$(C_6H_{10}O_5)_n$。

碳水化合物(糖类)在人体内部，除纤维素不能被消化吸收外，大部分都能被人体利用，而以植物细胞壁为主要成分的纤维素，虽不能为人体消化吸收，但却有促进肠胃蠕动，帮助消化，预防和治疗动脉硬化及冠心病、痔疮、糖尿病的作用，并能降低结肠癌的发病率。人体需要的热量，主要来源于食物中的碳水化合物。人体中的某些成分，也是由碳水化合物构成的，如细胞中有核糖，肝脏中有肝糖元，肌肉中有肌糖元。血液中也必须含有一定数量的血糖(即葡萄糖)，血糖不足，神经系统得不到充分的营养，人就会出现休克。

7. 脂肪

脂肪是产生热量最高的营养成分。习惯上把常温下呈液体的脂肪称为油，如菜籽油、花生油等，把常温下呈固体的脂肪称为脂，如猪油、牛油等。纯净的脂肪是由碳、氢、氧3元素构成的甘油酯。即由1分子甘油和3分子脂肪酸缩合而成。脂肪按所含脂肪酸的饱和与否分为饱和脂肪酸和不饱和脂肪酸两类。动物油和少数植物油(椰子油、可可油)中的脂肪酸属于饱和脂肪酸，性质比较稳定；多数植物油中所含的脂肪酸为不饱和脂肪酸，性质不稳定，易被氧化引起酸败。

脂肪供给人体的热量是同量碳水化合物和蛋白质所产生热量的两倍多，是人体最适宜的营养储备物。脂肪的导热性差，储存在皮下的脂肪组织有保持体温的作用。脂肪在胃中的消化速度慢，具有较好的耐饥性。储存在人体内脏器官表面的脂肪，还具有保护内脏器官免受剧烈震动和摩擦的作用，脂肪还是人体获得脂溶性维生素的主要来源。

8. 维生素

维生素是人体和动物体维持生命和生长发育必需的一类有机营养成分。虽然需要量很少，但对体内营养物质的消化吸收，能量的转换和正常的生理活动都具有重要作用。很多维生素还是酶的主要成分。绝大多数维生素在人体内不能合成，必须从食物中摄取。人体缺乏维生素，将引起各种维生素缺乏症。维生素按照溶解性不同可以分为脂溶性维生素和水溶性维生素两类。脂溶性维生素只溶于脂肪或有机溶剂。这类维生素多存在于食品的脂肪组织中，主要有维生素 A、D、E、K 等；水溶性维生素能溶于水，在许多食品中都存在，主要有维生素 C、P 和 B 族。对人体有重要作用，容易缺乏的维生素主要有以下几种：

维生素 A(又称胡萝卜素)，多存在于鱼、鱼肝油、奶油、蛋黄、肉类和胡萝卜、西红柿及其他绿叶蔬菜中，其缺乏症是夜盲、干眼症和皮肤角化等。维生素 B_1(又称硫胺素)，多存在于米糠、麦麸、瘦肉、花生、大豆等食物中，其缺乏症是脚气病等。维生素 B_2(亦称核黄素)，存在于酵母、瘦肉、糙米、叶类蔬菜、动物肝脏及乳类食品中，缺乏症是口角炎。维生素 C(又称抗坏血酸)主要存在于新鲜蔬菜、瓜果中，其性质不稳定，缺乏症是坏血病。维生素 D(又称抗佝偻症维生素)，有促进肠内钙、磷吸收的功能，多存在于鱼肝油、动物肝脏及蛋黄中，缺乏症是佝偻病、软骨病等。

第三节　医药商品性质的变化

一、影响医药商品性质的因素

1. 化学变化

医药商品由于化学变化引起的不稳定，主要表现为水解、氧化、光化分解、变旋、聚合等化学反应。这些化学反应可以发生在药物与药物之间，也可发生在药物与溶剂、附加剂、赋形剂、容器、外界因素(空气、光线、水分)以及杂质(药品在生产过程中引进和产生的，如化学反应不完全、副产品未除尽、不稳定药品在制备过程中引起质变、精制不彻底等)之间。发生化学反应后即导致药品变质分解，使药品的疗效降低，毒性及副作用增强。

2. 物理变化

由于医药商品的物理性状的改变，如吸湿、潮解、风化、挥发、蒸发、凝固、结块、熔化、变形、分层、沉淀等而使医药商品质量变差或不能使用。一般说来，在这些情况下，药品的化学结构不变，主要是外观性状受到影响，但有时物理变化往往也会导致化学变化，两者很难截然分开，况且某些物理变化可造成药品含量改变。如吸湿潮解可使重量增加，而挥发、蒸发可使重量减少，凝固、结块、熔化、变形、分层等可使药品剂量不准确，服用不方便，结果使药品达不到应有的效果或者发生中毒现象。

3. 生物学变化

由于微生物的生长，引起医药商品发霉、腐败或分解。有些药品本身是微生物很好的培养基，如葡萄糖、胃蛋白酶等。这类药品如遇有适宜于微生物生长的温度、湿度、空气时，便会很快引起微生物生长繁殖，使医药商品腐败变质，失去药用价值。

由此可见，医药商品的稳定性不仅取决于医药商品自身的化学结构，而且外界因素也是引起其变化的条件。如果药品的结构与性质不同，则相同的外界因素对其影响将有很大差别。反之，同一结构与性质的药品在不同的外界因素影响下，亦可引起不同的变化。

二、化学结构与医药商品性质

医药商品性质的稳定与否，其根本原因在于自身的化学结构。化学结构不同，药品的理化性质也不一样，其稳定性也有很大差别。例如，氯化钾、盐酸小檗碱、萘啶酸等化学结构稳定的药品，可保存数年不变质；而维生素A因其结构中含有5个不饱和的共轭双键，极易被空气氧化，在室温中放置1个月即可分解50%。因此在研究药品稳定性时，要着眼于药品本身的化学结构是否稳定。现按药品分子结构的不同简要叙述如下。

1. 具有酯类结构的药品

具有酯类结构的药品很多，如硝酸戊四醇酯、三硝酸甘油酯、三磷酸腺苷、阿司匹林、丙酸睾丸素、眠尔通等，它们多易水解；盐酸普鲁卡因、氯苯丁酯、胃复康等也能水解。此类药品由于结构中酯键不稳定，较易水解而导致药品分解、失效，但是酯类药物由于受酯键以外其他结构的影响，水解的难易程度也不一致。有的较易水解，如琥珀胆碱，在潮湿空气和室温下就可以缓慢水解造成变质失效。有些酯类药物则比较稳定，如盐酸普鲁卡因、硫酸阿托品等，可以制成比较稳定的水溶液制剂（注射液），但在偏碱性溶液中，或经高压灭菌处理，或久储后亦容易水解变质。

此外，具有内酯结构的药物也可水解，如强心甙（包括毒毛旋花子甙、洋地黄毒甙）、硝酸毛果芸香碱等。

2. 具有酰胺结构的药品

酰胺类药品比相应的酯类药品要稳定些，在通常情况下水解较慢，如盐酸普鲁卡因酰胺比盐酸普鲁卡因水解要慢。但有些酰胺类药物如青霉素类、氯霉素类、头孢菌素类等，由于其结构的特殊性，稳定性比较差，也容易水解失效。

（1）青霉素类：青霉素类药物的不稳定性主要是由于易被水解和结构本身分子重排所致。青霉素在酸性、碱性以及水溶液中均不稳定，其分解产物和分子重排后可生成青霉酸、青霉胺、青霉醛酸等降解产物，导致无抗菌作用。有的还有一定的抗原性，是引起严重过敏反应的原因。由于水溶液的不稳定性，其剂型只能制成粉针剂，而不能做成溶液剂。并应在临用前加溶媒溶解后立即注射。

（2）氯霉素类：氯霉素的化学性质在干燥状态下比较稳定，可在室温下储存数年而不失效，故其原料、片剂、胶囊剂都未规定有效期；但其结构中含有不稳定的酰胺键，在一定酸性或碱性的条件下可以发生水解反应。酸性或碱性越强，水解亦越烈，氯霉素的水解产物完全失去抗菌作用。所以，氯霉素注射液以及氯霉素滴眼剂都规定了有效期，且有效期较短。

3. 具有甙类结构的药品

甙类药品属于天然药物，大多存在于植物的果实、树皮和根中，经过适当的方法提取而得，如洋地黄毒甙、桔梗皂甙、毒毛旋花子甙、铃兰毒甙、苦杏仁甙等。此外，硫酸链霉素、硫酸卡那霉素等也为甙类药品。它们的结构都是由糖分子通过甙键与甙元缩合而成。甙键不稳定，较易水解，水解后分成糖和甙元两部分，药效明显降低。在强心甙如洋地黄毒甙、毒毛旋花子甙、黄夹甙中，由于与甙元直接相连的糖分子不同，水解难易亦有较大差别，如洋地黄毒甙，黄夹甙就比较容易水解，因此它们的片剂都规定了有效期。

4. 具有醇、醚、醛及酚类结构的药品

(1)醇类：乙醇、甘油、维生素C、可的松、麻黄碱、肌醇、二巯基丙醇等；

(2)醚类：麻醉乙醚等；

(3)醛类：水合氯醛、葡萄糖等；

(4)酚类：苯酚、煤酚、肾上腺素类药物、左旋多巴、水杨酸钠等。

上述药品均易发生氧化反应。醇可以氧化成醛，醛可以氧化成酸；而酚类在氧化以后，常生成有色的醌类化合物。后者，藉此性质常用于酚类药物的外观检查。醇、醛、酚类药品氧化后，或降低疗效，或增加毒性，不能再供药用。醚可以氧化成过氧化物，例如麻醉乙醚在日光、湿气、空气的作用下，易生成过氧化乙醚、醛等杂质。当这些氧化后的产物被人体吸入后会刺激黏膜，增加分泌，甚至引起肺水肿、肺炎等不良反应，严重时导致死亡。所以药典规定麻醉乙醚应检查过氧化物等杂质，并规定有使用期(2年)。超过使用期应送药检部门检查，合格后方可继续使用。储存时应密封，干燥，避光。已变质的麻醉乙醚不得供麻醉用。低级醛如甲醛、乙醛受催化作用后，还很容易聚合，例如福尔马林(40%的甲醛水溶液)在9℃以下或长时间放置后，可发生聚合反应，生成多聚甲醛而出现混浊或白色沉淀，加热后可以解聚。

5. 具有芳香胺类结构的药品

此类药品临床上常用的有：扑热息痛、盐酸普鲁卡因酰胺、磺胺类钠盐等。这类药品由于芳香核上的氨基不太稳定，很容易氧化，尤其是水溶液在光线的作用下，芳香核上的氨基氧化生成偶氮化合物并变色；所以磺胺嘧啶钠注射液、磺胺醋酰钠眼药水久贮后渐变黄色至深棕色。变色后的药品不能供药用。

6. 具有吡唑酮类结构的药品

这类药品常用的有安乃近、保泰松、羟基保泰松等，久贮易变黄。变黄的原因主要是药品本身发生氧化分解反应。空气中的氧、温度、pH值、日光和微量金属离子，均可促使氧化分解反应的进行。此类药品在制备注射液时，往往在安瓿上部充加惰性气体(如氮气)以及加适当的抗氧剂使其稳定。

7. 具有吩噻嗪类结构的药品

此类药品主要用作抗过敏药和安定药，常用的有盐酸异丙嗪、盐酸氯丙嗪、奋乃静、盐酸三氟拉嗪等。本类药品很容易氧化，对光亦敏感，遇光则渐变为红棕色；即使制成片剂，在稍微潮湿的情况下，亦易氧化变色。此类药品应避光密封保存。

8. 具有不饱和碳链结构的药品

(1)油脂：油脂多为高级脂肪酸的甘油酯。在高级脂肪酸部位，有饱和的碳链和不饱和的碳链，特别是含有不饱和碳链的油脂，在空气、光线、水分、金属离子(铜、铁)、微生物、氧化酶、过氧化物等外界因素的影响下，易氧化酸败，产生有臭味的低级醛和羧酸等物质。油脂酸败后呈酸性反应(因有脂肪酸)，并有异臭、异味，对人体黏膜有刺激，不宜供药用。因此药典规定油脂一定要检查酸值，就是为了确定其氧化酸败的情况。

(2)维生素A和维生素D：维生素A和维生素D都含有不饱和的双键，所以它们的性质很不稳定，易于氧化失效。若在光、热、氧、金属离子的影响下，氧化更为迅速。维生素A、维生素D的油溶液，在空气中很稳定，故常溶于植物油中，制成滴剂或胶丸供口服。如果所用植物油不纯净，可在氧化过程中生成过氧化物，反而使维生素A、维生素D氧化。

(3)挥发油：各种芳香植物的花、叶、皮、种子和根用水蒸气蒸馏时，可得到有强烈香味的挥发性物质，通称为挥发油。它们的主要组分是萜烯类及其含氧衍生物，药用的有冰片、樟脑磺酸钠、山道年等。萜烯类结构中含有不饱和键，可氧化成过氧化物，再进一步氧化生成醛、酮等物，且可产生聚合反应。挥发油氧化后颜色变深，并产生异臭，而且还可促使其他配伍药物氧化变质。

9. 具有光学异构的药品

有些药物的分子结构中含有手性分子(即不能和它的镜像重合的分子)，因而具有旋光性。具有旋光性的药物又可分为左旋体和右旋体，它们分子构造完全相同，但旋光方向相反，化学上称为光学异构物。大多数的左旋体药物的药理作用大于右旋体，如左旋肾上腺素的生理活性要比其右旋体大 14 倍。氯霉素也称左旋霉素，有四个光学异构体，抗菌效力最大。光学异构体性质多不稳定，在一定条件下极易发生互变(变旋)，因而使生理活性降低。具有光学异构的药品常见的有天然生物碱、甙类、糖类和某些激素类。这些药品久贮后都可因变旋现象而导致药效下降，例如肾上腺素、去甲肾上腺素、莨菪碱、麦角新碱等注射液，麦角及颠茄等的浸出制剂等，因此保存时间不宜过长。

三、物理性状对医药商品性质的影响

医药商品的物理性状，是指医药商品的形态、颜色、气味、熔点、相对密度、沸点、溶解度、比旋度、折光率、吸湿性、风化性、挥发性等。每一种药品都有固定的物理性状。例如，吡哌酸的物理性状为微黄色或淡黄色的结晶状粉末，无臭、味苦。其在甲醇或二甲替甲酰胺中微溶，在水或氯仿中极微溶解，在乙醇、乙醚或苯中不溶，在酸或碱溶液中易溶。本品的熔点为 251～256℃，熔融时同时分解。

医药商品的不稳定性常常表现为其物理性状的改变，而物理性状的特点又与医药商品稳定性密切相关。因此在药品标准中，都列有(性状)这一项，扼要阐明该药品的正常外观状态，结合药品标准中(鉴别)项便可确定该药品的真伪。如果医药商品外观状态与药品标准规定不相符合，提示该药品有两种可能：是该药品，但已变质；或不是该药品。医药商品的物理性状给药品生产、经营和药检部门检查药品质量提供了一定的依据。

1. 熔点

熔点是指在 101.325kPa(标准大气压)下，晶体物质熔解时的温度，也就是该物质的固态和液态可以平衡共存的温度。如盐酸麻黄碱的熔点为 217～220℃。国家规定的药品标准中，将非晶体的固体或半固体药品在熔解过程中，随温度升高而逐渐软化，最后成为液体过程的熔融温度也划归为熔点。如石蜡的熔点为 50～65℃，若药品中含有杂质，其熔点就会下降。所以药品的熔点，不仅反应药品的物理状态，亦能反应药品的纯度和质量。对于一些熔点较低的药品(如凡士林熔点为 45～60℃，羊毛脂熔点为 36～42℃，在夏季如遇热，当温度超过它们的熔点时，就会熔化成液体而影响使用。此外，某些分子间引力微弱的药品，如氨基比林、非那西丁、氨茶碱、咖啡因、阿司匹林、薄荷脑、樟脑、水合氯醛、维生素 C 等，当它们两种或更多种配伍时，常由于混合物的熔点(及湿润点)降低，在室温下即呈现湿润甚至液化，这种现象称为“共熔”。药品的共熔现象影响药品的质量。如阿司匹林与氨基比林、咖啡因配成散剂，可生成低共熔混合物，出现湿润或生成团块。

2. 沸点

沸点是指在 101.325kPa(标准大气压)下，液体沸腾时的温度。每一纯净的液体原料药品都有它固定的沸点。通过药品的沸点可以鉴别其纯度，同时也能反映药品的挥发性。一般说，液体药品沸点愈低，其挥发性愈大；沸点愈高，挥发性愈小。如麻醉乙醚沸点为34～35℃，极易挥发，在气候炎热或强烈日光照射下，由于温度高，其蒸气压急剧增大，易将容器胀破或发生爆炸。

3. 色、臭、味

凡药品多有一定的色、臭、味(但亦有无色、无臭、无味的)。色、臭、味既是药品的外观特征，又是识别药品稳定性的一项重要标志。某些药品变质后，往往出现变色、异臭、异味等现象。变色、异臭、异味是指药品的色、臭、味发生了变化，变为与药品固有的色、臭、味不同的颜色和气味。它们往往反映出药品因化学变化所引起的质变。例如：维生素C由白色变为黄色就是由于氧化水解反应所致；含阿司匹林的制剂因水解而出现浓厚的醋酸气味；油脂酸败后有败油臭味等。异臭、异味也可发生微生物作用而引起变质，如含糖药品发酵后变酸；含蛋白质药品腐败后产生臭气等。具有特殊臭味的药品如挥发油或含有挥发性成分的药品，还可因空气流动或高温的影响逐渐挥发，而失去原有的气味。

4. 相对密度

相对密度系指在共同特定的条件下，某物质的密度与水的密度之比。除另有规定外，温度一般指20℃。某些药品具有一定的相对密度，当纯度变更时相对密度亦随同改变。因此，相对密度可以区别药品或检查药品的纯杂程度，例如各种浓度的乙醇都具有各自固定的相对密度，相对密度的改变标志着乙醇浓度的变化。根据这一特征，测得乙醇的相对密度可以大致推算出乙醇的含量。酊剂、醑剂、流浸膏等制剂含乙醇量均有一定规定，测得所含乙醇的相对密度，便可推算出含乙醇量是否合格。有些糖浆剂也可用测定相对密度来确定其含糖量是否合格。

5. 溶解度

在一定的温度和压力下，物质在一定量溶剂中溶解的最高量，叫做该物质的溶解度。溶质在溶剂中的浓度已达到溶解度，其溶液就称为饱和溶液；未达到溶解度的称为不饱和溶液；溶液中溶质的浓度超过同温下饱和溶液中溶质的浓度，称为过饱和溶液。过饱和溶液一般不太稳定，易析出过量的溶质而变为饱和溶液。溶解度和温度有密切关系，绝大多数固体药品的溶解度都随温度升高而增大，也有少数随温度升高而减小或变化不大。药品的溶解度可在一定程度上反映药品的纯度，同时由于溶解度有随温度改变的特性，故了解药品的溶解度，对做好保管养护工作，具有一定的意义。例如甘露醇在14℃时，水中溶解度为13%，20℃时为18%，而按药典的规格，甘露醇注射液浓度为20%，系饱和溶液，故储存于温度较低处或振摇时均可使结晶析出；葡萄糖酸钙在水中的溶解度为3%，其注射液浓度的规格为10%(加助溶剂)，系过饱和液，遇冷后药物析出，即使加温亦不溶解，致使不能供药用。因此，在药品的保管养护中，对于饱和溶液，过饱和溶液的液体药物制剂，一般都不应在低温下储存。

6. 吸湿性

药物自外界空气中不同程度地吸附水蒸气的性质，称为吸湿性(或引湿性)。吸湿性是药品的重要特性。药品吸湿后，可以引起结块胶粘、潮解、稀释，甚至产生发霉、分解变质等。药物的吸湿性并不限于水溶性药物，某些高分子物质和水不溶性药物同样亦可吸湿，这主要决定于药物表面与水分子的结合。一般说来，在高分子有机药物中，与水易形成氢键结合基因的，特别是羟基愈多的，愈易吸湿。如淀粉吸湿程度可达本身重量的10%以上，而仍看不到外观变化；甘油放置于较潮湿的空间，吸湿可使体积增大，将自身稀释；一些低分子的有机药物，如环磷酰胺、葡萄糖、蔗糖等水溶性物质，亦因可与水分子形成氢键而吸湿；具有结晶水药物的无水物，更易吸湿。淀粉酶、胰酶等药品，由于所含蛋白质的氨基、胍基易与水分子形成氢键，亦极易吸湿。在无机药物中，氯化钙、硫代硫酸钠、碘化钠等，因水蒸气分子与这些药物的金属离子间形成极性分子——离子间的结合，吸湿性最强而具有潮解性。同理，酸性有机药物的碱金属盐由于呈离子结合状态，故较其游离型吸湿性强。对许多无机或有机药物来说，一般钾盐的吸湿性要比钠盐小。此外，在水不溶物质中，氧化镁、硅胶、硅酸铝、活性碳等，亦是常见的吸湿性药品。还须指出，药物不纯或与其他药物混合，常使吸湿性增强。例如纯净的氯化钠并不吸湿，而含有少量氯化镁等杂质时则呈现显著的吸湿性，复方散剂亦比单一成分的散剂容易吸湿。因此在保管养护工作中，应充分考虑各种药物吸湿性的特点和对稳定性的影响，宜采取相应的养护措施。

7. 风化性

水合物在干燥空气中失去一部分或全部结晶水，使其保持的结晶形状发生改变或破坏的现象，叫做风化。例如硫酸镁等晶体放置空气中时，即逐渐风化而成白色粉末。大多数含有结晶水的药品都有风化性，如硫代硫酸钠、咖啡因、磷酸可待因等。药品风化后，药效并未改变，但因失水量不定，影响使用时剂量的准确度，特别是剧毒药品，可能会超过剂量而引起中毒。

8. 挥发性

液态或固态物质转变为气态的现象叫做挥发。例如麻醉乙醚、乙醇、挥发油、樟脑、薄荷油、碘仿等，在常温下即有强烈的挥发性。具有挥发性的药品，如果包装不严或储存温度过高，除可造成挥发减量外，有的还能引起串味（如碘仿）或燃烧（如麻醉乙醚）。

9. 旋光性

直线偏振光通过含有不对称碳原子（手性碳）或某些光学特性的样品溶液时，会引起旋光现象。测定旋光性（比旋度）可以检查药物的纯度。

10. 折光率

光线在空气中进行的速度与在样品中进行的速度之比称为折光率。测定折光率可以检查药物的纯度，区分同类有机物。如维生素 E 的折光率为 1.494～1.499。

第四节　医药商品的分类

我国医药产品可谓门类齐全、品种繁多，其生产、销售、消费特点各不相同。对医药产品实行正确的分类，可以帮助医药企业针对自己所生产和经营的产品类别，正确掌握其生产经营上的特征、特点，有利于提高医药企业的市场、经营管理。医药产品根据不同的分类标准，可以有许多不同的分法。随着医药科学技术的发展，各类药品之间在理论、配伍、组方、加工技术等方面相互渗透的现象越来越普遍，因此，医药商品的各种分类之间也呈现出相互联系、相互交融的现象。

一、按医药商品来源和性状分类

药品按来源和性状一般可分为中药材、中药饮片、中成药；化学原料药及其制剂；抗生素类；生化药品；血清疫苗、血液制品；放射性药品等。通常有下述两种分类方法：

1. 按药品生产方式的不同分类

根据药品生产方式可以将药品分为三大类：天然药物、化学合成药物和生物技术药物。

（1）天然药物（中药）。指以自然界中动物、植物和矿物等三大类天然资源加工而成的药物。

在我国又称之为中药、国药，它是我国的国粹，有数千年的研究使用历史。通常我们把从自然界中采集、未经加工的原药称为中药材；中药材经过加工处理成的片、段、丝、块等称为中药饮片；中药经过加工制成一定的剂型后便称之为中成药。因此，中药在经营形式上就形成了中药材、中药饮片和中成药三大类。

中药按不同的分类方法又可细分为许多种，如按来源可分为植物药、动物药和矿物药；按药用部位可分为根类、根茎类、皮类、叶类、花类、种子果实类、全草类等；按药物毒性可分为普通中药、毒性中药（如雄黄）和麻醉药品；按药物功能可分为解表药、清热药、祛湿药、祛风湿药、温里药、理气药、止血药、活血祛瘀药、化痰止咳平喘药、安神药、平肝息风药、芳香开窍药、补益药、收涩药、泻药、催吐药、消食药、驱虫药、外用药。

（2）化学合成药物。指以化学理论为指导，依据化学规律研究和生产的合成药物。其特点是对疾病治疗疗效快，效果明显。但由于人体是一个复杂的系统，由于缺乏对人体本身结构的分子水平的分析研究及人体各部分相关联的整体综合考察，因此治疗效果虽然明显，但有头痛医头、脚痛医脚的局限性治疗特征，且常常具有程度不同的副作用。

（3）生物技术药物。生物药物是利用生物体、生物组织或其成分，综合应用生物学、生物化学、微生物学、免疫学、物理化学和药学的原理与方法，进行加工制造而成的一大类预防、诊断、治疗制品。

2. 按药品来源的不同分类

随着科学技术的不断进步与发展，药品的来源除了天然产物外，还广泛地采用人工合成方法制造。按照药品来源的不同，一般可分成以下几类：

（1）动物性药。利用动物的全部或部分脏器以及其排泄物作为药用，如鹿茸、麝香、牛黄等。此外，还有提取出纯品应用的，如各种内分泌制剂（胰岛素、甲状腺粉等制剂）、血浆制品等。

（2）植物性药。植物的各部分，皮、花、根、茎、叶、液汁及果实等都可采作药用，如人参用其根茎，阿片是罂粟果的液汁。中药中以植物药为最多。同时由于现代化学工业的发展，目前还广泛地提取出各种植物药的有效成分，如生物碱（如中药麻黄所含的有效成分麻黄碱，阿片中的吗啡，茶叶中的咖啡因等）、甙（如治疗心脏病的洋地黄毒甙）、皂甙、挥发油、黄酮类化合物等，作为药用。

（3）矿物药。一般是指直接利用矿物或经过加工而成的一种药物，如硫磺、氧化汞以及一些无机盐类、酸类、碱类等。

（4）化学药品。一般是指利用化学方法合成的药品，如磺胺类药、扑热息痛、乙酰水杨酸等。近年来，随着制药工业的发展，合成药物的种类越来越多，临床应用也日益广泛。

二、按我国传统习惯分类

1. 西药

长期以来，人们习惯于把国外研制生产的药品称为西药，也包括国内生产的化学药物和生物技术药物。

2. 中药

人们习惯于把我国传统使用的药物称为中药。其实这种概念并不十分科学，因为只有同时具备如下三种内涵的药物才能被称为中药：一是能用独特的性能来表示，如性味、归经、升降、沉浮等；二是其功效能用中医药学术语来表示，如理气、安神、活血化瘀、通里攻下等；三是能按中医药学理论的配伍规律组成复方，方中药物须按君臣佐使关系构成一个功效整体而施治于人。

需要说明的是此种分类方式随着医药科学技术的发展越来越不能反映其实际情况，因为我国药学工作者经过艰苦奋斗，做了大量中药的西化工作，使不少中药的化学本质被阐明，它们或是被当作提取西药的原料，或是直接被当成西药使用，这就使原有的中药、西药泾渭分明的现象趋于模糊。此外，随着我国中药现代化工作的开展，中西结合的药物也不断涌现，用现代科学方法处理，用现代医学观点表述其特性的中成药不断出现。这些药物虽然以中药为主要成分，但因不再用传统的医学观点表述其特性，同时其生理、药理作用的化学本质及其体内代谢过程还不完全清楚，所以既不是原来意义上的中药，也不是一般概念上的西药。

三、现代药与传统药

《药品管理法》中规定："国家发展现代药和传统药。"

1. 现代药

"现代药"一般是指19世纪以来发展起来的化学药品、抗生素、生化药品、放射性药品、血清疫苗、血液制品等。它们是用合成、分离提取、化学修饰、生物技术等方法制取的物质，结构基本清楚，有控制质量的标准和方法。这些物质是用现代医学的理论和方法筛选确定其药效的。这类药发展很快，已有数万品种，最初由西方国家发展起来再传入我国，因此又称西药。

2. 传统药

"传统药"一般是指各国历史上流传下来的药物，主要是动、植物和矿物药，又称天然药物。我国的传统药又称中药。中药治病的经验和理论，如性味、归经、功效、应用、用法、用量、禁忌，都是在中医辨证理论的指导下，根据药物的性能组合在方剂中使用。中药最本质的特点是在中医理论指导下应用。中医药是一个整体，它的基本理论建立在把人体－健康－环境视为一个整体的哲学观点上。中药不仅历史悠久，至今仍是我国人民防治疾病不可缺少的药物，而且在世界各国影响很大。

四、按药物作用部位和作用机制分类

按药物作用部位和作用机制，药品可分为作用于中枢神经系统、周围神经系统、心血管系统、呼吸系统、消化系统、泌尿系统、生殖系统、造血血液系统、内分泌系统、免疫系统的药物和抗微生物、抗寄生虫药以及诊断用药等，即通常的药理学分类方法。

五、按药品的特殊性分类

药品按特殊性一般可分为普通药品和特殊管理的药品（麻醉药品、精神药品、医用毒性药品、放射性药品）。

1. 特殊药品

(1)毒性药品。毒性药品系毒性剧烈、治疗剂量与中毒剂量相近，使用不当会致人中毒或死亡的药品，如阿托品。

(2)麻醉药品。麻醉药品是指连续使用后易产生身体依赖性、能成瘾的药品，如吗啡类、杜冷丁等。

(3)放射性药品。指用于临床诊断或治疗的放射性核制剂或者其他标记药品。

(4)精神药品。精神药品指直接作用于中枢神经系统，使之兴奋或抑制，连续使用能产生依赖性的药品。依据精神药品使人体产生的依赖性和危害人体健康的程度，分为第一类和第二类。第一类精神药品不能在药店零售，如咖啡因、安钠咖、司可巴比妥等；第二类如苯巴比妥、安定、利眠宁、眠尔通、氨酚待因等，在零售药店应当凭盖有医疗单位公章的医药处方购得。

2. 普通药品

普通药品是指毒性较小、不良反应较少、安全范围较大的药品，如葡萄糖、乙酰水杨酸等。需要指出的是任何药品凡无必要或过多使用，都是不安全的。

3. 新药、新生物制品与仿制药品

《药品管理法》指出："国家鼓励研究和创制新药。"有关新药、新生物制品、仿制药品的法定定义如下：

(1)新药。新药是指我国未生产过的药品。已生产的药品改变剂型、改变给药途径、增加新的适应症或制成新的复方制剂，亦按新药管理。新药在临床前研究中尚不属于药品，一经批准进入临床研究，便称为研究中药品。

(2)新生物制品。新生物制品是指我国未批准上市的生物制品。已批准上市的生物制品，当改换制备疫苗和生物技术产品的菌毒种、细胞株及其他重大生产工艺改革对制品的安全性、有效性可能有显著影响时，按生物制品审批。

(3)仿制药品。仿制药品是指仿制国家已批准正式生产，并收载于国家药品标准(包括《中国生物制品规程》)的品种。

六、按我国药品管理制度分类

1. 处方药和非处方药

《药品管理法》规定：国家对药品实行处方药与非处方药分类管理。

(1)处方药。指只能通过具有执照的医师或者有他们的处方才能调配，并在医务人员的指导下应用的药物。根据规定，药品制造商和销售者都不能将处方药直接提供给患者，但可以合法地提供给那些正规合法经营批发或零售处方药的公司或个人，或者给医院、诊所、医生，或给有资格对这些药物开处方的人。处方药只能配给那些由医生或药剂师直接调配的消费者。

(2)非处方药。指那些只要消费者按照药品标签上列出的规定，如用法、说明与注意事项等，就能安全使用的药物。因此其不需要处方即可出售，故被叫做非处方药，在国外，非处方药称为"柜台药"，英文写作 Over the Counter，简称 OTC 药。

非处方药必须具备的特点是：

①非处方药使用时不需要医务专业人员的指导和监督；

②消费者按药品标签或说明书的指导来使用，说明书文字应通俗易懂；

③非处方药的适应症是指那些能自我作出诊断的疾病，药品起效快速，疗效确切，能较快减轻病人不舒服的感觉；

④非处方药能减轻小疾病的初始症状和防止其恶化，也能减轻已确定的慢性疾病的症状或延缓病情的发展；

⑤非处方药有高度的安全性，不会引起药物依赖性，毒反应发生率低，不在体内蓄积，不致诱导耐药性或抗药性；

⑥非处方药的药效、剂量都具有稳定性。

2. 国家基本药物和《基本医疗保险药品目录》药品

(1)国家基本药物。卫生部《制定国家基本药物工作方案》指出："国家基本药物系指从我国目前临床应用的各类药物中经过科学评价而遴选出的，在各类药品中具有代表性的药品。其特点是疗效好，不良反应小，质量稳定，价格合理，使用方便等。列人基本药物的品种国家要保证生产和供应，并属于公费、劳保医疗范畴。”确定国家基本药物，目的在于加强药品生产、使用环节的管理，既保证广大人民群众安全、有效、合理地用药，又完善公费医疗制度，减少药品浪费，使国家有限的卫生资源得到有效的利用，达到最佳的社会效益和经济效益。

(2)《基本医疗保险药品目录》药品。指为了保障城镇职工医疗保险用药需要，合理控制药品费用而规定的基本医药保险用药药品。纳入《基本医疗保险药品目录》的药品，是临床必需、安全有效、价格合理、使用方便、市场能够保证供应的药品，并且具备下列条件之一：《中华人民共和国药典》(现行版)收载的药品；符合国家食品药品监督管理部门颁发标准的药品；国家食品药品监督管理部门批准正式进口的药品。

《基本医疗保险药品目录》药品包括西药、中成药、中药饮片。这些药品在《国家基本药物》基础上遴选而定，并分为“甲类目录”和“乙类目录”。“甲类目录”药品是临床必需、使用广泛、疗效好、同类药品中价格最低的药品，价格由国家统一制定，各地不得调整。“乙类目录”药品可供临床选择使用，药价比“甲类目录”药品略高。“乙类目录”药品价格由国家制定，各省、自治区、直辖市可适当调整(不超过其总数的15%)。

第三章 医药商品的质量与管理

医药商品具有商品的一般属性,同时,也有其特殊性。医药商品的质量既关系到人们的身体健康、患者的生命安危,又关系到医药生产、经营企业的经济利益,是医药生产、经营企业的生命线。因此,在医药商品工作中,必须严格按照医药商品的质量管理,坚持质量第一的原则,在生产经营中切实加强管理;严格按照医药商品的质量标准执行,才能确保医药商品的质量,安全有效地为人类服务。

第一节 医药商品的质量

一、商品质量的内涵

1. 质量的概念

质量是商品的一个普遍性要求,质量的概念及内涵是随着时间的变化而不断更新的。我国国家标准 GB 6583.1－1986 对质量的定义为:产品、过程或服务满足规定或潜在要求(或需要)的特征和特性的总和。

2. 商品质量概念的内容

在商品学研究中,对于质量的定义可分为广义和狭义两种,狭义的质量是特定使用目的所要求的商品各种特性的总和,即商品的自然属性的综合。广义的质量是商品能适合一定用途要求,满足社会一定需要的各种属性的综合,即商品的符合性和社会适用性相结合。适用性是从用户出发的,但是适用性过了头,质量就无法控制。符合性是从厂家出发的,但符合性不能不适应商品的革新和市场变化的需求。所以要将适用性与符合性两者结合起来。

在过去相当长的时间里,商品学对质量的研究是狭义的,但是,随着社会的发展,商品的丰富,人们的消费需求呈现多样化趋势,消费者越来越重视商品的社会质量方面的因素。因此,商品学单纯研究狭义的商品质量的意义已越来越小,就目前来看,研究广义的商品质量更具有现实意义。商品质量概念应包括以下四个方面内容:

(1)质量的基础是商品具有能够满足规定或潜在需要的各种质量特性。

(2)质量是动态的。由于时代进步和科技、经济的发展,消费者的需要也会相应变化发展,这就必然对商品的质量特性提出更高的要求,商品质量也会发生相应的变化。

(3)商品质量是客观的,是受社会生产力和经济水平制约的,又是由客观存在的各种质量指标及属性决定的。

(4)商品质量的评价具有主观性,它取决于人们选取的衡量质量优劣的水平基准。每个人都可以从自己的角度(不同的社会地位、不同的收入水平、不同的文化素质和不同的心理状况等），对商品质量作出不同的评价。

3. 商品质量的构成

从构成上看，商品质量包括：内在质量、社会性质量和感观质量。

（1）商品的内在质量（自然质量）。商品的内在质量是商品的各种物质属性的综合，包括商品的实用属性、寿命、可靠性、安全性与卫生性等，它可以分为静态的内在质量和动态的内在质量。静态的内在质量是商品在不使用情况下呈现出的质量性能，如商品的成分、形态、规格、结构、缺陷等性质的综合。动态的内在质量是指商品形成后，在外界环境条件的影响下会发生变化的性能，这由商品可变的理化、生物性因素所决定的。

（2）商品的社会性质量。商品的社会性质量是指商品从生产、流通直到消费及废弃阶段，满足全社会利益所必需的特性，它反映了商品使用价值对社会和社会环境的依赖与适应。如不污染自然环境，节约有限的能源及其他资源等。

（3）商品的感观质量。商品的感观质量是人们利用感觉器官对商品的色彩、质地、音色、新鲜度等所作出的直观测定。

4. 商品质量的特性

商品质量的特性是指满足人们某种需要所具备的属性和特征，消费者对商品的明确或潜在的需要（要求）。例如，方便、舒适、安全、卫生等用语言表达的意思，如果不能把它们转化为技术经济语言或衡量尺度，就无法实现对商品质量的有效管理和监督。因此，必须把质量用可定量的具体质量特性值体现出来。

反映商品使用目的的各种技术经济参数都叫做代用质量特性，用数字定量反映商品质量的客观状态。商品标准中的质量指标所反映的质量特性大多数是代用质量特性，它们是商品质量管理不可缺少的手段。

5. 商品质量的指标

商品质量特性通常需要用各种数量指标来表示，这些数量指标称为质量指标。商品质量指标是商品技术性指标和可靠性指标的综合。由于商品的复杂性和多样性，商品质量指标很多，在实践中主要有以下几方面：适用性指标（用途指标）、工艺性指标、结构合理性指标（包括商品的可修理性、零部件互换性及人体工程学等方面指标）、卫生安全性指标、可靠性指标、经济性指标、使用寿命指标、商品质量均一性指标、生态环境指标、美观指标等。这些方面的质量指标构成了对现代商品质量的基本要求。它们相互补充，相辅相成，不可或缺。

二、医药商品质量的概念

1. 医药商品的质量

医药商品质量是指能满足规定要求和需要的特征总和。医药商品的质量特征表现在以下五个方面：

（1）有效性。是指在规定的适应症、用法和用量条件下，能满足预防、治疗、诊断人的疾病，有目的地调节人的生理机能。有效性是医药商品的基本特征，若对防治疾病无效，则不能成为医药商品。医药商品的有效程度的表示方法，在国外采用“完全缓解”、“部分缓解”、“稳定”等来区别，国内采用“痊愈”、“显效”、“有效”予以区别。

（2）安全性。是指医药商品在按规定的适应症、用法和用量使用的情况下，对使用者生命安全的影响程度。大多数医药商品均有不同程度的不良反应。医药商品只有在有效性大于不良反应的情况下才能使用。假如某物质对防治、诊断疾病有效，但对人体有致癌、致畸、致突变的严重损害，甚至致人死亡，则不能作为医药商品。安全性也是医药商品的基本特征。

(3)稳定性。是指医药商品在规定的条件下保持其有效性和安全性的能力。规定的条件包括医药商品的有效期限以及医药商品生产、储存、运输和使用的要求。假如某物质不稳定，极易变质，虽然具有防治、诊断疾病的有效性和安全性，但也不能作为商品药。稳定性是医药商品的重要特征。

(4)均一性。是指医药商品的每一单位产品（制剂的单位产品，如一片药、一支注射剂等；原料药的单位产品，如一箱药、一袋药等）都符合有效性、安全性的规定要求。由于人们用药剂量与药品的单位产品有密切关系，特别是有效成分在单位产品中含量很小的药品，若不均一，则可能因用量过小而无效，或因用量过大而中毒甚至死亡。均一性也是医药商品的重要特征。

(5)经济性。是指医药商品生产、流通过程中形成的价格水平。医药商品的经济性对医药商品价值的实现有较大影响。若成本价格过高，超过人们的承受能力，则不能作为药品供普通患者使用，而只能供少数人使用。医药商品的经济性对药品生产企业十分重要，若成本低，则可提高企业的经济效益。

2. 医药商品质量的特殊性

医药商品作为特殊商品，其特殊性表现在以下四个方面：

(1)专属性。医药商品的专属性表现在对症治疗，患什么病用什么药。处方药必须在医生的检查、诊断、指导下合理使用。非处方药必须根据病情，患者自我判断，自我治疗，合理选择药品，按照药品说明书、标签的说明使用。医药商品不像一般商品可以互相替代。

(2)两重性。医药商品的两重性是指药品有防病治病的一面，也具有不良反应的另一面。管理有方，用之得当，可以治病救人，造福人类；若失之管理，使用不当，则可致病，危害人体健康，甚至危及生命。

(3)重要性。医药商品是治病救人的物质，只有符合法定质量标准的合格药品才能保证疗效；否则，疗效不能保证。因此，医药商品只能是合格品，不能像其他商品一样可分为一级品、二级品、等外品和次品。医药商品的真伪须由专业人员依照法定的药品标准和测试方法进行鉴别，一般来说，患者不具备鉴别药品的能力。

(4)时限性。人们只有防病治病时才需要用药，但医药商品生产、经营部门平时就应有适当储备。只能药等病，不能病等药。

第二节 医药商品的质量管理

医药商品只有合格与不合格之分，只有合格的医药商品才能使用，不合格的药品是决不允许生产、销售和使用的，否则将受到法律制裁。这就是医药商品质量管理的要点所在。严格实行医药商品质量监督对于保证医药商品质量，增进疗效，保障人民用药安全，维护人民健康等具有极为重要的意义。

一、现代质量管理概述

1. 质量管理术语

(1)质量方针。它是指由组织的最高管理者正式发布的该组织总的质量宗旨和质量方向。质量方针是组织总方针的一个重要组成部分，应与组织的总方针以及并行的其他方针相协调，最高管理者应积极参与制定总方针。质量方针应具有长期性和稳定性,其内容应体现本组织的特点。

(2)质量管理。质量管理是指确定质量方针、目标和职责并在质量体系中通过诸如质量策划、质量控制、质量保证和质量改进使其实施的全部管理职能的所有活动。

(3)质量控制。质量控制是指为达到质量要求所采取的作业技术和活动。目的在于监视过程,使之处于受控状态,即通过确定控制对象、规定控制标准、制定控制方法、选用检验技术、检验操作、作出控制结论,对失控进行排除处理,达到使之恢复的目的。质量控制活动贯穿于产品质量形成的全过程。

(4)质量保证。质量保证是指为了提供足够的信任表明实体能够满足质量要求,而在质量体系中实施并根据需要进行证实的全部有计划和有系统的活动。

(5)质量体系。质量体系是指为实施质量管理所需的,由组织结构、程序、过程和资源四大部分所构成。质量体系的对内功能是质量管理,故称质量管理体系;对外功能则是质量保证,故也称质量保证体系。

2. 商品质量管理的发展历程

商品质量管理是随着生产的发展和科学技术的进步而逐渐形成和发展起来的,它的发展经历了三个阶段。

(1)质量检验阶段。质量检验阶段是质量管理的初级阶段,一般以 20 世纪初至 40 年代以前为界。当时为了保证产品质量,企业设置专门的质量检验机构,负责对产品进行检验,挑出不合格品。这种做法对保证出厂产品质量有显著效果,但是,这种质量管理方法属于事后检验,无法在生产中起到预防、控制作用,一经发现"不合格品"就是既成事实,一般很难补救。这是质量检验管理的一大缺陷。这种质量管理方法不能适应经济发展的要求,需要改进和发展。

(2)统计质量管理阶段。统计质量管理的产生是在 20 世纪 40 年代以后到 60 年代以前那一段时期。当时生产力进一步发展,大规模生产形成,如何控制大批量产品质量成为一个突出问题。一些统计学家着手研究用统计学方法代替单纯用检验方法来控制产品质量。1924 年,美国贝尔研究所工程师休哈特提出用数理统计方法进行质量管理,并发表了著名的"控制图法",为统计质量管理奠定了理论和方法基础,使统计质量管理得到很大发展。

尽管统计质量管理是科学的、经济的,但是也存在不足之处。其主要问题是:它仍然以满足产品标准为目的,而不是以满足用户的需要为目的;仅偏重于工序管理,而没有对产品质量形成的整个过程进行控制;统计技术难度较大,主要靠专家和技术人员,难以调动广大工人参与质量管理的积极性;质量管理与组织管理未密切结合起来,质量管理仅限于数学方法,常被领导人员忽视。因此,统计质量管理也无法适应现代工业生产发展的需要,需要进一步发展。

(3)全面质量管理阶段。这一阶段从 20 世纪 60 年代开始一直延续至今。最早提出全面质量管理概念的是美国通用电器公司质量经理菲根鲍姆(Feigenbaum),1961 年他的著作《全面质量管理》出版。该书强调执行质量职能是公司全体人员的责任,应该使企业全体人员都具有质量意识和承担质量管理的责任。他指出:"全面质量管理是为了能够在最经济的水平上并考虑到充分满足用户要求的条件下进行市场研究、设计、生产和服务,是把企业各部门的研制质量、维持质量和提高质量的活动构成为一体的有效体系。"菲根鲍姆的全面质量管理的理论和方法,很快为世界各国所接受,发展成为风靡当今世界的现代质量管理方式,使质量管理发展到了一个新的阶段。

全面质量管理的特点:

①管理的对象是全面的，不仅要管好产品质量，还要管好工作质量；

②管理的范围是全面的，不仅要管好生产制造过程，还应重视产品的开发设计和销售服务的管理；

③参加管理的人员是全面的，全面质量管理是企业全体人员参加的全员质量管理，即所有部门和所有层次的人员都参与；

④管理质量的方法是全面的，采取多种多样的管理技术和方法，如科学的组织工作，采用数理统计的方法，重事实和数据，遵循计划、执行、检查、处理的工作程序，运用电子计算机、系统分析、运筹学等科学手段。

二、医药商品质量监督管理

医药商品质量监督管理是指对确定或达到医药商品质量的全部职能和活动的监督管理，包括医药商品质量政策的制定，以及对医药商品从研制至使用全过程的质量保证和质量控制的组织、实施的监督管理。

根据世界各国对药品质量监督管理的实践分析，医药商品质量监督管理的含义包括以下几点：

(1)医药商品质量监督管理是政府为了保证和控制医药商品质量所进行的监督管理活动；

(2)国家通过制定、颁布药品管理法律、行政法规，强制推行对医药商品质量的监督管理；

(3)世界各国通过立法授权(或最高当局授权)政府的医药商品监督管理部门行使医药商品质量监督管理的职权。

具体来说医药商品质量监督管理是政府、药品监督管理部门，根据法律授予的职权，根据法定的药品标准、法律、行政法规、制度和政策，对本国研制、生产、销售、使用的药品质量(包括进出口药品质量)，以及影响药品质量的工作质量、保证体系的质量所进行的监督管理。

三、医药商品质量监督管理的性质

医药商品质量监督管理是国家行使监督管理企业事业单位职能的体现。它的性质是由管理的二重性所决定的，即具有社会属性和自然属性。其社会属性反映了一定社会形态中统治者的要求，受到生产关系和经济基础的制约；其自然属性反映了社会协作劳动本身的要求和生产力水平。

四、医药商品质量监督管理的特点

医药商品质量监督管理是国家以法律和行政手段对企业、事业单位行使监督管理职能，它充分体现了党和政府保护人民身体健康，发展医药卫生事业的方针。因此，它具有预防性、完善性、促进性、情报性和教育性等特点。

我国的药品质量监督管理具有全面质量管理的特点，是以提高医药商品质量为目的，实行管、帮、促结合的工作方法，同时实行专业监督与群众监督相结合。

五、医药商品质量监督管理的原则

1. 以社会效益为最高原则

医药商品是防病治病的物质基础，而保证人民用药安全有效则是医药商品质量监督管理的宗旨，也是医药商品生产、经营活动的目的。因此，医学商品质量监管必须以社会效益为最高准则。

2. 质量第一的原则

医药商品的特殊性决定了必须最大限度地保证药品质量，质量问题不是水平问题，而是一个严肃的原则问题。为了最大限度地实现质量保证作用，就必须实行全面的监督管理。

3. 法制化与科学化高度统一的原则

医药商品质量监督管理的社会职责，决定了药品管理工作必须立法。而药品质量监督管理工作对药品的安全和有效提供最大限度的保证，它必须依靠科学的管理方法和现代先进科学技术的应用。从一定意义上讲，《药品管理法》是把药品的严格的科学的监督管理手段，赋予法定的性质。

4. 专业性监督管理和群众性监督管理相结合的原则

国家为加强对医药商品的监督管理，设立了药品监督管理部门和药品检验机构，实行了专业的药品监督管理。在药品生产企业、经营企业和医疗机构设立药品质检科室，开展自检活动。同时，对广大人民群众开展医药商品质量监督管理的宣传，发挥群众对药品质量监督的作用。

六、医药商品质量监督管理的内容

(1)制定和执行药品标准；

(2)实行新药审批制度，生产药品审批制度，进口药品注册、检验制度，负责药品检验；

(3)建立和执行药品不良反应监测报告制度；

(4)药品的再评价和药品品种的整顿和淘汰；

(5)严格控制麻醉药品、精神药品和毒性药品，确保人们用药安全；

(6)对药品生产企业、经营企业、医疗机构和中药材市场的药品进行抽查、抽验，及时处理药品质量问题；

(7)指导药品生产企业和药品经营企业的药品检验机构和人员的业务工作；

(8)行使监督权，调查、处理药品质量和中毒事故，取缔假药，处理不合格药品，执行行政处罚，对需要追究刑事责任的向司法部门控告等。

七、医药商品质量监督管理的方式

(1)从时间顺序上，可以分为事前监督、事中监督和事后监督；

(2)从对象范围方面，可以分为全面监督、一般监督和某一方面的专门监督；

(3)从采用的方式方面，可以分为自我监督、内部监督和外部监督；

(4)从使用的方法方面，可以分为立法和司法的监督，行政方法和经济方法的监督。

八、医药商品质量监督管理的趋势

1. 宏观质量管理与微观质量管理的统一

医药商品质量的宏观管理是政府对医药商品质量的管理、调控，其对象是整个国家或地区或整个有关医药商品质量规划、形成和实现的全过程；医药商品质量的微观管理指医药企业的生产经营过程中的质量管理的全过程。从根本上看，两者的最终目的都是使医药商品质量满足消费者和用户要求，并力求使生产和流通的消耗尽可能少，给消费者和用户造成的损失尽可能少。但是两者的目标、作用范围和作用手段却不相同。

2. 建立共同的质量保证体系

当前,在国际市场竞争中,质量竞争是其主要内容。为了保证医药商品质量,开拓医药商品市场,应把医药生产、经营企业所有的人都纳入质量管理的活动范畴,建立共同的质量保证体系。

3. 质量管理进入法制管理的轨道

法律、法规是保障微观质量管理和宏观质量管理正常运行的基本条件,依法管理是质量管理工作的特征之一。运用质量法规有效地管理和保证医药商品质量,保护消费者合法权益,是国际上和各国政府解决医药商品质量问题的重要途径之一。

商品质量法规主要有产品责任法和产品质量法。产品责任法是具体规定由于产品缺陷造成消费者或用户的人身或财产损失时,产品生产者或销售者与消费者之间权利义务的法律关系。产品责任法是强制性法规,只要证明投放市场的商品有缺陷,并且这个缺陷对购买该商品的消费者和用户或旁观者造成人身或财产方面的损害,该产品的生产者和销售者就要负民事侵权责任。国际公约中有《产品责任法律公约》(1973)、《关于人身伤亡产品责任欧洲公约》(1976)等,并逐渐形成了国际责任法律制度。产品质量法是与产品责任法相配套的一系列质量法规,《中华人民共和国药品管理法》就是国家加强医药商品质量管理和监督的法规。

4. 现代技术在质量管理中的广泛应用

随着时代的发展,医药商品的种类越来越多,科技含量不断提高,成分检测、含量测定、生产工艺控制等都需要高新科技技术。

第三节 医药商品的质量标准

《中华人民共和国药品管理法》第二十三条规定:药品必须符合国家药品标准或省、自治区、直辖市药品标准。国务院卫生行政部门颁布的《中华人民共和国药典》和药品标准为国家药品标准。对于质量不合格的药品不得收购,不得经营,不得使用。

一、标准和商品标准

1. 标准的定义

国际标准化组织(International Organization for Standardization,简称 ISO)发布的《第二号指南(第四版)》中对标准的定义为:“由有关各方根据科学技术成就与先进经验,共同合作协商起草,并取得一致或基本上同意的技术规范或其他公开文件,其目的在于促进最佳的公众利益,并由标准化团体批准。”1983 年,我国颁布的国家标准《GB 3935.1—83》中对标准的定义为:“标准是对重复性事物和概念所作的统一规定。它以科学、技术和实践经验的综合成果为基础,经有关方面协商一致,由主管机构批准,以特定形式发布,作为共同遵守的准则和依据。”

2. 商品标准

商品标准是指为保证商品的适用性,对商品必须达到的某些或全部要求所制定的标准,包括品种、技术要求、试验方法、检验规则、包装、标志、运输和储存等。商品标准是技术标准。

商品标准是商品生产、质量评价、监督检验、贸易洽谈、商品使用和维护等的依据和准则,也是对商品质量争议作出仲裁的依据,对保证和提高商品质量,提高生产、流通和使用的经济效益,维护消费者和用户的合法权益等都具有重要作用。

二、医药商品标准的概念

1. 医药商品标准

医药商品标准属于技术标准，是国家对医药商品的质量和检验方法所作的技术规定，它具有法律的约束力，是医药商品生产、经营、使用和管理的依据。制订和颁发医药商品标准是加强医药商品管理，保证人民用药安全有效，促进医药商品文明生产与发展的一项重要措施。各医药商品生产、经营、使用、管理单位必须严格执行医药商品标准的规定，不能擅自更改，特别是中成药在目前监测手段尚未完全标准化的情况下，更必须严格执行医药商品标准。

2. 医药商品标准的含义

医药商品标准的含义包括：①医药商品标准具有法规性质；②医药商品标准由国务院药品监督管理部门颁布；③医药商品标准是对医药商品质量规格和检验方法所作的技术规定；④药用辅料标准、药品卫生标准均属医药商品标准；⑤所有从事医药商品生产、经营、使用、检验、科研的单位和个人均应遵循医药商品标准，保证医药商品质量。

3. 医药商品标准的制定

《药品管理法》规定，国务院药品监督管理部门颁布的《中华人民共和国药典》和药品标准为国家药品标准。国务院药品监督管理部门组织药典委员会，负责国家药品标准的制定和修订。《中华人民共和国药典》每五年修订一次。

三、医药商品标准的作用

从医药商品标准发展的历史和目前有关法律规定来看，医药商品标准在医药商品管理中的重要作用可以归纳为：

(1)医药商品标准是判断医药商品质量合格或不合格的法定依据；

(2)医药商品标准是医药商品质量的法定目标；

(3)执行和实现医药商品标准，是医药商品质量控制中的关键；

(4)医药商品标准是医药商品质量保证和质量控制活动的重要依据；

(5)医药商品标准是建立、健全医药商品质量保证体系的基础。

四、制订医药商品标准的原则

制订医药商品的标准是对医药商品进行科学化、标准化、法制化管理的重要措施，要尽量体现医药商品的质量、生产技术水平和监督管理水平，遵循技术先进、安全有效、经济合理的原则。通过生产、流通、使用等各个环节了解影响医药商品质量的因素，从而有针对性地规定检测项目。医药商品标准中规定的检验方法应符合准确、灵敏、简便、快速的要求，根据实际条件，结合新技术的应用作选择。医药商品标准中各种限度的规定应理论结合实际，以保证医药商品在生产、储藏、销售、使用过程中的质量。未收入国家标准的各地习用的中药材、中药饮片和中成药则制定“地区习用中药规范”进行标准化管理。

医药商品标准的制定原则，应以生产企业在尽最大努力以后能达到的水平为制定标准的依据，必须按照申报时的原辅料及工艺流程来决定，特别是仿制国外或移植的产品，不能因已有药品标准，就将其作为本地区的标准。应考虑生产中的任何变化与药品标准的关系，主动向当地药品监督部门反映，并提交相应的补充修订资料。

五、医药商品标准的内容

医药商品标准的内容一般包括:名称、成分或处方组成,含量及其检查、检验的方法,制剂的辅料,允许的杂质及其限量、限度,技术要求以及作用、用途,用法、用量,注意事项,储藏方法,包装等。其目的就是在正常的原辅料与正常的生产条件下,通过药品标准的检查与检验,以证明该药品的质量是符合使用要求的。

六、医药商品标准的格式

1. 化学药品标准格式

①品名(中文名、汉语拼音名、英文名);②有机药物的结构式;③分子式与分子量;④来源或有机药物的化学名称;⑤含量或效价规定;⑥处方;⑦制法;⑧性状;⑨鉴别;⑩检查;⑪含量测定或效价测定;⑫类别;⑬规格;⑭储藏;⑮制剂等。

2. 中药标准格式

中药材:①品名(中文名、汉语拼音名、拉丁名),科属,药用部位;②性状;③鉴别;④检查;⑤含量测定;⑥炮制;⑦性味与归经;⑧功能与主治;⑨用法与用量;⑩储藏。

中成药:①品名(中文名、汉语拼音名);②处方;③制法;④性状;⑤鉴别;⑥检查;⑦含量测定;⑧功能与主治;⑨用法与用量;⑩注意;⑪规格;⑫储藏。

七、我国的医药商品标准

1. 我国医药商品标准的沿革

我国政府十分重视人民的身体健康、用药安全,建国以来,逐步建立起国家医药商品标准。在国家食品药品监督管理局组建之前,药品监督管理工作的主管部门是卫生部,当时的药品标准分为国家标准(《中华人民共和国药典》、《中华人民共和国卫生部药品标准》)和地方标准(省、自治区、直辖市药品标准)。这种药品标准体系通常也称为“三级药品标准”或“三级标准”。自国家药品监督管理局组建以来,对地方标准进行了整顿,并逐步予以取消。2001 年 2 月 28 日全国人大常委会通过修订的《中华人民共和国药品管理法》取消了地方标准。国家药品标准包括《中华人民共和国药典》和国家食品药品监督管理局颁布的药品标准。即国家标准和局颁标准。也称为“二级标准”。

2. 三级标准

在 2001 年我国实行“二级标准”以前,一直采用“三级标准”为药品标准:

(1)国家标准即《中华人民共和国药典》。《中华人民共和国药典》是国家控制医药商品质量的标准。国务院卫生行政部门设有国家药典委员会,负责组织国家药品标准的制定和修订,并领导地方药品标准的制订和修订工作。药典一般收载使用较广,对防治疾病效果较好的药品,规定其质量标准和检验方法,具有法律的约束力。

(2)部颁标准即中华人民共和国卫生部标准。是卫生部颁发的医药商品标准,简称部颁标准或部标。《药典》不可能经常改版或增补,对《药典》尚未收载而有一定防治效果的常用药品,由“药典委员会”编纂部认定,经卫生部批准后执行,作为《药典》的补充。如《药品标准暂行规定 1951—1957》,《中华人民共和国卫生部药品标准(1963)》和《中华人民共和国卫生部抗菌素标准》等。其内容格式与《药典》相同,由凡例、正文和附录组成。部颁标准也有《药典》性质,具有法律约束力,也作为全国医药商品生产、供应、使用和检验部门检查和监督医药商品质量的依据。

(3)地方标准,即地方颁发的医药商品标准。是各省、直辖市、自治区卫生厅(局)审批的医药商品标准,简称地方标准。地方标准系收载《中华人民共和国药典》和《部标准》中未收载的药品,或虽有收载但规格有所不同的本省、市、自治区生产的医药商品,它具有地区性约束力。地方标准不能同《中华人民共和国药典》和《部标准》相抵触,但在保证执行此两种标准的原则下,报经上级部门同意,可根据具体需要补充制订某些规定。

凡国内生产并投放市场供应的各种医药商品,包括原料及其制剂的成药等,都要有上述三种标准作为检验质量的依据,都应符合上述三种标准中的要求和规定。

3. 二级标准

(1)国家标准,即《中华人民共和国药典》。

(2)局颁标准,未列入《中华人民共和国药典》,由国家食品药品监督管理局颁布的医药商品标准,称为局颁标准。

局颁标准收载的范围:①国家食品药品监督管理局批准的新药;②疗效肯定,但质量标准仍需进一步改进的新药;③上一版《药典》收载,而新版未载入的疗效肯定,国内仍生产、使用,需要统一标准的品种;④原来地方标准收载的,医疗常用,疗效较好,生产地较多,需要统一标准的品种。

凡国内正式生产并在市场上供应的医药商品(包括原料、制剂等)都要被以上标准中的任何一个标准所收载。

4. 其他标准

为了保证和提高医药产品的质量,某些医药行业还要制订行业标准和企业标准,以更好地满足人们的需求和推动医药行业的健康发展。

(1)行业标准:是由本行业中有关企业,参考全国同品种质量评比及优质产品评选情况,逐步选择具体品种,制订优于法定标准的行业标准(即优级品标准),用于开展同品种质量评比和考察各企业医药产品质量的升降情况。

(2)企业标准:企业为了不断提高医药产品质量,根据自己的工艺、设备等情况,由技术科、质检科会同有关部门的技术人员,共同商讨制订的优于法定标准的更加完善的企业内控标准。

八、《中华人民共和国药典》

1. 历次出版的药典

建国以来,《中华人民共和国药典》已出版过六次:

1953 年版,共收载药品 531 种。1957 年出版增补本。

1963 年版,分一、二两部。一部为中药,二部为化学药品、抗生素、生物制品。共收载药物 1310 种。

1977 年版,分一、二两部,共收载药物 1925 种。一部为中药,有 1152 种;二部为化学药品、抗生素、生物制品,共有 773 种;还收载制剂通则和检验通则 74 项。

1985 年版,分为一、二两部。一部收载药材和中成药制剂等 713 种,二部收载化学药品、抗生素、生物制品和各类制剂等 776 种,共 1489 种。两部各有与本部有关的例子、附录、索引等,还有炮制通则、制剂通则、检验通则的方法也有 41 项之多,光谱法、层析法和薄层扫描等先进方法也均被列入。

1990 年版,分为一、二两部,共收载药品 1751 种。一部收载 784 种,其中中药材、植物油脂等509种，中药成方及单味制剂275种；二部化学药品、抗生素、放射性药品、生物制品等各类制剂967种。与1985年版《中国药典》收载品种相比一部新增80种，二部新增213种。

1995年版，分一、二两部，收载品种共计2375种。一部收载920种，其中中药材、植物油脂等522种，中药成方及单味制剂398种；二部收载1455种。与1990年版药典相比，一部新增品种142种，二部新增品种499种。

2. 现行的药典

《中华人民共和国药典》与其他法规一样具有后法废前法的性质，也就是说当现版药典颁布时，根据国务院药品监督管理部门所通知的正式执行时间，前版药典即自行作废。现行版为2000年版。

《中华人民共和国药典》2000年版共收载药品2692种。一部收载传统药992种(其中中药材534种，中成药458种)；二部收载现代药1700种。与1995年版相比，本版药典新增西药品种400个，修订中西药品种502个，删除1995年版品种83个。

3. 药典的收载范围

《中华人民共和国药典》的收载范围是：必须是医疗必需、临床常用、疗效肯定、质量好、副作用小、优先推广使用，并有标准规定能控制或检定质量的品种。具体规定如下：①工业生产的药品应是工艺成熟、质量稳定、可成批生产的。②中药材应是医疗常用，品种来源清楚，有商品经营的。③中成药应是使用面广、处方合理、工艺成熟，有较长期的使用经验；临床必需的验方、制剂，择优选收；医疗常用的辅料、基质等，适当收载。

4. 药典的收载内容

《中华人民共和国药典》中每种中药材项下有汉语拼音、拉丁名、来源、性状、鉴别、含量测定、炮制、性味与归经、功能与主治、用法与用量、储藏等内容，成药项下包括汉语拼音、处方、制法、性状、鉴别、检查、功能与主治、用法与用量、注意、储藏等内容；附录载有制剂通则等内容。

5. 医药商品的卫生标准

严格执行医药商品卫生标准，对防止医药商品污染、提高医药商品质量、保障人民身体健康有着重要意义。《药品卫生标准》自1978年由卫生部、化工部、商业部颁发以来，经过多年的实践，国家又对其作了相应的修改和补充，现已作为药典的附录部分收载。

医药商品卫生标准控制的项目如下：

(1)致病菌：口服药不得检出大肠杆菌，口服脏器制剂要作沙门氏菌检查，外用药不得检出绿脓杆菌、金黄色葡萄球菌，用于深部组织、创伤、溃疡面的外用中药制剂不得检出破伤风杆菌。

(2)活螨：口服药品不得检出活螨。

(3)杂菌总数与霉菌总数涉及内容如下：

①不含生药原粉的中药固体制剂、化学药制剂、生化药制剂、胶剂、含中西药的复合制剂等口服药品、用于表皮黏膜完整的外用制剂，每克药品内细菌总数不得超过1000个，霉菌总数不得超过100个。

②含生药原粉的片剂、中成药蜜丸、中药茶剂、部分含生药原粉的胶囊剂、冲剂、含生药原粉的中西药复合制剂等其细菌总数每克不超过1万个，霉菌总数不得超过500个。

③中成药水丸、含生药原粉胶囊剂、用于表皮、黏膜完整的含生药原粉制剂，其细菌总数每克不得超过5万个，霉菌总数不得超过500个。

④中药散剂1克含细菌总数不得过10万个，霉菌总数不得超过500个。中西药液体制剂、

膏剂细菌数每克(或每毫升)不得超过1000个,霉菌数和酵母菌数不得超过100个。

⑤生化药中的酶制品的细菌总数及霉菌总数的控制标准不尽相同,因药而异。

⑥胃酶片、肝浸膏片、酵母片等1克含细菌不得超过5000个,霉菌数不得超过100个。多酶片(含淀粉酶),1克含细菌数不得超过5万个,霉菌数不得超过100个。淀粉酶、复合磷酸酯酶等,1克含细菌数不得过10万个,霉菌数不得超过100个。

⑦狗皮膏、伤湿止痛膏等不含生药原粉的膏剂,暂不作要求。以豆豉、神曲等发酵类药材含生药原粉的制剂其细菌数、霉菌数暂不作控制。

此外,消毒剂、防腐剂(如碘酊、紫药水等),口服抗生素制剂,对细菌及霉菌总数均暂不控制。

九、国外药典简介

药典是一个国家对药品规格标准所制定的法典。它由国家组织编纂,并由政府颁布施行,具有法律意义。药典在一定程度上反映了一个国家的药品生产、医疗保健和科学技术水平。世界上先进国家都有自己的药典。目前,世界上有三种类型的药典:

1. 国家药典

这类药典在本国范围内有法律效力,其中影响较大的有英国药典(BP)、美国药典(USP)、日本药局方(JP)。

(1)《美国药典》和《国家药方集》。《美国药典》(The Pharmacopeia of the United States of America,简称USP),于1820年颁布,到2000年,已出版24次。《国家药方集》(National Formulary,简称NF)从1888年第一版开始,到1975年共出版14次。

1975年USP与NF合并,统一由美国药典委员会负责修订及编印。现行的是USP 24版NF 19版(2000年)。

USP的收载范围限于药品和药品制剂。NF的收载范围限于制剂的辅助成分(Pharmaceuticing Redients),例如稀释剂、赋形剂、乳化剂、着色剂、表面活性剂等。

(2)《英国药典》。《英国药典》(British Pharmacopoeia,简称BP)。BP在1864年出版第一版。现行版为1998年版。BP不仅在英国本国使用,加拿大、澳大利亚、新西兰、斯里兰卡、印度等国也采用。

(3)《日本药局方》,《日本药局方》(Pharmacopoeia Japonica,简称JP),于1886年初版,现行版为1996年发行的《十三改正版日本药局方》。

2. 国际性药典

目前的国际性药典是由世界卫生组织编纂的《国际药典》(Pharmacopoeia Internationalis,简称Ph. Int.)。第一版为1950年版,第二版为1967年版,1971年出版了第二版增补本,1979年出版了第三版。《国际药典》无法律效力,仅推荐给会员国,供各国编纂药典参考。

3. 地区性药典

(1)《北欧药典》。《北欧药典》由瑞典、丹麦、挪威三国联合编纂,1964年出版。

(2)《欧洲药典》。《欧洲药典》(European Pharmacopoeia,简称EP),最初版于1969年由欧洲共同体的英国、法国、意大利、联邦德国、荷兰、比利时、卢森堡七国协议编订。随着形势的发展,参加这部药典工作的国家愈来愈多,到1979年时,又有奥地利、塞浦路斯、冰岛、爱尔兰、挪威、瑞典、瑞士、丹麦8国参加,1981年出版了第二版,以英文版、法文版为法定版本。现行版为1997年出版的第三版,1998年出版了第三版的增补本。

随着国际交流和国际医药商品流通的发展，医药商品标准的国际化越来越明显，因此各国在制定本国药典时，很有必要参考国际上的先进药典的标准，使自己的医药商品标准能逐渐同国际先进医药商品标准接轨，促进本国医药卫生事业的发展。

第四节　医药商品的监督检验

医药商品质量监督检验是医药商品质量监督管理的重要依据。质量监督必须采用检验手段，如果检验技术不可靠，检验数据不真实，必然造成质量监督工作的失误和不公正。因此，必须加强医药商品质量监督检验的管理和研究。

一、医药商品检验

1. 商品检验的定义

国家标准 GB/T 6583—92 和国际标准 ISO 8402—86 中对检验定义为：对产品或服务的一种或多种特征进行测量、检查、试验、度量，并将这些特性与规定的要求进行全面比较以确定其符合性的活动。简单地说，商品检验就是根据商品标准和合同条款规定的质量指标，确定商品质量高低和商品等级的工作。

商品检验的主体是商品的供货方、购货方或者第三方。

商品检验的对象是商品的各种特性，如商品的质量、规格、重量、数量以及包装等方面。

商品检验的依据是合同、标准，或国际/国家有关法律、法规、惯例等对商品的要求。

商品检验的目的是在一定条件下，借助科学的手段和方法，对商品进行检验后，作出合格与否或通过验收与否判定；或为维护买卖双方合法权益，避免或解决各种风险损失和责任划分的争议，便于商品交接结算而出具各种有关证书。

2. 医药商品质量监督检验的性质

国家为了对医药商品质量进行监督必须采用监督检验，这种监督检验与医药商品生产检验、验收检验的性质不同。医药商品监督检验具有第三方检验的公正性，因为它不涉及买卖双方的经济利益，不以营利为目的，具有公正立场；医药商品监督检验是代表国家对研制、生产、经营、使用的医药商品质量进行的检验，具有比生产检验或验收检验更高的权威性；医药商品监督检验是根据国家的法律规定进行的检验，在法律上具有更强的仲裁性。

二、医药商品检验机构

为了保证医药商品质量的监督管理，国家通过立法，规定各级药品监督管理部门设置药品检验机构，授权各级药品检验机构对医药商品质量进行监督检验。我国的药品检验机构分四级，即国家级的中国药品生物制品检定所；省、自治区、直辖市级（简称省级）药品检验所；地、市级药品检验所和县级药品检验所。药品检验机构是执行国家对医药商品监督检验的法定专业技术机构。

三、医药商品质量监督检验机构的职能

1. 医药商品质量监督检查工作

药品检验所是通过对医药商品的检验与检查进行质量监督。监督的范围包括：①国内生产

的医药产品按国家药品标准进行检验;②医疗机构自配的制剂按国家药品标准和制剂规范进行检验;③进出口医药商品按药品监督管理部门指定的质量标准进行检验。

为了掌握与考察医药商品质量情况,药品检验所应对医药商品生产、经营和使用单位的医药商品进行定期或不定期的,有计划或随机的抽检。凡新投产的、质量不够稳定的、易变质失效的、使用量大的、应用面广的以及临床反映存在某种质量问题的品种,应予重点抽检。对医药商品进行检验时,必须填写检验报告书。

检验报告书是对医药商品质量所做的技术鉴定,结论必须明确。对检验不合格的药品,必要时应深入实际调查研究,全面了解情况,作出正确结论,并应按下列情况处理:①属委托检验的药品,合格者,报告书应详列检验项目和检验结果,发至送检单位;不合格者,报告书应详列不合格的项目及具体数据和检验结果,发至送检单位,必要时提出处理意见,报当地药品监督管理部门。②对抽验结果不合格的药品,应提出处理意见,连同报告书报当地药品监督管理部门处理。③属仲裁检验的药品,在报告书上应详列全部结果和具体数据,必要时报当地药品监督管理部门处理,并抄报上一级药品检验所。

2. 医药生产、经营企业的监督检查工作

药品检验所应有计划、有重点地派员深入到医药商品生产、经营和使用单位进行药品质量监督检查,促进、帮助他们提高医药商品的质量。检查的主要内容:①医药商品质量管理制度的执行情况;②质量管理部门的检验技术和检验方法;③与医药商品质量有关的生产工艺、原辅料、制剂的配制过程及分装储存条件等;④医药商品质量监督工作开展的情况;⑤影响医药商品质量的有关产、供、销单位的卫生情况。

3. 药品标准和标准品、对照品的管理工作

在医药商品检验工作中,为求得检验结果的准确一致,需要对检验用的标准品、对照品进行管理。标准品的制备由国家药品监督管理局指定的药厂承担。中国药品生物制品检定所负责国家标准品的统筹安排、标定、保管及分发工作;省、自治区、直辖市药品检验所根据中国药品生物制品检定所的统一安排,承担部分国家标准品的标定等任务。

地方各级药品检验所应做好中药材标本的收集、整理、鉴定、保管、研究等工作,内容主要是本地区生产及习用的品种。

四、药品质量监督检验的类型

医药商品质量监督检验根据其目的和处理办法不同,可分为抽查性检验、委托检验、复核检验、技术仲裁检验及进出口检验等五种类型。

1. 抽查性检验

药品检验所授权定期或不定期对药品生产企业、经营企业和医疗单位的医药商品质量进行检查和抽检。抽检的重点是那些需要量大、应用面广、质量不稳定、储存期过长、易混淆、易变质、外观有问题的医药商品以及各级医疗单位自制制剂。通过抽检,发现医药商品质量问题和倾向,并依法处理,从宏观上对医药商品质量进行控制,督促企事业单位严格按药品标准生产、经营、使用合格药品。抽检是一种强制性检验,抽检结果由国家药品监督主管部门发布《药品质量检验公报》。

2. 委托检验

委托检验是指:①药品监督管理部门委托药检所检验的药品;②药品生产企业、经营企业和医疗机构因不具备检验技术和检验条件而委托药检所检验的药品。两者均属委托检验。

3. 复核检验

复核检验是对原检验结果的复验，其目的是为了证明原检验数据和结果的可靠性与真实性，以确保医药商品的质量。研制新药或仿制药品、评定优质药品、鉴定新工艺等，向药品监督管理部门报批前，要送药检所进行复核检验。

4. 技术仲裁检验

技术仲裁检验是公正判定、裁决有质量争议的药品，以保护当事人的正当权益。因此，只对有争议的药品进行检验，必要时要抽查所涉及的企事业单位的质量保证体系条件，弄清质量责任。处理办法是由仲裁质量监督部门进行裁决或调解。这是法制监督的重要组成部分。

5. 进出口检验

进出口检验是对进出口的医药商品实施的检验。进口的医药商品检验按《进口药品管理办法》和有关规定执行，由口岸药品检验所进行检验；出口的医药商品按出口合同的标准检验。

第四章　医药商品的经营

医药商品的经营，就是药品经营企业围绕经营活动，制定经营方针和目标，确定经营思想和战略，完善营销机制和策略，并用以指导经营的一系列活动。医药商品的经营活动包括药品批发和药品零售。这种经营活动的主体是医药商业企业，医药商业企业的经营条件、经营行为，对药品质量及群众用药的合理、安全、有效具有十分重要的影响。因此，为了保证药品经营质量，保证人民用药安全，政府主管部门必须依法加强对药品经营企业的监督管理。本章主要根据药品流通的特殊性，对药品经营活动的概念、特点及国家对药品经营的管理法规进行介绍。

第一节　医药商业企业

医药商品的经营与管理是通过医药商业企业的经营活动来实现和完成的。医药商业企业的基本职能是在医药商品的经营活动中起媒介作用，它包括医药商业系统的各级专业经营和兼营的单位。

一、药品经营企业的涵义

药品经营企业是指专门从事药品经营活动的独立的经济部门，根据发展医药经济的内在要求和市场供求规律，将药品生产企业生产出来的药品，通过购进、销售、调拨、储运等经营活动，供应给医疗单位、消费者，完成药品从生产领域向消费领域的转移，从而满足人民防病治病、康复保健和防疫救灾的用药要求，实现药品的使用价值。

药品经营企业属商业企业，具有商业企业的特征和基本职能。其特征是由一定数量从事商品买卖活动的劳动力而组成的劳动集体；有一定的店面、货场等固定场所和工具设备为劳动对象；有一定数量的资金从事商品买卖，独立经营，独立核算。其基本职能是媒介商品交换。

药品是特殊商品。药品经营活动的特点主要体现为专业性、政策性、综合性。专业性强是指医药商品的经营人员必须具备一定广度和深度的药学专业知识，并经过国家资格认定。政策性强是指医药商品的经营活动必须按照国家药品管理法规依法经营，确保人民用药合理、安全、有效。综合性强是指医药商品经营活动，既有专业技术性工作又有事务工作；企业既要处理好经济效益和社会效益之间的关系，又要处理好国家、集体、个人之间的关系。

二、医药商品经营的工作内容和方式

现代商品管理学认为，商品经营是指对商品的收购、调拨、供应、储存、保管、养护直至销售给顾客的一系列活动。

医药商品经营的工作内容可分为两方面：一是根据国家的法律和政策，有计划地收购、调

拨、销售药品;二是对药品进行检验、保管、养护以及对药品进行拆包、分装并把药品销售给使用单位或个人。

医药商品经营的方式可分为两种:一种是医药商品批发。医药批发企业从生产单位购进药品或从其他商业单位调进药品,供应零售单位转卖、医疗单位用作诊断疾病,或供应生产单位用作生产资料(一般为药用原辅料)。批发是药品流通的始点和中间环节,它起着沟通生产和使用之间、城乡之间、地区之间药品流通的枢纽作用。另一种是医药商品零售,医药零售企业将药品直接供应顾客(患者)或供应集体单位使用。零售是药品流通的终点,是完成流通的最后过程。

医药商品批发的特点是:批发的价格比零售虽低一些,但它所需的销售周期短,不需经过繁琐的拆包、分装过程,也不直接将药品销售给顾客;它的经营规模较大,经营品种、数量较多,获取利润也较高。

医药商品零售的特点是:将整件的药品拆包、分装、分类,直接销售给顾客。零售一批药品往往所需的销售周期长,人力消耗大。零售药品质量的好坏,直接关系到人民用药的安全有效,销售药品时要按方取药,准确无误,并向顾客讲明用法、用量及注意事项等。

三、医药商业企业的种类

医药商业企业按照所有制、经营范围和经营方式可分为多种类型,每种类型的企业均具有特殊的管理方式和经营特色。从生产资料所有制的性质上看,医药商业企业可分为国有、集体和民营企业。其中国有企业在医药商品流通领域中占主体,在多种经营形式、经济方式和多种流通渠道并存的流通体系中,担负着医药商品流通的主要任务并发挥着主导作用。从具体的经营形式来看,通常将医药商业企业分为批发、零售、批零兼营、行栈企业等。

1. 医药批发企业

医药批发企业是医药商品生产和销售的桥梁,它从生产单位或其他部门购进、调拨药品,批量供给零售企业、医疗单位及下一级批发企业,或供应生产企业作为生产的原料,是基本业务的经济组织实体。

医药批发企业的主要任务是:进行市场调查和预测;根据医疗保健的需要,帮助生产者安排和落实生产任务,做好原材料的收购和供应,促进和引导医药商品生产的发展;根据国家的方针政策,合理组织医药商品的分配、调拨或供应;适应市场的需要,合理储存商品并做好养护工作。医药批发企业按其业务范围分为省(市)批发企业和县(市)批发企业。

2. 医药零售企业

医药零售企业是医药商品流通领域的终点,其销售对象是消费者。医药零售企业具有规模小、销售数量零星、交易次数频繁等特点。它的基本任务是:研究市场药品供应的情况,积极组织适销对路的药品,反馈消费者的意见;满足人们医疗保健的需要,为生产部门提供市场信息;严格遵守药政管理法规,保证投药准确和用药安全。

医药零售企业是最终向消费者提供医药商品和服务的中间商,目前,我国的医药零售企业由各种药品零售药店和各级各类医疗单位(医院、诊所)组成。随着我国医药市场日趋规范,非处方药品的零售除了目前的社会零售药店外,还可能进入各种超市和便利店(当然需要具备一定国家规定的具体条件并严格按批准药品范围经营)。医药商品一经与零售企业联手,就将很快进入消费领域,实现其社会价值。由于处方药品必须经医生开出处方患者才能消费,因而处方药品需要进入医院或指定零售药店。目前受我国医药合一的体制与统筹公费医疗制度的限制，使得医药零售商不仅数目少而且规模也小。随着我国医药管理制度的健全，社会医疗保险制度的逐步铺开，可以预见，医药零售业特别是非处方药品市场前景将十分广阔。

四、医药商业企业的责任和任务

医药商业企业的基本责任和任务是：要认真贯彻执行国家的有关政策和药政法规，坚持社会主义的经营方向，端正经营作风；要积极组织医药商品流通，寻求适合市场经济特点的经营方式，保证完成国家或部门下达的医药产、供、销等各项计划指标，严格履行经济合同；正确处理商工、商农、商贸、商林、商学等各方面的关系，根据客观经济规律和医药商业企业的特点，提高医药商品的科学经营管理水平，促进医药经营管理的现代化和标准化；加强医药生产和消费的连接，经常进行医药市场的调查研究和供需预测，保证市场消费的需要；主动接受社会、卫生、药政和药检等部门的监督检查，确保医药商品的质量和真实性；严格遵守财经纪律，合理使用资金，降低成本，提高经济效益；加强对企业职工的素质教育，经常开展企业文化和专业技术等方面的培训工作，提高服务质量。

五、医药商业的经营特点

医药商业是特殊商品的流通企业，它不但具有一般商品的经营方式，还有其独特的市场特点。医药商业首先要按照 ISO 9000 国际标准的质量控制和质量管理系统，实施全面的质量管理，按照《药品生产质量管理规范》(Good Manlrpacluring Practice，简称 GMP)、《药品经营质量管理规范》(Good Supply Practice，简称 GSP)的要求组织生产和经营，以确保产品质量。医药产品在商品市场中进行分配和交换，所以不可避免地存在着市场竞争。医药企业为了自己的产品在市场上具有竞争力，同时又要保证人民群众用药安全，必须树立市场观念，搞好市场预测，在实施市场策略的同时，要特别注意建立市场信息传递与反馈系统，了解质量信息和用户的需求信息，作出正确的决策，不断为社会提供疗效好、质量高、不良反应小、服用方便的药品。药品经营活动的特点是必须持有企业药品经营许可证，产销关系密切，供方稳定，供应及时。经营技术性强，必须有懂商业经营知识的执业药师经营，严禁经营伪劣药品。

六、医药商业企业的管理

1. 按法定程序审核药品经营企业的开办

药品经营企业包括药品批发企业和药品零售企业。开办药品批发企业的程序：①经企业所在地省级药品监督管理部门批准并发给《药品经营许可证》，申报企业凭《药品经营许可证》到工商行政管理部门办理登记注册；②经企业所在地县级以上地方药品监督管理部门批准并发给《药品经营许可证》，企业凭许可证到工商行政管理部门办理登记注册。

《药品经营许可证》的有效期为 5 年，期满前 6 个月向原审核部门申请换证。《药品经营许可证》上应当标明经营范围，企业在申报许可证时申报经营范围，并经药品监督管理部门审核批准。药品经营企业应按照批准的经营范围经营。

开办药品经营企业必须具备的条件：①经营人员为依法经过资格认定的药学技术人员；②营业场所、设备、仓储设施、卫生环境条件等要与经营企业所经营的药品相适应；③企业具有与所经营药品相适应的质量管理机构及人员；④建立健全保证药品质量的规章制度。

2. 实施《药品经营质量管理规范》

《药品管理法》以法律的形式强制性要求药品经营企业必须按照《药品经营质量管理规范》

经营药品，药品监督管理部门按照规定对药品经营企业是否符合《药品经营质量管理规范》的要求进行认证，依法发放认证证书。国家药品监督管理局于2000年制定并发布了《药品经营质量管理规范》、《药品经营质量管理规范实施细则》、《药品经营质量管理规范认证管理办法(试行)》等规范性文件和细则。2001年10月15日，国家药品监督管理局发出关于加快GSP认证步伐和推进监督实施GSP工作进程的通知，对GSP实施步骤的时间作了明确规定。要求在2002年年底前，对全国大中型药品批发企业和零售连锁企业以及大型零售企业完成GSP认证工作；2003年年底前，对所有地市级以上城市的药品批发企业、零售连锁企业和中型零售企业，完成GSP认证工作；2004年年底前，全面完成全国药品经营企业的GSP认证工作。在规定期限不能通过GSP认证的企业，根据《药品管理法》的有关规定，取消其药品经营资格。

第二节 医药商品的经营

医药产品只有从生产者转移到医疗单位或患者手中，才能真正实现其价值与使用价值。医药经营企业通过对医药产品的采购和销售来实现医药商品经营，药品的采购工作是保证医药公司、零售药店、医院正常经营，和杜绝假冒伪劣药品、保证药品质量和患者用药安全的重要环节，药品销售渠道是医药产品从生产者转移到医疗单位或患者所经历的途径。由于医药产品是事关人民生命健康的商品，为了保证用于防病治病的医药商品在质量上的安全性、疗效的可靠性与使用的经济性，政府都用政策与法律手段干预与限制医药商品的流通活动。因此，医药商品的经营与一般商品不同，主要表现为：选择经营渠道类型的自由度相对较小；对渠道成员都有严格的资格限制；对一些特殊药品垄断经营。

一、医药产品的采购

采购是医药商品流通的起点，也是组织医药商品货源的手段。为保证药品质量，严禁从个人手中或未取得《药品经营许可证》的非法药品经营单位采购药品。医药产品采购必须遵照国家的有关规定，在市场需要的前提下，坚持品种、规格、质量、数量、价格并重的原则，做到按需进货，择优选购。

1. 医药产品采购的程序和方式

医药产品采购的基本程序：市场调研、库存分析、制定采购计划、签订采购合同。

医药产品采购的方式：①产地采购，对于企业长期经营、市场销售稳定的大宗品种，可以从主产地或生产厂家直接采购，此种方式采购到的医药产品价格低、质量好、储藏时间短；②调剂采购，许多非大宗品种，可以在医药商业企业之间相互调剂，采用这种方式采购到的医药产品品种全、到货及时，但价格高、产品储藏时间较长；③储备采购，对于一些季节性强、市场短缺或销售量大的品种，可以一次性大批量采购储存备用，这种采购方式虽占用仓储，风险也较大，但如果判断准确，则可以获得较好的经济效益。

2. 基本目录药品的采购

(1)提出采购计划。药品采购计划，首先由药品仓库有关人员根据库内药品的使用消耗情况及临床需求等，提出所需药品的品种、规格、数量等，按管理规定制订药品进购计划，填写药品计划申购单。

(2)采购调研。从接到采购任务后到具体洽谈前，药品采购人员需进行较为详细的情报调研工作，对有关货源、质量、价格等进行多方的比较。

(3)采购洽谈。采购人员在掌握供应厂商和产品情况的基础上，根据采购计划，就药品品种规格、数量、质量、价格、供货方式、供货时间、结算方式、违约责任等内容进行谈判。

(4)签订合同。即以法律文书的方式确定供需双方的权利与义务。

(5)评估履约情况。即药品采购合同履行情况的追踪与评价。一方面监督医药公司或厂商按合同规定，按质、按量、按时供货，同时根据合作情况确定以后是否继续合作。

3. 常规用药的集中招标采购

近年来，随着国家医疗卫生制度方面改革的深化，为避免药品采购工作中一些不正之风的出现，把人为虚高的药价降下来，减少患者的经济负担，越来越多的地区卫生主管部门对医疗机构的药品采购作出实行集中招标的规定，卫生部也出台了《医疗机构药品集中招标采购工作规范(试行)》和《医疗机构药品集中招标采购监督管理暂行办法》。

二、医药销售渠道的类型

医药产品按其最终使用者的不同可分为个人消费者与生产者组织两大类，医药产品本身也可相应简单地分为药品、医药工业品(指原料药、中间体等)两大类。由于这两类医药产品的销售管理方式的不同，因而其分销模式也各有特点，有药品销售渠道类型与医药工业用品销售渠道类型。

1. 药品销售渠道类型

药品销售模式常用的有四种类型：

(1)医药生产企业—医药零售药店或医院—个人消费者。生产企业通过自己的销售部门直接向零售药店或医院供货，由医药零售药店或医院向个人消费者销售药品。采用这种销售模式的生产企业一般都具有较强的销售部门或销售渠道。

(2)医药生产企业—代理商—医药零售药店或医院—个人消费者。生产企业通过一定的代理商向零售药店或医院供货，由零售药店或医院向个人消费者销售药品。根据国家规定，只有同时持有“两证”(即《药品经营企业许可证》、《营业执照》)才能成为合法的药品供应者，所以药品生产企业在选择药品代理商时应加以注意。

(3)医药生产企业—代理商—医药商业批发公司—医药零售药店或医院—个人消费者。生产企业通过一定的代理商向医药商业批发公司供货，医药商业批发公司再向零售药店或医院供货，由零售药店或医院向个人消费者销售药品。医药商业批发公司拥有较为齐备的药品种类和规格，可以满足零售药店或医院的需求。同样，药品代理商也应注意医药商业批发公司是否具备“两证”。

(4)医药生产企业—医药商业批发公司—医药零售药店或医院—个人消费者。此种模式与前一种相比，少了代理商这一环节，因此，无论是医药商业批发公司，还是医药零售药店或医院，其药品销售价格更加优惠。

2. 医药工业用品销售渠道类型

医药工业用品的销售渠道类型相比药品的销售渠道类型要简单得多，主要有：

(1)生产企业—医药生产单位。这是一种直销类型，由上游生产企业直接向产品下游生产企业供货，适用于数量大、品种单一的产品类型。这是医药原料药企业常用的销售模式。

(2)生产企业—代理商—医药生产单位。生产企业通过一定的代理商向生产者销售产品。好处是做市场相对容易，缺点是不能直接与需求者见面，市场信息的掌握差一些。

(3)生产企业—代理商—医药批发商—医药生产单位。这种模式是环节最多、途径最长的一种,通常适用于数量少、品种多的产品销售。它可以借助中间商的各种功能促进生产与销售工作的开展。

(4)生产企业—医药批发商—医药生产单位。这是生产企业借助批发商力量销售产品的另一种形式。

三、非处方药品和处方药品的经营模式

按照国家有关规定,药品市场必须规范经营,非处方药品和处方药品的经营应按不同的渠道进行。处方药品的销售应集中在医院或少数定点零售药房,一般的零售药店或超市中只允许出售非处方药品。

1. 非处方药品的经营

非处方药品与普通百姓生活联系较为紧密,大多数可以自我诊断与自购自用,社会零售药店就是其主要销售场所。销售主要采取以下几种形式:

(1)医药生产企业—零售药店—消费者。这是指生产企业将药品销售给零售药店,然后由零售药店销售给个人消费者。这是最基本的医药销售模式之一,其特点是没有中间商介入,由生产厂家直接向零售药店销售,因而利润空间相对较大。其条件是生产企业实力雄厚,必须在全国各地建有办事机构和营销网络,否则无法满足面广量小的送货、销货、回款等繁琐工作。目前一般非处方药物或普通药品常采用这种销售模式。

(2)医药生产企业—代理商—零售药店—消费者。在这种销售模式中,医药生产企业通过一定的代理商将药品销售给零售药店,然后再由零售药店销售给消费者。这种经营模式适合生产非处方药品但又实力不足、或没有自营销售网络的企业。

(3)医药生产企业—代理商—医药商业批发公司—零售药店—消费者。由于企业没有自己的营销网络,所以只能借助于中间商的销售力量销售药品。首先要寻找代理商,通过代理商去寻找医药商业公司,再借助这些医药商业公司的批发渠道向市场零售药店供货,最后通过药店将药品销售给消费者。这种销售模式是非处方药品和普通药品常用的经营模式之一。因为这两种药品单位价值小,但销售面广,零售药店众多或分散,生产企业根本无力也没有必要向城乡每一个角落的零售药店直接供货与回款,完全可以借助中间商的力量实现自己产品销售的目的。然而这种销售渠道模式的最大缺陷是生产企业的市场主动权掌握在代理商手中,无法直接接触市场。

(4)医药生产企业—医药商业批发公司—零售药店—消费者。这种模式与前一种模式相比只是少了一个代理商,由企业自有的销售力量与各地医药商业公司产生业务联系,并由商业公司下面的零售药店或其他专业零售药店向消费者销售药品。与第一种模式相比,它可以最大限度地借助于医药商业公司的销售渠道和销售力量,扩大产品的销售量,并且对销售渠道的控制力较强,利润空间也大,同时可以较多地参与具体的市场销售活动,了解市场第一手信息,帮助企业作出正确的经营决策,因而是目前非处方药品和普通药品最常用的经营模式。

2. 处方药品的经营

与非处方药品经营相比,处方药品经营与它有许多相似之处,但也有某些差别,其主要差别是将其中的零售药店换成了医疗单位。表面上看只是简单地变换了最后销售地点,但由于这两种中间商类型的功能与作用的不同,其销售药品的类型、促销工作的内容与方法等都有根本的不同。国家规定处方药品在使用时必须有专业医生的处方,因而其销售的地点主要集中在医

疗单位(医院)里,所以处方药品与非处方药品在具体经营上存在着较明显的差别。归纳起来,其经营模式有以下几种方式:

(1)医药生产企业—医疗单位—消费者。这是一种由生产企业直接将药品供应给医院,再由医院在患者就诊时出售给消费者的销售模式。这种模式适用于需要进入医院销售的新特药品、进口药品、处方药品。采用的企业则需实力雄厚、管理规范,有自己健全的营销网络,能够承担繁重的发货、推广、回款等工作。需要指出的是这种模式不一定在全国各地都适用,因为大部分地区规定生产企业药品不能直接进入医院,必须经过当地的医药经营公司。

(2)医药生产企业—代理商—医疗单位—消费者。这种模式是医药生产企业通过合适的药品代理商,直接将药品进入当地医疗单位,再由医疗单位将药品出售给消费者。企业的市场销售工作由代理商全权负责,自己相当于一个生产基地。这种模式适合于需直接进入医院销售的一些新特药品、进口药品、处方药品、医疗器械类和市场营销能力不足的医药生产企业采用。

(3)医药生产企业—代理商—医药商业批发公司—医疗单位—消费者。这是目前医药市场上药品销售中较为普遍采用的模式之一,适合于需要进入医院销售的处方药品、进口药品和新特药品的销售工作,适用于整体实力较弱,不能在全国建立销售网络的企业。通常医药企业首先寻找合适的代理商,通过这些代理商的销售网络,利用各地医药商业批发企业的力量,将药品送入目标医院,生产企业配合商业公司做医院的推广工作。这种形式既解决了生产企业营销能力不足的缺陷,又可满足医疗单位用药品种杂、数量多的要求。因为生产企业多零星分散,生产的品种单一,需要药品批发商将产品集中起来供应给医疗单位。这是多数生产企业和医疗单位都认可的经营模式。但缺点是其环节相对较多,从而增加了流通费用,提高了药品价格。

此外,由于市场营销的主动权掌握在代理商手中,企业对销售渠道的控制能力相对较差,不利于企业的长远发展。因此当生产企业的实力较为雄厚,能够直接进行市场营销工作时,一般可采用下面一种经营模式。

(4)医药生产企业—医药商业批发公司—医疗单位—消费者。这种经营模式是目前处方药品、进口药品、新特药品销售工作中最为普遍的经营模式。通常做法是由企业与医药商业公司签订销售合同,由医药公司销往医院,并负责与医院间的货款结算工作。生产企业与商业公司发生直接货款往来关系,企业的医药代表帮助商业公司做医院的药品推广工作。国家也提倡这种销售模式,它既能保证药品的质量,又可避免企业间越演越烈的促销不正之风。对于生产企业而言也是好处多多,既减少了药品营销的工作量(只要与一家或几家当地医药公司发生业务联系),又能直接掌握了解药品的市场销售情况,也可以在必要时通过自己的医药代表的促销工作提高药品的销售量。

第三节 医药商品市场

一、医药商品市场概述

1. 市场的概念

对于市场的解释,由于所处角度不同,意见还不一致。归纳起来有以下几种:

(1)市场是商品交换的场所,是医药商品集散、交换的场所。从宏观的角度说,是指随着市场经济杠杆趋动出现的购销医药商品关系的总和,如常见的药品批发市场、中药材市场等。这是对市场本意的解释，也是市场最早出现的形态。它是从空间状态来描述市场交易活动的，是在商品经济不发达时期人们对商品交换关系的初步认识。随着社会分工和市场经济的不断发展，商品生产与交换突破了地域的界限，人们对市场的看法也发生了根本的变化。

(2)市场是商品交换和流通的领域。随着社会分工的发展，货币的出现，市场的范围不断地从一地一域发展到全国，形成许多商业城市。其特征是四通八达、纵横交错、密集如网，它联系着生产与消费，联系着全国乃至全世界。这时的市场已不仅作为商品交易的场所，而且成为以货币为媒介的商品交换的场所，形成了商品流通过程。这种市场是商品交换和流通领域的概念，突破了市场的"时空"限制，强调了商品交换与流通过程的作用，以及商品交换与流通过程对再生产的调节功能，使人们对市场的认识进一步深化，有力地推动了市场经济的发展。

(3)市场是商品供求关系的总和。人们由于生理的或心理的欲望，产生了许多需求，同时又由于社会分工，各类生产经营企业提供了多样化的产品和服务，各种各样的需求与供给就构成了市场。市场是商品供求关系的总和，这是对市场的高度抽象与概括。它告诉人们：市场不仅是商品交换的场所和商品交换与流通的领域，还应看到市场的实质是商品供求关系。在社会再生产过程中，只有商品供求关系的相对平衡，才能顺利实现商品交换，促进市场经济的发展。

(4)市场是指对某种商品有需求和有购买能力的顾客或用户，是显在顾客和潜在顾客的总和。在市场经济高度发展的现代社会，商品需求与供给关系呈现纷繁复杂的状况。一种产品不可能满足所有人的需要，而只能满足部分人的特定需要。人类需求具有多样性和多变性，要求企业生产供给适销对路的产品。市场商品交换的实现，不仅依赖于人们对产品的需求，受产品供给的限制，还要受到人们购买力的影响。市场是指对某种产品有需求并有购买能力的消费者，这是现代经营理念下的市场含义，它是建立在对市场经济条件下商品供求关系深刻认识基础上的，对医药企业的生产、经营活动有着很强的指导意义。这种观点强调了人们的需求和购买欲望，强调了人们的购买能力，从而使商品交换关系建立在现实可靠的基础之上。

2. 市场的作用

任何意义上的市场总是一分为二的，一方是生产者，即供方；另一方是消费者，即需方。市场由供需双方组成，缺一不可。在市场经济条件下，供需双方在市场上进行商品交换活动，并由市场这只"看不见的手"来调节和指导生产者和消费者的行为。市场的作用表现为：

(1)市场是联结供需的桥梁，是联系生产和消费的纽带。生产者和消费者的关系，在市场上具体地转化为供和求的关系。对商品生产者而言，市场需求就体现在商品的适销对路上。市场把社会化分工下的社会化商品生产与亿万人民的各种需求，结合成错综复杂的交易网，组成高效的社会商品经济的有机整体。

(2)市场是商品生产和扩大再生产的中间环节。市场通过自己独有的运行法则来调节市场供需，使各行业间保持协调与平衡，使社会资源配置趋于合理，保证社会再生产顺利进行。

(3)市场是企业竞争的舞台，是优胜劣汰的裁判员。在市场经济条件下，市场为生产者提供公平竞争的市场环境，经过竞争对企业与产品进行筛选，促使其不断优化。市场是"无情的"，它对那些不能及时调整产品结构、产品没有销路的企业和产品，坚决地亮出"红牌"，甚至将其淘汰出局；市场又是"有义的"，它会给那些适销对路的产品和素质较高的企业以足够的生存与发展的机会。

3. 医药市场类型

与医药产品一样我们也可以对医药市场进行分类，其目的也是为了能科学地归类总结，以寻找出其特点、现状与发展趋势，为医药企业市场营销工作提供正确的指导。通常对医药市场可按以下标准进行分类：

(1)按医药市场规模来分：可分为宏观医药市场和微观医药市场。宏观医药市场是指在一定时期内一个国家或地区的全部药品市场需求总量，是有关医药市场容量的总量指标。它既影响国家医药产业政策的制定，也决定着医药企业的销售潜力。对其分析的内容需包括现状和将来的趋势，国家有关政策法规的实施与影响情况，地区间、品种间的差别与变化，国内国际市场竞争态势，产品与结构调整的趋势等。微观医药市场则是指某类、某种具体药品在一定时期和一定范围内的市场规模，如我国感冒药市场、心血管药品市场等，它也可以用一定时期内一定地区的某一类特定消费者所需要某类药品的数量来表示。这种具体的医药产品市场对生产者和经营者来讲显得尤为重要，因为它直接决定着相关企业的市场营销战略。

(2)按医药市场客体组成来分：可分为消费者市场、生产者市场、中间商市场和政府市场。医药消费者市场，是由某类、某种药品的最终使用者组成的市场，在以消费者为导向的市场营销活动中，它的一切情况都是医药企业密切关注的内容。生产者市场，即医药工业市场，构成这个市场的顾客，由为了进一步生产其他药品再出售而从事生产经营活动的医药原料药、中间体的顾客组成。中间商市场，在医药行业具体表现为由医药商业公司和各级各类医院组成的市场，他们经营药品和器械的最终目的，不是为了自己消费，而是为了通过销售而盈利。在生产者市场广告宣传的作用十分有限，大多在于沟通产销信息；而人员推销是最有效、最主要的促销形式。政府市场是一个庞大的市场，每年采购一定的药品，用于国防、司法和公共福利事业等。政府采购具有高度的专业性与特殊性，公开招标与签订供货协议是其主要形式。

(3)按医药市场地域结构来分：可分为城市医药市场、农村医药市场、国内医药市场和世界医药市场。城市医药市场与农村医药市场由于在地区间经济差异、消费者的收入、消费观念与习惯、文化水平、卫生状况与医疗条件等方面的差别，以及国家医疗保险覆盖范围局限性等，在药品的需求量、品种、档次等都存在着很大的差别。这就要求医药生产经营企业根据其药品主要销售地点采取合适的营销策略。与此相类似，国内和国外医药市场的差别就更大，进行国际医药贸易时需要调整的经营策略就更多。

(4)按药品分类管理要求来分：可分为处方药市场和非处方药市场。从 2000 年 1 月 1 日开始，我国根据药品品种、规格、适应症、剂量及给药途径的不同，实施药品处方药和非处方药分类管理。处方药是需要凭专业医师的处方才能得到，并在医务人员的指导下服用的药品。非处方药是为适应我国经济的发展、人民自我卫生保健意识的增强、及“大病去医院，小病上药店”用药习惯等需要而实施的。由于非处方药不需要医生处方，不需要在医务人员的指导下服用，为保证人民用药的安全有效，国家有关部门除需要严把遴选、更新、淘汰与转换关外，对其药效、标识、流通过程等方面都规定有区别于处方药的要求。这是非处方药生产经营企业必须认真掌握并严格执行的。

(5)按医药产品种类来分。按药品的大类来区分医药市场，同样能够展示不同市场的不同特点、现状与趋势等。由于统计口径及目的不同，分类的标准也各有不同。既可按中药材、化学合成药、生物技术药三大类来划分，也可用诸如解热镇痛类药品、抗生素类药品、大输液、医疗器械、化学试剂与玻璃仪器等标准来划分。

二、医药商品市场格局

与流通体制相适应，我国医药市场格局也发生了较大的变化。从市场方式来看，改革开放以前，我国医药市场基本上是卖方市场，商品供应不足，广大农村“缺医少药”，有时连基本的需要都难以保证。医药商业企业以分配形式供应,不能满足消费者多方面的需求。随着改革开放的深入和医药经济的发展,买方市场逐渐出现和形成,医药商品供应逐步充足起来,医药商业企业为了扩大经营,开拓市场,自觉地把顾客和用户的需求作为首要的问题考虑。从市场观念来看,医药市场格局的变化经历了三个阶段:新中国成立以后相当长的一个时期,医药商业企业都是以生产什么就卖什么的“生产导向观念”,使得医药商品供不应求;改革开放以后的一个时期,出现了以销售为中心的“销售导向观念”,医药商品逐步充足的买方市场;随着改革开放的深入和医药经济的发展,开始出现了消费者需求为中心“消费者需要什么企业就经营什么”的“营销导向观念”,形成了买方市场。医药商品由过去的统一收购,层层调拨,划区供应,变成了跨区收购,面向直接用户销售,并开始出现了地区总经销、总代理等形式。

1. 国内市场

社会需求将在改革中保持稳定适度的增长态势。这是因为:人口自然增长和人口老龄化社会的加速是构成医药市场消费需求平稳增长的基本因素。而城镇职工基本医疗保险制度的实施及人民生活水平的稳步提高,自我保健意识的增强,促进了药品需求上涨。据报道,预计到2005年全国药品需求将达到2180亿元,比2000年净增904亿元,预计“十五”期间,我国药品需求年平均增幅度有可能达到12%。

药品消费结构将发生新变化。这是因为:用药结构渐趋合理,有效和节约用药,将成为老百姓的自觉行动。因此疗效好、价格低的药品销售量将会增加,药品分类管理带来的药品需求结构的变化,用于防治新传染病和常见流行性病的药物及消毒药需求将大量增加,保健品消费将持续增长。我国新的医疗保险制度《基本医疗保险药品目录》的实施,将对药品结构调整产生很大影响,疗效确切、价格低廉的国产药将占有较大的市场份额;现代生物技术药物、天然药物、海洋药物将有可能成为常规化学药物的竞争对手。

药品价格趋于合理。药品价格由政府定价改为政府指导价和市场调节价。为遏制药价上涨和虚高定价的现象,国家相继颁布了《药品价格管理暂行办法》及其补充规定和一系列配套文件,坚持中央和地方分级管理的体制,要求规范各类药品作价办法,建立药价报告及公布制度,以建立适应社会主义市场经济要求的药价管理体系及药品价格形成机制,促进医药卫生事业的健康发展。

连锁经营是医药商业的发展方向。我国目前有医药零售企业12万多家,批发企业1万多家,为了改变我国医药流通领域企业多、规模小、效益低和市场机制不健全的现状,国家经贸委出台了《深化医药流通体制改革的指导意见》,国务院办公厅转发了卫生部等八部委《关于城镇医药卫生体制改革的指导意见》,拟通过医药商业企业产权制度改革和医药批发企业实行代理配送制、医药零售企业实行连锁经营制等一系列改革措施来改变现状。

2. 国际市场

随着经济全球化的发展,国际竞争日趋激烈。跨国公司为了增强国际竞争力,通过大规模的联合与兼并和国际资本市场与运作,建立全球性的销售网络,扩大市场份额。国内市场国际化和对知识产权保护更加严格,使市场竞争变得更为直接和生死攸关。今后国际医药市场发展的取向和趋势是:

(1)所有发达国家(以及少数发展中国家)人口日趋老龄化,适合老龄人口疾病特点的治疗药品需求量增大。

(2)由于住院医疗费用昂贵,因此,凡是能够缩短住院日期,特别是能够改变住院治疗为门诊治疗的新药都有极好的发展前景。能提高生物利用度和便于使用的控释、缓释等药品将进一步得到发展。

(3)随着社会发展和环境的影响以及疾病增加的变化，一些医疗领域尚缺乏高效、特效药物，从而为新药研制提供了机遇。

(4)生物技术发展和在医学领域的广泛应用，将使许多疑难病症得到有效治疗，预计以基因工程为核心的治疗用生物药品、诊断试剂、疫苗将迅速发展，并将逐步扩大在世界医疗市场的份额。世界发达国家利用资金、技术、市场上的优势，实施垄断。我国医药将在生物技术领域同发达国家展开新一轮的竞争。

(5)非专利药品稳步增长，预防性药品及与保健相关的产品将更加受到人们的关注。随着回归自然潮流的涌起，国际市场对天然药物的需求量将日益增加。目前世界植物制品的销售额近 300 亿美元，其中天然药物销售额已达 160 亿美元，并以年均 10%的速度递增。为此，各国竞相采用现代技术研究开发传统医药，抢占国际天然药物市场。这为我国中药开拓国际市场提供了机遇。

三、医药商品市场的管理

医药市场管理是国家政府部门根据有关的政策法规，运用科学的方法和手段对医药市场的商品流通活动进行行政管理。具体地说，就是对从事医药商品交换活动的单位和个人，在医药商品品种、价格、质量、合同、税收、利润等各个方面进行组织调控和监督。加强医药市场的管理，对于繁荣社会主义市场经济，合理组织医药商品流通，打击违法犯罪活动，维护消费者利益都具有十分重要的意义。医药市场管理的中心内容是贯彻实施国家医药市场管理的有关法律法规、规章制度，监督管理医药商品的流通渠道、流通结构以及医药经营方向，调节需求与供给的相对平衡，保证医药市场与整个国民经济协调发展。

四、医药商品市场的竞争

竞争是一切商品经济的客观规律，市场竞争迫使生产者和经营者改善经营管理，提高生产率和推动技术进步。医药商业企业作为相对独立的经营者，必须在竞争中求发展，在发展中求生存。市场竞争的形式多种多样，医药商业企业的市场竞争具有其特殊性和复杂性，其主要表现在下列几个方面。

1. 销售品种竞争

医药商品具有品种众多和产地广泛等特征，医药经营企业要取得销售上的有利地位，必须在市场需求的前提下，保证所经营的品种和规格齐全，研究产品的更新和多样化，以满足医疗和保健市场的需要。

2. 商品质量竞争

质量是增强企业竞争能力的关键因素，医药商品作为特殊的商品，其质量主要包括内在质量和外在质量两部分，外在质量主要是指药品本身的技术标准和包装等；内在标准则是药品的临床疗效。医药商业企业必须不断采用新技术，提高商品经营中质量的全面管理水平，创名牌和优质产品。

3. 商品价格竞争

在医药商品的性能、用途、质量和包装等条件相同的情况下，只有提高工作效率和企业的管理水平，才能降低生产成本。在国家有关部门许可的范围内，以低于同类产品的价格销售，赢得较大的市场份额，并能获得较多的利润以促进企业的发展。

4. 时间竞争

时间是医药商业竞争中的重要因素之一。在购销过程中，遵守交货时间是保证商品畅销和企业信誉的重要环节。作为一种特殊的商品，医药商业企业必须按时组织货源，及时地满足市场的需要。

5. 服务竞争

药品的供应是满足临床医疗的需要，对医院和患者的服务质量，直接影响到药品在市场的竞争能力。对医疗单位的服务，包括售前、售时和售后三个方面。销售时要详细解释药物的性味功能、主治、用法用量、禁忌证、注意事项、保存方法等。免费送药上门，实行售后质量跟踪服务，不断改进工作作风，从而赢得更多的用户。

第四节　医药商品的价格

医药商品和其他商品一样，具有使用价值和价值，医药商品的价值可以通过价格得以体现。医药商品的价格可以根据管理形式和流通过程来分类。按照医药商品价格管理形式可分为国家定价，国家指导价和市场调节价；按照医药商品流通的过程可分为收购价格，调拨价格，批发价格和零售价格。由于零售价格直接面对消费者，关系到国家利益和广大消费者的利益，所以，是价格体系中政策性最强的价格。

一、医药商品价格的制订

医药商品的价格应按照国家价格管理部门及医药主管部门制订的法规来制订。《药品管理法》对药品的价格专门设定了管理条文，其中第五十五条规定："依法实行政府定价、政府指导价的药品，政府价格主管部门应当依照《中华人民共和国价格法》规定的定价原则，依据社会平均成本、市场供求状况和社会承受能力合理制定和调整价格。"

国家制订了《药品政府定价办法》、《药品价格管理暂行办法》、《药品价格管理暂行办法的补充规定》，对政府定价原则、药品零售价格的制定、药品定价申报审批、药品价格监测及进一步加强药品价格管理，规范药品价格秩序，合理调整药品资源配置等，做出了明确的规定。此外，国家计委还下发了《关于政府定价不再公布出厂价、批发价的通知》，明确规定政府定价只制订公布零售价，药品零售单位不得突破政府制定的零售价格销售。《国家计委定价药品目录》按通用名称制定各剂型、各规格药品的价格。

二、医药商品价格的分类

医药商品价格按其在流通中所经过的环节，可分为出厂价格、批发价格、调拨价格和零售价格。

(1)出厂价格。医药商品出厂价格一般是按照正常的生产成本加税金和利润制定，为简化计算方法，可将工业利润和税率合并换算为税利率，其计算公式是：

出厂价格＝产品成本×(1＋税利率)

(2)批发价格。医药商品批发价格一般实行产地省一价，销地省一价。因此，它可分为产地省批发价格和销地省批发价格。产地省批发价格是由出厂价和进销差率构成。其计算公式是：

产地省批发价格＝出厂价格×(1＋进销差率)

销地省批发价格是由产地省批发价格和地差率构成，计算公式是：

销地省批发价格＝产地省批发价格×(1＋地差率)

(3)调拨价格。医药商品产地调拨价格是由调出地当日批发牌价，减去规定的倒扣率构成，其计算公式是：

产地调拨价格＝调出地当日批发牌价×(1－倒扣率)

中成药销地调拨价格是由调出地当日批发牌价减去规定的倒扣率构成，其计算公式是：

销地调拨价格＝调出地当日批发牌价×(1－倒扣率)

(4)零售价格。医药商品零售价格是由批发价格和批零差率构成，其计算公式是：

零售价格＝批发价格×(1＋批零差率)

此外，根据国家现行政策规定，中药材的收购价格按照各类药材的不同情况，分别实行全国一价、全省一价、片价和一县一价。一般由主产地制订收购价格，次产地的收购价格可参考主产地价格制订，流通到销售地的中药材，可按产地的收购价格酌加商品运杂费。

三、药品价格管理

药品价格关系到国家财政、药品生产经营企业、医疗单位和消费者等多方面的利益，为了控制卫生保健费用的支出，许多国家对药品价格的管理越来越严格，世界大多数国家对医药价格设立了专门机构进行管理，如法国的药物经济委员会、西班牙的卫生部和消费事物部、意大利的国家经济委员会、德国的保险商协会、瑞士的社会保险局、英国的卫生部和制药协会、澳大利亚的药物定价局、瑞典的价格竞争委员会等。在社会主义市场经济条件下，为了维护药品市场的价格秩序，保持药品市场价格水平的相对稳定，减轻社会医药费用负担，我国政府对部分重要药品的价格进行直接管理。

政府在进行药品价格管理时，要综合考虑国家宏观调控政策、产业政策和医药卫生政策，遵循以下原则：

(1)药品生产经营者能够弥补合理生产成本并获得合理利润。这是政府定价时应遵循的基本原则之一，因为成本是生产经营过程中发生的物质和人工费用的总和，是价格的基础和最低限度。合理的药品价格首先应能够弥补合理的生产成本，其次还要使企业能够得到合理的利润回报，具有自我发展的能力。

(2)反映市场供求。在社会主义市场经济条件下，由市场供求形成价格是市场竞争机制发生作用的重要体现。药品的生产经营者和消费者的经济利益是对立的，双方均会受经济利益的驱使，自觉地调整市场供应量和需求量。市场供求关系的变化就会造成市场价格的波动，只有靠市场竞争才能促使药品价格趋于合理。

(3)体现药品质量和疗效的差异。药品的质量和疗效其实就是药品使用价值的两个主要方面。药品的质量体现药品的内在属性，而疗效则体现药品的外在属性。由于不同的企业生产的同一种药品质量和疗效会存在一定的差异，此外，同类药品之间或适应症相同的不同种药品之间也会存在一定的质量和疗效差别，因此，政府给药品定价时要体现质量疗效之间的差异，以鼓励企业生产经营高质量的药品，更好地满足社会的消费需求。

(4)保持药品合理比价。保持药品间合理的比价关系对于促进企业之间公平合理的市场价格竞争具有十分重要的意义。对同种条件生产的同种药品，不同包装、规格和剂型的药品，不同条件生产的同一种药品，要根据其质量疗效和成本等方面的差异情况确定。

我国的药品价格实行政府定价和市场调节价两种价格。其中政府定价是指由价格主管部门或者其他有关部门，按照定价权限和范围所制定的价格进行定价。原则上政府定价应按照社会平均成本来制定，对于供大于求的药品，要按照社会先进成本定价。对于政府定价的药品，药品零售单位(含医疗机构)可以在不突破政府制定的最高零售价格的前提下，制定实际销售价格。

(5)鼓励新药的研制开发。对政府定价的药品，根据药品创新程度的不同情况，实行有差别的销售费用率和销售利润率控制比率。

四、药品价格的监督管理

为了适应药品价格管理需要，及时跟踪了解药品市场实际价格，提高药品价格管理的科学性和时效性，必须对药品价格进行监督管理。

1. 药品价格监测系统的组织形式

全国药品价格监测工作由国家计委统一领导和部署，各省级价格主管部门负责本地区药品价格监测的组织工作，各级价格信息机构为药品价格监测的具体承办单位。全国的药品价格监测网由中国价格信息中心承建，其中包括各省的药品价格监测网络。

2. 药品价格监测单位的确定

我国药品价格的监测工作实行定点、定期的报送制度。该制度规定，由各省选取各地的药品监测定点单位，其中，选取的药品批发企业不得少于 2 家，零售药店和医疗机构均不少于 6 家。同时，这些定点单位应报国家计委备案后方可行使其职能。

3. 药品价格监测的内容

药品价格监测的内容包括药品经营单位实际购进和销售的价格，以及招标采购药品的实际中标价格，其中包括经营单位经营的所有药品各剂型、规格的实际购销价格。具体报送时间为每月的 25 日之前。药品的实际购销价格资料一般由定点监测单位报送，而招标采购药品的实际中标价格，由招标采购经办机构负责向当地的价格主管部门备案，再由当地的价格主管部门向省级主管部门报送。2001 年，药品价格监测的重点是西药中的抗微生物药、非甾体抗炎镇痛药、抗肿瘤药、神经系统用药及循环系统用药，以及中成药中的内科用药。

五、违反价格管理政策的处罚

《中华人民共和国药品管理法》第八十九条明确规定，不依法执行政府定价、政府指导价和市场调节价，擅自提高药品价格或拒报、虚报、瞒报药品生产经营成本或药品实际购销价格等，应依据《中华人民共和国价格法》的规定进行处罚。

根据《中华人民共和国价格法》第三十九条的规定，经营者不执行政府定价及政府指导价的，应责令其改正，或没收违法所得，并处以违法所得 5 倍以下的罚款；情节严重的，责令其停业整顿。第四十五条还规定，地方各级人民政府或有关部门超越定价权限和范围擅自制定、调整价格，应责令其改正，并通报批评；对直接负责的主管人员和其他直接责任人员，应依法给予行政处分。

第五节 药品经营管理规范

药品经营质量管理规范对应的英文是Good Supply Practice,简称为GSP。GSP是药品经营企业质量管理的基本准则,适用于中华人民共和国境内经营药品的专营或兼营企业。

一、GSP的产生

1982年,日本药品经营企业制定的《医药品供应管理规范》(JGSP)被介绍到我国。1984年,国家医药管理局制定了《医药商品质量管理规范(试行)》,在医药行业内试行,即医药行业的GSP。

1992年,原国家医药管理局正式颁布了《医药商品质量管理规范》,这标志着我国GSP已经成为政府规章。1993年,国家医药管理局质量司制定《医药商品质量管理规范达标企业(批发)验收细则(试行)》,并于1994年在全国医药批发企业中开展GSP达标企业的验收试点工作,进而把医药批发、零售企业的达标验收及合格验收工作推向了全国。

2000年,国家食品药品监督管理局第20号令发布了《药品经营质量管理规范》,2000年7月1日起施行。2000年11月,国家食品药品监督管理局制定了《药品经营质量管理规范实施细则》和《药品经营质量管理规范认证管理办法(试行)》。

现行GSP是国家食品药品监督管理局发布的一部行政规章,在推行上具有强制性。它是我国第一部纳入法的范畴的GSP。它对药品批发企业、药品零售企业的质量要求分别作了详细的阐述和解释,在药品的购进、储运、销售等环节实行质量管理,技术要求更为具体化,也提高了可操作性,确保了GSP在全国药品经营企业中全面推行,规范了GSP认证制度。

二、GSP的主要内容

现行GSP共四章88条。第一章总则,共3条,阐明了GSP制定的目的和依据、基本要求,以及适用范围。第二章药品批发的质量管理共54条,主要包括管理职责、人员与培训、设施与设备、进货、验收与检验、储存与养护、出库与运输、销售与售后服务等内容。第三章药品零售的质量管理共27条,主要包括管理职责、人员与培训、设施与设备、进货与运输、陈列与储存、销售与服务。第四章为附则,共4条,包括用语含义,制定GSP实施细则,GSP的解释和施行时间。

三、GSP的认证

1. GSP认证的意义和管理部门

国家食品药品监督管理局颁布的《药品经营质量管理规范认证管理办法》中规定:"药品GSP认证是国家对药品经营企业药品经营质量管理进行监督检查的一种手段,是对药品经营企业实施GSP情况的检查认可和监督管理的过程。"

国家食品药品监督管理局负责制定GSP监督实施规划及GSP认证的组织、审批和监督管理,负责国际间药品经营质量管理的互认工作。

国家食品药品监督管理局药品认证管理中心(以下简称"局认证中心")承办GSP认证的具体工作。各省、自治区、直辖市药品监督管理部门负责本辖区内申请GSP认证企业的初审和取得GSP认证企业(以下简称"认证企业")的日常监督管理。

2. 认证的主要程序

(1)认证申请与检查。申请GSP认证的药品经营企业,按规定报送材料,填写《药品经营质量管理规范认证申请书》。省、自治区、直辖市药品监督管理部门在收到材料之日起20个工作日内,对申请材料进行初审,并将初审意见及申请材料报送国家食品药品监督管理局。国家食品药品监督管理局在10个工作日内作出形式审查的意见,同意受理的申请及资料转交局认证中心。局认证中心在收到申请资料后的20个工作日内对申请资料进行技术审查,提出审查意见。对通过技术审查的企业进行现场检查。现场检查由认证中心选派3名GSP检查员组成现场检查组,检查组实行组长负责制。检查组在20个工作日内提出审核意见,报国家食品药品监督管理局审批。

(2)审批和发证。国家食品药品监督管理局在收到局认证中心的审核意见之日起20个工作日内,作出是否批准的决定。对批准认证的企业,颁发《药品经营质量管理规范认证证书》并予以公布。《药品经营质量管理规范认证证书》有效期5年,有效期满前3个月,由企业提出重新认证的申请。新开办药品经营企业认证证书有效期为1年。

3. 药品GSP认证的监督管理

省、自治区、直辖市药品监督管理部门负责本辖区内认证企业的监督管理。在证书的有效期内,每年对辖区内认证企业进行一定比例的抽查。抽查结果报送国家食品药品监督管理局,同时抄送局认证中心。

国家食品药品监督管理局负责合同的认证企业的监督管理,必要时可直接对企业进行检查。经监督检查发现不符合GSP要求且情节严重的认证企业,国家食品药品监督管理局经调查核实后,撤销其《药品经营质量管理规范认证证书》并予以公告。

四、药品经营企业的经营质量管理

1. 对管理职责的规定

药品批发和零售连锁企业应依法按照批准的经营方式和范围从事经营活动,企业主要负责人对药品质量负领导责任,建立一个以主要负责人为首,包括进货、销售、储运等业务部门负责人和企业质量管理机构负责人在内的质量领导机构。企业质量管理机构下设质量管理组、质量验收组和药品检验室,质量管理机构在企业内部对药品质量具有裁决权。

GSP及《实施细则》对药品批发和零售连锁企业的质量管理制度也作了具体要求,其主要包括的内容为:①质量方针和目标管理;②质量体系的审核;③有关部门、组织和人员的质量责任;④质量否决的规定;⑤质量信息管理;⑥首营企业和首营品种的审核;⑦质量验收和检验的管理;⑧仓库保管、养护和出库复核的管理;⑨有关记录和凭证的管理;⑩特殊管理药品的管理;⑪有效期药品、不合格药品和退货药品的管理;⑫质量事故、质量查询和质量投诉的管理;⑬药品不良反应报告的规定;⑭卫生和人员健康状况的管理;⑮质量方面的教育、培训及考核的规定。

2. 对人员与培训的要求

GSP及《实施细则》对药品批发和零售连锁企业负责人,质量管理机构负责人,质量检验部门的负责人,要求具有专业技术职称或执业资格。要求是执业药师的岗位有:企业负责人和药品检验部门的负责人。要求经过专业培训、考试合格持证上岗的人员是质量管理和检验工作的人员,以及从事验收、养护、计量、保管等工作的人员。企业对直接接触药品的人员每年进行健康检查，并建立健康档案，发现患有精神病、传染病或者其他可能污染药品的疾病患者，应调离岗位。

3. 对硬件设施的规定

(1)对经营场所的要求。经营场所应明亮、整洁。具备必要的陈列柜或柜台，所陈列经营的品种应防止污染。

(2)对仓库环境及库区的要求。①库区环境：药品仓库内外环境良好，无污染源，库区地面平整、无积水和杂草；库区要与办公区、生活区分开。②库房分类：按药品的性质、用途对药品库房分类管理，各库区要有明显标志。③仓库设施：要有检测和调节温、湿度的设备，避光、通风和排水的设备及保持药品与地面距离的设施；货架应有防尘、防鼠、防虫、防盗、防火设施以及符合安全用电的照明设施等。

(3)对药品检验室和验收养护室的要求。GSP及《实施细则》规定：药品批发和零售连锁企业设置的药品检验室，应有用于仪器分析、化学分析、滴定液标定的专门场所，并有用于易燃易爆、有毒环境下操作的安全设施和温湿度的控制设备。药品检验室的面积，大型企业不少于150m^2；中型企业不少于100m^2；小型企业不少于50m^2。药品批发和零售连锁企业在仓库设置验收养护室，其面积大型企业不小于50m^2，中型企业不小于40m^2，小型企业不小于20m^2。并有必要的防潮、防尘设备。

4. 对药品经营过程质量管理

(1)进货管理。采购药品应按照可以保证药品质量的进货质量管理程序进行。购进的药品必须符合：①合法企业所生产和经营的药品；②该药品具有法定的质量标准、批准文号和生产批号(除未实行批准文号管理的中药饮片以外)；③进口药品应有符合规定的、加盖了供货单位质量检验机构原件印章的《进口药品注册证》和《进口药品检验报告书》复印件；④包装和标识符合有关规定和储运要求；⑤中药材应标明产地；⑥签订的合同应有明确的质量条款。药品经营企业对首营企业应进行资格和质量保证能力的审核，对首营品种应进行合法性和质量基本情况的审核。

(2)验收与检验。①验收：药品验收依据为法定质量标准及合同规定的质量条款。对购进的药品要求逐批验收，验收包括药品外观的性状检查和药品内外包装标识的检查，验收抽取样品应具有代表性。对特殊管理的药品，应实行双人验收制度，验收应做好验收记录，验收记录应保存5年。②检验：对首营品种进行药品内在质量的检验。必要时对药品抽样检验，抽样检验批数大中型企业应不少于进货总批次数的1.5%，小型企业应不少于进货总批次数的1%。药品检验应有完整的原始记录，记录保存5年。

(3)储存与养护。药品的储存与保养包括四个方面：

①药品分类储存保管。依据不同属性实行分区分类摆放，做到：药品与非药品、内用药与外用药、处方药与非处方药之间应分开存放；易串味的药品、中药材、中药饮片以及危险药品等与其他药品分开存放。麻醉药品、一类精神药品、医疗用毒性药品、放射性药品、不合格药品、退货药品应专库(区)储存。

②堆垛要求。按批号堆放以便于先进先出，垛与垛、垛与墙、垛与柱、垛与梁、垛与散热器、垛与照明设备、垛与地面都应保持适当距离。

③色标管理。待验药品库(区)、退货药品库(区)为黄色；合格药品库(区)、零货称取库(区)、待发药品库(区)为绿色；不合格药品库(区)为红色。

④对库存药品定期进行养护和检查，对易变质药品、已发现质量问题药品的相邻批号药

品、储存时间较长的药品，应进行抽样送检。

(4)出库与运输。

①出库管理。药品出库应遵循“先产先出”，“近期先出”和按批号发货的原则。药品出库应进行复核和质量检查，麻醉药品、一类精神药品、医疗用毒性药品应建立双人核对制度。确保出库药品数量准确无误，质量完好，包装牢固、标志清楚，绝不允许有问题药品流入市场。

②运输管理。做好运输发运时核对交接手续，防止错发，搬运、装卸按外包装标志进行，运输工具应符合药品自然属性要求，采取保温和冷藏措施。

5. 销售与售后服务

销售应开具合法票据，并按规定建立销售记录，做到票、账、货相符。销售票据和记录应保存至超过药品有效期1年，但不得少于3年。

药品批发和零售连锁企业应注意收集本企业售出药品的不良反应情况。发现不良反应情况，应及时向有关管理部门报告。

6. 文件管理

GSP及《实施细则》要求，流通过程的进、存、销应有按批号可追踪的原始记录，强调对所经营药品必须收集质量标准，建立质量档案。

GSP标准类文件主要有：①业务经营的规定；②首次经营品种的质量审核办法；③药品入库验收、在库养护、出库复核程序；④顾客投诉处理程序；⑤不合格药品处理程序；⑥企业自检程序及人员培训操作程序；⑦各级人员质量责任及有关经营质量管理的各项制度。

GSP记录(凭证)类文件主要有：①药品经营审批表；②药品质量验收记录；③药品拒收报告单；④药品入库验收登记表；⑤有效期、使用期药品催销表；⑥库房温、湿度记录表；⑦库存药品养护检查记录；⑧药品出库复核记录；⑨销货退回药品台账等。

档案管理是各项管理的依据和记录。主要有：①人事教育档案；②职工保健档案；③药品质量档案；④药品养护档案；⑤用户访问档案以及合同管理档案等。

第五章 医药商品的运输

通过运力实现医药商品在空间上的实际转移过程，就是医药商品运输。医药商品运输的合理与否，在很大程度上影响着医药商品使用价值和价值的实现。运输将医药商品的产销和供需有机地联系起来，通过把医药商品从产地或供应地源源不断运往销地，实现医药商品的价值和使用价值，促进医药产业的再生产顺利进行。医药商品的生产和消费，在空间上常常是不一致的。许多药品是集中生产，分散消费，而有些则是分散生产，集中消费。医药商品只有完成了在空间上的实际转移之后，才能由生产领域进入消费领域，实现其使用价值和价值，发挥其治病救人、造福人类的作用。

第一节 物流和商流

医药商品的空间转移即医药商品实体的转移，不是独立进行的，而是与医药商品的价值转移密切相关。研究医药商品运输，合理地组织好医药商品的运输，在运输过程中有效地保护医药商品的使用价值，必须把握好医药商品使用价值转移和价值转移之间的关系。即医药商品物流和商流的关系。

一、物流和商流的涵义

医药商品从生产到消费的过程中，既要经历使用价值的转移，又要经历价值形态的转移。医药商品流通的本身就是物流和商流的统一。

1. 物流

物流是指商品使用价值的运动，即商品实体的转移。医药商品物流是指在医药商品经营中药品的运输和流向，通过物流，才能完成医药商品从医药生产企业到消费者的流通过程，实现医药商品使用价值的转移。

2. 商流

商流是指伴随物流而发生的商品所有权的转移。医药商品商流是指在医药商品经营中，医药商品价值形态上的转移。这种价值转移是可以通过簿记反映出来的。

二、物流和商流的流动形式

在现代市场经济条件下，商品的流通并非简单地一次进行。特别是医药商品的流通，更是有不同的流通方式，具体有：

医药生产企业通过自己的销售部门直接向零售药店或医院供货，由零售药店或医院向消费者销售药品的医药生产者—零售药店或医院—消费者模式；医药生产企业通过代理商向零售药店或医院供货，由零售药店或医院向消费者销售药品的医药生产者—代理商—零售药店或医院—消费者模式；医药生产企业通过代理商向医药商业批发公司供货，医药商业批发公司再向零售药店或医院供货，由零售药店或医院向消费者销售药品的医药生产企业—代理商—医药商业批发公司—零售药店或医院—消费者模式及医药生产者—医药商业批发公司—零售药店或医院—消费者模式。

因此，商品所有权的转移往往要经过很多次，而商品实体的运动也不一定一步到位，并且商品实体的转移和所有权的转移不一定同步进行，物流和商流有时结合起来，有时又分离开来，它们有着不同的流动形式。

1. 物流和商流相结合形式

物流和商流相结合形式表现为医药商品实体和商品所有权的运动与转移所经过的流转环节相同，相继转移，同步进行。

(1)自产自销。在医药行业中，主要是一些规模不大的中小企业在企业所在地自行销售生产的产品，并将出卖商品所换回的货币，用来维持企业的经营，发放工资和购买扩大再生产的生产资料。

(2)以货易货。即通常所讲的换货交易。两个工厂彼此需要对方的产品，可以各自用自己的产品相互交换，不经过任何中间环节或中介人。这一交换的过程也是物流和商流结合在一起的形式。

(3)钱货两清。医药生产企业将产品销售给医药商业企业，医药商业企业再把商品卖给消费者，在交易过程中，始终一手交钱，一手交货，钱货两清，物流和商流相互结合。

2. 物流与商流相分离形式

物流与商流相分离形式表现为医药商品所有权与商品实体的运动和转移不同步，在时间上、环节上、物质上分离开来。物流与商流的分离，是现代商业经营中一种比较有效的经营模式，可以促进商品的流通，提高经济效益。而有的分离属于不正常则应尽量避免。

(1)时间上的分离。物流与商流在时间上的分离有两种形式：一种是预购商品时，先付款后提货，商流在前物流在后。如紧缺药品、特殊药品的采购订购，可采取先付款或付定金的办法；另一种是赊销商品时，先提货后付款，物流在前，商流在后。如大宗药品的购销或固定的、长期的药品购销合作关系可采用此方法。物流和商流的这种分离形式，有利于促进医药商品生产和消费。

(2)环节上的分离。物流和商流在环节上的分离，是流通中常见的分离形式。它也有两种主要情况：一种是商流多环节，物流少环节；另一种是商流少环节，物流多环节。

①商流多环节，物流少环节：是指医药商品所有权的转移，需要经过较多的中间环节，而商品实体的转移则越过若干中间环节，采取少环节、直达运输或直拨直调的方式。整个流通过程为：医药生产企业—产地医药批发商—销地医药批发商—医药零售商—消费者。

在这个流通过程中，医药商品实体的转移可以跳过1～2个环节，实现曲线结算，直线供货。即：医药生产企业—销地医药批发商—医药零售商—消费者。医药生产企业—销地医药零售商—消费者。

这样就减少了物流的环节，有利于加快医药商品的流转速度，可以减少医药商品的损耗，降低经营成本，提高经济效益。同时，由于物流环节减少，也就减少了运输过程中装卸、搬运的次数，有利于保护医药商品的使用价值。所以，曲线结算，直线供货的这种物流与商流分离形式，有利于医药商品流通。

②商流少环节，物流多环节：由于交通条件等方面的限制，有时会发生商品所有权一次性转移，而商品实体却要经过多个环节的周转才能到达目的地的情况。如，浙江医药股份有限公司销售一批葡萄糖注射液给黑龙江宝清县医药公司。商流的形式很简单：两家医药公司间结算，仅经过一个环节。而物流则需要多个环节：如果考虑节省运费，就要尽量采用海运，即先经上海港运往大连港，再由大连铁路中转运到佳木斯以东的双鸭山市，然后再由公路运输到达目的地；若只采取陆运，也需要铁路和公路联运才能到达，中间至少要中转一次。这就造成了物流的多环节。

物流的多环节，会导致医药商品在途时间延长，途中商品损耗增多，资金周转慢，效益低。所以，除由于技术与原料或生产布局等不能由当地或就近加工、生产、采购的特殊药品外，应当尽量避免医药商品的过远运输。对于特殊的医药商品，则应当根据其特点尽可能合理选择运输工具和运输路线，以最少的消耗取得较高的效益。

(3)物质上的分离。物流和商流在物质上的分离是商品流通中的不正常情况，应当尽量杜绝。如只有商流，没有物流，只见资金的往来结算而不见商品的交易，即商品的“买空卖空”现象。一些紧缺的药品、贵重药材；流行病暴发时血清、疫苗等急需药品，容易出现层层加价、倒卖等投机经营活动。有时，也会出现商流和物流的异向运动。这是由于工作上的差错所造成的不正常情况。发货时“张冠李戴”，商流向东，物流向西，导致了企业在经济上和时间上的极大浪费。

三、物流和商流的关系

(1)商品的流通过程是物流与商流的统一。作为实物形态的商品，在市场上不仅要有价值形态的转换，而且要有使用价值在时空上的转移。

(2)物流和商流既有一定的联系，又有各自的运动规律，物流是基础，商品的实物运动是实现价值运动的物质条件。一般来说，没有商品的实物运动，商品的价值运动就会失去依托；而商流又是物流的前提，没有商品的价值运动，就不会有商品的实物运动。

(3)商品市场的日益发展，使得物流与商流分离的趋势增强。采取措施保证物流和商流在各自独立运动的条件下，向少环节方向发展，不但可以使商品从生产领域到消费领域的转移过程走最短的路，花费最少的费用和时间；还可以在商品经营中以较低的成本价，取得最好的经济效益。

四、物流的合理化

在扩大物流量的同时，提高物流的质量是实现物流合理化的一个基本要求。

搞好医药商品运输可以使医药企业改善经营管理，降低运输成本，使医药商品的价格降低，成为国家增加积累的重要部分。它为国家增加积累的作用，表现在两个方面：首先，从事商品运输的劳动不同于一般的劳动，它是商品生产过程中流通领域的继续，它在劳动过程中能创造新价值，具有开源的作用。其次，通过合理组织物资运输，对于减少社会财富的占用，降低运输费用，具有节流的作用。对医药行业来说也是一样，流通领域内所占用的社会财富极大部分集中在物资运输环节之中。运输企业的劳动耗费同生产过程的劳动耗费一样，它所消耗的活劳动和物化劳动最终都要追加到医药商品的价值中去，成为医药商品价格形成的一个因素。因此，提高和改善运输业务，以最少的劳动耗费，取得最大的经济效果，不仅能降低运输活动中的生产成本，而且还可以降低医药商品价格，提高医药商品的市场竞争力。

1. 合理组织医药商品流通

合理组织医药商品的流通是实现物流合理化的重要前提。应当按照经济区域组织商品流通，使医药商品的流向合理化。

商品流向是指商品流通过程中商品的运动方向。商品流向的合理与否，直接影响着物流的合理化，医药商品从产地流向销地应当尽量符合经济规律。要充分考虑生产布局的实际情况，在分析各种产销、供需关系的基础上，按照近产近销的原则，确定医药商品的流向和流动范围，建立合理的运输制度。

2. 合理确定运输线路

物流的合理化在很大程度上受到运输线路的制约。应当尽量消除重复运输、倒流运输、迂回运输、对流运输和过远运输所造成的浪费，采用直线直达运输、"四就直拨"运输等措施。

3. 合理利用商品运输方式

商品运输方式指在物流过程中，采取的组织形式和业务活动方式，主要有铁路、公路、水路、航空运输等。可以根据医药商品运量的大小、距离的远近、需求的紧急程度、商品性质及商品价值的高低等因素，合理选择和利用各种运输方式。

第二节　医药商品的装卸和搬运

装卸和搬运在医药商品的运输中是必不可少的环节，对于医药商品的使用价值影响很大。

一、装卸与搬运的概念

装卸和搬运是医药商品在运输和保管活动前后必然要发生的操作行为。

1. 装卸和搬运作业的内容

(1)装卸作业。装卸作业的动作有抬起、放下、移动、堆码分类、清点、核对等。其基本操作偏重于抬起、放下。所以，装卸作业的主要内容是装货、卸货。

(2)搬运作业。搬运作业的动作也包括抬起、放下、移动、堆码分类、清点、核对等。但其基本作业偏重于移动，故搬运作业的主要内容是移动。

2. 装卸搬运的要素

(1)装卸搬运主体。人是装卸搬运的指挥、操作、执行者。

(2)装卸搬运对象。在医药商品的运输、保管过程中，医药商品始终是装卸搬运的对象。

(3)装卸搬运场所。指装卸搬运的地点、环境。如车站、码头、机场、车间、仓库、商场、露天货场等。

(4)装卸搬运时间。医药商品的装卸搬运也可分为连续流动式装卸搬运和间歇集中式装卸搬运两种方式。采用不同的装卸搬运方式所需要的时间是不同的。装卸搬运时间应当包括装卸搬运过程中所需要的时间，装卸搬运个件商品的频率以及待运的时间。

(5)装卸搬运手段。装卸搬运手段指装卸搬运过程中所采用的设施 、器具和机械。通常有人工、机械、自动装卸搬运等。

二、装卸搬运的原则

(1)减少装卸搬运次数的原则。商品的装卸搬运大多是在运输和保管的联接点上进行的，因装卸搬运作业中的震动、撞击、缺损，会导致医药商品的损耗，使医药商品部分或全部失去其使用价值。因此，应当尽可能地减少装卸搬运的次数。

(2)采取各种有利于装卸搬运的措施。首先，医药商品运输包装的设计应能使其在搬运装卸中便于勾吊、便于堆放、便于集装、便于铲叉；其次，在运输途中的商品在堆放过程中应当合理堆码，便于再次搬运装卸。

(3)提高机械化、自动化和集装箱化装卸搬运的原则。

(4)连续作业，协调组织的原则。为了提高装卸搬运的效率，采用机械或人力装卸时，都应把装卸搬运的设备、人力妥善组合，均衡衔接起来，实现连续作业，避免搬运途中的停滞或等待，以提高总体的工作效率。

(5)轻拿轻放，文明装卸。

第三节　医药商品的运输

医药商品运输，是医药商品流通中的重要环节，市场药品供应是否及时，费用水平高低以及药品使用价值能否保持完好，都与医药商品的运输有着密切的关系。

一、合理组织医药商品运输的意义

生产的目的是为了消费，医药商品的使用价值只有在治疗疾病、康复患者时才能得以真正实现。药品是一种特殊的商品，生产药品的企业必须符合GMF规范，而且，一家药厂也不可能生产出各个品种、规格的药品，因此，医药商品从生产领域转移到消费领域，一般都要经过位置的移动，即药品由一个地方到另一个地方的空间移动，这种位置的移动，就是通过运输来实现的，运输是生产过程在流通过程中的继续。

(1)合理组织药品运输，可以使医药商品迅速地从生产领域进入消费领域，医药商品的尽快销售，能使药厂及时收回货款，购进生产所需要的原材料，从而加速和扩大再生产，促进医药生产的高速度发展。

(2)合理组织医药商品运输，可以加速医药商品流通，缩短医药商品待运和在途时间，保证医药市场供应，保证临床用药和预防疾病的需要，促进人民健康水平的不断提高。

(3)合理组织医药商品运输，可以改善医药生产企业的经营状况，减少待运和在途商品的资金占压，加速资金周转，节约银行贷款利息，保护医药商品的使用价值，减少医药商品损耗，降低流通费用，提高药品运输的经济效益。

(4)合理组织医药商品运输，可以提高运输工具的装载量，加速运输工具的周转，充分发挥运输工具的能力，避免运力和劳动力的浪费。

二、组织医药商品运输的原则

医药商品运输业务管理的基本任务就是根据医药市场的需求，计划、组织、指挥、监督和调节医药药品运输过程，保证以最短的里程、最低的费用、最短的时间完成医药商品在空间上的转移，满足社会和临床治疗的各项需求。要实现这一任务，必须遵循“及时、准确、安全、经济”的原则，组织医药商品运输。

1. 及时原则

及时，是指用最少的时间，将医药商品从产地运送到目的地，及时供应医药市场，保证临床用药的需要。

2. 准确原则

准确，就是按照商品流向组织医药商品运输。在运输过程中切实防止各种差错事故，避免药品短缺，做到不错、不乱、不差，准确无误地把医药商品运送到目的地。

3. 安全原则

安全，是指医药商品在运输过程中应保持完好，不发生霉烂、残损、腐蚀、丢失、爆炸和燃烧等事故，保证运输药品的质量和安全。

4. 经济原则

经济，就是采取经济合理的医药商品调运方案，合理选择运输路线和运输工具，妥善利用运输设备，节约人力、物力和财力，用最少的费用，确保医药商品追加价值合理，减轻企业负担和消费者的负担，取得较好的经济效益。

医药商品运输原则中的及时、准确、安全、经济是相互联系的，组织医药商品运输时应全面考虑，不能顾此失彼。实际运用时应结合医药市场供求情况、医药商品特性和运输工具的特点等不同情况，综合考虑。

三、医药商品运输的方式

医药商品运输方式是指医药商品运输过程中所采取的具体组织形式和业务活动方式。为了确保医药商品“及时、准确、安全、经济”地运送到需求单位，可根据不同医药商品的性质、数量，选择合理的运输方式。

1. 联合运输

联合运输就是交通运输部门把两种或两种以上不同的运输工具联合起来，使用同一运输凭证，实行多种运输工具，多个区段相互衔接的商品运输方式。其种类有：水陆联运、铁路公路联运和江海联运等。选择联合运输方式，只要在发货站（港）办理托运手续，中途变换运输工具的换装、转运工作由交通部门负责，商品即可直达收货地。

联合运输的优点是能加速商品流转，简化托运手续，节约运输费用，综合利用国家运力，同时，有利于调动和发挥运输行业的积极性，明确运输途中的责任。

2. “四就直拨”运输

“四就直拨”就是就工厂直拨、就车站码头直拨、就仓库直拨、就船过载直拨运输商品的简称。

（1）就工厂直拨，即批发企业收购工厂的产品验收后，不经过批发仓库，直接调拨到销售单位和用户。

（2）就车站码头直拨，即外地运来的商品，到达车站码头后，经过验收不运入批发仓库，就地分拨，直接运往有关销售单位。

（3）就仓库直拨，即需要经过储存保管的商品，在发货时避免层层调运，越过不必要的环节，直接拨给销售单位或用户。

（4）就船过载直拨，即外地用船舶运来的商品，经过验收，直接分拨给要货单位或用户，而不运回本企业仓库。

实行“四就直拨”，可以减少中转运输环节，避免大量重复运输，缩短运输时间，降低商品运输中的运杂费用以及商品在转运中的损耗和损失，加速商品流转。

3. 直线直达运输

直线直达运输就是使商品在运输过程中不受行政区划的限制，按照经济区域和商品的合理流向，越过非必要的批发企业仓库，走最便捷的运输路线，使商品运输直线化。在实际工作中，由于精简运输环节和选择运输路线是结合进行的，所以称为直线直达运输。

4. "五定"运输

"五定"，即定商品、定运输路线、定起止站、定运输工具、定运输费用的简称。采用"五定"运输，就是要按照经济区域和商品合理流向，贯彻近产近销的原则，在分区产销平衡的基础上，根据不同商品，不同起止站，合理规划运输路线、运输工具和运输环节，核定运输费用。

实行"五定"运输，可以把商品的生产、供销、运输固定地联结起来，提高运输的综合效益，使商品流通更臻合理。

5. 中转运输

中转运输是指商品在运输过程中不能直接到达目的地，先运到某一适当地点后，由商品经营企业组织再次发运的转运方式。中转运输有两种情况：

(1)商品从发运地到收货地，因受交通条件的限制，不能一次直达目的地，必须中途变换运输方式或运输工具，而且又不能办理联运的情况下所采取的转运方式。

(2)商品从发运地到收货地，虽然运输工具可以直达，但因每次发运量较小，为了节约运输费用和加速商品流转，而采取合装整车运到适当的中转地，再进行分运的方式。

中转运输不同于联运，其各种手续的办理需由商品经营企业负责。所以，采取这种方式必须加强中转商品的计划性，及时衔接和编制中转商品的运输计划，加强商品包装与包装标记的管理；必须做到单货相符、单货同行，交接手续清楚；对于差错事故，要做好记录，及时办理索赔手续。

6. 集装箱运输

集装箱运输是把性质相同的各种商品，装在特制的大型货箱内，通过现代化工具来运送的商品运输方式。

集装箱运输是一现代化运输方式，我国自1955年开始试用，发展很快。开展集装箱运输，有利于商品的运输安全，防止盗窃、丢失、水渍、污染等，减少货损货差事故；便于用机械操作，提高装卸搬运效率；可以扩大商品直达运输，降低运输费用；以减少换装环节，简化理货、交接手续；可以减少商品外部包装，节约包装材料。所以，开展集装箱运输是合理组织商品运输的一项重要内容。

采用集装箱运输，应重点解决两个问题：

(1)集装箱的规格标准问题。集装箱的吨级和规格，应适应货运中主要商品的需要和现有车船等运输工具的载量和容积，要适应站、港及货运单位的装卸机械设备，使各类型集装箱的吨位形成标准化、系列化，以利相互配装，便于设备工具的配套；此外，还应考虑国际标准，尽量与国际标准相一致。

(2)装卸机械问题。集装箱必须使用机械操作，这就要求不仅交通运输部门要配备相适应的机械，而且要求调运任务大的企业、仓库、专用线、专用码头，也应配备一定数量的机械。

7. 整车运输

根据商品的重量、体积、状态或性质，须单独用一节货车装运，或在数量上可装足一节货车的商品运送形式。

铁路运输中，凡能装满30吨或30吨以上货车的货物即可办理整车运输。对于不宜拼装的商品，如活动性、危险品、形状特殊的商品及易污染的商品，必须单独使用一辆货车托运；在公路运输中，凡能装满2.5吨及以上的货物可办理汽车整车运输。

整车运输具有运量大、运转快、费用低、损耗少的特点。它有两种形式：一是，整车直达收货地；二是，整车运输沿途分卸。

8. 零担运输

铁路、公路货运在数量上不足装一节或一辆货车，而按性质与其他货物拼装的商品运送形式。其特征是运量小、品种复杂、到站分散；运价率比整车高，且辗转费时，商品易于损耗。故除特殊需要外应尽量避免使用此形式。

四、医药商品的运输工具

我国的医药商品运输工具主要有铁路运输工具、公路运输工具、水路运输工具以及航空运输工具等，合理使用运输工具，是合理组织医药商品运输的主要途径。应当根据医药商品的自然属性、医药市场需求的缓急结合运输工具的特点，将全部货运量分配给各种运输工具，充分发挥运输设备的效能。

1. 铁路运输工具

铁路运输是我国现代运输业中的骨干，担负着全部运输任务的80%以上，在运输业中占最主要的地位。其特点是运量大、运费较低、速度快、安全，不受气候和季节影响，有高度的连续性与准确性。但铁路修筑费与营运费较大，因此，铁路最适宜大宗货物的远程运输。如果用于短程运输，则需花费较长的时间和较多的装卸费用，经济上并不合算。

2. 公路运输工具

公路运输的运输面最广，运输线最长，四通八达，深入各地，它担负着极为广泛的短距离货物运输任务。它的特点是灵活迅速，便于完成紧急任务。但运输费用较高，运量较小，一般适宜于短途运输。公路运输的工具，主要是汽车。

3. 水路运输工具

水路运输在我国运输中也占很重要的地位。水路运输分海上运输与内河运输。海上运输又分近海运输和远洋运输。近海运输担负着国内各港口之间的商品运输任务；远洋运输担负着我国港口与外国港口之间的运输任务；内河运输担负国内各地区之间的运输任务。

水路运输是最经济的，不仅运费低廉，运量也大，适宜于运输大宗货物；尤其海上运输较内河运输费用更低，运量更大，速度也较快。内河运输，速度较慢，并受枯水、涨水的影响，运输受季节性影响，但比较方便。充分利用水路运输，不仅可以节省费用，而且可以减轻铁路运输负担。

4. 航空运输工具

航空运输是一种新型的运输工具，具有广阔的发展前途。空运的运输速度快、运送距离远、途中的破损率低；但是，飞机的运量小、运费高，不适合运送一般的医药商品，只适合运送贵重药品和急需的急救药品，如血清、疫苗等。

五、合理运输方法的选择

合理的医药商品运输方法包括合理的商品运输流向、运输线路、运输方式等。采取何种运输方法，应该根据医药商品运输的要求，按照组织医药商品运输的原则，结合运送的医药商品的特点，选择合适的运输线路和运输方式，以便控制运输成本，减少损耗，保证医药市场供应。合理运输方法的选择可以通过图上作业法、表上作业法和树型决策法来进行。

1. 图上作业法

在运输图上求解线性规划的运输模型以规划商品运输合理流向的方法，称图上作业法。据运筹学的原理，采用“线性规划”的方法，根据需要运输的医药商品，在平衡供需的条件下，通过对各供销地点之间运输里程和对比距离的运算，找出商品总里程（吨公里）最小的运输路线，以确定商品流向，编制合理的运输方案。

（1）平衡调运方案。如果医药商品的运输路线属于非环形而成线性时，则选择运输路线时就要根据就近的原则，按照“抓各端，各端供需归邻站”的口诀进行，力求做到没有对流现象，即可得出合理、平衡的医药商品调运方案。如米仁调运方案，见表 5-1，图 5-1。

表 5-1　中药米仁调运表

调出地	调出量（吨）	调入地	调入量（吨）
嘉兴	50	杭州	80
桐乡	20	金华	10
义乌	30	绍兴	30
宁波	70	舟山	50
总计	170	总计	170

由图 5-1 可见，杭州是一枢纽站，从它分出嘉兴、桐乡线，金华、义乌线及舟山、宁波、绍兴线等三条交通线。按照平衡调运的口诀，把嘉兴、桐乡的 70 吨调出来，金华需要的 10 吨由义乌调入，舟山需要的 50 吨由宁波调入。这样，各端点上的调出调入量首先得到满足。然后，按各线各站的需要量均由邻站调入的原则，由义乌调 20 吨给杭州，宁波将调给舟山后剩下的 20 吨给绍兴，绍兴所缺的 10 吨再由杭州调入。至此，米仁调出调入全部得到平衡，运输路线和运力也最省。

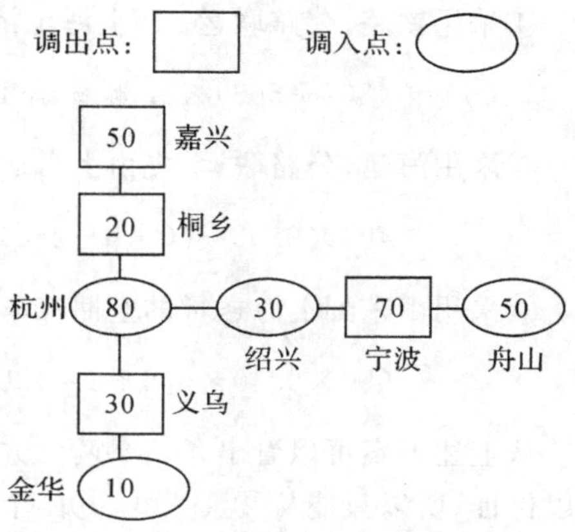

图 5-1　米仁调运路线图

（2）费用比较法。这种方法是将各种运输方案所需要的费用列出来进行比较。从而选择最优的运输路线及运输方式的方法。

如：山东省张店医药公司从上海医药集团购入 100 吨医用塑料。为了不误生产，要求在 20 天内运到，否则，会耽误产品交付，造成企业经济损失。但由于胶济线铁路车皮紧张，不能保证 20 天内运到。上海至张店的铁路、航路如图 5-2 所示，运杂费见表 5-2，请选择合理、妥善的运输方案，以最低的费用，保证在 20 天内将生产原料运到。

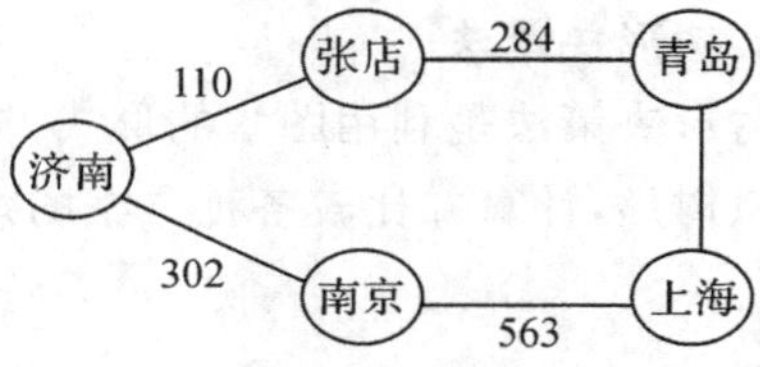

图 5-2　上海至张店运输线路图

表 5-2 运输费用表

运输工具	运费(元/吨公里)	装卸费(元/吨)
火车	0.04	4
汽车	0.40	6
轮船	0.03	8

此案例有六种方案,可列出进行比较:

①全部采用铁路运输。除运费和装卸费外,上海市内将货物运至火车站的短途运费为6元/吨,张店由火车站运至收货单位的短途运费为5元/吨。全部费用为:

$$(563+302+110)\times 0.04+4+6+5=54(元/吨)$$

②全部采用公路运输。上海至张店公路路途650公里。费用为:

$$650\times 0.4+6=266(元/吨)$$

③采用海运、铁路联运。上海至青岛404公里,正常情况下,2～3天可以到达。除运费、装卸费外,上海市内由供货单位运至港口的短途运费为10元/吨,青岛市由港口运至火车站的短途运费为8元/吨。总费用为:

$$404\times 0.03+10+8+8+4+284\times 0.04+5=58(元/吨)$$

④采用铁路、公路联运。即上海至济南用火车运输,济南至张店用汽车运输。全部费用为:

$$(302+563)\times 0.04+4+110\times 0.4+6=89(元/吨)$$

⑤采用海运、公路联运,先由上海运至青岛,由青岛用汽车运至张店。总费用为:

$$404\times 0.03+10+8+284\times 0.4+6=146(元/吨)$$

⑥采用山东到上海送货的空回汽车运输。运费可打对折,则费用为:

$$650\times 0.40\times 0.5+6=136(元/吨)$$

从上述方案可以看出,①、③两个方案的运杂费用较少,但由于胶济线运输繁忙,从时间上难以保证,所以只能从②、④、⑤、⑥四个方案中选择。

2. 表上作业法

表上作业法是解决运输问题的一种常用方法。它利用各种表格通过对调运方案的一系列检验调整,分析比较,直至求得最优运输方案。

3. 树形决策法

树形决策法是利用图解的形式,把可供选择的运输方案及其结果一步步地顺序展开,其形状类似树形,计算并比较各种方案的效益,从而选优的方法。

第四节 医药商品的收发及质量保护

医药商品运输的整个过程包括发货、承运、中转、收货等环节,每个环节对维护医药商品的使用价值和价值都有重要的影响。

一、医药商品发送

医药商品发送是医药商品运输业务中的主要环节之一。它是指发货单位将收货单位需要的医药商品，按照运输计划的要求，选择一定的运输工具和运输方式，在规定日期内安全、准确地把医药商品送到收货单位的一种运输活动。医药商品发送工作是物流管理的一项重要内容，也是医药商品运输过程中的第一道环节。发送质量的好坏，直接影响到后续的运输、中转、接收等各个环节的工作，乃至影响到整个医药商品流通的速度、效益及医药商品的质量。

医药商品发送工作的主要内容有三项：

(1)编制医药商品发送计划。编制医药商品发送计划，主要是确定合理的运输路线、中转环节、运输工具以及发送货物的配载，选择恰当的发送时间等。

(2)组织配载。根据医药商品调运的需要及医药商品本身的性质，考虑车船等运输条件的可能，组织医药商品发送的工作，叫做组织配载。其形式有“见单组配”和“见货组配”两种。

①见单组配，就是把分散存放在医药仓库或药厂的待运药品，凭其“调拨供应单”或“商品发货单”等发运单据，先集中起来并按照医药商品性质及其发运目的地，进行组合配置。根据单据提供的依据，先办理医药商品托运手续，待装车、装船时，再把医药商品集中起来发运出去。

②见货组配，就是先将待发送的医药商品集中起来，按医药商品的性质及发送目的地，在企业的自有仓库、专用货场或码头上进行组配，待办理托运手续后直接装车装船的发送方法。

(3)办理托运。发货人按照铁路、公路、水路及航空等运输部门开办的业务范围和种类，选择最适合所运医药商品的运输组织方式，委托运输部门或企业将医药商品运到指定地点，交给收货人的活动，称为托运。托运时需按规定填报货物运单，并提出必要的证明文件。运输部门或企业受理以后，发货人可按指定的日期与地点组织送货，组织发运。在托运时，发货人应当根据发送医药商品的性质，按有关规定对医药商品进行包装，并填写运输标志，必要时还要参加监装工作，与运输部门作好交接，缴付运费，带回加盖承运日戳的货物运单，托运工作即告完成。

二、提高医药商品发送现代化的途径

随着市场经济的发展，医药行业的发展十分迅速，跨国公司、大型医药集团为争夺市场，运送原材料，对运输业的需求越来越高。交通设施和设备落后于实际需要，已经成为制约我国医药产品经营、流通的瓶颈，而医药商品市场的需求变化，交易的频繁化，也给医药商品发送工作提出了更高的要求。为了提高发送效率，需要积极探索医药商品发送现代化的途径。

1. 设置医药商品发送中心

所谓医药商品发送中心，就是将多家医药市场企业和医药批发企业的商品先集中起来，进行分类、保管、加工和转运，按零售商或顾客的要求，迅速、准确、经济、安全地将医药商品送达目的地的设施。

设置医药商品发送中心是谋求整个物流现代化的重要途径。主要优点是：

(1)减轻运输压力，节约物流费用。由于批发起点量的降低及其业务的多样化，很多医药商品的发送是从生产企业和批发企业的仓库直接运到零售药店的，其物流系统如图 5-3 所示。

因此，医药生产企业和医药批发企业对零售药店的个别送货，必然会增加总的运输压力，增加物流费用，造成交通的拥挤和流通成本的增大。设置医药商品发送中心后，把分散供货变为系统化的集中供货，情况就会明显改变见图 5-4。既可以减轻运输压力，又节约了医药商品

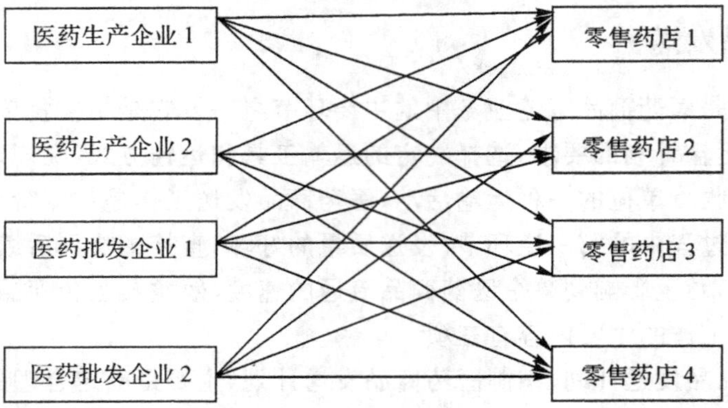

图 5-3 现有的医药批发物流系统

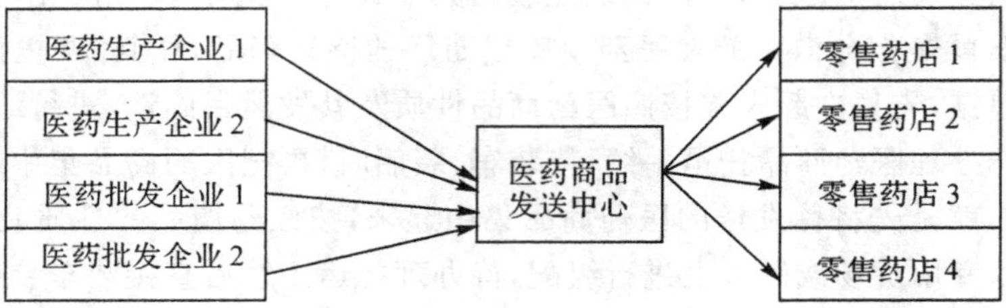

图 5-4 设立医药商品发送中心后的物流系统

的物流费用。

(2)集中储存,提供仓库利用率。设立医药商品发送中心,可以把过去分散保管的库存药品集中起来保管。可以适应医药商品流通规模不断扩大的要求,提高仓库利用率,调节医药商品库存的结构。

(3)提高服务质量,扩大医药商品销量。设置医药商品发送中心,有利于扩大销售,便于为顾客送货服务,保证供给,也有利于调次补缺、理赔、索赔。

(4)促进物流与商流的分离,提高物流效率。设置医药商品发送中心后,可以实现医药商品交易场所与物流活动场所的分离,使其充分发挥各自的职能和优势。

2. 建立医药商品物流情报系统

物流情报是源于企业物流活动的需要而产生的。为了使医药商品的运输、保管、发送工作正常、合理地协调发展,物流情报系统的建立是非常必要的。物流情报的主要内容有接受订货情报,库存情报,生产和采购进度情报,发货和运输情报及物流管理情报等。建立医药商品物流情报系统的目的是为了更好地开展医药商品贸易活动,对于从接受订货到发货的各种物流职能进行合理控制与协调,使商品迅速、准确地到达客户手中,降低流通费用。

三、医药商品的接收

医药商品的接收又称为医药商品的到达业务,即指医药商品运达收货地时,接收单位组织人力、运力,准备仓容、货位,点验检查运达的医药商品的业务活动。医药商品的接收一般包括以下四个环节:

(1)接收准备。企业接到发运单位的起运预报或车站、飞机场的到货通知后,应立即做好接收准备工作。首先,应当将到货通知单与合同进行对比,检查所到医药商品是否为合同中订购的医药商品，其产地、质量、品名、规格、等级、数量、包装和到货时间是否符合合同要求；然后与有关业务部门联系，看此批医药商品是否已经销出，根据情况决定是直拨购买单位还是直接入本企业仓库或上柜供应；最后通知有关部门或单位准备仓位，落实收货、验货事项，安排好运输工具和运力，调度接收工作。

(2)卸前检查。卸前检查是由接收单位会同承运部门对装货车、船的门窗、货物苫盖物、捆扎状况，以及集装箱的封条进行检查，观察运达的医药商品是否完整，有无异常情况(如被盗、换货、受潮、受淋、变质等)。

(3)清点验收。清点验收是将卸下的医药商品按运单进行整理并清点核对医药商品的名称、规格、件数、重量、包装、标志、起运和到达站(港)是否相符；司时，逐一检验医药商品的外包装是否完好，有无破损、变形、受潮、霉腐、污染等情况，并做好记录。发现异常情况，应立即与承运方进行交涉、处理。

(4)办理直拨、入库或中转业务。做好医药商品清点验收工作后，为了及时疏通站(港)，加速医药商品和车船的周转，及时将医药商品供应市场，应当根据该批医药商品的流向，尽快采取直拨直调、办理中转托运业务或者入库。

四、医药商品运输中的质量保护

在经历时间和空间转移的过程中，医药商品将经受各种环境和恶劣条件的考验，对医药商品加强保护措施是必不可少的。在运输过程中医药商品的质量保护措施主要有以下五项：

(1)轻装轻卸。医药商品在运输过程中要经过多次装卸搬运，如果装卸搬运的操作不当，会给医药商品造成很大的损伤。如：针剂、水剂、糖浆剂等玻璃器皿装的药品绝大多数损坏都是由于野蛮装卸和操作不当造成的，给国家、企业和消费者造成了巨大损失。所以，要求在医药商品装卸搬运过程中严格执行操作规范，根据医药商品的不同性质，参照包装标志中的注意事项轻装轻卸，减少人为损失。

(2)合理堆码。医药商品在运输、装卸过程中需要经历多次堆码。在堆码时，除应当轻装轻卸外，还应注意“向上标志”、“禁止倾斜标志”、“可叠层数标志”等，堆放的高度和宽度都应符合规定，不能超高、超宽，堆码整齐有序、捆扎牢固，以防止运输途中与车厢外的物品碰撞、跌落或遗失。

(3)妥善苫垫。为了防上医药商品在运输途中的风吹、日晒、雨淋、水淹及污染，应妥善采取苫垫措施。通常用帆布、油布或塑料薄膜遮盖，车厢底座垫上垫板等。如果在车站码头待运或中转、临时堆放，必须放在仓库、货棚中，地面应有木、石桩脚垫衬，防止药品受潮。

(4)适当环境。若医药商品在运输中需经历较大的地理跨度，道路和气候都存在较大的差异。为确保医药商品运输途中的安全，应将怕热、怕冷、怕光、易腐、易分解的医药商品装入专用车厢内，使医药商品在运输途中有个良好的环境，以便保证医药商品质量的稳定、完好。

(5)良好包装。医药商品运输的安全，在很大程度上取决于医药商品包装质量。包装物的设计，除了要适应医药商品性能、特点外，更要考虑运输途中可能出现的损伤情况。如易碎的医药商品，应当采用牢固、可靠的外包装及良好的内衬，以防止震动、冲撞造成的医药商品外包装破损。在运输的全过程中，应非常重视对医药商品包装的检查，不良包装的医药商品严禁进入物流环节。

五、特殊性质医药商品的运输

1. 怕冻药品的运输

怕冻药品系指在低温下容易冻结，冻结后易变质或冻裂容器的医药商品，详细品种可根据医药商品性质和包装等情况确定。

怕冻药品在冬季运往寒冷地区时，应注意做好下列各项有关工作：

(1)拟定防寒发运期。由于我国地域辽阔，各地气候很不相同，寒季时间的长短和起止日期亦不一致，所以应根据实际情况，拟定有关省市的防寒发运期，以保证防冻药品的安全运输，减少运输防冻措施的费用。

(2)在防寒发运期前，怕冻药品应按先北方后南方、先高寒地区后低寒地区的原则提前安排调运。

(3)在防寒发运期间，怕冻药品的发运，如不加防寒包装，水运只发直达港，铁路以保温车为主。保温车发运时，应有押运员押送，注意安全措施。

(4)在防寒发运期间，怕冻药品的发货单及有关运输单据上应注明"怕冻商品"字样。

2. 怕热药品的运输

怕热药品指受热易变质的医药商品。由于怕热药品对热不稳定，有的还要求冷藏(如生物制品、白蛋白、三磷酸腺苷针等需于 2～10℃之间保存)，因此在夏季炎热期间的运输，要充分考虑温度对药品的影响，并注意做好下列各项有关工作：

(1)根据各地区夏季季节气温的情况，按照怕热药品对温度的要求，分别拟定具体品种和怕热发运期限。

(2)在怕热药品发运期前，怕热药品应按先南方后北方、先高温地区后一般地区的原则尽可能提前安排调运。

(3)在怕热药品发运期间，对温度要求严格的怕热药品(如要求储藏在 15℃以下的品种)应暂停开单发运，如少量急救或特殊需要，可发放快件或空运，或在运输途中采取冷藏措施。

(4)在怕热药品发运期间，怕热药品的商品发货单上应注明"怕热商品"字样，并注意妥善装车(船)，及时发运，快装快卸，尽量缩短途中运输时间。

3. 危险药品的运输

危险药品的运输，除按一般医药商品运输的要求办理外，还必须严格遵照交通部《危险货物运输规则》的各项规定，做好安全运输工作。

(1)危险药品发运前，应检查包装是否符合危险货物包装表的规定及品名表中的特殊要求，箱外有无危险货物包装标志，然后按规定办好托运、交付等工作。

(2)装车、装船时，应严格按照"危险货物配装表"规定的要求办理。

(3)在装卸过程中，不能摔碰、拖拉、摩擦、翻滚，搬运时要轻拿轻放，严防包装破损。

(4)汽车运输必须按当地公安部门指定的路线、时间行驶，保持一定车距、严禁超速、超车和抢行会车。

第六章 医药商品的储存与养护

医药商品作为一种商品有一个流通过程，商品储存是商品流通的一个条件，没有医药商品的储存，就不可能有医药商品的流通。医药商品养护是指在医药商品的储存期间所进行的保养和维护工作。储存的目的是储存医药商品的使用价值，以使药品在使用时发挥其功能。由于医药商品受本身自然属性和外界因素的影响，其质量会发生这样或那样的变化，降低甚至丧失其使用价值，为了避免这种情况的发生，就需要对医药商品进行养护，探索和掌握医药商品在储存期间的质量变化规律，采取科学的养护方法，维护医药商品的质量，保护医药商品的使用价值。

医药商品的储存和养护是医药商品实现其交换价值和使用价值的必备条件，如果储存和养护不妥，均会造成重大损失。

第一节 医药商品储存的意义和原则

一、医药商品储存的意义

1.调节产销在时间上的差异

医药商品的生产和消费，在时间上存在一定的间隔或差异。医药商品在流通中需要暂时存放起来，等待时机，投放市场销售，储存工作就能起到调节作用。有的医药商品季节性非常强，如感冒药。每当季节变换的时节，都是感冒的高峰期，所以需要把感冒药事先生产，储存起来。有的医药商品为季节性生产，但是常年消费，如某些中草药。所以没有储存的调节，就难以实现供求的平衡。

2.调节产销在地域上的差异

医药商品的生产和消费在地域上也存在一定的差异，需要通过仓储和运输等调节手段，才能使医药商品完成空间位置的转移，适应消费者的需要。如中草药有道地药材，它们的药效比其他同类非道地药材好，如浙八味，其他地方如需要这些道地药材，必须经过存储和运输。所以医药商品的储存可以调节产销在地域上的差异。

3.发挥蓄水池的作用

只要存在医药商品流通，就不断地有医药商品在流通过程中形成储存，再由储存转变为供应或销售。医药商品的储存有调节医药市场供求，保证市场供应，起到医药商品蓄水池的作用，发挥支持生产，满足消费的作用。医药商品蓄水池的作用，主要是为了保持医药商品储存的流动性，保持必要的储存量和合理的储备时间，如 2003 年我国发生传染性非典型性肺炎，储存的体温计就充分发挥了蓄水池作用。

二、医药商品储存的原则

医药商品储存虽然有其必然性,但并不是无限度的,医药商品储存在质和量的规定上应遵循如下原则。

1. 确保生产稳定的原则

医药商品储备是支持生产,为生产服务的一个重要手段。例如,一些季节性生产的中草药,如果不及时地储存起来,靠直接出售必然会形成季节性价格大幅度降低,且需要用时会出现缺货的情况。医药商品的生产,如果没有流通企业的收购、储存、调拨、销售,完全依靠自己,生产必然受到影响。

2. 保证市场供应的原则

医药商品储存的根本目的,是为了保证医药商品销售,为患者服务。因而医药商品销售量的多少,是影响商品储存的决定因素。通常医药商品的储存量应当与患者总体需要量相一致,与医药商品的销售量保持一定的比例关系。

库存医药商品储量还要受到再生产时间和流通时间的影响。如某些药品的生产周期是一年两季,那么这些药品的储量最低应维持到下一次新药生产之前,还要加上必要的安全储备和灾害性储备。再生产周期和商品流通时间越长,医药商品储存量就相应地越大。

3. 确保库存结构合理的原则

医药商品储存不仅在数量上,而且还应在结构上合理。即库存医药商品在品种、规格、质量、价格等方面适应市场的需要。

在医药商品储存管理中,要特别关心和注意医药商品结构的合理性。有时,部分医药商品的储存量过多会造成积压,如不及时调整,将会给企业、社会生产、患者带来不必要的损失。

4. 确保医药商品质量的原则

医药商品的库存储备是为了流通,为了患者的使用。这就要求储存过程中严格把好医药商品的质量关。加强医药商品的维护和保养,确保储存有良好的环境和条件,保证医药商品的质量。医药商品储备与医药商品的物理化学性质稳定程度直接相关,与医药商品的储存环境和条件直接相关。一般来说,安全储备时间较长的,可适当增加仓库存量。反之,则减少储存量。

5. 经济核算原则

任何企业都有自己的经济利益,企业库存量的多少,库存品种的多少,应当贯彻经济核算的原则,计算出维持正常医药商品周转的最佳库存量。选择最低的库存成本和较少的资金占用,争取在不断档的前提下,掌握合理的进货批量和合理的库存储备,以获得最大的经济效益,同时,还要讲究社会效益,满足广大患者的各种需要。

第二节　医药商品养护的意义和原则

一、医药商品养护的意义

医药商品养护的意义在于:从数量上降低医药商品的损耗,在质量上保护医药商品的使用价值。其主要意义具体表现为以下三种。

1. 有助于维护企业的经济效益

做好医药商品的养护工作，对于企业至关重要，医药企业只有重视和加强对仓储人员的培训教育，提高他们的医药商品的养护技术水平，同时加强仓库管理，才能消灭或延缓医药商品的不利变化，维护医药商品质量，保护它们的使用价值，减少企业的经济损失。如果医药商品养护工作没有做好，变质的医药商品照样出售，这不仅毁坏企业的信誉、损害了消费者的利益，更严重的可能危及患者的健康乃至生命。

2. 有助于维护社会财富

我国仍属发展中国家，经济还不十分发达，扩大再生产具有同样重要的经济意义。据统计，1980 年以来，全国每年的仓储商品损耗有 3.4～3.8 亿元，而医药商品占有一定的比例，这说明搞好医药商品养护、降低医药商品损耗是有很大潜力的。即使是今后社会生产力得到很大提高的情况下，做好医药商品养护工作，也是提高社会经济效益，增加社会财富的重要手段之一。

3. 有助于提高我国医药商品的国际地位

随着我国的改革开放和对外贸易的不断发展，我国许多医药商品已经打进了国际市场。毋庸讳言，我国许多医药商品的质量还比不上经济发达国家，在造成这种情况的众多原因中，确有因医药商品养护不善而降低我国医药商品在国际上的竞争力的因素。因此，我国的仓储工作人员，尤其是医药商品养护人员，要认真学习医药商品养护知识和理论，掌握各种科学的养护技术和方法，为实现医药商品养护科学化，赶上世界先进水平而努力。

二、医药商品养护的原则

1. 贯彻“以防为主”原则

根据药品的性质和包装的质量、形状，正确地选择仓位、堆码和苫垫形式，合理地使用仓库面积，提高仓库利用率，并为安全保管、及时检查盘点和药品出库等创造方便条件；按照库存药品性质的需要，控制和调节库房的温湿度；定期进行药品的在库检查，及时了解药品的质量变化，并采取相应的防治措施；熟悉药品性能，研究影响药品质量的各种因素，掌握药品质量变化的规律，提高药品保管养护的科学水平，及时采取各种有效措施，防患于未然；保持库房的清洁卫生，做好防治微生物和鼠、虫害工作；此外，对久储、残损、变质和接近失效的药品，要催促有关业务部门及时处理，以避免和减少损失。

2. 遵循“先产先出”、“易变先出”、“近期先出”的原则

“先产先出”指同一商品，对先生产的批号尽量先出。一般说，由于环境条件和药品本身的变化，药品储存的时间愈长，变化就愈大，超过一定期限就会引起变质，以至造成损失。药品采取“先产先出”，有利于库存药品不断更新，以确保其质量。“易变先出”指同一商品，对不宜久储易于变质的应尽量先出库。有的药品虽然后入库，但由于受到风雨、潮湿、阳光、气温的影响，和害虫、微生物的侵袭以及其他原因，而比先入库的药品易于变质。在这种情况下，当药品出库时就不能机械地采用“先产先出”，而需依据药品的质量，将易霉、易坏、不宜久储的尽量先出库。“近期先出”即“近失效期”的药品先出，指库存有效期的同一商品，对接近失效期的先行出库。对仓库来讲，所谓“近失效期”，还应包括给这些药品留有调运、供应和使用的时间，使其在失效之前进入市场并投入使用。某些药品虽然离失效期尚远，但因遭到意外事故不宜久储时，则应采取“易变先出”，以免受到损失。

3. 在库药品定期检查原则

药品的在库检查，指对库存药品的查看和检验。通过检查，做到及时了解药品的质量变化，以便采取相应的防护措施。药品在库检查的时间和方法,应根据药品的性质及其变化规律,结合季节气候、储存环境和储存时间长短等因素掌握。大致可分为以下三种:

(1)逐日检查。一般由药品保管员自行检查。

(2)定期检查。一般是结合盘点进行月、季全面检查,如:有效期药品、毒药、麻醉药品、危险药品应每月检查一次;性质不稳定药品至少应每季度检查一次;受热易变质的药品应在夏季加强检查;易吸潮引湿的药品应在霉雨季节加强检查;怕冻药品在冬季加强检查。

(3)突击检查。一般是在汛期、雨季、霉季、高温、严寒或者发现事故苗头,临时组织力量进行全面或局部的检查。

药品的检查内容包括:库房内的温湿度,药品的外观性状和质量变化情况,药品包装的变异,药品堆垛安全,药品储存动态等。在检查中,要特别注意对那些容易变质、损坏和规定有效期的药品的查看和检验。

第三节 医药商品储存和养护的常规

医药商品应按其不同性质及剂型特点在适当条件下正确储存和养护。如果储存和养护不当或储存条件不好,会使药品变质失效,甚至产生有毒物质,这不仅给医疗单位造成损失,更严重的是可能危害患者的健康和生命。作为药剂人员及药库管理人员必须了解各类药品制剂本身的理化性质及外界的各种因素对药品制剂可能引起的不良影响,按其性质在不同条件下加以妥善储藏。当发现药品外观性状发生变化时,应及时加以理化检查和处理。应当指出的是,有的药品(如某些抗生素)的内在质量变化不一定引起外观的变化,需要用化学或其他方法检查才能确定。现将医药商品的在库维护、影响药品质量的因素及药品保管方法分述如下。

一、医药商品的在库养护

药品的在库养护,是指药品在仓库储存过程中所进行的保养和维护工作。仓库的药品养护工作,涉及面很广,科学技术性较强,它是仓库药品保管的一项经常性工作。它对药品储存安全,保证药品质量,减少损耗,促进药品流通,有着重要的作用。

药库要按照安全、方便、节约的原则,合理利用仓容;要留有适当的墙距、垛距、顶距、灯距、底距,并做到堆码合理、整齐、牢固、无倒置现象;内服药与外用药品分开存放。爱护药品器材,堆码、装卸要遵守操作规程,实行文明作业。

1. 药品的分类储存

目前医药经营部门的仓库,常按药品剂型分成原料药、散剂、片丸剂、注射剂、酊水糖浆剂、软膏剂等类别,采取同类集中存放的办法进行保管。然后又选择每一类药品最适宜存放地点,把存放地点划分为若干货区,每区又划分为若干货位,并按顺序编号。这种管理方法即一般所谓的“分区分类,货位编号”。它的好处是:商品有较固定的堆码地点,便于发货、检查和保管;可使商品出入库迅速,有利于提高工作效率,加速商品流转;由于货位固定,品种集中,保管人员易于熟悉商品性能和掌握可能发生质量变异的规律,提高科学养护的水平。现将分区、分类、货位编号说明如下:

分区,是按药品类别、储存数量结合仓库建筑和设备条件,将仓库面积划分为若干货区,并规定某一货区存放某些商品。为了解决各货区间的忙闲不均现象,可留出机动货区,或调整货区存放的商品种类，或重新划分货区。

分类，是将药品按其性质和所要求的储存条件划成若干类，分类集中存放。根据分类，确定药品堆码在什么类型的仓库，如普通库、保温库、冷藏库或危险品库。同一库内还应根据药品包装重量和出入库的多少来正确安排堆码位置，如笨重的、出入频繁的品种存放在离出入口较近的地方。

货位编号，将仓库划分为若干货区，每个区又划分为若干排，把每排划成若干货位号，并按顺序进行编号。编号时可用罗马数字、阿拉伯数字或拉丁文字母等来表示。为了便于识别，在仓库梁上、墙上、货架上或地上，用带色油漆标明库号、货区号、排号和货位号，亦可以在库内上空拉铅丝悬挂标牌。货位编号工作完成以后，还可以设立货位卡片，发货时可以根据卡片迅速找到所需医药商品的存放地点，这样可以方便工作，节约时间，减少差错。

由于各单位仓库条件不同，出入库量和商品品种数量不等，所以需根据实际情况，结合上述"分区分类，货位编号"的办法，采取适当的保管方式。总之，既要达到科学管理的目的，又要使储存地点适合医药商品性能，才有利于保管工作的进行。

2. 药品的堆码

药品除分类存放外，还要妥善堆码。堆码也称堆垛，要根据药品的种类、特性、包装、体积、重量、库房高度、设备条件、地面负荷以及操作安全、易于清点数量、易于识别标记等条件，选择堆码形式、堆码技术，确定堆码高度。堆码时要做到妥善苫垫、码脚稳固、堆码整齐、层次分明；货码之间，货码与墙、柱、窗、屋顶之间应保持一定距离，留有适当的通道，以便药品的搬运、检查和养护。对于包装不坚固或过重的，不宜堆码过高，以防下层受压变形；对于易变质的药品和具有有效期药品，还应按批号、有效期长短分期分批堆码，便于检查和出库。为了防止地面潮气浸湿药品，特别是底层库房，应用枕木、石块、垫板或其他代用品垫底，商品与地面一般应有30～50cm的距离，以利通风散潮。

商品堆码的形式很多，但对于药品的堆码一般多采用立方垛，它适用于木箱、纸箱和袋装药品。在堆码立方垛时，每件的大小、重量都相同，才能堆得稳、堆得高。堆码立方垛主要是用直码和交叉码两种：直码是整整齐齐地把货件从下而上堆码，上层与下层的堆放形式一样。这种堆码方法适用于木箱或纸箱包装，它的优点是简便易取，便于点数，但不稳固。交叉码是上下层纵横交叉堆码。这种堆码方法比较稳固，但工作不便，适用于袋装药品或需堆码较高的木箱、纸箱包装商品。立方垛分实垛和通风垛两种，实垛是把货件堆码成一个实心的立方体，中间没有任何空隙；通风垛是在货件中间留有一定的空隙，可以流通空气，便于防潮。

桶装药品由于包装的特点，不能堆成立方垛，必须把上层货件的堆放范围逐渐缩小，堆成宝塔垛以增加其稳固性。

药品的堆码除上述垛形外，还可以有其他形式，在实际工作中应根据具体情况来考虑，亦可以创造更适宜的垛形，只要能堆码稳妥，节省劳力和费用，达到医药商品储存安全和工作便利即可，不必拘于形式。

3. 温湿度管理

温度和湿度是影响药品变质的重要因素，温湿度管理不当常会促使药品发生分解、挥发、变形、冻结、沉淀、潮解、风化、稀释、溶化、发酵、酸败、生霉、虫蛀等变化，以致变质失效。所以应该建立仓库温湿度管理制度，严格控制仓库的温湿度，这是防止药品霉变的基本条件，是做好药品养护的关键。

仓库温湿度直接受气候变化的影响，只是库内温湿度变化的时间比库外慢些，变化程度小些。因此，我们除了要熟悉各种药品的特性外，还必须了解气候变化的规律，掌握温湿度年变化和日变化的情况，以及气候对不同仓库的影响，以便适当地控制和调节库内的温湿度，创造适宜的储存条件，保证药品的质量。

4. 药品库房管理

(1)对有特殊储存要求的药品，应建立符合所需条件的库房和相应设施。药品在冷处保管，温度控制在2～10℃之间，阴凉处温度控制在20℃以下，室温温度控制在1～10℃之间；相对湿度控制在60%～75%之间。各种测量和监控仪器应经常核对。

(2)药品入库时，应按凭证核对品名、规格、数量和质量验收人员的签章(外地产品入库时，还应查对药厂化验报告)，并对质量进行抽查，发现问题及时与质量检验或业务部门联系解决。对货单不符、质量异常、包装不牢、标志不清影响安全储存的药品，不宜入库。

(3)保管员应熟悉药品质量性质及储存要求，按药品性质不同自然分类，按区、库、排、号进行科学储存。内服药与外用药，一般药与杀虫鼠药必须分开存放。性能相互影响，容易串味，名称容易搞错的品种也应分开存放。麻醉药品、精神药品等毒性药品应专库或专柜存放，指定专人保管。危险品应严格执行公安部颁发的"化学危险品储存管理暂行办法"、"爆炸物品管理规则"和"仓库防火安全管理规则"等规定，按其危险性质，分类存放于有专门设施的专用仓库。有效药品按有效期远近，按批号，依次专码堆放。长期储存的怕压商品定期翻码整垛，货垛间应采取必要的隔垫措施。退货商品应单独存放和标记，要查清原因，及时处理。退货要作记录(包括退货单位、日期、品名、规格、数量、退货理由、检查结果、处理日期及处理情况等内容)，并保存2年。搬运和堆垛应严格遵守药品外包装标记的要求，安全操作，防止野蛮装卸。

(4)要贯彻"先进先出"、"近期先出"和"易变先出"，按批号出库的原则。药品出库时登记生产批号或年、月、日，有效期限及入库年、月、日。把好药品出库验发关，变质和过期药品严禁发货。药库必须设保管账。正确记载药品器材进、出、存动态。坚持货位编号、层批标量、动碰复核、日记月清、月对季(半年)盘等方法。保证账货相符。账簿及有关凭证必须按财会制度规定妥善保管，不得擅自销毁。

(5)医药仓库不得私自动用储存的药品器材，不准个人动用所装物料和其他财物，不准在存放货区放置个人物品。药品器材要实行分区、分类管理。特殊药品器材如毒品、危险品和麻醉药品等，必须按有关规定采取专柜储存，指定专门人员保管，严禁将其相互混存或与一般药品器械混存，必须分开存放。具有效期的药品器材，必须按有关规定储存。

(6)医药仓库要维护药品器材的质量，根据药品器材性质、仓储条件和气候变化，安排适宜的储存场所；要加强温湿度管理，正确采用通风、密封、吸潮、降温等养护方法和措施，切实保证药品器材的疗效和使用价值；要搞好库房和环境的清洁卫生，定期进行清扫。药品、原料和精密医疗器械等，不得露天存放，其他物资也尽量不要露天存放。

(7)医药仓库要监督药品器材的质量问题，必须及时采取措施，具有效期的药品器材，要建立登记和催调制度，认真实施。医药仓库要建立药品器材养护档案，配合药剂科做好质量信息反馈。

二、影响医药商品质量的因素

在保管医药商品的过程中，影响药品质量的因素很多，如日光、空气、湿度、温度、时间及微生物等。上述因素对药品的影响又往往不是单独进行的，而是互相促进、互相影响而加速药品变质的，例如日光高温往往加速药品的氧化过程。故应根据药品的特性，全面考虑可能引起变质的各种因素，选择适当的储存条件和保管方法，以防止药品变质或延缓其变质的速度。

1. 温度

药物的成分在常温15～20℃条件下是比较稳定的，温度过高或过低都能使药品变质。特别是温度过高与药品的挥发程度、形态及引起氧化、水解等理化和微生物的寄生有很大关系。有些药品温度过低又易引起冻结或析出沉淀。

(1)高温会导致霉变和挥发走油。霉变：大部分微生物是属于嗜温性的，温度的升高(30℃以上)有利于它们的繁殖和活动，从而加速霉变。挥发走油：气温升高，使含有芳香性物质的中成药，如薄荷油、红花油等挥发。含脂肪油和挥发油丰富的中成药，如软膏类、栓剂等，由于温度增高而软化，或达到融点，以致所含的油质往外溢出，在包装上呈现油样物质。

(2)低温会使有些药品发生物理性与化学性变化，以致药效减低，甚至失效。如中成药的液体制剂，在低温(0℃以下)条件下易发生沉淀；有些水剂药品会结冻胀破容器，使药液外漏造成损失或降低药效。

2. 湿度

水蒸气在空气中的含量叫湿度，它随地区及温度高低而变化。湿度对药品的质量影响很大，湿度太大能使药品潮解、液化、变质或成为霉料；湿度太小，也容易使某些药品风化。

(1)风化：含有结晶水的药物，常因露置在干燥的空气中，逐渐推动其所含结晶水的一部分或全部风化，以致本身变成白色不透明的结晶体或粉末。风化后的药品，其化学性质一般并未改变，但在使用时剂量难以掌握。特别是剧毒药品，可能因超过用量而造成事故。易风化的药品如硫酸阿托品、硫酸可待因、硫酸镁、硫酸钠及明矾等。

(2)引湿：大多数药品在湿度较高的情况下，能吸收空气中的水蒸气而引湿，其结果使药品出现稀释、潮解、变形、发霉等现象。

(3)湿度引起中药材的质量变异有潮解、熔化、酸败、干枯、风化、皱缩和霉烂等。多数中药质变现象的发生都与湿度有一定关系。如湿度控制适宜，则害虫不会孳生，霉菌不能繁殖，也不会引起变质现象，故仓储中要严格控制湿度。

3. 储存时间

有些药品由于受光线、温度、湿度、空气等因素的影响，可能发生不同程度的变质，最终导致不能使用。有些药品因其性质或效价不稳定，尽管储存条件适宜，时间过久也会逐渐变质、失效。因此药典对某些药品特别是抗生素制剂，根据它们的性质不稳定的程度，均规定了不同的有效期。有效期系指药品在规定的储存条件下，能够保持质量合格的期限，要求使用单位在规定期限内使用。

4. 空气

空气是各种气体的混合物，其中对药品质量影响比较大的为氧气、二氧化碳、水蒸气和灰尘。氧气约占空气中五分之一的体积，由于其性质活泼，易使某些药物发生氧化作用而变质，如挥发油受氧的作用易引起树脂化，脂肪油容易氧化而结成块状，并产生氧化酸败。空气中的二氧化碳被药品吸收，产生碳酸化而使药品变质。又如散剂能吸附空气中的水分，灰尘及有害气体，能影响药品的质量及加速药品变质或霉变。

5. 日光

光线中的紫外线可促进药品变色、分解氧化，使之变质，以致降低或失去药物价值。如保管不当，被光线直接照射会引起变质，如含油脂的成药能产生酸败；酒类能产生浑浊；含甙类及维生素类的成药产生分解；针剂、水剂日光照射后，因温度升高，能变色或降低药效；升汞见光会析出水银等。同样日光能引起或促进中药中的许多有机物和无机物发生化学变化，如氧化、还原、分解等，从而影响中药的质量。如含有生物碱类、维生素类、酚类、挥发油类、黄酮类、蒽醌类等成分的中药，受光照射后，易发生光化反应，出现颜色变化。同时日光的大量热能，对中药有加热作用，曝晒的中药温度升高，导致某些中药出现气味散失、泛油、粘连、融化、干枯等现象。

6. 医药商品的包装和装潢

包装容器是直接盛装和保护药品的器物，种类很多，质量有别，对药品的影响也不一样，医药商品包装应当努力实现标准化、规格化和经济化。要求包装的类型、规格、容量、包装材料、容器结构造型、承受压力以及商品的盛放、底垫、封装方法等有统一规定。合适的包装应能承受合理的堆压和撞击，具有一定的防震、防腐蚀的能力。常用的包装有玻璃容器、瓷制容器、金属容器、纸及硬纸包装、塑料包装等。

普通玻璃在水中可被水解形成游离碱，它可使生物碱盐变色、沉淀，甚至分解失效。所以在药品生产包装时，一定要根据药品理化性质选择符合要求的玻璃容器，以免影响药品质量。玻璃颜色对保证药品质量具有重要意义，因紫外线能透过玻璃使药品变色变质，因此易受紫外线影响的药品包装于琥珀色玻璃容器里最合适。

因金属容易受酸碱及其他化学物质的腐蚀，所以易与金属发生化学反应的药品不宜应用金属容器包装。

塑料包装应选用无毒塑料包装。

7. 微生物

大部分药材含有脂肪、蛋白质、碳水化合物和水分等，故在储存期间易受微生物的侵袭。导致中药材霉变的微生物主要是霉菌和酵母菌，常见的霉菌有曲霉（灰绿曲霉菌群、棒曲霉菌群、黑曲霉菌群）、青霉、毛霉、根霉、木霉。微生物对中药材的变质作用，是通过其分解（异化作用）、吸收（同化作用）的营养代谢过程而实现的。给中药带来的危害主要有以下几种情况：

（1）霉腐微生物对中药有机质的分解和进行的营养代谢活动，会使中药有效成分含量降低，以至腐烂失效。

（2）霉腐微生物对药材表层物质的分解和消耗，同时破坏了药材的组织结构，使内部所含糖质和油脂容易溢出，从而造成药材的粘连、泛油等变质现象。

（3）霉腐微生物的繁殖和分泌物，造成对中药的污染，影响药效。

经霉腐微生物危害的中药，即使经特殊加工处理后，也会气味变淡、色泽转暗，品质降低，影响疗效。

8. 医药商品仓库地址的选择

仓库是接收、储存、发运医药商品的场所，医药商品的流动量既大又频繁，仓库地点是否合理，直接关系到医药商品质量是否得到大环境的保障，所以仓库基地应选择地势相对较高，气候比较干燥的地方，周围环境应比较干净，避免药品受到污染。同时也应考虑储存费用和运输的方便。

9. 仓虫与霉菌

仓虫和霉菌对药品的危害十分严重，特别对于中成药。因中成药大多数都含有可供仓虫和霉菌生长繁殖所需要的养分，倘若加工制作不当或保管不善，很容易造成大批药品霉蛀损失。

（1）仓虫蛀蚀，常见危害药品的害虫有米象、谷象、大谷盗、药谷盗、烟草甲虫、谷蛾及虫类等数十种；一般害虫生长繁殖的最适应温度是16～35℃，相对湿度为60%以上。湿度大、气温高时，害虫危害也最严重，所以药品虫蛀常在夏秋季节发生。

(2)发霉系指药品外表或内部生长霉菌，一般危害药品的常见霉菌有黑霉菌、绿霉菌、蓝霉菌等。药品发霉除与本身性质和含水量有关外，温度、湿度等也是引起霉变的重要因素，特别是温度在20～30℃，相对湿度在70%以上时，霉菌可大量生长繁殖。所以在霉雨季节，不少中成药常因加工制作或包装不严、储存条件不适宜而造成霉烂变质。

10. 药品内在因素

医药商品变质还有其自身的内在因素，尤其是对于中药材，如：含淀粉的药材，易吸收外界水分，受霉菌感染，有利于害虫吸取养料赖以生存。含有挥发油的药材，一般在20℃左右其油分就会挥发。含有糖类物质的药材，遇水或受潮后即会膨胀发热，引起发酵、霉变；同时糖类物质也是微生物、害虫的最好养料，有利于其繁殖。含有油脂的药材，保管不当，油脂就会发生水解、氧化而产生分解和酸败现象。含有色素的药材，色素若被破坏会引起药材色泽的变化。

三、西药的分类保管养护方法

1. 原料药品

原料药大部分用于配制各种制剂，因此做好它们的保管养护工作具有更广泛的意义。一般原料药都应当密闭保存，在保管中要注意清洁卫生和包装完好，严防灰尘等异物的污染。对于易受外界因素如光线、空气、湿气、温度、霉菌等影响的药品，或具有特殊性质的药品，除应密闭保存外，还要根据药品的不同特性考虑不同的保养方法。

凡吸潮易发生变化的药品，储存时应注意防潮。如阿司匹林、碳酸氢钠易吸潮水解，葡萄糖吸潮易发霉，溴化钠、醋酸钾易吸湿潮解，甘油能吸收水分而被稀释，药用炭受潮后吸附力降低等。这类药物要求包装密封，于干燥处保存。

含有结晶水的药品，如硫酸镁、硼砂、咖啡因等均易风化，储存时应注意包装严密，不要放在过于干燥或通风的地方。硫酸钠除有风化性外，当温度较高时，即使在密封的情况下也会发生溶化现象，所以还要在阴凉处保存。

遇光易变质的药品，在保管养护中均应注意避光。如磺胺类、甘汞、硝酸银、氨基比林、盐酸普鲁卡因、苯酚等遇光易变色，甚至毒性增加。这类药品都应放置遮光容器内，密闭于暗处保存。

有挥发性的药品，如薄荷脑、樟脑以及挥发油类等，温度过高可加速挥发而减量。这类药品在保管时，应密封于凉处保存。

具有特殊臭味的药品，应与其他药品分开存放，尤其要与吸附力强的药品分开存放，以防串味。如碘仿、樟脑、薄荷脑等有特殊气味，应与药用炭、淀粉、葡萄糖、乳糖、氢氧化铝等药品分开存放。

露置空气中易吸收二氧化碳的药品，如氧化锌、氧化镁、氨茶碱和磺胺类钠盐等，保管时要注意密封，以避免与空气接触。

抗菌素类药品，绝大部分都有有效期规定，干燥品一般在室温下尚稳定，但吸潮受热后极易分解失效。这类药品保管时应在干燥、阴凉、避光处保存，并注意期限，掌握“先产先出，近期先出”的原则。

生化制品，如胃蛋白酶、甲状腺粉等，大多含有蛋白质或多肽，易受温度、光线、水分和微生物等因素的影响，从而引起腐败、霉变、生虫使有效成分破坏或发生异臭。这类药品在保管中须注意密封，在凉爽处避光保存；有“效期”规定的，应掌握“先产先出，近期先出”的原则。

危险药品，保养和运输应严格按照有关部门的规定和制度办理。

2. 散剂

散剂在储存过程中，温度、湿度、光线、空气及微生物等对散剂质量均有一定影响。其中以湿度影响最大，因为散剂的分散度较大（一般比原料药大），其吸湿性也较显著，吸潮后药物可引起结块、变质或微生物污染等，因此对于散剂的保管养护，防潮是关键。

散剂容易吸潮，吸潮后药物粉末发生润湿、结块，有时纸袋上出现印迹或霉斑等现象，所以应严格注意防潮保存。此外纸制包装容易破裂，储运中要避免重压，以防破漏。有些纸制包装用浆糊加工，还应注意防止鼠咬虫蛀。

塑料薄膜包装的散剂虽较纸质包装稳定，但由于目前塑料薄膜在透气、透湿方面并不理想，故仍有一定的局限性，尤其在南方潮热地区，仍须注意防潮，并且不宜久储。

含吸湿性成分或加糖的散剂应密封储于干燥处，注意防潮。贵重药物散剂，可密封在坛内，必要时加吸潮剂。含挥发性药物的散剂，受热后更易挥发，应密封在干燥阴凉处保存。含有遇光易变质的药物的散剂要避光保存，特别要防止日光的直接照晒。有特殊臭味的散剂，应与其他药物隔离存放，以防串味。内服散剂与外用散剂要分开存放，麻醉药的散剂要专柜、专库存放，人用散剂与杀虫灭鼠散剂（有毒性），一定要严格分离存放。

此外，散剂的包装一般相差不大，品种名称比较复杂，在保管养护中要按品名、规格、用途分类集中保管，收发货要仔细校对，以免错收错发，造成事故。对易吸潮变质的散剂要经常检查有无吸潮情况；使用吸潮剂保存的散剂，还要定期检查吸潮剂的吸潮情况，及时加以更换。

3. 片剂

片剂除含有主药外，尚加有一定的辅料如淀粉等赋以成形。在湿度较大时，淀粉等辅料易吸收水分，可使片剂发生松散、破碎、发霉、变质等现象，因此湿度对片剂的影响最为关键。其次温度、光线亦能影响某些片剂变质失效。所以片剂的保管养护工作，不但要考虑所含原料药品的性质，而且要结合片剂的剂型、辅料及包装的特点，综合加以考虑。

所有片剂除另有规定外，都应密闭，在干燥处保存，防止受潮发霉变质。储存片剂的仓库，相对湿度以60%～70%为宜，最高不得超过80%。如遇霉雨季节或在南方潮热地区相对湿度超过80%时，则应注意采取防潮、防热措施。

包衣片（糖衣片、肠溶衣片）吸潮、受热后，易发生包衣褪光、褪色、粘连、溶化、霉变，甚至膨胀脱壳等，因此保管要求较一般片剂严，保存时应注意防潮、防热。

含片中除一般赋形剂外，并掺有大量糖分，吸潮、受热后易溶化粘连，严重时会发生霉变，应注意密封，在干燥的凉处保存。含有易挥发性药物的片剂受热后能使药物挥散，成分散失，含量降低而影响效用，故应注意防热，在凉处保存。含生药、脏器或蛋白质类药品的片剂如健胃片、甲状腺素片、酵母片等，易吸潮松散、发霉、虫蛀，更应注意密封在干燥处保存。某些药品吸潮后易变色变质，易潮解、溶化、粘连的片剂，需要特别注意防潮。主药对光敏感的片剂如山道年、磺胺类片剂等，必须盛装于遮光容器内（如棕色瓶），注意避光保存。抗生素类、某些生化制剂以及洋地黄等一些性质不稳定的片剂，多有“效期”规定及储存条件的要求，应严格按照规定的储存条件保管，有“效期”规定的则应掌握“先产先出，近期先出”的原则，以免过期失效。外用片、内服片以及兽用片剂必须分开储存，以免混淆错发。

4. 胶囊剂

胶囊剂（包括硬胶囊剂、胶丸剂）制造的主要原料是明胶，吸潮受热后易变软、发粘、膨胀，或囊壁表面混浊失去光泽，严重时甚至黏软变形，有时还会生霉。胶丸剂由于制造时加有较多量的甘油，故吸湿性较强，如制造时干燥不适当，储藏时湿度过大，温度较高，更易黏软生霉。因此，胶囊剂的保管要以防潮、防热为主，同时结合所含主药的特性考虑具体保管方法。

一般胶囊剂都应密封，储于干燥阴凉处，注意防潮、防热。但亦不宜过分干燥，以免胶囊中的水分过少而易于脆裂。主药对光敏感的胶囊剂还要注意避光保存。具有颜色的胶囊，在吸潮受热后还会出现颜色不匀、褪色、变色等情况，更要注意防潮、防热。装有生药或脏器制剂的胶囊，如力勃隆胶囊、复方胚宝胶囊等，吸潮受热后易发霉、生虫、发臭，更应特别注意密封，置于干燥阴凉处保存。抗生素类胶囊，如苯唑青霉素钠胶囊、乙氧萘青霉素钠胶囊、土霉素胶囊等，吸潮、受热后易使效价下降，也应特别注意密封于干燥、阴凉、避光处保存。抗生素类胶囊一般都有"效期"规定，尚需掌握"先产先出，近期先出"的原则。

5. 注射剂

注射剂在储存期的保管养护，应根据药品的理化性质，并结合其溶媒和包装容器的特点，综合加以考虑。

一般注射剂，应避光储存，并按药典规定的条件保管。

遇光易变质的注射剂，如肾上腺素、盐酸氯丙嗪、对氨基水杨酸钠、复方奎宁、维生素类等注射剂，在保管中要注意采取各种遮光措施，以防紫外线照射。

遇热易变质的注射剂，包括抗生素类注射剂、脏器制剂或酶类注射剂、生物制品等，它们绝大部分都有"效期"之规定，在保管时除应按规定的温度条件下储存外，还要注意"先产先出，近期先出"，在炎热季节加强检查。

抗生素类注射剂，一般性质都较不稳定，遇热后促进分解，效价下降，故应置阴凉避光处保存，并注意"先产先出，近期先出"。如为胶塞铝盖小瓶包装的粉针剂，还应注意防潮，储藏于干燥处。

脏器制剂或酶类注射剂，如垂体后叶注射液、催产素注射液、注射用玻璃酸酶、注射用辅酶A等受温度的影响较大，主要是蛋白质的变性引起，光线亦可使其失去活性，因此一般均需在凉暗处遮光保存。有些对热特别不稳定，如三磷酸腺苷钠(ATP)、细胞色素C、胰岛素等注射剂，则应在2～10℃的冷暗处储存。一般说，本类注射液低温保存能增加其稳定性，但是亦不宜储存温度过低而使其冻结，否则亦会因变性而降低效力。此外对于胶塞铝盖小瓶装的粉针剂，亦应注意防潮，储于干燥处。

生物制品，如精制破伤风抗毒素、精制白喉抗毒素、白蛋白、丙种球蛋白等，从化学成分上看，具蛋白质的性质，一般都怕热、怕光，有些还怕冻，储存条件直接影响到制品质量。一般温度愈高，储存时间则愈短。最适宜的储存条件是2～10℃的干暗处。应注意，除冻干品外，一般不能在0℃以下储存，否则会因冻结而造成蛋白变性，融化后可能出现摇不散的絮状沉淀，致使不能药用。

钙、钠盐类注射液，如氯化钠、乳酸钠、枸橼酸钠、水杨酸钠、碘化钠、碳酸氢钠及氯化钙、葡萄糖酸钙等注射液，久储后药液能侵蚀玻璃，尤其是对于质量较差的安瓿玻璃，能发生脱片及浑浊(多量小白点)。这类注射液在保管时要注意"先产先出"，不宜久储，并加强澄明度检查。

水溶液注射剂(包括水混悬型注射剂、乳浊型注射剂)。这一类注射剂因以水为溶媒，故在低温下易冻结，冻结后体积膨胀，往往使容器破裂；少数注射剂受冻后即使容器没有破裂，也会发生质量变异，致使不可供药用。因此水溶液注射剂在冬季应注意防冻，库房温度一般应经常保持在零度以上。浓度较大的注射剂冰点较低，如25%及50%葡萄糖，一般在零下11～13℃才能发生冻结，所以各地可根据暖库仓容、冬季库温高低情况适当掌握存放地点。

大输液、代血浆为大体积的水溶液注射剂，冬季除应注意防冻外，在储运过程中切不可横卧倒置。因盛装药液的玻璃瓶口是以玻璃纸或薄膜衬垫后塞以橡胶塞的，橡胶塞虽经反复处理，但由于玻璃纸和薄膜均为一半透膜，如横卧或倒置时，会使药液长时间与之接触，橡胶塞的一些杂质往往能透过薄膜而进入药液，形成小白点，储存时间越长，澄明度变化越大(涤纶薄膜性能较稳定，电解质不易透过)。玻璃纸本身也能被药液侵蚀后形成小白点，甚至有大的碎片脱落，影响药品的澄明度。此外，在储存或搬动的过程中，不可扭动、挤压或碰撞瓶塞，以免漏气，造成污染。又因输液瓶能被药液侵蚀，其表面的硅酸盐，在药液中可分解成偏硅酸盐沉淀，所以在保管中应分批号按出厂期先后次序，有条理地储存和发出，尽快缩短周期使用。

油溶液注射剂(包括油混悬液注射剂)。它们的溶媒是植物油，由于内含不饱和脂肪酸，遇日光、空气或储存温度过高，其颜色会逐渐变深而发生氧化酸败。因此油溶液注射剂一般都应避光、避热保存。油溶液注射剂在低温下虽有凝冻现象，但不会冻裂容器，解冻后仍能成为澄清的油溶液或成为均匀混悬的油混悬液，因此可以不必防冻。在将冻或解冻过程中，油溶液有轻微浑浊的现象，如天气转暖或稍加温即可熔化，这是解冻过程必有的现象，正如食用植物油冬季发生的现象一样，故对质量无影响。有时油溶液注射剂凝冻温度也不一样，这是因为制造时所使用的植物油不同，它们凝固点的高低也不同，如花生油的凝固点约为－50℃，而杏仁油的凝固点为－20℃左右，因此在低温下用花生油作溶媒的注射剂先发生凝冻。

使用其他溶媒的注射剂。这一类注射剂较少，常用的溶媒有乙醇、丙二醇、甘油或它们的混合溶液，或它们和水的混合溶液。因为乙醇、丙二醇和甘油的冰点较低，故冬季可以不必防冻。如洋地黄毒甙注射液系用乙醇(内含适量甘油)作溶媒，含乙醇量为37%～53%，在室外零下10～30℃的低温下冷冻41天也不会冻结；又如氯霉素、合霉素注射液用丙二醇与适量的水作溶媒，在－45℃亦不冻结。因此这类注射剂主要应根据药品本身性质进行保管，如洋地黄毒甙注射液及氯霉素、合霉素注射液见光或受热易分解失效，故应置于荫凉避光处保存，并注意“先产先出，近期先出”。

注射用粉剂。目前有两种包装，一种为小瓶装，一种为安瓿装。小瓶装的封口为橡皮塞外轧铝盖再烫蜡，看起来很严密，但并不能完全保证不漏气，仍可能受潮，尤其在南方潮热地区更易发生吸潮变质，有时亦因运输储存中的骤冷骤热，可使瓶内空气骤然膨胀或收缩，以致外界潮湿空气进入瓶内，从而使之发生变质。因此胶塞铝盖小瓶装的注射用粉剂在保管过程中应注意防潮(绝不能放在冰箱内)，并且不得倒置(防止药物和橡皮塞长时间接触而影响药品质量)，有“效期”规定的还应该注意“先产先出，近期先出”。安瓿装的注射用粉剂是熔封的，不易受潮，故一般比小瓶装的较为稳定，如注射用青霉素，安瓿装的有效期为3年，而小瓶装的有效期则为2年。安瓿装的注射用粉剂主要根据药物本身性质进行保管，但应检查安瓿有无裂纹冷爆现象。

6. 水剂

水剂类的溶媒是水，一般含药量较低，因此防腐力差，多不稳定，如保管不当易生霉，有些还会发生沉淀、变色、分层、挥发、分解，冬季严寒容易冻结。因此水剂类保管时应密闭储于荫凉处，注意防止污染，发货时应掌握“先产先出”，加速流转，防止久存变质，冬季还需防冻。水剂类大部分为玻璃瓶包装(仅部分为塑料瓶包装)，故储运时尚须轻拿轻放，以免破损。

此外水剂类还应根据各种剂型的特点采取适宜的保管方法，兹分述如下：

芳香水剂。多数芳香水剂均不稳定，易于霉败或产生异臭，其中的挥发性物质也多易分解变质，尤其是含有萜烯结构的挥发油更易氧化，氧化后不但失去了原味，而且生成树脂性黏稠物沉淀或粘着于瓶口。温度、空气、强光等均能影响芳香水剂的质量。高温能使挥发性物质挥发，冰冻能使挥发性物质游离，瓶塞不严能使其变味并易使微生物生长繁殖，长期的光线照射能加速挥发性物质的化学变化。因此，芳香水剂一般都应密封，在凉处避光保存，冬季防冻，并掌握“先产先出”，储存期不宜过长。

溶液剂。很多药物的溶液剂稳定性不高，易氧化、分解、变色、沉淀，有些又容易发霉败坏。其保管方法基本上与芳香水剂相同，但是亦要根据具体品种的特点采用不同的保管方法，如：含有挥发性成分的溶液剂，如氨溶液和稀盐酸等受热后药物挥散、含量下降，故储存时还须注意防热；过氧化氢溶液（双氧水）见光受热后会分解失效，甚至炸裂容器，应避光防热保存；具有特殊臭味的溶液剂，如甲酚皂溶液（来苏尔）、煤焦油皂溶液，不能与包装严密性差或吸附性强的药品如活性炭、乳糖等存放在一起，以防串味；对人体有腐蚀毒害作用的环境消毒溶液剂还应与内服药隔离存放等等。

合剂。多数合剂为医疗单位自行配制，由医药经营部门供应的仅少数。由于合剂主要亦是以水为溶媒，故与水剂类的一般保管方法相同，也应密闭，在凉处避光保存，冬季防冻，并掌握“先产先出”。

乳剂。这类剂型亦不稳定，其不稳定现象主要包括分层（乳析）、破裂、油类酸败等。分层的乳剂因为分散相仍被乳化剂所包围，只要稍加振摇，仍可恢复到原来均匀的状态。分层再进一步发展，往往引起乳剂的破裂，即乳剂的分散相合并而形成油水两层的现象。乳剂破裂后，虽经振摇也不能恢复原有乳剂的状态。温度是影响乳剂稳定性的主要因素。储存温度过高使乳化剂水解，乳化剂凝聚，黏度下降而促进分层；过冷可使乳化剂失去水化作用，析出结晶而破坏了乳化层。空气、光线对乳剂也有影响，含植物油的乳剂，由于油被分散为小油滴，故在温处遇光和遇空气过久时容易酸败，酸败后的油脂或乳剂对人都有害。此外，乳剂还易被霉菌、酵母菌及细菌等微生物污染，而出现生霉、发酵、酸败或乳剂破坏等现象。因此，乳剂应密闭避光，于凉处保存，冬季防冻。有的国家药典中还规定乳剂应于 30℃以下储存。

滴眼剂。一般为药物的水溶液或水混悬液，性质多不稳定，易受空气、二氧化碳、光线、温度等的影响而分解变质。如储存时容器密闭不严及储存环境不干净，还能被微生物污染，尤其是受到绿脓杆菌、金黄色葡萄球菌、霉菌等致病微生物污染后，再滴入患者的眼中，可引起严重危害。因此，滴眼剂应密闭或密封，在凉处避光保存，不宜久储。有“效期”规定的滴眼剂，注意“先产先出，近期先出”，以防失效。

7. 糖浆剂

糖浆剂如制备及储存不当，易产生霉变、沉淀和变色等质量变异，热、光线或空气均能影响糖浆剂发生变化。因此糖浆剂在保管时，应注意密闭，并在 30℃以下避光保存。

糖浆剂如糖的浓度适当，本身具有良好的防腐作用，含糖浓度低的一般亦加有防腐剂。但是在储存保管期间，如糖浆剂包装不严、受热或被污染，则仍易出现生霉、发酵，甚至变酸、发臭，产生二氧化碳气体，严重时产生的气体较多，受热膨胀，可使容器爆裂。在南方潮热地区，这种情况尤易发生。

因此，糖浆剂的保管养护关键在于防止糖浆霉变败坏，其主要措施应以防热、防污染为主。如：炎热季节温度较高，应置阴凉通风处保存，或采取降温措施；霉雨季节需加强养护和检查，发现封口不严，应予烫蜡密封，瓶塞上面或瓶盖内纸垫如出现生霉，应用消毒棉沾酒精拭净，以防蔓延，南方潮热地区则更应掌握“先产先出”的原则，加速流通，不宜久储。

含浸出制剂的糖浆剂，在储存过程中往往会出现浑浊或沉淀。这时要通过具体分析后进行处理。如含少量沉淀，摇匀后能均匀分散者，则仍可供药用。如沉淀系无效物，可以过滤除去，但操作中应注意清洁卫生，严防微生物污染。复方糖浆中所产生的沉淀物，必须确定为无效物或对患者服用不利时，再作适当分离处理。

8. 乙醇制剂

大多数含乙醇制剂在储存中比较稳定，因为乙醇具有良好的防腐作用，含乙醇量在40%以上的还能延缓某些药物的水解，只有少数品种如洋地黄酊、麦角流浸膏等易分解变质。因此，对于本类制剂应主要根据乙醇易挥发、易燃烧的特性加强保管。

防受热挥发。应密塞，在阴凉处保存，夏季注意防热，不宜堆码过高，应适当留出顶距。储存过程中应经常检查有无挥发减量，若有挥发应及时整理加固包装。

防火。含乙醇制剂易燃烧，故储存地点应杜绝火源、火种，并防止与易燃物品共存一处，以防引起火灾。

避光。许多含乙醇制剂的有效成分遇光易变质，如阿片酊(含吗啡)、麦角流浸膏、亚硝酸乙酯、癣药水(含酚类)等，受日光照射后能发生沉淀、变色并出现效价或含量降低等变化。所以含乙醇制剂一般都应密封在遮光容器内，在阴凉处保存。

防久储变质。有"效期"规定的制剂或个别易于分解变质的制剂，除应按上述要求进行保管外，还应进行定期检查，严格掌握"先产先出，近期先出"的原则，以防过期失效或久储变质。

酊剂、流浸膏剂产生沉淀多系某些杂质引起，所以，若有少量沉淀，一般不影响使用。但是，如产生的沉淀较多，则可能会有部分有效成分析出，可按下述方法进行处理：

酊剂。可测定乙醇含量，调整至规定浓度，如仍有沉淀，可滤过或倾泻除去沉淀，测定有效成分并调整至规定标准，仍可应用。

流浸膏剂。可滤过或倾泻除去沉淀，测定有效成分的含量，根据测定结果适当调整，如符合规定标准，仍可应用。

含乙醇制剂虽为液体制剂，但与一般水性制剂有所不同，后者在低温下易于冻结，冬季必须防冻，而含乙醇制剂一般冰点(液体冻结时的温度)较低不易冻结，如果不作具体分析，将其全部列入防冻范围，这样不仅浪费冬季暖库仓容，同时还会增加暖车发运货物的数量和费用，造成运输上的紧张。

9. 油剂

油剂遇空气、光或储藏温度过高容易发生变质分解，用植物油制成的油剂可出现油脂酸败、干化而不能供药用；含挥发油的油剂可挥发减量、氧化变质，产生臭味，甚至生成树脂样物质。因此，这类制剂在灌装时都应满装、密塞，以减少瓶内空气，防止氧化，在保管时应避光、储凉处。此外还要注意"先产先出"，防止久存变质。大铁桶装的油剂如鱼肝油等，到货后最好及时分装，不要久存于铁桶中，以防油类受到金属氧化物(铁锈)的影响，加速氧化而变质。

油剂在低温下虽有凝冻或析出结晶现象，但不会冻裂容器，解冻后仍能成澄清的油溶液，不影响质量，因此一般可以不必防冻。但在严寒地区最好还是保温，以免销售时逐瓶加温处理的麻烦。

10. 软膏剂、栓剂、膜剂

软膏剂在储存期间的稳定性，与软膏基质、药物的性质、储存的条件(温度、光线、湿度)、容器和包装的形式等有关。用凡士林作为基质的软膏一般比较稳定，但若含有某些不安定的药物，亦容易变质。用动植物油脂作为基质的软膏易于酸败，光线、空气、温度等均能促使其酸败，故不易保存。乳剂基质、水溶性基质的软膏不稳定，如用塑料管包装，久储后易失水或霉败。因此软膏剂应根据药物和基质的性质，结合包装容器的特点进行保管。

栓剂由于基质之特性，易受温度、湿度的影响而发生走油、软化变形等质量变异现象，因此栓剂在储存期间应充分注意防热、防潮。

膜剂主要根据主药与成膜材料的特性，并结合包装的性能进行保管养护。膜剂的包装多有透气、透湿、透光性，故一般都应密封，在干燥处避光保存。

四、中成药的分类保管和养护方法

中药商品可以分为中草药、中药饮片、中成药等几类，中草药、中药饮片因含有较多的淀粉和多糖等营养成分，在储存时应采取密闭法、对抗法、气调养护法等方法，以避免虫蛀、霉变、走油、风化等变异反应。中成药因其剂型多样，其储存方法也应作相应的改变。

中成药从出厂日起，通过储存、运输、批发、零售的过程，到患者服用止，需要经过一个较长的时期。中成药由于其具有特殊性，较之化学药物的制剂易于发霉、变质、沉淀、虫蛀等；尤其是合剂、浸膏剂、蜜丸等剂型的中成药不易保管。因此，为了防止变质，对于中成药亦应注意储存方法。现将各类剂型中成药的保管方法简介如下：

1. 丸剂

丸剂是将药物细粉加适宜的粘合剂制成的球形制剂，分为蜜丸、水丸、糊丸、浓缩丸、微丸等。

蜜丸：蜜丸因蜂蜜及药材本身含有少量水分，而且糖及某些药物又是害虫极好的营养物质，如果药物储存环境潮湿，可吸收空气中的水分而极易发霉生虫。蜜丸是最不易保存的一种剂型。如银翘解毒丸、健脾丸、六味地黄丸等均易遭受霉败和虫蛀；藿香正气丸、安宫牛黄丸等因含有芳香性防腐的药物，故较易储存。储存应防潮，防霉变、虫蛀，应置于室内阴凉干燥处，注意包装完好。夏秋季节经常检查，如发现变质者，必须立即拣出。若发现丸药表面吸湿，可置烈日下晒干片刻。霉雨季节空气潮湿，也可置于石灰缸内干燥(一般置 3～5 日)。蜡皮包装的蜜丸，保护性能虽好，却因性脆易破裂，易软化塌陷，甚至熔化流失，故应防止重压、受热。蜜丸储藏期通常以 18 个月左右为宜。

水丸：水丸颗粒比较疏松，与空气接触面积较大，能迅速吸收空气中的水分，易造成霉变、虫蛀、松碎等。水丸在制成后如能充分干燥，使水分驱除出去，可延长保存时间。通常以纸袋、塑料袋或玻璃瓶包装、密闭，可防变质。宜置于室内阴凉干燥处。通常能储存 2 年左右。

糊丸：因赋形剂是米糊或面糊，因而此类药亦不易保存。但因剂量少，且多半是小型丸药，如果在制造时能充分干燥，然后装于密封容器中，可以储存数年而不坏。若吸潮变软后即易发霉虫蛀。

浓缩丸、微丸亦可同水丸与糊丸一样保管。

2. 散剂

散剂是一种或数种药物均匀混合制成的粉末状制剂。

散剂的吸湿性与风化性比较显著，故必须充分干燥，包装防潮性能要好。例如紫雪散中含有多量吸湿的元明粉、石膏粉等矿物性成分，应密封储藏，防止挥发和香气散失；含有树脂性成药如七厘散中的乳香、没药等遇热极易结块，故应防高热。

一般散剂用防潮、韧性大的纸或塑料薄膜包装折口或熔封后，再装入外层袋内、封口。含有挥发性成分的散剂，应用玻璃管或玻璃瓶装，塞紧，沾蜡封口。储藏较大量散剂时，可酌加 0.5%～1%苯甲酸为防腐剂，以防久储质变发霉。散剂宜储于室内阴凉干燥处。

3. 煎膏剂

煎膏剂是按处方将药物用水煎煮，去渣浓缩后加糖、蜂蜜制成的稠厚状半流体制剂，如参芪膏、二冬膏等。煎膏剂如保管不当，可出现结皮、霉变、发酵、变酸、糖晶析出较多或有焦楂味者，不宜药用。

煎膏剂制备时，如果药液浓缩以及加糖、炼蜜得当，保管妥当，一般不易霉变。若浓度稀，蜂蜜炼得太嫩，或操作不慎，沾有生水，则极易生霉，故制成后待煎膏温度降至 40～50℃时，将其装入干燥洁净玻璃瓶内，冷却后瓶口用蜡纸或薄膜覆盖，加盖旋紧。宜密封于棕色玻璃瓶内，置于室内阴凉干燥处保存。储存期约一年左右。

4. 膏药

膏药是含有药物而以铅硬膏为基质的外用制剂。如狗皮膏、独角膏等。

多种膏药中含有挥发性药物，如冰片、樟脑、麝香、乳没等。如储藏日久，有效成分散失；如储藏环境过热，膏药容易渗过纸或布外；储藏环境过冷或吸湿，黏性亦易降低，贴时容易脱落。故宜储于密闭容器内，置于干燥阴凉处，防热、防潮、避风。一般储藏期以 2 年为宜。

5. 丹剂

丹剂是用升华或熔合等方法制成的矿物性制品。它的剂型不定，往往很多丸、散剂也都称为丹，如红升丹、小儿金丹等。

属重金属化合物的丹剂，如红升丹应装于棕色玻璃瓶内密封，置阴凉干燥处，防止潮湿和光照。

6. 胶剂

胶剂是以动物皮、甲骨、角等为原料，用水煎煮、浓缩成干胶状内服剂，如阿胶、鹿角胶等。

胶剂在夏季温度过高时，会发软发粘，甚者会粘连成坨；有时发霉败坏。如胶面已生霉斑，可用沙布沾少许酒精拭去，吹干。若发现胶剂受潮发软，不能曝晒或火烘，可置于石灰缸内保存数日，使之除潮，防止发霉。如有霉变、异臭或严重焦臭味，粘连熔化者不宜药用。

胶剂应包装于盒内，置于室内阴凉干燥处。夏季或空气潮湿时，可储于缸内或干燥稻糠内比较安全。因胶剂久储石灰缸内过分干燥易破裂，故储一周后取出，仍储于架上。夏季亦可将胶剂置于密封箱内，立放或平放，层层架起，但不宜堆积层数太多，以防久压软化，导致胶块变形、粘连成坨。冬季要防止风吹，以免碎裂成小块。

7. 冲剂

冲剂是指以药物的细粉或提取物制成干燥颗粒或块状的内服剂，如板蓝根冲剂、枇杷叶冲剂。冲剂含有浸膏及大量蔗糖，极易受潮结块、发霉。通常装入塑料袋，袋口热熔封严，包装于铁罐或塑料盒内，置于室内阴凉、干燥处，遮光、防潮、防热。不宜久储，一般不超过 1 年。

8. 片剂

片剂是药物经加工压制成片或包糖衣的制剂，如牛黄解毒片、三黄片等。中药片剂因含药材粉末或浸膏量较多，因此，极易吸潮、松片、裂片以致黏结、霉变等，如发现上述现象则不宜入药。片剂常用无色或棕色玻璃瓶、或塑料瓶加盖密封，亦有用塑料袋铝塑泡包装、密封。宜于室内凉爽通风、干燥、遮光处保存。

9. 注射剂

注射剂是指将药物制成的供肌肉或静脉注射的无菌溶液，如柴胡注射液、清热解毒注射液、复方丹参注射液等。中药注射液在储藏过程中，温度过高会使某些高分子化合物的胶体状态受到破坏而出现凝聚现象；温度过低，则某些成分的溶解度和稳定性随之降低，两者都会发生沉淀、混浊等。如有下列现象之一者不可供药用:澄明度不合规定,显著变色、混浊、沉淀,容器封口不严或破裂。注射剂应储于中性硬质玻璃安瓿中,遮光,防冻结,防高热,置于室内阴凉干燥处,以室温10~20℃为宜。储存期约为2年。

10. 酒剂

酒剂是指药物用白酒浸制成的澄清液体剂。如木瓜酒等。酒剂常用棕色或无色小口玻璃瓶盛装,要严密封口,防止酒精挥发而降低疗效或因溶剂浓度改变而产生沉淀或变色。储存时,夏季应避热,冬季应防冻,置于室内阴凉干燥处保存。

11. 糖浆剂

糖浆剂系在药物中或将药材提取后,在提取物中加蔗糖等辅料制成的制剂,如川贝枇杷糖浆、五味子糖浆等。蔗糖是一种营养物质,其水溶液很易被霉菌、酵母菌所污染,使糖浆被分解而酸败、混浊。糖浆含糖量最好为65%(W/W),近于饱和溶液。盛装容器一般为容积不超过500ml的棕色细颈瓶灌装后密封。储于室内阴凉干燥处,应避光、防潮、防热等。一般储藏1年为宜,如无变质即可使用。

12. 合剂

合剂系指中药复方的水煎浓缩液或经提取以水为溶剂而配成的内服液体制剂。如小半夏合剂、小青龙合剂等。合剂成分复杂,久储容易变质,故在制剂中应讲究清洁卫生,必要时加防腐剂灌装后密封。于防潮、遮光、凉爽处保存。

13. 茶剂

茶剂是将药材研成粗粉,或加适当黏合剂制成块状剂型。应用开水泡汁代茶服用,如午时茶。茶剂应干燥,保证无霉变、虫蛀、结串等现象。茶剂为药材粗粉,包装又简易,极易吸潮霉蛀,挥发油成分又易散失。故茶剂必须储于干燥、通风处,严防受潮,最好不要久储,约1年为宜。

14. 锭剂

锭剂是以药粉加入黏合剂(蜂蜜、牛胆汁或糊)而制成的固体制剂,如紫金锭、枯痔锭等。锭剂黏合性较大,不易干燥,容易发霉,若遇热即变形,吸潮即松散。如发霉、生虫及变质有异样气味,即不可药用。入库时应检查药品的干燥程度。凡质地坚实,用指甲划不动者,表示干透。锭剂用防潮纸包好,装于盒内或玻璃瓶内。应置于阴凉干燥处保存。

15. 曲剂

曲剂是将药材细粉与面粉混合揉和均匀,切制成块,经发酵制成,如六神曲、半夏曲等。曲剂粉性较大,易吸潮而霉蛀变质,应以防潮纸包好,装于箱内,密封,置干燥通风处保存。霉雨季节宜置石灰缸内干燥后密封于适宜的容器内保存。

16. 酊水剂

酊水剂是用乙醇浸制药材而成的液体剂型,亦可用流浸膏稀释制成。酊水剂中所含的乙醇有挥发性,有些酊剂还含有挥发油,应装入小口瓶中以蜡密封。储藏温度较高,可使所含乙醇或挥发油挥散;温度过低又可使某些药物成分发生沉淀。所以应置于温度适宜的地方储存,一般以10~20℃为宜。酊剂中所含成分,有些遇光可发生分解、变色,故应装在棕色容器中,置避光处保存。

17. 胶囊剂

胶囊剂是将药物填装于空胶囊中的一种制剂,如天麻胶囊。

胶囊剂容易吸收水分,轻者可膨胀,胶囊表面浑浊,严重时可长霉、粘连,甚至软化、破裂。遇热易软化、粘连;过于干燥,水分过少而易脆裂。应储于密闭塑料袋或玻璃、塑料瓶中。置于阴凉干燥处，温度不超过30℃为宜。

18. 栓剂

栓剂亦称塞药或塞剂，是供插入人体肛门、阴道等腔道的一种固体剂型。栓剂是以可可豆油或甘油明胶等为基质而制成的，熔点较低，遇热容易软化变形。甘油明胶有很强的吸湿性，易吸湿而霉变。空气中湿度过低时，它又可析出水分而干化。所以在储存中，应以蜡纸、锡纸包裹，放于纸盒内或装于塑料瓶或玻璃瓶中，注意不要挤压，以免互相接触发生粘连或变形。宜置于室内阴凉干燥处，最好储存在30℃以下。

19. 软膏剂

软膏剂是指用适宜的基质，加入药物混合均匀，制成容易涂抹于皮肤、黏膜或疮面上的一种外用半固体剂型。如三黄软膏、玉红膏、白敬宇眼膏等。软膏种类多，组成复杂，性质各异，其稳定性主要决定于所用基质(脂肪油和植物)和所含的药物的物理性质与化学性质。由于受药品含水量、药品包装及储存时间及温度的影响，如保管不善可引起酸败和霉变。软膏应储存在温度较低处，一般不超过30℃，应在阴凉干燥处为宜。

五、中草药材的保管和养护方法

中草药材种类繁多，性质各异，有的易吸热，有的具有挥发性，应根据其特性加以妥善保管。如保管不当将会发生霉变、虫蛀、失性、变色等现象而影响质量，甚至完全失效。中草药变质的原因，除空气、湿度、日光和温度等因素的影响外，还受到昆虫和微生物的侵蚀。为使中草药的外部形态和有效成分在储存期间尽量不起变化，必须掌握各种中草药材的性能，摸清各种变化规律，采取各种合理的保管措施，其中以防止霉变及防治虫蛀两项更为重要。

(1)中草药材防霉，主要应严格控制药材的水分和储存场所的温度、湿度、避免日光和空气的影响，使霉菌不易生长繁殖。易发霉的中草药，应选择阴凉干燥通风的库房，垛堆应离地，用木条垫高，垛底垫入芦席或油毛毡等隔潮。地面上铺放生石灰、炉灰、木炭或干锯末等防潮剂，使药材经常保持干燥，以防止霉变。

(2)为防虫蛀，药材进库前应把库内彻底清理，以杜绝虫源；必要时在药材进库前，可用适量的氯化苦，磷化铝等化学药剂熏蒸法杀虫。

(3)储存过程中，为防止霉菌、害虫的生长繁殖，可将中草药材干燥后，打成压缩包以减少与空气的接触面积。储存期间，尤其是热天或雨季，由于大气湿度较高，天气暖和，最适合霉菌、害虫的繁殖，更要选择晴朗的天气及时翻晒，并对仓库进行通风。但在湿度大的天气，应闭门窗，以防潮气浸入。

(4)如发现虫害时，可采用高温杀虫法如暴晒、烘烤、热蒸等措施杀灭害虫，也可用化学药剂如硫磺、三氯硝基甲烷等熏蒸法消灭害虫，以及采用红外线照射，防止发霉生虫。硫磺燃烧后产生的二氧化硫气体有漂白作用，易使某些药品变色、变酸味，且对种子发芽有不良影响，使用时应加以注意。

(5)已虫蛀的药材，可按虫害轻重分开处理，凡生虫严重而有结块现象的不宜再供药用，严重霉烂变质的中草药材也不能再供药用。

六、其他药品的储存方法

1. 易受光线影响而变质的药品的保管方法

(1)凡遇光易引起变化的药品，如银盐、双氧水等，为避免光线对药品的影响，可采用棕色玻璃瓶黑色纸包裹的玻璃器包装，以防止紫外线的透入。

(2)需要避光保存的药品，应放在阴凉干燥、阳光不易直射到的地方。门、窗可悬挂遮光用的黑布帘、黑纸，以防阳光照入。

(3)不常用的怕光药品，可储存于严密的药箱内，存放怕光的常用药品的药橱或药架应以不透光的布帘遮蔽。

(4)见光容易氧化分解的药物如乙醚、氯仿等，必须保存于密闭的避光容器中，并尽量采用小包装。

2. 易受湿度影响而变质的药品的保管方法

(1)对易吸湿的药品，可用玻璃软木塞塞紧、蜡封、外加螺旋盖盖紧。对易挥发的药品，应密封，置于阴凉干燥处。

(2)控制药库内的湿度，以保持相对湿度在70%左右为宜，可辅用吸湿剂如石灰、木炭，有条件者，可设置排风扇和通风器。在雷雨季节，要采取有效的防雷措施。除上述防潮设备外，药库应根据天气条件，分别采取下列措施：在晴朗干燥的天气，打开门窗，加强自然通风；当有雾、下雨或室外湿度高于室内时，应紧闭门窗，以防室外潮气浸入。

(3)对少量易受潮药品，可采用石灰干燥器储存，即用木箱瓦缸等容器装入1/4容量左右的块状石灰，石灰层上面存放药品，待石灰吸湿成粉状后，应及时换掉。

3. 易受温度影响而变质的药品的保管方法

一般药品储存于室温(1～30℃)即可。如指明“阴凉处”是指不超过20℃，冷处是指2～10℃。

在一般情况下，对多数药品储藏温度在2℃以上时，温度愈低，对保管愈有利。

(1)对怕热药品，可根据其不同性质要求，分别存放于“阴凉处”或“冷处”。常用的电冰箱可调节至2～10℃左右，如无冰箱，可根据具体条件，因地制宜，存放于水井、地窖(对防潮药品还需注意密封，或用一口大缸埋于温度较低处)。有条件者，也可采用加冰的土冰箱，盛冰容器应置放于顶部，药品放于底部，以便冷热空气对流，提高降温效果。对少量怕热药品短期储存，则可采用冰瓶。

(2)对挥发性大的药品如浓氨溶液、乙醚等，在温度高时容器内压力大，不应剧烈震动。开启前应充分降温，以免药液冲出(尤其是氨溶液)造成伤害事故。

(3)对易冻和怕冻的药品，必须保温储藏。保温措施：可就地取材，用严密木箱，内放瓦楞纸箱，两层之间填充木屑或木箱内贴油毛毡，内放三合板箱。两层之间填充稻壳，盖双层盖。另外也可用棉花作为保温材料。可利用地窖、坑道、天然山洞等储藏药品，其特点为冬暖夏凉。有条件的地方，可建立保暖库。

4. 易燃、易爆危险药品的保管方法

易燃、易爆危险药品系指易受光、热、空气等外来因素影响，因而引起自燃、助燃、爆炸(或具有强腐蚀性、刺激性、剧烈毒性)的药品，如果处置不当、保管不当，都能引起爆炸、燃烧等严重事故，给人民生命财产带来极大危害。

(1)主要特征及性状。易爆炸品：即为受到高热、磨擦、冲击后能产生剧烈反应而发生大量气体和热量，能引起爆炸的化学药品，如苦味酸、硝化纤维、硝酸铵、高锰酸钾等。

自燃及遇火燃烧的药品：如白磷在空气中即能自燃，金属钾、钠遇氧后能燃烧等，其他如碳粉、锌粉及浸油的纤维药品亦极易燃烧。

自燃液体：即引燃点低，易于挥发和燃烧的液体，如汽油、乙醚、石油醚、乙醇、甲醇、松节油等。

极毒品及杀伤性药品：氰化物（钾、钠）、亚砷酸及其盐类、汞制剂、钡制剂等。

腐蚀性药品：即具有强烈腐蚀性，甚至引起燃烧、爆炸和杀伤性药品，如硫酸、硝酸、甲酸、冰醋酸、苯酚、氢氧化钾、氢氧化钠等。

(2)保管原则和方法。此类药品应储存于危险品库内，一般不得与其他药品同库储存，并远离电源。同时应有专人负责保管。

危险药品应分类堆放，特别是性质相抵触的物品（如浓酸与强碱）。灭火方法不同的药品，应该隔离储存。危险药品库应严禁烟火，不准进行明火操作，并应有消防安全设备（如灭火器、沙箱等）。危险药品的包装和封口必须坚实、牢固、密封，并应经常检查是否完整无损、渗漏，否则必须立即进行安全处理。如少量危险药品必须与其他药品同库短期储存时，亦应保持一定的安全距离，隔离存放。

氧化剂保管应防高热、日晒，与酸类、还原剂隔离，防止冲击磨擦。金属钾、钠、钙应存放于油中；易燃品、自燃品应与热隔绝，并远离火源，存放于避光阴凉处。

5. 规定有效期药品的保管方法

有些药品，如青霉素、链霉素等抗生素，胎盘球蛋白等生物制品，胰岛素、催产素等生物化学药品以及其他某些药品，由于性质不稳定，易受外界影响，当储存一定时间后，会逐渐变质失效或降低效价。为了确保药品质量和人民用药安全有效，药典对上述药品制剂，根据它们性质不稳定的程度，规定了有效期。

对于规定有效期的药品，在保管过程中，应经常注意期限并随时检查，特别对有效期限短（仅半年或一年）而基层进货时又往往离失效期接近者，更应掌握"先进先出、近期先用"的原则，以防过期失效造成损失。

凡过期的药品均不得再用。因过期药品制剂，多数外观性状不正常，如有的针剂久储产生混浊或析出沉淀，不仅药效降低，而且注射后会增加局部刺激。

在保管有效期限药品的工作中还应注意下列问题：

(1)有些药品（如麻醉乙醚、酒石酸锑钾注射液）规定了储藏期或使用期，是指在规定的时间内使用，才能确保临床使用安全有效，这一规定与有效期不同。如超过规定的使用期限应重新检查（复查），符合规定后才能继续使用。

(2)有效期并不等于保险期，因此，必须按药品性质按规定条件下予以储存。例如储存温度和有效期有密切关系，温度超过规定，或保管不善，即使在有效期限内也可能已降效或变质。

(3)包装容器不同，虽属同一药品，有效期会不同，如注射用青霉素钠（钾），用安瓿熔封的有效期是 4 年，以橡皮塞扎口粘瓶（属"严封"）的，有效期仅 2 年。

(4)同一原料药的不同剂型，根据其稳定性的差异，有效期也会不同。如硫酸新霉素片、软膏为 3 年，其眼药水为 1 年。

(5)药品离开原包装时，例如将片剂装于瓶内，针剂离开针盒另放的，应将有效期注明在变换后的容器上，以便查对。

第七章　医药商品的包装

第一节　医药商品包装的概念与作用

一、医药商品包装的概念

商品包装是指“符合商品的需求，依最佳的成本，采用适当的材料和技术，便于货物的运输、配销、储存与销售，而实施之统筹整体系统的准备工作”。

医药商品包装是从保护商品、方便储运、维护价值，促进销售的目的出发的一项系统性的准备工作。为达此目的，医药商品包装关系到材料的选择，容器的结构造型，包装方法，防护措施和包装装潢的设计等；也涉及到物理学、化学、生物学、力学、机械学、美学、经济学等方面的知识。所以说，医药商品包装是一门综合性的学科。

另一方面医药商品包装，也是医药商品品质的重要组成部分。在医药包装上同时标有商品的原料组成、化学成分、适应症、使用方法、禁忌、储藏养护方法等，充分表现医药商品的有用性与特殊性，为实现商品使用价值提供了充足条件。

二、医药商品包装的作用

1. 保护商品

医药商品从生产领域进入到流通领域，再从流通领域进入消费领域，需要经过多次装卸、搬运、储存、配销与销售等各种作业，在空间位移、时间延续的周转过程中，医药商品由于受各种自然因素的影响，如物理的、机械的、化学的、生物的因素影响，致使医药产品质量发生变化，甚至丧失医药商品使用价值。由于受温度、湿度、空气中的氧和有害气体、阳光等因素的影响，导致医药商品脱水干裂、潮解溶化、腐烂变质、氧化变色、老化变质、锈蚀等；也有因包装不好，遭受细菌、微生物的侵入，致使医药商品虫蛀、霉变、腐败等等。这就要求我们根据医药商品的特性和运输条件，选择适当的包装材料、包装容器和包装方法，采用一定的包装技术，对商品进行包装，以防止商品受损，达到保护商品的目的，并使它完好无损地到达消费者手中。保护商品是包装最基本的作用。

2. 便于流通

包装为医药商品流通提供了条件和方便。医药商品的形态多种多样，其大小、造型、形态、外观均不同。医药商品在流通领域要进行数量的交接、搬运、堆码和零售等工作，若无适当的包装，势必增加困难，因而将医药商品按一定的数量（或重量）、形状、尺寸规格、大小相互配套进行包装，包装上应标明医药商品内装的数量、规格、价格等，并根据医药商品的性质，恰当地使用包装材料和容器，使医药商品的外形规范化、集合化，以利于在流通过程的管理中对商品的识别和销售统计。商业现代化包括储运现代化和零售方式的现代化，其核心就是机械化、自动化。包装应与之相适应，以便使商品能在进、销、存中，由计算机自动分类、堆码、调运，自动统计、结账等。包装还提高仓容利用率和储存效果，加速医药商品流转，提高医药商品在流通过程中的经济效益。

此外，有些医药商品本身没有一定的集合形态，如液体、气体、粉末状类的医药商品，离开了包装，就不能进入流通、更无法使用。又如口服液、酊剂、液体针药及某些气体医药商品，只有在有包装物的辅助作用下，才能实现其使用价值。此外，医药商品包装应易于开启与封闭，使用完了的包装废物应易于处理。尤其是在非处方药(OTC)销售中，由于包装有传递商品信息的功能，因此，在自选商场或超市中，可任人选购，最终能借助于电脑扫描系统显示累计的货款，从而大大提高了商品管理效率。由此可见，包装称得上是医药商品在流通过程中的"好助手"。

3. 美化装潢、促进销售

在市场经济中，医药商品间竞争主要包括三方面：质量竞争、价格竞争和包装竞争。优质医药商品包装体现了产品的高质量，体现了制造商对用户负责的精神，增强了商品的竞争力。新颖别致的医药商品包装设计与造型，以及具有独特风格的美术装潢，能给人以美的享受，能诱导和激发消费者的购买欲望。消费者对包装产生兴趣，进而购买医药商品(如保健食品、滋补中药、非处方药)。因此，包装和装潢在购买者与医药商品之间起着联结(媒介)作用；起着宣传、美化商品，推销商品的作用。

在信息时代，包装也是制造商广泛使用的广告手段之一，他们通过包装向消费者介绍新产品的特点、功能、与老产品或其他产品的区别，介绍新产品的使用原料、制造方法、使用价值等。商品生产的发展，特别是 OTC 药品自选商店和超市的兴起，购买的形式和商品的陈列方式的改变，医药商品能够"自己替自己做广告，自己推销自己"，这时，包装就成了能否促进商品销售的决定性因素。由此可见，包装可称得上是"无声的推销员"。

4. 方便消费

随着人们消费水平的提高，绝大多数的销售包装都是随着医药商品一起交给消费者的。医药商品包装大小适宜，形式多样，对消费者来说，使用方便，携带方便，保管方便是极其重要的。医药商品中的药品包装还标示着药品名称、成分、规格、适应症、用法用量、储藏、不良反应、禁忌证、注意事项、包装、生产日期、生产批号、有效期、批准文号，以及生产企业的文字、商标、说明等，它既可保证医药商品不被假冒，又介绍了医药商品的成分、性质、用途和使用方法，对消费者能起指导作用。由此可见，包装可称得上是无声的"商品讲解员"。

第二节 医药商品包装的材料与管理办法

医药商品包装材料是指用来包装医药品的或用来包装医疗器械的包装材料。它是可服用的、接触医药品的，或用作功能性(如防潮、阻隔、运输、装潢、印刷)外包装的包装材料和包装辅助材料的总称。它既包括塑料、纸、玻璃、金属、陶瓷、食用淀粉、明胶、蜡、竹木与野生藤类、天然纤维与化学纤维、复合材料等，又包括缓冲材料、涂料、胶黏剂、装潢与印刷材料和其他辅助材料等。

选用医药商品包装的材料，应从如下几方面来考虑：①保护内装物，防止其变质，保证其质量;②易于加工、包装、填充、封合,效率高,能适应自动包装机械操作;③材料的形、色、纹理美观,能产生陈列效果和提高商品身价,激发消费者的购买欲望;④便于封闭,便于开启包装和取出内装物;⑤经济合理地使用包装材料,能节省费用;⑥包装材料要有利于环保,有利于节省资源。

一、医药商品包装的材料

1. 纸质包装材料

纸是将植物、矿物、动物、化学等的纤维经过沉积,干燥而制成的均匀薄片状的包装材料。

纸质包装材料的优点是:成本低廉、重量较轻、加工性能好、便于成型,适合于大规模机械化生产;易于印刷,图案、字迹清晰牢固;具有一定的弹性和强度,能满足各类包装需求,有效保护商品;无毒、无味、对包装物品不产生污染,纸包装材料可以回收进行二次利用,没有废弃物,在自然界中它会很快分解,不会造成环境污染;可与塑料薄膜、铝箔等复合,成为性能更优良的包装材料;品种多样、可以满足不同医药商品的包装需要。缺点:耐水性差,强度较低。

据统计,在包装材料中,纸质包装的用量约占运输包装的50%~60%,销售包装的40%~50%。常用的纸质包装有:

(1)包装纸(包括变性加工纸如植物羊皮纸、玻璃纸等)、袋(包括多层纸袋)和运输袋。纸质品种繁多,可作个体包装,也可作内包装、衬垫或外包装。有光纸,适用于包装一般较稳定的中西药物的散剂;羊皮纸,抗油脂性良好,抗水性强,甚至可以抵抗沸水的溃解,适用药品、消毒材料的内包装,羊皮纸还可与铝箔或塑料复合成复合包装纸用于药品包装;半透明纸,具有较高的不透气性和防止油脂渗透能力,尤其适于包装油脂性药品、化妆品等;黑色不透光包装纸,是专供包装感光材料用的特殊包装纸,又称感光防护纸,适用于X线片基等感光材料的防光包装;蜡纸,适用于包装易引湿、风化以及二氧化碳作用下易变质的散剂。纸袋,用纸袋纸或牛皮纸制成,大型纸袋或称多层纸袋可用于包装中药材等。小型纸袋可装药片、胶囊等。

(2)纸盒和纸板盒。折叠纸盒与硬纸板盒有各种形状,表面可彩印,有各种美术装潢,作为医药商品包装,用途很广。其中折叠纸盒用于药品销售包装,不但有保护功能,还因彩印精美,对产品的特性作充分的展示,有很好的美化商品、推销商品的作用。

(3)瓦楞纸箱、纸罐、纸筒、纸板桶。瓦楞纸箱,是纸质包装中最大宗的,它是由瓦楞芯纸与箱板纸合成瓦楞纸板,再制作成瓦楞纸箱,有良好的保护和防震、防潮作用并且价格低廉,适于现代商品的包装运输。大型瓦楞纸箱可装载重型的商品,如CT机、医用电冰箱等,小型的瓦楞纸箱可用于盛载药品等。纸罐或纸桶一般均采用多层纸板卷制而成,外层常用白纸板或牛皮纸,以便进行印刷,展示产品性能,纸桶大部分用于装载干性物品,特别是医药化学品。近年对纸罐体和盖子进行了改进,可用于包装液体药品。纸板桶又称纤维桶,具有重量轻、价格低、易于打开再封合,主要用于包装散装的医药化学品及其医药原料,作为储存和运输之用。小型、异型纸板桶也作销售包装用,大多数纸板桶用来装干性材料;但若桶内加塑料内衬袋,则可装膏状材料及液体材料的药物。

2. 塑料包装材料

塑料包装材料是一种以合成树脂为主要原料,经人工合成的高分子有机化合物,在一定的条件下并加适当的助剂而制成,具有一定的形状,并在常温下保持形状不变的材料。

塑料包装材料,在医用包装材料中占有越来越主要的位置,由于塑料作为包装材料具有强度高、阻隔性好、质轻携带方便、透明等许多优良特性,从而成为现代医用包装中主要的材料,无论是用于医药品还是医用器械的包装。在医药品的包装方面，除了各种塑料袋(包括输血袋等)、塑料瓶等之外，应着重指出的是药片的泡罩包装(也称泡泡包装)是借助塑料才发展出来的一种新包装，它解决了要几片取用几片及取用后不影响其他未用药片保存的问题。再有用塑料制成的合成纸，可做到阻挡细菌透过，为实现无菌纸包装提供了条件，主要缺点：废塑料包装物多难以降解、易污染环境。

(1)塑料瓶。医用塑料瓶由符合医药卫生要求的塑料制成。目前常用的塑料品种有：聚乙烯(PE)、聚丙烯(PP)、聚苯乙烯(PS)、聚酯(PET)等。聚乙烯除用来制瓶外，还用来制瓶盖。聚酯是近年医用塑料瓶的主要材料，其特点是透明度高，能看到药品有无变质，阻隔防潮性能特别优异，有利于药品的保存，易着色或添加一些助剂，以满足专门要求(如阻紫外线、提高对氧气的阻隔性)。

(2)薄膜、复合薄膜、塑料袋。薄膜通常制成小袋以供医药品包装应用。血浆袋是用复合薄膜包装医药品最典型的例子。透气薄膜在贴膏类药品包装中应用有其重要位置。塑料编织袋主要用于中药材等的包装。

(3)片材与药片的泡泡包装。片材与药片的泡泡包装是医药品包装的新技术、新产品，其使用的主要材料有铝箔、黏合剂和塑料片材；而塑料片材主要分聚氯乙烯(PVC)片材和聚酯片材两种。聚氯乙烯片材要求无毒配方；聚酯片材是继聚氯乙烯片材之后，用于医药品包装的片材，在欧洲一些国家禁止聚氯乙烯用于一次性包装之后，它更成为医药品的主要包装用材。聚酯片材是用聚酯或aPET树脂，经干燥—挤出—流延铸片而成。聚酯片材除用于医药品包装外，还用于医疗器具的包装。

(4)合成纸。用塑料制成的合成纸，如无纺布合成纸。无纺布(包括纺粘布)能够透气，但对于医用包装材料通常还制成细菌无法穿越的网孔；使其具有阻挡细菌的功能，用来制造手术器具包装袋、贴膏类药品包装、胶粘带、绷带等。

(5)塑料罐、塑料管、泡沫塑料、塑料球壳。塑料罐存放医药品如酒精等。塑料软管是一种较常见的密封包装容器，主要用于药膏等销售包装。泡沫塑料，则可充当抗震保证作用。塑料球壳主要用于包装中药丸。

3. 玻璃包装材料

玻璃是由无机熔融体冷却后凝成固态而不结晶的物质。

玻璃包装材料主要优点是：阻隔性优良，可加色料改善遮光性；化学稳定性优良，耐腐蚀，不污染内装物，可长期储存药品；光洁透明，造型美观；可回收复用、降低成本。主要缺点是：量重、质脆、易碎。

在医用包装材料中玻璃包装主要为瓶，包括盐水瓶、抗生素瓶、试剂瓶、滴眼剂瓶、棕色药用瓶等。医药用瓶应有容量刻度，按容量划分有10～120ml棕色罗口小口瓶，100～1 000ml输液瓶；根据药物形态不同，又有水剂瓶、粉剂瓶、内服瓶与外用瓶，以及肩瓶与小型瓶、管状瓶等。安瓿也是一种医药用瓶，盛装针剂，容量为1～20ml。化学试剂用瓶，按容量可分为500～1 200ml棕色或透明罗口大口瓶，250～1 200ml磨口细口瓶以及200～1 000ml磨口大瓶等。

4. 金属包装材料

金属包装材料具有坚固性强、密封性好、强度大、耐压等优点，但耐腐蚀性差。金属包装主要是以薄钢板、马口铁、镀锌铁皮、铝及铝合金等金属材料加工制作而成的包装物。

(1)金属罐包装的容器。喷雾罐是金属容器中一种新型包装容器，是世界上发展最快的包装形式，较多用于部分药粉、药汁的盛装。喷雾罐使用方便，只要按下按钮，即可喷出所需药品。

药膏罐应是有精制螺纹的圆柱体状的，以便于临床的使用。装粉状药物的罐为带有精制螺纹的方形或圆柱形的罐。

(2)金属桶。金属桶分为盛装液体药品的桶和盛装固体、半固体药品的桶。所有桶的内部应涂有同一种材料。

(3)铝箔、铝盖、铝塑组合盖。铝箔作为包装材料，无毒无味，量轻，遮光性好，防潮、防挥发，保香性能优异，形状稳定，因而对包装的内容物有很好的保护性能；机械性能良好易于加工，适宜于自动包装机械使用，便于印刷，易于与纸、纸板、塑料等复合成为多功能的复合材料。多用作复合软包装、硬包装及包装衬里等，也常用于药品、化妆品与化学品等的包装。在医用包装材料中铝盖主要为抗生素瓶铝(合金铝)盖，因开启时容易致伤医护人员而感染病菌，现多采用铝塑组合盖等易开启盖替代，逐步淘汰普通铝盖。

5. 木制及竹制、藤制、麻类等天然包装材料

木制包装材料包括天然木材(俗称木材)和人造板材两类。天然木材主要有各种松木、杉木、杨木、榆木、杂木等；人造板材主要有胶木板、木丝板、刨花板、纤维板等。

木制包装材料主要用于制造各类包装容器，如木箱、木桶、木盒、纤维板箱、胶合板箱等，作为医药商品中包装和大包装用；也可制造托盘及较重医疗器材设备的底座等。

竹材可加工成竹篾，编织各种包装容器，如竹篓、竹箱、竹筐、竹盒等用以装中药材及原料，以及大型包装用的篾席等；还可加工成板材，制成竹胶合板、层压板等。竹包装大多用于低档的运输包装。

藤材包括荆条、桑条、槐条、柳条等，其特点是韧性好、弹性较大、柔软、拉力强、耐冲击、耐摩擦、耐油、耐水、耐气候变化等。藤树的外皮和藤心都可作包装材料，可以编织成各种篮、箱、筐、篓等包装容器用以装中药材及原料，藤皮可制成绳索，用作捆扎材料。

麻类具有纤维强韧、拉力强、柔软性好、耐腐蚀、耐水性等特点，在包装上被大量用于制造麻袋、麻布包、麻绳等，作为医药商品包装用。

6. 可服用医药包装材料

这类包装材料主要是胶囊、微胶囊和辅料，通常用的有食用淀粉、明胶、乙基纤维素、聚乙烯醇等。

二、药品包装材料的要求

1. 国家食品药品监督管理局对药品包装材料的要求

国家对药品包装材料实行产品注册制度。国家食品药品监督管理局和省、自治区、直辖市药品监督管理部门，按照统一管理、分级负责的原则负责药品包装材料的注册管理工作。

药品包装材料分为Ⅰ、Ⅱ、Ⅲ三类，分类目录由国家食品药品监督管理局制定、公布。

Ⅰ类药品包装材料指直接接触药品且直接使用的药品包装材料、容器，主要包括药用丁基橡胶瓶塞、药品包装用PTP铝箔、药用PVC硬片、药用塑料复合硬片、复合膜(袋)、塑料输液瓶(袋)、固液体药用塑料瓶、塑料滴眼剂瓶、软膏管、气雾剂喷雾阀门、抗生素瓶铝塑组合盖等。Ⅱ类药品包装材料指直接接触药品，但便于清洗，在实际使用过程中，经清洗后需要并可以消毒灭菌的药品包装材料、容器，主要包括药用玻璃管、玻璃输液瓶、玻璃模制抗生素瓶、玻璃管制抗生素瓶、玻璃模制口服液瓶、玻璃管制口服液瓶、玻璃(黄料、白料)药瓶、安瓿、玻璃滴眼剂瓶、输液瓶天然胶塞、抗生素瓶天然胶塞、气雾剂罐、瓶盖橡胶垫片(垫圈)、输液瓶涤纶膜、陶瓷药瓶、中药丸塑料球壳等。Ⅲ类药品包装材料指Ⅰ、Ⅱ类以外其他可能直接影响药品质量的药品包装材料和容器，主要包括抗生素瓶铝(合金铝)盖、输液瓶铝(合金铝)、口服液瓶铝(合金铝)、铝塑组合盖等。

药品包装材料需按法定标准生产，不符合法定标准的不得生产、销售和使用；标准或行业标准由国家食品药品监督管理局组织制定，未制定国家标准、行业标准的，由申请产品注册企业制定，标准由药品监督管理部门监督实施。

药品包装材料须经药品监督管理部门注册并获得《药品包装材料注册证书》后方可生产。《药品包装材料注册证》统一编号格式，Ⅰ类产品编号为：国药包字××××××××，Ⅱ、Ⅲ产品编号为：X(省、自治区和直辖市的简称)药包字××××××××；《进口药品包装材料注册证》编号为：J××××××××(J为进口的代号，前四位数字为公元年号，后四位数字年内顺序号)。未经注册的药品包装材料不得生产、销售、经营和使用。《药品包装材料注册证书》有效期为5年，期满前6个月按规定申请换发。《药品包装材料注册证书》不得伪造、变造、出租、出借。生产Ⅰ类药品包装材料，须经国家食品药品监督管理局批准注册，并发给《药品包装材料注册证书》。生产Ⅱ、Ⅲ类药品包装材料，须经所在省、自治区、直辖市药品监督管理部门批准注册，并发给《药品包装材料注册证书》。

药品包装材料执行新标准后，药品包装材料的生产企业需向原发证机关重新申请核发《药品包装材料注册证书》。

药品包装材料注册证书所列内容发生变化的，持证单位应自发生变化30日内向原发证机关申请办理。

首次进口的药品包装材料(国外企业、中外合资境外企业生产)，须取得国家食品药品监督管理局核发的《进口药品包装材料注册证书》，并经国家食品药品监督管理局授权的药品包装材料检测机构检验合格后，方可在中华人民共和国境内销售、使用。《进口药品包装材料注册证书》有效期为3年，期满前6个月按规定申请换发。

国家食品药品监督管理局注册核发的Ⅰ类《药品包装材料注册证书》及《进口药品包装材料注册证书》，省、自治区、直辖市药品监督管理部门注册核发的Ⅱ、Ⅲ类《药品包装材料注册证书》在全国范围内有效。

《药品包装材料注册证书》及《进口药品包装材料注册证书》由国家食品药品监督管理局统一印制。

使用进口药品包装材料，凭国家食品药品监督管理局核发的《进口药品包装材料注册证书》复印件加盖药品包装材料生产厂商有效印章后，经所在省、自治区、直辖市药品监督管理部门备案后方可使用。

申请药品包装材料注册应具备下列基本条件：①申请单位须具有企业法人营业执照；②申请注册的药品包装材料应符合我国药品包装需要及发展方向，国家已明令淘汰或限期淘汰的产品不予注册；③具备生产该产品的合理工艺、设备、洁净度要求、检验仪器、人员、管理制度等质量保证的必备条件；④生产Ⅰ类药品包装材料产品，须同时具备与所包装药品生产相同的洁净度条件，并经国家食品药品监督管理局或省、自治区、直辖市药品监督管理部门指定的检测机构检查合格。

药品包装材料注册按照以下程序进行：①申请注册的产品须按规定抽样三批，经药品包装材料质量检测机构检测符合法定标准；②Ⅰ类药品包装材料注册、申请企业按规定要求填写“药品包装材料容器注册申请书”，连同所需资料经省、自治区、直辖市药品监督管理部门初审合格后，报国家食品药品监督管理局审批核发《药品包装材料注册证书》；③Ⅱ、Ⅲ类药品包装材料注册,申请企业按规定要求填写"药品包装用材料容器注册申请书",连同所需资料报省、自治区、直辖市药品监督管理部门审批核发《药品包装材料注册证书》,同时,报国家食品药品监督管理局备案。

国内首次开发的药品包装材料产品须通过国家食品药品监督管理局组织评审认可后,按类别申请《药品包装材料注册证书》。

国家食品药品监督管理局和省、自治区、直辖市药品监督管理部门对药品包装材料质量及其质量保证体系进行监督检查,检查结果予以公布。指定药品包装材料质量检测机构,并委托其承担产品质量及质量保证体系检查工作,出具检查报告。对药品包装材料质量检测机构进行监督管理及业务指导。

国家鼓励研究开发、推广应用优质新型药品包装材料及其生产技术。国家食品药品监督管理局公布淘汰落后药品包装材料品种。凡公布淘汰的药品包装材料,不得再生产、销售、经营和使用,其《药品包装材料注册证书》予以注销。

2. 实施注册管理的药品包装材料产品分类

(1)实施Ⅰ类管理的药品包装材料产品:

①药用丁基橡胶瓶塞;　②药品包装用PTP铝箔;
③药用PVC硬片;　④药用塑料复合硬片、复合膜(袋);
⑤塑料输液瓶(袋);　⑥固体、液体药用塑料瓶;
⑦塑料滴眼剂瓶;　⑧软膏管;
⑨气雾剂喷雾阀门;　⑩抗生素瓶铝塑组合盖;
⑪其他接触药品直接使用药品包装材料产品。

(2)实施Ⅱ类管理的药品包装材料产品:

①药用玻璃管;　②玻璃输液瓶;
③玻璃模制抗生素瓶;　④玻璃管制抗生素瓶;
⑤玻璃模制口服液瓶;　⑥玻璃管制口服液瓶;
⑦玻璃(黄料、白料)药瓶;　⑧安瓿;
⑨玻璃滴眼剂瓶;　⑩输液瓶天然胶塞;
⑪抗生素瓶天然胶塞;　⑫气雾剂罐;
⑬瓶盖橡胶垫片(垫圈);　⑭输液瓶涤纶膜;
⑮陶瓷药瓶;　⑯中药丸塑料球壳;
⑰其他接触药品便于清洗、消毒灭菌的药品包装材料产品。

(3)实施Ⅲ类管理的药品包装材料产品:

①抗生素瓶铝(合金铝)盖;　②输液瓶铝(合金铝)、铝塑组合盖;
③口服液瓶铝(合金铝)、铝塑组合盖;　④除实施Ⅰ、Ⅱ类管理以外其他可能直接影响药品质量的药品包装材料产品。

第三节　医药商品包装的分类

包装容器的分类很多,由于现代医药商品品种繁多,其性能和用途千差万别,对包装需求的目的、形态、方式和方法也多种多样,所以包装的种类就很多。常用的方法有以下几种。

一、按形态不同分类

可分为个包装、内包装、外包装等三大类。

个包装是指将医药商品个别加以包装，也称为小包装（销售包装），随着商品经济的发展，医药商品越来越多，生产者为使消费者能在众多商品中区分出自己的产品，逐步以个包装来传达信息。随着竞争的激烈，个包装进而又起到美化和宣传的作用。现代医药商品尤其是非处方药的自我服务销售方式的出现把商品包装推向更高的发展阶段，个包装已成为医药商品不可分割的一部分，已成为谋取附加利润的重要手段，它在生产销售和消费中的作用越来越大。

内包装是指货物内部的包装，其目的是为了防止医药商品受水分、湿气、光、热、撞击等外界因素的影响，而采用适当的材料、容器，并施之以技术，处于对商品起到美观、保护作用的一种状态。

外包装是指货物的外部包装，是将内包装好了的医药商品装入箱、袋、盒、罐等容器中后，再加上一层包装，并在外包装上施之以记号，或使其具有一定形状。这是为了便于运输，而采取的一种措施。

二、按运输方式分类

可分为铁路运输包装、公路运输包装、船舶运输包装、航空运输包装等四大类。

铁路运输包装的特点是运费低廉，大、中、小货物均可，是医药商品常用运输包装之一，但在装运上下车时，易受到振动冲击，仅限于铁路直接通达之处。

公路运输包装也是医药商品常用运输包装之一，但运输时受到振动较为严重。

船舶运输包装较经济，大量物品可一次输送，如出口中药材商品，但包装件在上下船时易受到振动，多需经过转运才能到达目的地。

航空运输包装，在包装件的重量、体积、经济能力方面均受到限制，但速度要比其他几种运输方式快得多，如急救解毒药品等，能快速到达目的地。

根据到达目的地的远近及医药商品性质，尤其是国际贸易的情况需要，往往需要考虑适应两种以上运输工具的包装，也就是说，医药商品包装要能配合运输工具。

三、按销售地区分类

可分为内销包装和外销包装两大类。

内销包装是产品在国内流通的包装，又可分为医药产品包装和医药商业包装两种。医药产品包装是以产品的运输或储存为主要目的的包装，包装对象包括各种原料、半成品及成品等；包装方法也随商品的性质与流通环境而异，主要功能是对医药商品远销过程中起保护作用。医药商业包装通常是以零售为主，在医药商品交易上作为商品的一个组成部分或分批所做的包装，主要功能是着重促进销售，便于提高零售作业效率。

外销包装是指产品出口国外的包装。外销包装要根据进口国家的国情进行设计，如时间、地点、气候、风俗习惯、风土人情等，以满足进口国的不同要求。

四、按包装材料分类

可分为纸类包装、塑料类包装、金属类包装、玻璃和陶瓷类包装、木材和复合材料类包装等五大类。

五、按包装方法分类

可分为缓冲包装、防潮包装、防锈包装、收缩包装、真空包装、充气包装、灭菌包装、贴体包装、组合包装等类。

六、其他的包装方法分类

按材料的物理性质柔软性分类，可把医药商品分为软包装、硬包装；按容器结构形态分类，常把包装分为箱、桶、筐、篓、缸、袋、瓶、笼、盒等包装。

第四节 医药商品包装的要求和标志

一、药品包装要求

药品包装必须适合药品质量的要求，方便储存、运输和医疗使用。国家食品药品监督管理局对药品包装和标签做了规定。

(1)药品包装、标签必须按照国家食品药品监督管理局规定的要求印制，其文字及图案不得加入任何未经审批同意的内容。药品的包装分为内包装和外包装。药品包装、标签内容不得超出国家食品药品监督管理局批准的药品说明书所限定的内容。

(2)药品包装、标签上印刷的内容对产品的表述要准确无误，除表述安全、合理用药的用词外，不得印有各种不适当宣传产品的文字和标识，如“国家级新药”、“中药保护品种”、“GMP 认证”、“进口原料分装”、“监制”、“荣誉出品”、“获奖产品”、“保险公司质量保险”、“公费报销”、“现代科技”、“名贵药材”等。

(3)药品的商品名须经国家食品药品监督管理局批准后方可在包装、标签上使用。商品名不得与通用名连写，应分行。商品名经商标注册后，仍须符合商品名管理的原则。通用名与商品名用字的比例不得小于 1∶2(指面积)。通用名字体大小应一致，不加括号。未经国家食品药品监督管理局批准作为商品名使用的注册商标，可印刷在包装标签的左上角或右上角，其字体不得大于通用名的用字。

(4)同一企业、同一药品的相同规格品种(指药品规格和包装规格两种)，其包装、标签的格式及颜色必须一致，不得使用不同的商标。同一企业的相同品种如有不同规格，其最小销售单元的包装、标签应明显区别或规格项应明显标注。

(5)药品的最小销售单元，系指直接供上市药品的最小包装，每个最小销售单元的包装必须按照规定印有标签并附有说明书。

(6)麻醉药品、精神药品、医疗用毒性药品、放射性药品等特殊管理的药品，以及外用药品、非处方药品，在其大包装、中包装、最小销售单元和标签上必须印有符合规定的标志；对储藏有特殊要求的药品，必须在包装、标签的醒目位置中注明。

(7)进口药品的包装、标签除按本细则规定执行外，还应标明“进口药品注册证号”或“医药产品注册证号”、生产企业名称等；进口分包装药品的包装、标签应标明原生产国或地区企业名称、生产日期、批号、有效期及国内分包装企业名称等。

(8)经批准异地生产的药品，其包装、标签还应标明生产企业、生产地点；经批准委托加工的药品，其包装、标签还应标明委托双方企业名称、加工地点。

(9)凡在中国境内销售和使用的药品，包装、标签所用文字必须以中文为主并使用国家语言文字工作委员会公布的现行规范文字。民族药可增加其民族文字。企业根据需要，在其药品包装上可使用条形码和外文对照；获我国专利的产品，亦可标注专利标记和专利号，并标明专利许可的种类。

(10)包装标签有效期的表达方法，按年月顺序。一般表达可用有效期至某年某月，或只用数字表示。如有效期至2001年10月，可表达为有效期至2001.10或2001/10或2001—10等形式。年份要用四位数字表示，1至9月份数字前须加0以两位数表示月份。进口药品有效期表达方法有多种，如exp. date：Jan.，2002，有效期2002年1月；expiry：4/02有效期，2002年4月。

(11)药品的批号是表示药品生产日期的一种编号，常以同一原料，同一生产工艺所得产品作为一个批号。国内的批号通常以生产日期和分批号表示，即包括生产日期(日号)和分批号(分号)，其中日号在前，分号在后，日号与分号之间以短线相连，且日号为六位数表示，例如批号为960216，表示该药品是1996年2月16日生产的；批号为910720—3表示该药品是1991年7月20日生产的第三批。进口药品的批号多为厂家的自编号，从批号不易看出生产的年月，如Lot No. LR927，表示批号为927；BaL No. 456，表示批号为456等。

二、药品标签规定

国家药品监督管理局还对药品标签作了规定，各类药品包装、标签内容分三大类。

1. 化学药品与生物制品、制剂

(1)内包装标签内容包括：

【药品名称】、【规格】、【适应症】、【用法用量】、【储藏】、【生产日期】、【生产批号】、【有效期】及【生产企业】，由于包装尺寸的原因而无法全部标明上述内容的，可适当减少，但至少须标注【药品名称】、【规格】、【生产批号】三项(如安瓿、滴眼剂瓶、注射剂瓶等)。

(2)直接接触内包装的外包装标签内容包括：

【药品名称】、【成分】、【规格】、【适应症】、【用法用量】、【储藏】、【不良反应】、【禁忌证】、【注意事项】、【包装】、【生产日期】、【生产批号】、【有效期】、【批准文号】及【生产企业】，由于包装尺寸的原因而不能注明不良反应、禁忌证、注意事项的，均应注明“详见说明书”字样。对预防性生物制品，上述【适应症】项均应列为【接种对象】。

(3)大包装标签内容包括：

【药品名称】、【规格】、【生产批号】、【生产日期】、【有效期】、【储藏】、【包装】、【批准文号】、【生产企业】及运输注意事项或其他标记。

2. 原料药

包装标签内容包括：

【药品名称】、【包装规格】、【生产批号】、【生产日期】、【有效期】、【储藏】、【批准文号】、【生产企业】及运输注意事项或其他标记。

3. 中药制剂

(1)内包装标签内容包括：

【药品名称】、【规格】、【功能与主治】、【用法用量】、【储藏】、【生产日期】、【生产批号】、【有效期】及【生产企业】，因标签尺寸限制无法全部注明上述内容的，可适当减少，但至少须标注【药品名称】、

【规格】、【生产批号】三项，如安瓿、注射剂瓶等。中药蜜丸蜡壳至少须标注【药品名称】。

(2)直接接触内包装的外包装标签内容包括：

【药品名称】、【成分】、【规格】、【功能与主治】、【用法用量】、【储藏】、【不良反应】、【禁忌证】、【注意事项】、【包装】、【生产日期】、【生产批号】、【有效期】、【批准文号】及【生产企业】，由于包装尺寸的原因而不能注明不良反应、禁忌证、注意事项的，均应注明"详见说明书"字样。

(3)大包装标签内容包括：

【药品名称】、【规格】、【生产批号】、【生产日期】、【有效期】、【储藏】、【包装】、【批准文号】、【生产企业】及运输注意事项或其他标记。

三、中药材的运输包装要求

发运中药材必须有包装。在每件包装上，必须注明品名、产地、日期、调出单位并附有质量合格的标志。

中药材的运输包装一般分为袋装，压缩打包和箱装 3 种。国家对中药材的这 3 种包装形式有明文规定，其中对装运中药材的麻袋、塑料编织袋的技术条件、装袋时的缝合技术、净重、标志，中药材压缩打包的机箱规格、裹包材料、捆扎材料、防潮材料、缝合材料，中药材瓦楞纸箱箱型、规格、内衬材料、封口及捆扎技术都有明确要求。

1. 中药材袋装运输包装要求

(1)包装材料：麻袋，以洋麻、黄麻为主要原料的机制麻袋。常见的麻袋规格如表 7-1。

塑料编织袋，以聚丙烯树脂为主要原料，经挤出成膜、切割拉伸制成的扁丝缝制而成的袋。塑料编织袋，主要适用于包装矿石类、贝壳类药材。常见的塑料编织袋规格如表 7-2。缝合材料，使用机制麻线、直径 2～3 mm。

表 7-1　常见的麻袋规格

麻袋编号	品名	规格/mm
6635	2 号袋	1 070×740
6632	3 号袋 Ⅰ	1070×740
6632	3 号袋 Ⅱ	900×580
6630	4 号袋	900×580

表 7-2　塑料编织袋规格

品名	规格(长×宽)/mm
轻型袋	(800～850)×(500～550)
中型袋	(860～1 000)×(535～600)
重型袋	(1 000～1 150)×(610～740)

(2)中药材装袋的含潮率：中药材装袋时的含潮率应符合国家有关规定。

(3)缝合技术要求：袋口缝合时应卷口两道，采用交叉法，针距不得大于 40 mm，两角要留 150 mm 小辫，扎紧扣死，双袋包装的袋口缝合，应先里层后外层，分两次缝合，里层袋口缝合可不卷口、不留小辫。

(4)净重：包装件内装净重分 10、20、25、30、35、40、45、50 kg 8 个重量数。

(5)标志：收发货标志，运输货签项目包括运输号码、品名、发货件数、到达站、收货和发货单位、发站，采用刷写在货签上，拴挂在包装件两端。包装件刷写文字和图案项目，包括医药分类标志、品名、规格(等级)、毛重、净重、产地及包装单位、日期。包装储运指示标志，按 GB 191-

85《包装储运图示标志》规定办理

（6）其他：每个包装件内应附有药材质量合格证，麻袋和塑料编织袋的内装品种、规格、重量的具体要求见表7-3。

表7-3　麻袋或塑料编织袋的内装物品

麻袋、塑料袋标准编号	药材品名	内装量/kg	包装要求		说明
			单或双袋	标准规格/mm	
6635编号的2号袋或6632编号的3号袋其中Ⅰ袋	白术、山楂、防己、枳壳、莲子心、蒲黄、槐米、木瓜、天葵子、金果榄、茺蔚子、诃子、草乌、青果、五味子、瓜蒌子、黄精子、天花粉、香附、附片、玄参、拳参、壳蔻米、川芎、木鳖子、白芍、干姜、蚕砂、亚麻子	50	单袋	长1 070 宽740	蒲黄内衬布袋
	甜瓜子、狗脊、川楝子、地肤子、知母肉、小茴香、牡丹皮、蒺藜、覆盆子、高良姜、女贞子、白芷、桔核、僵蚕、归头、吴萸、何首乌	45	单袋	长1 070 宽740	
6635编号的2号袋或6632编号的3号袋其中Ⅰ袋	毛山药、独活、青木香、黄药子、苍术、千金子、鸦胆子、栀子、玉竹、葛根、巴豆、地榆、天冬、黄精、太子参、藕节、薤白、桑椹、益智仁	40	单袋	长1070 宽740	
	桂枝片、冬瓜子、射干、猪苓、苦参、商陆、一支蒿、巴戟、赤芍、大(小)皂角、桔梗、乌药片、狼毒、远志、鸡血藤片、土茯苓、甘草节、金樱子、木香、蛇床子、毛知母、乌稍蛇、大黄	30	单袋	长1 070 宽740	
	鳖甲、蔓荆子、管仲、五加皮、连翘、龟板、胡黄连、海螵蛸、黄芩、使君子、辛荑、升麻、千年健	25	单袋	长1 070 宽740	
	钩藤、羌活、路路通、川椒	20	单袋	长1 070 宽740	
	蜂房、蛇蜕、桑螵蛸	10	单袋	长1 070 宽740	
6632编号的3号袋其中Ⅱ袋或6630编号4号袋	车前子、沙苑子、兔丝子、葶苈子、王不留行	45	双袋	长900 宽580	
	柏子仁、芡实、川贝母、酸枣仁、紫苏子、黑芝麻、琥珀、芸台子、郁李仁、青箱子	40	双袋	长900 宽580	
	砂仁、松花粉	35	双袋	长900 宽580	松花粉内衬布袋
	莱服子、薏苡仁、石连子、胡芦把、牵牛子、草决明、雷丸	45	单袋	长900 宽580	
	元胡、山慈菇、肉苁蓉、生地、海金砂、浙贝母、火麻仁、补骨脂、姜黄、半夏、苦杏仁、槐角枳实、麦冬、荔枝核、郁金、莪术、川乌、锁阳、香附、桃仁	40	单袋	长900 宽580	海金砂内衬布袋
	天麻、泽泻、五灵脂、穿山甲、牛蒡子	30	单袋	长900 宽580	
重型袋	牡蛎	50	单袋	长900 宽580	聚丙烯编织袋
中型袋	龙骨、珍珠母、瓦楞子	40	单袋	长900 宽580	

2. 中药材压缩打包运输包装要求

中药材压缩打包运输包装件主要内容如下：

(1)压缩打包机的机箱规格：压缩打包机的机箱内径尺寸及压缩打包件的最大规格尺寸应符合以下规定，见表 7-4。

表 7-4 压缩打包机机箱内径尺寸和压缩打包件尺寸

名称	机箱内径尺寸/mm	压缩打包件规格尺寸/mm
标准箱型尺寸	760×340	800×400
保留箱型尺寸*	950×340	1000×400
保留箱型尺寸*	760×440	800×500
保留箱型尺寸	820×500	860×540
保留箱型尺寸	850×400	900×450

注：本标准适用于轻泡中药材压缩打包，国内流通的运输包装。压缩打包件的规格尺寸，指成包后 24h 所测的尺寸，应优先采用标准箱型尺寸。* 在使用保留箱型尺寸时，应优先使用。

(2)包装材料：裹包材料分为麻布、粗平布、塑料编织布三种，麻布的技术要求要符合 GB736-81 的技术要求。粗平布的技术要求要符合 GB406-78 的技术要求。

捆扎材料分为棕丝绳、麻绳、铁元丝三种，棕丝绳的技术要求以三股拧成的绳直径达 6～7mm。麻绳技术要求以三股拧成的绳直径达 6～7mm。铁元丝的技术要求要符合 GB3048－82 规定的＃10、＃12 低碳钢镀锌钢丝的技术要求。

防潮材料主要为防潮纸，技术要求能起到防潮作用，并且是清洁、不污染药材的。

缝合材料主要为麻线，技术要求以三股拧成的机制线的直径 2～3mm。

加固用的支撑材料，夹板以竹片、荆条、紫槐条或其他质量相当的材料编成。夹板的边长应小于相应的箱内径 40mm。不使用夹板时，在包装件上下面各放置长度合适的竹片，竹片宽 30mm，厚 4～6mm。荆条、紫槐条中间直径 8mm 以上。包装材料应该干燥，无虫蛀，不影响药材质量。

(3)技术要求：压缩打包件中药材的净重分 20、30、40、50、60 kg 5 个重量数。加固用的支撑材料应放在裹包材料与防潮材料的中间。中药材压缩成包时，要根据药材的性质并在保证质量的前提下使包装件压紧。包装件的捆扎用绳或铁元丝横捆 5～7 圈，一圈结一死扣，不致滑扣松捆。裹包材料的缝接处用麻线缝合，针距不大于 20mm。包装件外观应六面平整、八角饱满，商品不得外露。

(4)标志：收发货标志的运输货签项目包括：运输号码、品名、发货件数、到达站、收货和发货单位、发货站，货签挂在包装件两端。包装件刷写文字和图案项目包括：医药分类标志、品名、规格(等级)、毛重、净重、产地及包装单位、日期。包装储运图示标志，按 GB 191－85《包装储运图示标志》规定办理。压缩打包时，中药材的含潮率应符合国家有关规定，每个包装件内应附有药材质量合格证。用标准箱型压缩打包时，各中药材具体品种的重量、压缩高度、内衬物、支撑材料、密度见表 7-5。

用保留箱型压缩打包时，各中药材具体品种除重量、压缩高度可以适当变动外，其余的同表 7-5 要求，重量变动时要符合压缩打包机的机箱规格的规定。重量、压缩高度变动后，压缩打包件的密度应与标准箱型的密度相同，误差不超过 10%。

表 7-5 压缩打包件的品种、重量、内衬物的要求

药材名称	单位	净重/kg	成包后高度/mm	内衬材料		密度*/kg·m^{-2}
				防潮物	支撑材料	
大血藤	件	50	500			313
金银花	件	50	500	加防潮纸	加支撑物	313
白头翁	件	50	520		加支撑物	300
百部	件	50	500		加支撑物	313
山豆根	件	50	500			313
枇杷叶	件	50	500			313
川牛膝	件	60	450			416
龙胆草	件	50	550		加支撑物	284
车前草	件	50	550			284
艾叶	件	50	500		加支撑物	313
甘草	件	50	450			317
石韦	件	50	500		加支撑物	313
白前	件	40	550		加支撑物	227
地丁	件	50	500			313
刘寄奴	件	50	500			313
防风	件	50	500		加支撑物	313
红花	件	50	500	加防潮纸	加支撑物	313
杜仲	件	50	500			313
佛手片	件	50	500		加支撑物	313
青木香	件	50	450		加支撑物	347
细辛	件	50	500		加支撑物	313
桔梗	件	50	500		加支撑物	313
桑白皮	件	50	520		加支撑物	300
菊花	件	50	500	加防潮纸	加支撑物	313
黄柏	件	50	500			313
陈皮	件	50	550		加支撑物	284
羌活	件	50	520	加防潮纸	加支撑物	300
秦艽	件	50	520		加支撑物	300
蒲公英	件	50	520		加支撑物	300
麻黄	件	50	500		加支撑物	313
石菖蒲	件	50	450		加支撑物	347
丹参	件	50	500		加支撑物	313
海桐皮	件	50	500			313
前胡	件	50	500		加支撑物	313
黄芪	件	50	500		加支撑物	313
续断	件	50	500		加支撑物	313
茵陈	件	50	500			313
人参叶	件	40	500		加支撑物	200
大蓟	件	50	500		加支撑物	313
金钱草	件	40	500			250
小蓟	件	50	500			313
木蝴蝶	件	40	500		加支撑物	250
升麻	件	50	500		加支撑物	313

续表

药材名称	单位	净重/kg	成包后高度/mm	内衬材料		密度*/$kg \cdot m^{-2}$
				防潮物	支撑材料	
甘松	件	50	450		加支撑物	347
仙鹤草	件	40	500			250
紫苏叶	件	40	500		加支撑物	250
紫苏梗	件	40	520			240
白茅根	件	40	500			250
白花蛇舌草	件	40	500		加支撑物	250
半枝莲	件	40	520			240
半边莲	件	50	500		加支撑物	313
老观草	件	40	500			250
竹茹	件	40	500			250
合欢皮	件	40	500			250
鸡冠花	件	40	500		加支撑物	250
青蒿	件	30	450			208
罗布麻叶	件	40	500		加支撑物	250
佩兰	件	40	500			250
夜交藤	件	40	500			250
卷柏	件	40	550			227
荆芥	件	40	500			250
茜草	件	40	500		加支撑物	250
厚朴	件	40	520			240
威灵仙	件	40	500			250
穿心莲	件	30	500			188
莲须	件	50	500	加防潮纸	加支撑物	313
柴胡	件	50	500			313
徐长卿	件	40	500			250
益母草	件	30	520			180
桑叶	件	40	500		加支撑物	250
蓖麻	件	40	500		加支撑物	250
淡竹叶	件	30	500			188
伸筋草	件	40	500			250
姜皮	件	30	450		加支撑物	208
冬瓜皮	件	40	500		加支撑物	250
海风藤	件	40	520			240
豨莶草	件	30	500			188
薄荷	件	40	500	加防潮纸		250
藿香	件	40	500			250
泽兰	件	40	500			250
排草	件	40	500			250
大青叶	件	40	500		加支撑物	250
桑寄生	件	40	500			250
黄草	件	40	500			250

续表

药材名称	单位	净重/kg	成包后高度/mm	内衬材料		密度*/kg·m⁻²
				防潮物	支撑材料	
石楠藤	件	40	500			250
瓜蒌皮	件	40	500		加支撑物	250
败酱草	件	30	500			188
扁蓄	件	40	500			250
一支蒿	件	40	500		加支撑物	250
香薷	件	40	500			250
矮地茶	件	40	500		加支撑物	250
芦根片	件	50	500		加支撑物	313
木通	件	30	500			188
淫羊藿	件	30	500			188
夏枯草	件	30	450		加支撑物	208
寻骨风	件	30	450			208
灯心草	件	20	520			120
苍耳子	件	30	500			188
谷精草	件	30	500			188
大伸筋	件	30	500			188
木贼草	件	30	500		加支撑物	188
通草	件	20	520			120
丝瓜络	件	20	500			125
紫草	件	30	500		加支撑物	188
南沙参	件	50	500		加支撑物	313
地龙	件	50	520		加支撑物	300
勾藤	件	30	500		加支撑物	250

* 密度误差为10%

3. 中药材瓦楞纸箱运输包装要求

(1)包装材料及技术要求:瓦楞纸箱为双瓦楞结构,主要用料及技术要求,为箱板面、箱板里、夹芯的层数各为一层,使用的箱板纸要符合QB 324－81规定的定量为365～475g/m² 的二号纸相应的技术指标。瓦楞层数为二层,使用的瓦楞原纸要符合QB 548－81规定的定量为180～200g/m² 的二号纸相应的技术指标。瓦楞纸箱内衬材料:瓦楞纸板材质不限。聚丙烯塑料薄膜要符合食品卫生的有关规定,厚度0.08～0.12mm。防潮纸要清洁,能起防潮作用不污染药材。麻布或本色布:麻布应符合GB 736—81《麻布的技术条件》规定;本色布应符合GB 406—78《本色棉布技术要求》规定的粗平布(编号101～111号)。捆扎和箱外裹包材料:塑料捆扎带,应符合SG 234—81《塑料打包带》规定,规格宽不得小于15 mm。

瓦楞纸箱外需要另加裹包时选用下列材料:

麻布,应符合GB 736—81规定的1～6号麻布;麻袋,符合GB 731—81《麻袋的技术条件》规定的1～5号麻袋;机制麻线直径2～3mm,用于缝合箱外裹包材料的接合处。

(2)成型瓦楞纸箱的物理性能:外观,箱盖对齐,误差±2mm,箱表刀口不毛,不碎裂;箱体方正,八角折叠处无漏洞,误差不大于4mm;瓦楞高度2.5mm;裱长粘合牢固,表层不开胶,不起泡;钉箱口对齐,误差±14mm;双钉口钉距均匀,订针钉透,钉距不大于55mm,位置正确,偏差±10mm;瓦楞纸箱应清洁不污,箱面涂防潮油。空箱抗压力不低于450kg(在含潮率14%～16%之间测试)。粘合牢度(3×12cm),拉力不低于10kg。

(3)箱型、箱号、箱规格:箱型,扁长方形大盖纸箱,箱号、箱规格见表 7-6。

表 7-6　扁长方形瓦楞纸箱的规格

纸箱编号	外部规格/mm 长×宽×高	内部规格/mm 长×宽×高	外部体积/m^3
1	500×300×160	490×290×140	0.024
2	500×300×210	490×290×190	0.032
3	500×300×240	490×290×220	0.036
4	500×300×260	490×290×240	0.039
5	500×300×300	490×290×280	0.045
6	600×400×210	590×390×190	0.050
7	600×400×240	590×390×220	0.058
8	600×400×280	590×390×260	0.067
9	600×400×300	590×390×280	0.072
10	600×400×400	590×390×380	0.096

每个箱号高度可以根据药材规格,上下浮动不大于 30mm,每个包装件净重规定 5、10、15、20kg 4 个重量级。

(4)瓦楞纸箱内衬材料使用要求:瓦楞纸箱下底上盖,衬垫瓦楞纸板各一块。规格与纸箱内径相适应,对不同药材,可选用下列衬垫方法:用塑料薄膜作衬垫,薄膜热合制成与箱内径相适应的袋,高度要适应折叠;用防潮纸作衬垫,要衬垫严密、不破不漏;用麻布或本色布作衬边,要缝合成与箱内径相适应的袋,袋口要缝合牢固。

(5)封口、捆扎技术要求:瓦楞纸箱下底上盖,使用黏合剂粘合,粘合处要平整、牢固。瓦楞纸箱使用塑料捆扎带捆扎牢固,不得有倾斜松动。瓦楞纸箱包装件重量在 15kg(包括 15kg)以内的,捆扎双十字形,包装件重量在 15kg 以上的,捆扎井字形。瓦楞纸箱黏合后,需要用麻布或麻袋裹包的包装件,麻布或麻袋的接合处,用麻线缝合牢固,针距不得大于 20mm。瓦楞纸箱使用塑料捆扎带捆扎牢固,不得有倾斜松动。

(6)标志:收发货标志的运输货签项目包括:运输号码、品名、发货件数、毛重、到达站、收货和发货单位、发货站,货签粘贴在瓦楞纸箱指定部位。用麻布或麻袋裹包的,采用刷写或拴挂在包装件上。

瓦楞纸箱印刷文字和图案项目包括医药分类标志、品名、规格(等级)、毛重、皮重、净重、产地、包装单位及日期。

包装储运指示标志,应按 GB 191-85《包装储运图示标志》规定办理。危险品包装标示,应按 GB 190-85《危险货物包装标志》规定办理。

(7)其他:每个包裹件内应附有药材质量合格证。中药材装箱时的含潮率,应符合国家有关规定。中药材装箱的具体品种、重量、使用箱号、以及内衬材料的具体要求见表 7-7。

表 7-7 中药材装箱的登记项目

箱号	药材品名	单位	净重/kg	箱内衬垫物	说　明
1	红参 红直段	件	10	防潮纸或塑料薄膜折叠不封口	箱面涂防潮油，箱外裹包麻布或麻袋，捆扎双十字带
	白直须	件	5	防潮纸或塑料薄膜折叠不封口	箱面涂防潮油，箱外裹包麻布或麻袋。捆扎双十字带
	全蝎	件	5	防潮纸或塑料薄膜折叠不封口	箱外裹包麻布或麻袋；捆扎双十字带
2	全须生晒参	件	10	防潮纸或塑料薄膜折叠不封口	箱面涂防潮油，箱外裹包麻布或麻袋。捆扎双十字带
	白混参	件	5		
	白糖参 红混参	件	10		
	枸杞子	件	15	防潮纸或塑料薄膜折叠不封口	装宁夏、内蒙古产品；捆扎井字带
	三七	件	20		
3	三七	件	20	麻布袋	箱面涂防潮油，箱外裹包麻布或麻袋。捆扎井字带
	白混须	件	10	防潮纸或塑料薄膜折叠不封口	箱面涂防潮油，箱外裹包麻布或麻袋。捆扎双十字带
	枸杞子	件	15	防潮纸或塑料薄膜折叠不封口	捆扎井字要
	山萸肉	件	15	防潮纸	箱外裹包麻布或麻袋；捆扎井字带
	蕲蛇	件	5	防潮纸	箱外裹包麻布或麻袋；捆扎双十字带
	鸡内金	件	10	防潮纸	箱外裹包麻布或麻袋；捆扎双十字带
	玫瑰花	件	5	防潮纸	捆扎双十字带
	月季花	件	5	防潮纸	捆扎双十字带
4	土鳖虫	件	10	防潮纸	捆扎双十字带
	蜈蚣	件	大 3000 条 小 60000 条	防潮纸	捆扎双十字带
5	全蝎	件	10	防潮纸或塑料薄膜折叠不封口	箱面涂防潮油，箱外裹包麻布或麻袋；捆扎双十字带
	全须生晒参	件	10		
	茯苓片	件	20	防潮纸	捆扎井字带
6	蕲蛇	件	10	防潮纸	箱外裹包麻布或麻袋；捆扎双十字带
	银耳	件	5	防潮纸	箱外裹包麻布或麻袋；捆扎双十字带
7	怀牛膝	件	20	防潮纸	捆扎井字带
	牡丹皮	件	20	防潮纸	捆扎井字带
	冬虫夏草	件	10	防潮纸	箱面涂防潮油，箱外裹包麻布或麻袋；捆扎双十字带
	款冬花	件	15	防潮纸	捆扎井字带
8	北沙参	件	20	防潮纸	捆扎井字带
	党参	件	20	防潮纸	捆扎井字带
9	黄连	件	15	防潮纸	箱外裹包麻布或麻袋；捆扎井字带
10	银耳	件	10	防潮纸	箱外裹包麻布或麻袋；捆扎双十字带

四、医药商品包装的标志

医药商品的运输包装除应标明供国内外码头、仓库、轮船和理货单位据以收发货物的运输标志即“唛号”外，还应标明供收货人赖以识别内装商品品种、规格的识别标志，以及根据商品不同的性能，提醒有关人员在搬运储存时应予注意的操作标志和危险品标志。

为了简化内容和建立一套国际统一装运标志，联合国标准化组织、国际货运运送协调会，以及美国、法国、德国、日本等国家决议采纳国际贸易流程简化工作小组于1979年9月提出的“简易装运标志”作为各国推行的规范。这个规范包括以下四种不同用途的标志：

1. 标准运输标志(STANDARD SHIPPING MARK)

在我国国家标准包装通用术语中称为“收发货标志”，即“唛号”。它的内容包括：

(1)客户名称。一般用对方名称的缩写名字，但是也有使用对方公司的电传代号，或电报挂号，唛号上的名字或代号外围以一个方块、三角或棱形等图案标识。例如对方名称为LEEFONG CO(利丰公司)，则唛号使用该公司的缩写名称，取L. F. 两个字母，在它的周围再画一个三角形或棱形，或方形。

(2)目的地。应指明货物抵达港口，如果客户所在地不是卸货港口，而且货物还需转运的，则应加“VIA”(经由)字样，例如，NEWORLEAANS VIA ATLANTA(新奥尔良经由亚特兰大转)等。

(3)合约号码、许可证号码TFF等，根据客户需要确定是否注明。

(4)包装件数及号码。有两种编号方式，一种称统号，例如本批共500箱，每箱均装某商品100打，则每箱只需标明“1—500”即可(图7-1)；如同一批统号中，有一箱装零数，例如500箱中499箱每箱均装某商品100打，另一箱装尾数80打，则前499箱均刷“1—499”的统号(图7-2)，尾数箱则编在最后，刷“NO. 500”(图7-3)。另一种编号称顺序号，刷顺序号的商品都是在一批货物中，有不同规格搭配的商品，所以必须根据装箱单所列箱装内容“对号入座”逐一编号，如从NO. 1起顺序至NO. 300(图7-4)。不得编错箱号，因为客户都是按照箱号凭以识别到货的不同货式规格，或分销或转售都按箱号发货，所以误编箱号要引起索赔。如需注明合约号码、许可证号码的，则见图7-5。于货物发运前在运输包装上编写以上标志称做刷唛工作。大批量的货物像中药材、化工原料等袋装商品，一般都在袋上预先将唛号印上，以省却刷唛手续。货物刷唛一般都用手刷，即使批量再大，也必须每件刷到，不得遗漏。

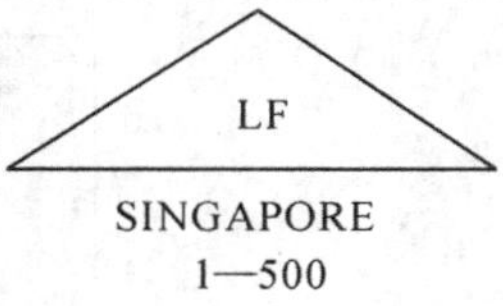

图 7-1

图 7-2

图 7-3

根据国际铁道运输公约要求铁路运输的货物应标明收发货单位名称、详细地址及货物件数。对航空运输，则运输标志上的收货单位名称缩写可用空运提单号码代替，并另需标明收货单位的名称和地址，发货单位的名称和地址可以不标。

2. 识别标志(INDICATIVE MARK)

在我国国家标准包装运用术语中称为“包装储运指示标志”。它包括商品货号，商品名称和规格(贵重商品有的只标货号，但是必须使客商能够识别内装商品的详细规格)，内装数量，包装的毛重、净重，长、宽、高和体积，产地。生产单位、出口单位的名称可以不标。一般出口运输

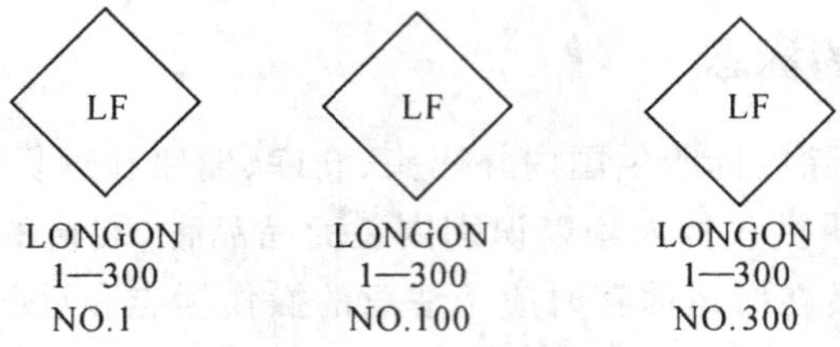

图 7-4

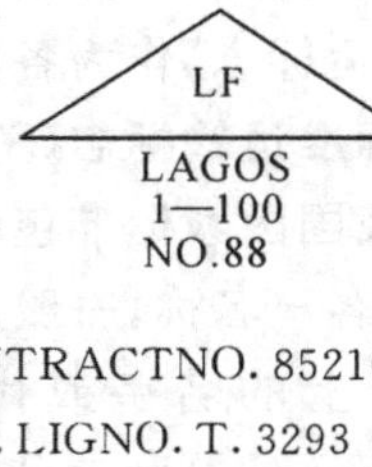

图 7-5

包装上的识别标志都由生产厂于产品出厂前加以标明；需要改装的产品，或其他原药材产品须由出口单位装箱或打包的，则由后者标上。

3. 操作标志(CARGO HANDLING MARK)

根据出口商品的不同特点，通常使用的操作标志有：“易碎品，小心轻放”(FRAGILE HANDLE WITH CARE)，玻璃器皿也可直接标明“玻璃器皿小心轻放”(GLASSWARE HANDLE WITH CARE)；“请勿用钩”(USE NO HOOK)；“此面向上”(THIS SIDE UP)；“请勿受热”(KEEP AWAY FROM HEAT)；“请勿受潮”(KEEP DRY)；“从此处吊起”(SLING HERE)；“重心在此”(CENTER OF GRAVITY)；“禁止滚翻”(NOT TO BE TRIPPED)；“由此开启”(OPEN FROM HERE)等 9 种。以上标志除用中英文字在箱面上表达外，应在醒目的地方贴上经联合国标准组织规定，并经国际公认的形象化图案。各标志图案见图 7-6。

图 7-6 出口商品包装上的操作标志

图 7-7 国际公认的形象化图案

图案纸张分三种规格，即 10cm×10cm，15cm×15cm，20cm×20cm，视包装大小而定。除了“从此处吊起”、“重心在此”和“由此开启”的标志应在箱面确切处标明外，其他操作标志应标在箱子的长面和宽面（至少 2 面）左上角，以便识别。使用纸箱的大宗出口商品，如已将操作标志印在箱面上则无需再另贴纸标。除了以上 9 种操作标志外，大件商品（如 CT 机、X 线机、心电图机等)的纸箱上还应根据箱件的抗压强度,标明堆高的限度。

我国关于"包装储运指示标志"的国家标准(中华人民共和国 GB191—73),把标志的类别分为 8 种,即:向上、防湿、小心轻放、由此吊起、由此开启、重心点、防热、防冻。与国际间常用的操作标志相比,增加了"防冻",减少了"请勿用钩"和"禁止翻滚"。使用的各种图案与国际常用标志也略有不同,但是图案形象所表示的含义则完全是一致的。一般说,出口医药商品包装上的操作标志图案应使用国际通用的标志。

4. 危险品标志(DANGEROUS CARGO MARK **或** HAZARDOUS CARGO MARK)

对于不同类别的危险品,应使用不同的危险品标志。出口的危险品,应同时标有我国"危险货物包装标志"和国际上通用的由联合国标准化组织所规定的危险货物标志。国内的标志,国家标准局已颁布了 GB190-73"危险货物包装标志"。国际通用危险品标志则按不同的危险货物分为 9 个类别和若干等级共 19 个图案(见图 7-7),这些危险品标志,不论用纸贴式(纸张规定 10cm×10cm 见方)还是印制在包装上面,均须使用规定的色调和图案。危险品的标志是警告性标志,必须严格遵照国内和国际的规定办理。以免造成意外事故和不必要的损失。

刷写运输标志时还应注意:收货人缩写和所在地的外文,应使用大写印刷体字母(block letter)和阿拉伯数字,标点符号应尽量避免,其他各种标志中的外文也以使用大写印刷体为宜。手写标志应用黑色或其他与底色不同的颜色,并具有防水和不褪色的性能。某些捆扎包装的金属品,应将金属标牌焊在上面,或用铁丝扎紧。柳条筐、竹筐,应用标纸贴在相对两边或用标牌缚在筐上。

第五节 医药商品包装条码

条形码是由一组按一定编码规则排列的条和空符号,用以表示一定的字符、数字及符号组成的信息。条码系统是由条码符号设计,制作及扫描阅读组成的自动识别系统。

一、一维条码

1. 一维条形码简介

条码技术是在计算机应用和实践中产生并发展起来的广泛应用于商业、医药、邮政、图书管理、仓储、工业生产过程控制、交通等领域的一种自动识别技术,具有输入速度快、准确度高、成本低、可靠性强等优点,通过条形码可以实现售货、仓储、订货的自动化管理,是快速、准确地进行医药商品信息流和物流控制的现代化手段。

2. 条码的概念

条码是由一组规则排列的条、空以及对应的字符组成的标记,"条"指对光线反射率较低的部分,"空"指对光线反射率较高的部分,这些条和空组成的数据表达一定的信息,并能够用特定的设备识读,转换成与计算机兼容的二进制和十进制信息。通常对于每一种物品,它的编码是惟一的,对于普通的一维条码来说,还要通过数据库建立条码与商品信息的对应关系,当条码的数据传到计算机上时,由计算机上的应用程序对数据进行操作和处理。因此,普通的一维条码在使用过程中仅作为识别信息,它的意义是通过在计算机系统的数据库中提取相应的信息而实现的。

3. 条码的优点

利用条码实现自动识别、数据输入具有如下优点:

(1)可靠准确。与普通键盘输入比较,普通键盘输入平均每300个字符约出现1个错误,而条码平均15000个字符到36亿个字符才出现一个错误(主要取决于编码方法和识读设备)。

(2)数据输入速度快。与键盘输入相比,速度可提高五倍。

(3)经济便宜。与其他自动识别技术相比,条码的识读设备及印刷的价格都相当便宜。

(4)灵活、实用。条码符号作为一种识别手段可单独使用,也可和有关设备结合组成自动识别系统,还可和其他控制设备结合实现系统的自动化管理。同时,没有识别设备时还可实现手工键盘输入。

(5)制作容易。条码标签制作容易,对印刷技术、设备和原材料,无需特殊要求。

4. 条码的结构

我国商品条码结构主要有两种:标准码EAN—13码,缩短码EAN—8码。标准码由13位数字组成,前2～3位为国家代码,4～5位为厂商代码,6～9位为商品代码,最后1位为校验码。当标准码尺寸超过总印刷面积的25%时,允许使用缩短码,缩短码由8位数字构成。我国目前采用的是标准码,由中国物品编码中心统一组织和发布。前3位是国家代码,后4位是厂商代码,再后5位是商品代码,最后1位是校检码。

5. 国际物品编码协会成员国或地区和代码(见表7-8)

表7-8 国际物品编码协会成员国或地区和代码

代码(前缀码)	成员国或地区	代码(前缀码)	成员国或地区
00—09	美国加拿大(北美)	750	墨西哥
20—29		759	委内瑞拉
30—37	法国	76	瑞士
40—43	德国	770	哥伦比亚
440		773	乌拉圭
460—469	俄罗斯	775	秘鲁
471	中国台北	779	阿根廷
489	中国香港	780	智利
49	日本	789	巴西
50	英国、爱尔兰	80—83	意大利
520	希腊	84	西班牙
529	塞浦路斯	859	捷克、斯洛伐克
54	比利时、卢森堡	860	南联盟
560	葡萄牙	869	土耳其
569	冰岛	87	荷兰
57	丹麦	880	韩国
599	匈牙利	885	泰国
600—601	南非	888	新加坡
64	芬兰	90—91	奥地利
690—692	中国	93	澳大利亚
70	挪威	94	新西兰
729	以色列	955	马来西亚
73	瑞典		

二、二维条码

一维条码自出现以来,得到了人们的普遍关注,发展速度十分迅速。它的使用极大地提高了数据采集和信息处理的速度,提高了工作效率,并为医药商贸企业的管理的科学化和现代化做出了很大贡献。由于受信息容量的限制,一维条码仅仅是对“物品”的标识,而不是对“物品”的描述。故一维条码的使用,不得不依赖数据库的存在。在没有数据库和不便联网的地方如农村、边远地区,一维条码的使用受到了较大的限制,有时甚至变得毫无意义。另外,要用一维条码表示汉字的场合,显得十分不方便,且效率很低。现代市场的高速发展,迫切要求用条码在有限的几何空间内表示更多的信息,从而满足表示千变万化的信息的需要。二维条码正是为了解决一维条码无法解决的问题而产生的。因为它具有高密度、高可靠性等特点，所以可以用它表示数据文件(包括汉字文件)、图像等。二维条码是大容量和高可靠性信息实现存储、携带并自动识读的最理想的方法。

1. 二维条码的特点

(1)高密度。目前，应用的一维条码作为一种标识数据，不能对产品进行描述。需事先建立以条码所表示的代码为索引字段的数据库。而二维条码通过利用垂直方向的尺寸来提高条码的信息密度。通常情况下其密度是一维条码的几十到几百倍，这样我们就可以把产品信息全部存储在一个二维条码中，要查看产品信息，只要用识读设备扫描二维条码即可，因此不需要事先建立数据库，真正实现了用条码对“物品”的描述。

(2)具有纠错功能。一维条码通常同其表示的信息一同印刷出来。当条码受到损坏(如污染，脱墨等)时，可以通过键盘录入代替扫描条码。鉴于以上原则，一维条码没有考虑到条码本身的纠错功能，尽管引入了校验字符的概念，但仅限于防止读错。二维条码可以表示数以千计字节的数据，因此二维条码引入错误纠正机制。这种纠错机制使得二维条码因穿孔、污损等引起局部损坏时，照样可以正确得到识读。二维条码的纠错算法与VCD等所用的纠错算法相同。这种纠错机制使得二维条码成为一种安全可靠的信息存储和识别的方法，这是一维条码无法相比的。

(3)可以表示多种语言文字。一维条码字符集最大的Code 128条码，所能表示的字符个数也不过是128个ASCII符。因此要用一维条码表示其他语言文字(如汉字、韩文等)是不可能的。多数二维条码都具有字节表示模式，即提供了一种表示字节流的机制。我们知道，不论何种语言文字，它们在计算机中存储时都以机内码的形式表现，而内部码都是字节码。这样我们就可以设法将各种语言文字信息转换成字节流，然后再将字节流用二维条码表示，从而为多种语言文字的条码表示提供了一条前所未有的途径。

(4)可表示图像数据。既然二维条码可以表示字节数据，而图像多以字节形式存储，因此使图像(如照片、指纹等)的条码表示成为可能。

(5)可引入加密机制。加密机制的引入是二维条码的又一优点。比如我们用二维条码表示照片时，我们可以先用一定的加密算法将图像信息加密，然后再用二维条码表示。在识别二维条码时，再加以一定的解密算法，就可以恢复所表示的照片。这样便可以防止各种证件、卡片等的伪造。

2. 二维条码的使用范围

二维条码可用于如下几个方面：

(1)单证：公文单证、订购单、报关单、商业单证；

(2)证照：护照、身份证、挂号证、驾驶执照、会员证、识别证；

(3)仓储盘点：物流中心、仓储中心等的物品盘点；

(4)物品追踪：会议资料、生产零件、客户服务、邮购运送、维修记录、危险物品、后勤补给、生态研究；

(5)资料保密：商业机密、政治情报、军事机密、私人信函；

(6)防止假冒伪劣产品。

3. 二维条码的分类

二维条码有许多不同的编码方法，常用的码制有：Data Matrix、Maxi Code、Aztec、QR Code、Vericode、PDF417、Ultracode、Code 49、Code 16K等，其中PDF417由美国Symbol

(讯宝)公司研制,是中国现行惟一通过国家标准认证的二维条码。

以 PDF417 码为例,介绍二维条码的特性和特点。

PDF 417 简介 PDF 417 码,是由留美华人王寅敬(音)博士发明的。PDF 是取英文 Portable Data File 三个单词的首字母的缩写,意为“便携数据文件”。因为组成条码的每一符号字符都是由 4 个条和 4 个空构成,如果将组成条码的最窄条或空称为一个模块,则上述的 4 个条和 4 个空的总模块数一定为 17,所以称 417 码或 PDF 417 码。PDF 417 的特点为:

(1)信息容量大,PDF417 码除可以表示字母、数字、ASCII 字符外,还能表达二进制数。为了使得编码更加紧凑,提高信息密度,PDF417 在编码时有三种格式:

①扩展的字母数字压缩格式,可容纳 1850 个字符;

②二进制/ASCII 格式,可容纳 1108 个字节;

③数字压缩格式,可容纳 2710 个数字。

(2)错误纠正能力。二维条码不仅能防止错误,而且能纠正错误,即使条码污损 50%也能被正确读出,也能将正确的信息还原出来。

(3)印制要求不高。普通打印设备均可打印,传真件也能阅读。

(4)可用多种阅读设备阅读 PDF417 码。可用带光栅的激光阅读器,线性及面扫描的图像式阅读器阅读。

(5)尺寸可调,以适应不同的打印空间。

(6)码制公开。已形成国际标准,我国也已制定了 417 码的国标。

4. 二维条码的优势

从以上的介绍可以看出,与一维条码相比二维条码有着明显的优势,归纳起来主要有以下几个方面如图 7-8:

(1)数据容量更大;

(2)超越了字母数字的限制;

(3)条码相对尺寸小;

(4)具有抗损毁能力。

6 90 1234 568 127

图 7-8　一维条形码和二维条形码

一维条形码

可直接显示内容为英文、数字、简单符号;储存数据不多,主要依靠计算机中的关联数据库;保密性能不高;损污后可读性差。

二维条形码

可直接显示英文、中文、韩文、数字、符号、图型;储存数据量大,可存放 1K 字符,可用扫描仪直接读取内容,无需另接数据库;保密性高(可加密),安全级别最高时,损污 50%仍可读取完整信息。

5. 混合码及其应用

美国 UCC 组织(统一编码委员会)推出了一种新的码制——混合码,它是一种一维条码和二维条码的组合码,采用 UCC/EAN－128 并以二维条码作为补充,提供采购定单号、装运单、路线信息、装运通知的电子备份、包装、包含事项和批号等信息。

(1)混合码在药品流通中的应用。用二维条码记录补充信息，可以提供过期日期以利于药品周转，同时可以记录批号用于药品跟踪。

(2)混合码在零售业中的应用。在保健食品、药品，特别是新鲜及冷冻的、易坏的物品上标上批号和过期日期可以使得货物的周转效率大大提高。在电子产品上也可以标上软件和硬件的版本修订信息。

第八章　医药商品的商标

商标，是指用文字、名称、符号、图形综合组成，附标在商品上作为该商品与其他同类商品区别的一种标志。作为医药企业、产品的显著标记——医药商标标志，其使用除与其他行业商标标志有共同点之外，还有它的特殊性。本章主要介绍商标的基本知识以及医药商品商标的特殊要求。

第一节　商标的基本知识

一、商标的起源

商标的叫法很多，通常人们称它为牌子，是区别商品出处的一种标志。商标不是生来就有的，而是伴随着商品经济的发展而发展的，是来自于商品的生产与交换。让我们先来了解一下它的历史沿革。

1. 无牌号（标记）阶段

原始社会时期，人们处在自然经济时期，生产目的是自足自给，当时产品以农牧产品为主，没有多余的产品可用于交换，因此也用不着给产品做标记。发展到原始社会末期，社会进入铜器、青铜器时代，出现了第一次社会分工即农业与牧业分开，商品交换由偶然变成经常。进入奴隶社会后，第二次社会分工即农业和手工业分开，使得产生交换的商品生产渐多，同时货币产生、商品流通扩大，为了便于交换，买与卖的商品开始有了标记，如铭文、年号等。

2. 牌号阶段

这里的牌号有多重含义，如指品牌，即商品生产者给自己产品规定的商业名称，是产品整体的组成部分；或指厂牌或店牌，即卖者给自己定的商业名称，是企业形象的组成部分。随着交换的扩大，出现了特殊群体——商人。商人成为消费者与生产者的中介人，专门为卖而买，承担商品交换业务。这时的手工业者和商人对产品开始注重标记，以便区别他人的商品。据考证，北周时期就出现了陶器工匠“郭彦”的署名产品。江浙一带农民采摘西瓜前，往往在成熟的西瓜上按上一个“印记”，或乡村名，或户主姓名，然后采摘上市，这就是原始的商标。

3. 近代牌号阶段

进入资本主义工业化时代，社会产品的数量大增，竞争日益激烈，牌号进入商标化、法律化阶段。在现代社会中，任何商品都可能由或多或少的不同企业分别生产和销售，而由于不同的生产条件、管理条件等因素的影响，各企业生产和销售的同类商品在质量上又存在着差别。为了使自己的商品区别于其他企业生产的商品，就要给自己的商品起名字，这就产生了现代商标的概念。随着市场经济的发展，人们已经认识到商标对企业商品生产的重要性，商标成为企业击败对手、争夺市场的有力工具。

二、商标的定义

商标的定义很多，众说纷纭。通常的说法是，“商标是商品的生产者或经营者在其生产或经营的商品上使用的、具有显著特征的、能够区别商品来源（出处）的一种标志”。

世界知识产权组织在其出版物中谈到商标定义时是这样表述的：“商标是用来区别某一工业企业或商业企业或这种企业集团的商品的标志（如同‘服务标记’，是用来区别服务一样）。”

按照我国商标法有关条款，可以这样表述：商标是企业、事业单位和个体工商业者在其生产、制造、加工、挑选或者经销的商品上所使用的，由文字、图形或者其组合构成的，具有显著特征的，便于识别商品来源的标志。这里所说的加工、挑选等，包括如大米、花生、海产品等也可以使用标志，甚至树苗、花卉也可以使用商标后出售。

三、商标的特征

商标是随着商品生产、交换的发展而出现的商业性标记，具有从属商品经济的属性。商标的涵义和作用决定了商标具有以下主要特征，这是所有商标的共性。

1. 商标是商品上的标志

商标是商品经济发展的产物，只有商品才能使用商标，而非商品物品上的文字、图案、记号等不是商标。商标是商品的标准，但并非所有商品都有使用商标的必要和可能。有必要和可能使用商标的商品必须同时具备以下三个条件：第一，必须是以一定物质形态存在的实体性商品，非物质形态的服务性商品，不能注册商标；第二，必须是动产物，房屋、土地等不动产作为商品，可以买卖，但由于其自身独具特征，没有使用商标的必要；第三，必须是能进行批量生产和反复交易的流通物。

2. 商标是一种区别标志

商标是将同一种商品或类似商品区别开来的标志，它可以在市场上向消费者提供商品信息，反映特定商品的质量、特色，便于消费者认牌选购。商标与商品装潢、企业标志有明显的区别。商标突出识别性，而装潢突出的是装饰性，起美化商品的作用；商标设计相对稳定，而商品装潢则可以根据市场环境的变化而推陈出新。商标与企业标志的不同点在于，商标是用于区别商品的，而企业标志则是用于区别企业的。

3. 商标是一种具有产权意义的标志

商标信誉是一般人类劳动在商标上的凝结。企业为提高产品质量，降低成本，提供优质服务和进行广告宣传所做的一切努力，以及积极参与公益事业，建立良好的公共关系等方面付出的劳动都凝结在商标上，使商标具有强大的市场竞争能力，为其所有者带来经济利益，是一种具有产权意义的标志。

四、商标的分类

商标的分类，尚无统一划分标准。通常是以商标的外观结构、用途，商标的使用者和商标管理等作为标志来划分的。根据不同的划分依据，商标具有多种不同的分类，现简单介绍几种主要的商标分类。

1. 按注册与否分

注册商标和未注册商标。

2. 按商标标志的构成分

文字商标；图形商标；记号商标；组合商标（综合商标）。在我国最常见的是组合商标，如"红梅"商标，图案是一朵梅花并配有"红梅"或HONGMEI（汉语拼音）字样。

3. 按商标的用途分

（1）营业商标。即公司的标记、企业名称等作为商标，使用在商品上，这种标记实质上是厂标或司徽，它有区别商品来源的作用，如"同仁堂"中药等。营业商标有特殊的作用，在宣传商品的同时宣传了企业，有助于提高企业的知名度。

（2）等级商标。即同一厂家生产的不同质量的同类产品使用不同的商标，顾客一看商标就知道该产品的质量、档次。如同样是茅台酒有："五星"和"飞天"两种，后者是出口的，质量高；又如著名的龙井茶叶有特级、一级、二级等；再如中药枸杞有一级、特级等。

（3）证明商标。也被称为保证商标，表示所指商品质量已经通过鉴定，保证或证明其质量等级、原产地、制造方法及其特定品质的商标。证明商标的注册人本身不使用该商标，而是根据所规定的条件，批准申请人使用。通过这种商标的使用，提供质量证明，使商品对消费者具有更大的吸引力，有利于打开销路、占领市场，如"绿色食品"标志、"纯羊毛"标志等。

4. 按商标使用者分

（1）制造商标。又称"生产商标"，是指表示商品制造者的商标。这种商标往往与厂标一致。如日本"日立"电器公司的"日立牌"商标，雀巢公司的"雀巢牌"商标。使用这种商标是为了区别制造者与销售商。

（2）销售商标。也称"商业商标"或"推销商标"，是指销售者（经营者）销售商品而使用的商标，是销售者为了使自己经营的商品与其他销售者经营的商品相区别而使用的商标。这种商标常在生产者实力较弱，销售者享有盛誉的时候使用。

5. 按商标的管理需要分

（1）防御商标。也称联合商标，即同一个商标所有人在相同的商品上注册的一些相近似的商标，或者在同一类型的不同商品上注册几个相近似的商标。注册联合商标的根本目的是防止他人冒牌、影射或抢注，所以人们叫它"防御商标"，而且"防御商标"更能表现联合商标的作用和联合商标所有人的用意。在商品经济越来越发达的条件下，防御商标越来越重要。如用于万金油的正式牌子是一只"虎"，因此天津一带老人把万金油（清凉油）叫做"老虎油"。据说，万金油的经营者为防止他人影射、仿冒，他们把猫科动物中与虎豹外形相似的几十种动物都作为万金油商标注册了，这可谓"滴水不漏"。

（2）备用商标。也叫"储藏商标"，是属于企业的已注册商标，储存在企业的"商标库"内，实际上还没有使用，以备在市场变化的情况下使用。如药品、化妆品、电器，特别是家用电器市场多变，企业往往备用这类商标。

（3）驰名商标。也叫周知商标，指商标信誉卓著，极为著名，并为广大消费者所熟识。驰名商标不能由注册人自封，而要经过某种权威机构组织调查，按一定程序进行评定，确定得票最多的那些商标为驰名商标。我国有关省市和国家工商行政管理局曾进行过这种评选活动，结果往往在报上公布。根据中国国家工商行政管理局的规定：评定我国驰名商标的机构是国家工商行政管理局。

《保护工业产权巴黎公约》规定，缔约国均有保护驰名商标的义务，如发现与驰名商标相近似的商标，即使该驰名商标未在该国注册，也要将与驰名商标相近似的注册商标撤销。

五、商标的作用

商标是在商品生产和交换过程中产生和发展的，随着商品经济的发展，商标的作用也越来越被人们所重视。商标是促进商品生产，加速商品流通，维护生产者和消费者权益，扩大对外贸易的有力工具，对发展我国市场经济，培育和完善市场体系有着重要的作用。

1. 区别作用

区别同种或类似商品的不同生产者或者经营者。对于不同种类的商品，人们通过商品的名称、原料、功能、用途以及外观等就可以区分开来，但对于不同企业生产或经营的同种或类似商品，其商品名称、外观形态、功能是相近甚至是相同的，要区分其生产者或经营者，就需要借助一个媒介，即商品上的商标。

商标的区别作用并不意味着商标本身就能直接指明商品的生产者或经营者，而是表明使用同一商标的商品是由同一企业生产或经营的，从而把某一商品同它的生产者或经营者联系起来。这是商标最重要、最本质的功能。在现代商业社会中，商标是企业销售产品的根本所在，商标通过它显示的某种质量来帮助消费者挑选商品。企业也可以通过商标把自己的商品与其他企业的商品区别开来，并通过广告宣传及各种促销手段吸引消费者购买自己的商品，巩固和进一步提高商标信誉，树立良好的企业形象。

2. 保证作用

商标表示和保证商品质量和特色的作用不同于商品说明书，也不同于关于企业的介绍和报道，而是指商标一旦固定于某种商品，经过长期反复使用，就成为商品质量和特色的象征，成为商品信誉和企业形象的代表。商标对商品质量的保证作用，主要是通过企业内部对使用同一商标商品的原料、零部件、工艺、包装等方面统一标准，并坚持标准化生产而实现的。

商标的保证作用有利于保护企业利益以及消费者的利益。注册商标受法律保护，可以防止竞争对手的仿制和侵犯。同时，保证消费者正确选择合格产品。

3. 增值作用

商标是企业的宝贵财富，是商品的标准，商标信誉就是企业的生命。商标信誉凝结着企业员工为争创优质名牌所做的坚持不懈的努力，是他们智慧和心血的结晶。一个拥有名牌商标的企业就拥有众多的消费者，它的一切努力就得到了社会的承认，就拥有较强的吸引人才、资金的能力和较强的竞争力，企业就可以在名牌商标的旗帜下扩大生产规模，增加产量，可以逐步推出新产品，进行产品的更新换代，并顺利进入市场，从而保持产品结构的最佳组合。由于名牌商品更能满足消费者的物质需求和心理需求，因而可以按较高的价格出售，提高企业的盈利水平。

商标对企业来说是一种无形资产，它不受厂房、设备、商品和人员生命周期的限制，因此比有形财产更为珍贵。所以，世界各国的商标法律制度都以保护商标权为中心，即保护商标的独占专用权，使之不受他人侵害。

4. 宣传作用

商标是广告宣传的有力工具。商标具有显著的特征，它简洁、明快、易呼、易记、独特醒目、易于识别，容易给人留下深刻的印象。而广告的目的也在于引起人们的注意，加深记忆，诱导人们的购买欲望和购买行为。商标本身既然具有广告宣传的功能，也就成为极有力的广告宣传工具。商标的广告宣传作用可以从两方面表现出来：一方面通过消费者使用带有商标的商品，使他们把对商品质量等方面的良好印象集中在商标上，并通过商标，把这种印象传递给其他消费者；另一方面，在各种广告宣传和推销活动中，商标属于核心地位。通过引人入胜的画面、独特的音响引起人们的注意，使潜在的顾客对商标产生好感，留下深刻印象，从而诱发其购买的兴趣。

5. 促进作用

商标可以促进对内搞活，对外开放。我国市场经济的推进，对内搞活对外开放方针的贯彻实行，使社会经济生活发生了巨大变化。商标可以用它的特殊功能促进对内搞活，对外开放。在对内搞活方面，以名牌、驰名商标为主开展横向经济联合，形成了一批跨地区、跨行业、产销结合，生产与科研结合，军工与民用结合的企业集团。例如，广东“太阳神”集团，深圳“康佳”电子集团等，带动了一批企业在经营管理、产品开发、工艺水平和产品质量等方面的迅速提高，有效地促进了生产力的发展，繁荣了国内市场。在对外开放方面，商标也起着重要作用，技术贸易往往是以商标为先导的。例如，我国引进的很多电子产品生产线，大都以国际名牌为先决条件，“借船出海”，通过引进—消化—吸收—国产化，缩短了与国际先进水平的差距。可以说名牌商标是进入国际市场的通行证，通过名牌商标，可以提高我国出口创汇的能力和在国际市场上的竞争能力。

商标是厂家信誉的一种标志，往往成为消费者选择商品的重要依据。商标信誉的好坏决定了商品竞争力，优胜劣败的市场竞争规则，促使企业不断提高商品质量，保证了名优商品的市场占有率。国家通过“驰名商标”的评定，使市场更加健康繁荣的发展。商标的实施使国家、企业和个人三者的利益得到合理的维护，促进了经济发展。

第二节 商标法规知识

既然商标是生产者、经营者在其产品上使用的，用来区别不同商品及其来源的专用标记，那么为了维护商品生产者或经营者的正当权益，就应当赋予商标某种权利，即如果某种商品已经使用了某种商标，在同类或者类似商品上，其他人就不应再使用与其相同或类似的商标。但在实际社会生活中，商标的推广使用产生了一系列复杂的社会关系，商标对商品的生产、流通、分配、消费等国民经济各个环节都产生了一定的影响，既涉及国家整体利益，又涉及生产者、经营者的利益，也与消费者的利益息息相关。国家对这些复杂的社会关系必须给予法律调整，所以就产生了商标法规。

一、商标法规的含义

商标法，是指调整商标关系，保护商品生产者、经营者的商标专用权，制止不法者侵权行为的法律规范。

我国的商标法是根据兼顾国家、集体和消费者利益的原则所确立的，是对商标进行管理的一套完整的法律制度。

商标法由国家权力机关制定并认可，体现了人民的意志；商标法是以国家强制力保证实施的，是调整国家对商标进行管理、确认商标专用权、利用和转让商标专用权、保障消费者利益并促进社会主义商品经济发展而产生的各种社会关系的法律规范总和。

商标法的核心内容和直接目的就是保护商标专用权。通过对商标的依法管理，可以使商标得以正常使用，防止滥用、混同等现象发生。严厉打击利用商标进行扰乱市场等不法行为，维护社会主义经济秩序。

二、商标法规的历史和现状

商标法作为一门独立法规的历史是比较短的，世界各国都是如此。

我国商标的使用和管理起源比较早，有文字记载的是始于唐代。"注册商标"这个词起源于清朝末年。我国历史上第一部商标法规性文件制定于1904年，即《商标注册试办章程》。到1923年民国时期制定了我国历史上第一部《商标法》，但那时的商标立法权和管理权都带有明显的殖民地和半殖民地色彩。

世界上第一部商标法产生于1857年的法国。由此可见，我国的商标立法和保护的历史也不算短，比法国仅晚53年。但在旧中国，商标立法和整个商标工作比较落后。

中华人民共和国成立之后，人民政府十分重视商标立法和商标管理工作：

1950年，制定了《商标注册条例》。

1963年，制定了《商标管理条例》。

1982年8月23日，第五届全国人民代表大会常务委员会第二十四次会议正式通过了中华人民共和国成立之后的第一部商标法《中华人民共和国商标法》，该法自1983年3月1日起施行。

1993年2月22日，在第一部商标法施行十周年之际，第七届全国人民代表大会常务委员会第三十次会议通过对1982年商标法的修正案。

2000年11月22日，国务院决定将《中华人民共和国商标法修正案（草案）》提交第九届全国人大常委会审议。

2001年，为适应加入WTO后实施TRIPS协议和进一步强化市场经济条件下商标专用权保护力度的需要，中国立法机关再次对《商标法》进行了修改。与第一次修改相比，这次修改的幅度较大，涉及47项内容，新增了21条，使商标法由原来的43条增加为现在的64条。新的《商标法》增加了对立体商标、颜色组合商标、驰名商标、集体商标、证明商标、地理标志的保护，完善了商标确权程序，强化了对商标专用权的保护力度。毫无疑问，修改后的《商标法》为中国企业积极参与国际国内市场竞争奠定了更加坚实的法律基础，对于促进中国社会主义市场经济的健康发展必将发挥其应有的作用。

在不断完善国内立法的同时，中国自1980年加入《建立世界知识产权组织公约》以后，先后于1985年加入《保护工业产权巴黎公约》，1989年加入《商标国际注册马德里协定》，1994年加入《商标注册用商品和服务国际分类尼斯协定》，1995年加入《商标国际注册马德里协定有关议定书》，2001年加入TRIPS协议。经过20年的努力，中国已建立了以《商标法》为基础的内容比较全面的现代商标法律保护体系。

三、商标专用权

企业在注册机关注册了商标，获得了注册证，就拥有了对这件商标的专用权，称之为所有权或注册权，然而最本质的权利是商标专用权，即受国家法律保护的合法权益。

商标权在知识产权中占有重要位置，可以用图8-1表示。

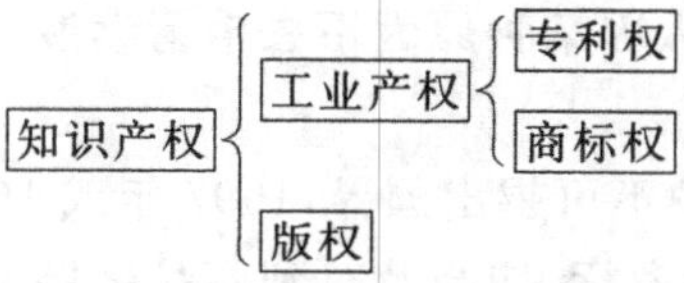

图 8-1　商标权在知识产权中的位置

1. 商标专用权的取得

我国《商标法》对商标专用权下的定义是：

"经商标局核准注册的商标为注册商标，包括商品商标、服务商标和集体商标、证明商标；商标注册人享有商标专用权，受法律保护。"（第三条）

"自然人、法人或者其他组织，对其生产、制造、加工、拣选或者经销的商品，需要取得商标专用权的，应当向商标局申请商品商标注册。"（第四条）

从以上两条来看，商标专用权是商标注册人对其依法注册的商标所享有的专用权。

商标专用权的产生除了注册之外，有的国家可以通过使用产生，因此有所谓"注册原则"和"使用原则"之分。

在我国要获得商标专用权，必须经过注册，这在国际上称为"注册原则"，或者叫"注册在先原则"。我国《商标法》第二十九条规定："两个或者两个以上的商标注册申请人，在同一种商品或类似商品上，以相同或者近似的商标申请注册的，初步审定并公告申请在先的商标；同一天申请的，初步审定并公告使用在先的商标，驳回其他人申请，不予以公告。"在这里，只有在同一天申请的情况下采用"使用在先原则"，所以说我国是采用注册在先原则的国家。

有些国家的商标制度与我国不同，称为"商标制度基于使用的国家"，即上文提到的"使用在先原则"。如美国、英国和效法英国的一些国家，可以仅根据对商标的使用，即使不注册，也能取得商标权。采用这种制度的国家，也有一个注册制度。如在美国，只要某个商标在美国境内连续不断地使用了 5 年，便可取得无可争辩的专用权，受法律保护。美国也有注册机关和注册制度，但他们在对注册申请进行审查时首先要看该商标是否已在美国实际使用。

据介绍，西方一些严格执行"使用在先原则"的国家，近来情况有所变化，他们正酝酿走"注册"与"使用"相结合的道路。

2. 商标专用权的内涵

商标权是知识产权的一种，商标所有人享有如下权利：

(1)独占权，即商标权的排他性，只有商标注册人专用；

(2)转让权，即商标所有人可以有偿或无偿地将商标权转让给他人；

(3)许可权，即商标所有人可以许可他人有偿或无偿地使用其商标；

(4)禁止权，即商标所有人有权禁止他人使用其商标；

(5)诉讼权，即在商标专用权受到侵犯时，商标所有人有权向司法机关提起诉讼，或者可以向工商行政管理机关投诉，请求法律保护；

(6)继承权，即商标注册权如属于某个家庭或个人，当商标所有人死亡或丧失民事能力时，其继承人可以依法继承被继承人的商标权。

3. 商标专用权的保护

商标专用权受法律保护的范围也有一定的限度：

(1)时间性。商标局核准一件商标注册之后，其有效期自发证之日起，按我国商标法规定 10 年内有效，受法律保护。注册到期前 6 个月，注册人还可以申请续展，如获准续展，继续受法律保护，依此类推。但如果注册人因某种原因不去申请续展，那么商标注册人就丧失其商标专用权，注册证失效。

(2)地域性。商标专用权保护不可越出国界，1997年或1999年之前，国内注册的商标在港澳也不受保护。作为外贸公司的商标，应当及时到商品销售国家或地区去申请注册，寻求法律保护。

(3)规定性。即商标注册人必须严格按照商标注册证上核准的商品类别或品名来使用，擅自扩大使用范围不仅得不到法律保护，而且还可能造成侵犯他人商标专用权。

4. 商标专用权的丧失

商标注册人在取得注册证之后，并不意味着商标注册人可以“一劳永逸”，相反商标专用权也有可能因如下原因而丧失：

(1)商标未使用。许多国家的商标法明文规定，一个商标若连续若干年不使用，商标就可能被注册当局撤销，其年限一般是3年到5年不等。我国商标法规定是3年。

(2)滥用许可使用权。商标注册人可以依法许可他人使用其注册商标，我国商标法也有此规定，但必须与被许可人签订许可使用合同，严格按注册的商品类别使用，并负责监督其商品质量。如果商标注册人不加约束地随意滥施许可，不关注被许可使用商品的质量，或超出注册核定的商品范围，注册商标就可能被撤销。

(3)商品粗制滥造。《商标法》第四十五条规定：“使用注册商标，其商品粗制滥造，以次充好，欺骗消费者的，由各级工商行政管理部门分别不同情况，责令限期改正，并可以予以通报或处以罚款，或者由商标局撤销其注册商标。”

(4)自行其事。《商标法》第四十四条规定：“使用注册商标，有下列行为之一的，由商标局责令限期改正或者撤销其注册商标：自行改变注册商标的文字、图形或者其组合的；自行改变注册商标的注册人名义、地址或者其他注册事项的；自行转让注册商标的。”

(5)未办续展。商标注册证有效期已过，而又未能在宽展期内办理续展手续，或者虽提出续展申请，而被注册当局驳回的，商标专用权也随之丧失。

(6)司法判定无效。商标虽经注册，因事后发生争议或其他诉讼案等情况，经工商局或司法部门调查核实，最后裁定或判决该商标注册或续展无效，那么意味着商标被撤销，商标专用权即告丧失。

四、商标注册

1. 商标注册的概念

商标注册，是指商标使用人将其使用的商标按照法律规定的条件和程序，向商标管理机关提出注册申请，从而获得在一定的期限内对其注册商标享有专用的权利。

经商标局核准注册的商标为注册商标，商标注册人享有商标专用权，受法律保护。使用注册商标应当标明“注册商标”字样或标明注册标记㊟或®。在商品上不便标明的，应当在商品包装或者说明书以及其他附着物上标明。

商标注册与不注册的区别在于：未注册商标不享有法律赋予的商标专用权，当未注册商标与注册商标相冲突时，未注册商标应当立即停止使用。

2. 必须注册的商标

我国实行自愿注册原则，未注册商标可以使用但不受法律保护。为了加强与国计民生休戚相关的少数商品商标的管理，我国对这些商品商标实行强制注册。我国商标法规定，国家规定必须使用注册商标的商品，必须申请商标注册，未经核准注册的，不得在市场上销售。根据《商标法实施细则》的规定，人用药品和烟草制品必须使用注册商标。

3. 商标权取得的程序

（1）商标注册的申请。我国商标注册申请采用"一类商品、一个商标、一份申请"的原则。申请商标必须按照商标注册用商品和服务分类表规定的类别提出申请。如果同一申请人在不同类别的商品上使用同一商标的，应当按商品分类表提出注册申请。对于注册商标，如果需要扩大使用到同类其他商品上，应当另行提出注册申请。

申请商标注册，申请人应当提交申请书、商标图样、证明文件和申请费用。目前，我国已对商标注册申请全面实行代理制。

（2）商标注册的审查。商标局接到商标注册申请后，按照形式审查和实质审查相结合的制度对其进行初步审查。形式审查的内容主要包括：申请人是否具备合法资格，申请文件是否齐全，内容是否合法，手续是否齐备，申请费用是否缴纳。实质审查的内容主要包括：商标是否具备法定构成要素，商标是否具备显著性，商标是否违反禁用条款，商标是否与他人已申请在先或已注册的商标相混同。

凡是符合商标法规定条件的，由商标局初步审定，予以公告。凡不符合法律规定的，由商标局驳回申请，不予公告。对驳回申请，当事人不服的，可以在收到通知15日内申请复审，由商标评审委员会作出决定，并书面通知申请人。

两个或两个以上的申请人，在同一种商品或者类似商品上，以相同或者近似的商标申请注册的，初步审定并公告申请在先的商标；同一天申请的，初步审定并公告使用在先的商标，驳回其他人的申请，不予公告。

（3）商标注册的核准。对初步审定的商标，自公告之日起3个月内，任何人均可提出异议。无异议或者经裁定异议不成立的，给予核准注册，发给商标注册证，并予公告。至此，申请人即取得注册商标专用权。经裁定异议成立的，不予核准注册。

4. 注册商标的期限、续展、转让和使用许可

（1）注册商标的期限和续展。注册商标的期限是指注册商标具有法律效力的持续期间。我国商标法规定，注册商标有效期为10年，从商标核准注册之日起计算。

注册商标的续展，是指注册商标有效期的延续。注册商标的续展申请，应在商标有效期满6个月内向商标局提出，如果因故不能提出，可以给予6个月的宽展期。如果超过6个月的宽展期仍未提出续展申请，注销其注册商标。每次续展注册的有效期为10年，续展的次数法律不作限制。续展注册经核准后，予以公告。

（2）注册商标的转让。注册商标的转让是指商标专用权人将其注册商标的所有权转让给他人所有的行为。依据商标法规定，转让注册商标的，转让人与受让人应当共同向商标局提出申请，经商标局核准并予以公告后方为有效。

注册商标的转让有两种形式：一是通过合同行为转让，这是注册商标转让的主要形式；二是依继承事实转让。注册商标转让后，受让人应当保证使用该注册商标的商品质量。

（3）注册商标的使用许可。注册商标的使用许可是指商标权人通过合同方式许可他人在一定范围内有偿使用其注册商标的行为。注册商标的使用许可与转让存在本质的区别。商标许可使用不发生商标权的转移，它仅仅是商标权人在一定范围内将其商标使用权让给被许可人行使。

根据商标法规定，许可人应当监督被许可人使用其注册商标的商品质量，被许可人应当保证使用该注册商标的商品质量。经许可使用他人注册商标的，必须在使用该注册商品的商品上标明许可人的名称和商品产地。商标使用许可合同应当报商标局备案。

第三节　商标的设计

商标是识别商品及其生产企业的标志，商标的设计就像给新生儿取个好名字一样重要，可以终生受用。为了充分发挥商标的作用，商标的设计应该遵循特定的原则。

一、基本的商标设计种类

首先了解一下基本的商标设计种类。按商标的构成要素（即组成部分）划分，可以分为文字商标、图形商标和组合商标三种。

1. 文字商标

文字商标以文字构成，包括各种文字、数字、字母组合、签字等。除该商品的通用名称和法律规定禁止使用的文字外，商标使用人可以根据生产经营需要任意选择使用。人们通常选用暗示商品质量和特点的文字作商标。例如“克咳”牌（药品）、“北冰洋”牌（啤酒）；也有的将几个字母组合在一起使用，尽管字母组合不具有任何意义，但却因独创性而具有显著特征。例如，“SONY”、“NOKIA”等；此外，还有以数字组合在一起的商标，例如“555”、“999”、“101”等。

文字商标发音清晰，音节少，具有易呼、易记的特点，适用于多种传播方式。

2. 图形商标

图形商标由平面图构成，除禁用的之外，各种各样的图画、图像、几何图形、图案、记号都可以作为商标。图形商标是由简单的符号演变而来的，比其他的商标形式历史悠久。国外近年来在商标设计中突出了形象设计，更注重图形的简洁、凝练，使图形商标越来越接近通讯信号。商标图形信号化已成为商标设计的方向。

图形商标形象生动，色彩明快，具有显著特征，不受语言限制，易于识别。但是，由于图形商标没有商标名称，不便呼叫。因此，表意不如文字商标准确。

3. 组合商标

组合商标是由文字和图形组合而成的商标。组合商标利用和发挥了文字商标和图形商标的优点，图文并茂，相得益彰。组合商标一般以图形为主，文字为辅，文字与图形融为一体，用文字表达图意，用图形加深人们对文字的理解和记忆，可以达到形象鲜明、表意清楚的效果，因而我国企业使用组合商标的很多。

二、商标设计的基本条件和要求

任何图形、文字、标记等视觉形象都可以作为商标，但法律规定和社会公德不允许作为商标的除外。一个商标称得上“好”，就要精心构思，巧妙设计，这是一个商标能否发挥作用，成为名牌商标的先天条件，这里介绍一些客观的条件。

1. 显著性

商标的最重要的功能是区别商品或服务的不同来源。因此，商标必须具有显著性，能明显地将自己的商品或服务与他人的商品或服务区别开来，给人以深刻的印象。一个好的商标设计应当像一部优秀文学作品或影视作品中的主人公的独特个性那样让读者过目不忘，回味无穷。

商标的"显著性"现在已成为商标学上的术语,不少商标的法律文书上都使用这个词,商标的注册机关可以某商标不具有显著性或已经丧失显著性为由不予注册,予以驳回。

商标设计要别出心裁,构思巧妙,独一无二;要独创,不要模仿,即新颖别致,这不仅是显著性的要求,而且也是顺利通过商标局审查、获准注册的重要条件。

2. 简洁性

图形、图案或标记的构成要素要少,即简洁、明了。现在有一种提法叫做"煞车效应",意思是说,一个人坐在汽车里,在路边看到一个广告牌上的商标,不踩煞车减速也可以把商标的主要构成要素看清楚并且记住。据心理学者说,一般的人,看一眼某个图案或图形,特别是在不煞车的情况下,最多只能记住三个要素。人们对商标的记忆往往是在无意记忆条件下形成的,所以图形要素多的,或名称太长的都不能达到商标应有的作用。我国现有商标的构成要素往往很多,这就不符合人们的记忆规律。我国五六十年代形成的商标往往像一幅完整的"画",其要素(包括商品名称)多到十几个。

现在有些企业已注意这个问题,把商标构成要素大大减少,如杭州的"娃哈哈"商标只有三个汉字。

3. 审美性

商标要做到易读、易记、易听、易写、易说(易呼叫),含义要美好。作为商标名称使用的词要便于呼叫,读起来朗朗上口,留下美好的记忆。

给商标取名字,不要有太多的描述性,但可以有隐喻性,使人们产生某种美好的联想,应当避免可能产生不美、不雅的联想,或者在流传、使用过程中形成变调和歪读成与设计者初衷完全相反的效果。如"奔驰"汽车进入中国市场之初是译为"苯茨",容易读成"笨次"。再如有一种东欧出的汽车叫"布切奇",可是人们习惯上叫"不解气",就不招人喜欢。还有一家药厂,以药厂简称作商标,名"温药牌",这"温药"容易认为是"瘟药";再说,药品商标中含有药字也不符合通用名称不得作商标的规定。外贸公司的商标还要到国外去注册,要得到国外消费者的认可,更应注意上述问题,即由于各国各民族历史、文化、宗教、风俗习惯以及语言上的差异,在中国人眼里很响亮的、很美好的文字和事物,在其他国家有可能被认为是不美的甚至是下流的。如芳草的芳(Fang),在英语中是"毒牙"的意思,芳草牌牙膏自然不会被英国人或用英语的民族欢迎。又如山羊(Goat)、雄鸡(Cock)等,在汉语里没有不雅之意,人们乐意接受,但在英语中Goat和Cock还有山羊、雄鸡以外的很不雅的含义。所以,广州的五羊牌,图形是五头山羊,而英语就改成"Five lamps"。lamp这个词在英语中就美得多,不仅是可爱的羔羊、小羚羊、小羊,甚至可以用来称呼小孩,相当于小宝贝、乖乖。

三、商标禁用条款

设计商标时除了遵循以上原则外,还必须严格遵守商标法规所规定的禁用原则。我国《商标法》第十条规定:下列标志不得作为商标使用:

(1)同中华人民共和国的国家名称、国旗、国徽、军旗、勋章相同或者近似的,以及同中央国家机关所在地特定地点的名称或者标志性建筑物的名称、图形相同的;

(2)同外国的国家名称、国旗、国徽、军旗相同或者近似的,但该国政府同意的除外;

(3)同政府间国际组织的旗帜、徽记、名称相同或者近似的,但经该组织同意或者不易误导公众的除外;

(4)与表明实施控制、予以保证的官方标志、检验印记相同或者近似的,但经授权的除外;

(5)同“红十字”、“红新月”的标志、名称相同或者近似的；

(6)带有民族歧视性的；

(7)夸大宣传并带有欺骗性的；

(8)有害于社会主义道德风尚或者有其他不良影响的。

县级以上行政区的地名或者公众知晓的外国地名，不得作为商标，但是，地名具有其他含义或者作为集体商标、证明商标组成部分的除外；已经注册的使用地名的商标继续有效。

《商标法》第十一条规定下列标志不得作为商标注册：

(1)仅有商品的通用名称、图形、型号的；

(2)仅仅直接表示商品的质量、主要原料、功能、用途、质量、数量及其他特点的；

(3)缺乏显著特征的。

现对以上几款略加说明。

第十条第5款所说的“红十字”是大家都很熟悉的标志。红十字会是一个国际救护救济团体，我国也是国际红十字会的成员国，并使用这个标志。这个标志是1864年《日内瓦公约》规定的。但是一些信奉伊斯兰教的国家，如埃及、伊拉克、阿富汗、摩洛哥、突尼斯、土耳其等国，不使用“红十字”而是使用“红新月”标志，与“红十字”标志意义相同。凡是与“红十字”或“红新月”标志相同或近似的文字、图形或其组合都不得用作商标。

第十条第6款是维护各民族尊严的条款。我国宪法规定各民族一律平等，禁止歧视任何民族。因此，商标不能歧视民族，不能用少数民族的民族名称作为商标，如“维吾尔”等。

第十条第7款是禁止夸大宣传的条款。商标的主要作用是便于消费者选购商品，夸大宣传，欺骗消费者的商标是不能注册的。如“永不落”气球、“最佳”钢琴、“益寿”补品等。如我国某企业用“水晶”(crystal)作玻璃器皿的商标在国外注册曾被驳回。

第十条第8款规定了有害于社会主义道德风尚或有其他不良影响的商标不能注册。商标的文字、图形或其组合上只要不是反动的、淫秽的、封建的都可以用作商标。

第十一条第1款是为了保证商标具有显著性而规定的。商品通用名称和图形一般为同行业所共有，不能一家独占，如“美味”烤鱼片，“良药”消炎药，“越野”汽车，以及电器产品上的通用标志“ϟ”，机械上表示光洁度的“△”符号等。

除了以上条款外，还有一些，如不能用中国地图和世界地图作为商标，或随意将著名的古迹、古建筑如“天安门”、“天坛”等作为痰盂、卫生纸或鞋类的商标。与此相似的是，在一些信奉佛教，甚至把佛教当作国教的国家，佛像或象征神佛的形象不能用作内衣裤等商品的商标，当然也不能用在卫生纸上。我国有一种出口卫生纸是“白塔牌”(Pagoda)，若销往泰国就不适宜。

第四节　医药商品的商标

我国《商标法》和1984年颁布的《药品管理法》规定：“人用药品必须使用注册商标”，“除中药材、中药饮片外，药品必须使用注册商标；未经核准注册的，不得在市场销售”。将药品纳入到强制进行商标注册的轨道，使商标管理成为药品管理的一个有机组成部分。

一、药品商标法规

《药品管理法》(1985年7月1日施行)第四十一条规定：“除中药材、中药饮片外，药品必须使用注册商标;未经核准注册的,不得在市场销售。药品商标必须在药品包装和标签上注明。”

《商标法》第三十七条规定:“注册商标的有效期为十年,自核准注册之日起计算。”《商标法》第三十八条规定:“注册商标有效期满,需要继续使用的,应当在期满前六个月内申请续展注册;在此期间未能提出申请的,可以给予六个月的宽展期。宽展期满仍未提出申请的,注销其注册商标。每次续展注册的有效期为十年。”由于注册商标续展次数不限,因此,医药企业可以对药品的商品名申请注册,并且通过续展注册,享有该药品商品名的永久独占权,获取商标带来的经济效益。但是有一点要注意,根据有关规定,药品商品名(包括外文名和中文名)一律不得用作药品通用名。药品的通用名即法定药品名称,是国家药品标准和地方药品标准中收载的药品名称,依据商标法规定,不得作为商标或商品名注册。

二、药品商标保护的意义

在市场经济社会中,商标的功能是多方面的。对商标所有权人而言,商标具有表彰商品来源、广告宣传的作用,同时也是企业无形财产的重要组成部分。对于消费者,商标具有区别商品、标示商品质量的功能。监督管理部门可以通过注册商标及其转让、许可的管理,监督商品质量,稳定和巩固经济发展。另外,通过商标在国外的注册,可加强我国商品在国际市场上的竞争能力,促进我国商品对外贸易的发展。对于药品来说,商标是区别不同药品生产企业产品质量的标记,是药品是否合法经营的依据,是药品质量的法律保证。药品作为特殊商品,消费者无法靠自己的能力辨别质量优势,只能通过对产品的信任度决定使用哪一种产品。同一类产品最有效的区别方式就在于不同生产企业的商标,名牌产品因其质量好、疗效确切,受到消费者的喜爱。因此,药品的注册商标对于企业创名牌、争效益、保证药品质量、提高竞争力,都有着重要的意义。

三、我国药品商标保护现状

我国药品商标制度实施十多年来,形成了许多在海内外享有一定声誉的名优商标,如深圳南方制药厂的“999”商标,成都的“地奥”商标,北京的“同仁堂”商标,广州的“潘高寿”商标,重庆的“桐君阁”商标,成为我国医药企业宝贵的无形资产。但也存在着一些突出的问题,如药品商品名与通用名的关系处理不当,导致商标的争议,企业利益不易受到保护。另外,一些医药企业缺乏名牌意识,不重视产品质量的改善和商标的宣传;许多药品商标的显著性、识别性、独特性不强,不便于识别和推广,特别是我国传统的中药商品的保护力度亟待加强。

1. 药品商标注册量不足

由于我国医药企业缺乏名牌意识,药品商标的注册量少。从一些统计数字上可以看到这一点:日本武田药品株式会社在国内外拥有注册商标共达 7 000 多个,每年还有近 300 个商标申请注册,瑞士化学药品公司注册商标达 3 万多个;我国共有 2 000 万家企业,到 1998 年约注册了 50 万件商标,这意味着平均 40 家企业才有一个企业注册商标。

2. 药品名与商标名关系处理不当

一个药品应有通用名称(药品名)、化学名称、商品名称(商标名)。过去我国的西药多为仿制药品,因而企业对新化合物及药品商品名重视不够。但随着市场经济与商标意识的增强,如果药品名与商标名的关系处理不当,将导致药品商标纠纷案增多。按照商标法的规定,商标不得使用本商品的通用名称,不得直接表示商品质量、主要原料、用途、重量、数量及其他特点。卫生部药政局也于1990年通电全国“凡将药品名称作为商标注册的厂必须在1990年12月31日前撤消商标注册或更换商标注册名称”。所以，将药品名作为商标注册，从而使药品名称也成为独占，不符合药品法与商标法。

3. 商标意识淡漠，名牌丧失

商标的一个显著特点就是可以依法连续无限制地使用下去，但我国不少药品企业商标意识淡漠，导致商标权自然散失。突出表现为商标过期不续展，缺乏在国外注册商标的意识而被抢注。由于多数国家的商标注册采用申请在先的原则，因而“商标抢注”就成为合法的行为。我国有部分名牌药品商标在国外已被他人抢注。因此，应提高名牌商标的保护意识。

4. 中药商标的区别作用不强

我国民众对中药产品的识别主要是通过不同中药产品的名称识别的。中药产品的命名有着严格的规范，产品标准中的名称即通用名称在全国统一使用，无专有性。从药品名称难以区别产品的来源，难以区别产品质量的优劣，因此，区别产品来源的方式是通过认识商标和生产地标志。根据商标法规定，商品的通用名称不能作为商标注册，六神丸、安宫牛黄丸等名称属于通用名称，无法申请商标注册。有些厂家将商标放在产品包装极不显著的地方，难以引起注意，商标的显著性和识别性作用在中药产品上未能充分发挥。

5. 药品商标的独特性不强

许多医药生产企业只注册一个或很少几个商标，往往是一个商标多个品种使用，而不是一个药品一个商标，有的企业甚至上百个产品使用一个商标，这样就削弱了商标与产品作用之间的关系，使商标在区别药品的治疗作用上无法发挥作用。药品商标应具有特指性，通过宣传使消费者了解到商标与某治疗作用相关，便于识别和推广，如果专治某种疾病的药品没有一个独特的商标，那么商标的作用就很难体现。

6. 道地中药材的商标注册

道地中药材申请商标的不多。我国中药材极为丰富，有的中药材仅仅在中国这块土地存在。韩国将“高丽参”作为国家的一个特殊产品，列为国家专卖品。我国的中药材优于韩国，特产的著名药材如“天麻”、“冬虫夏草”、“长白山人参”等也应有相应的注册商标，而且有些药材也可成为国家专卖品，以确保产品质量，提高产品声誉。

7. 药品商标的设计缺乏竞争性

一件好的商标来自于好的设计，商标设计的基本要求是使商标具有显著性，能给人留下深刻印象和记忆的商标标识才可能是好的商标。如果企业商标只是简单地将企业名称缩写或简称，当地有河则用河名，有山则用山名，就达不到商标注册应有的目的。以山西省为例，其制药行业中以“晋”字为商标的就有晋地、晋药、晋恒、晋光、晋临、晋春、晋新等等。这种简单化的商标，就不具备商标自身所要求的显著性，不会给人以深刻的印象。总的来看，我国商标的设计质量亟待提高。

因此，我国有关管理部门、医药企事业单位以及医药工作人员尚需加强药品商标保护意识，通过积极有效的措施，进一步完善我国的药品商标保护制度。

四、药品商标的设计

药品商标的设计原则上与其他商品商标设计一样，要求做到：(1)造型美观大方，构思新颖，给人以一种构思好、产品新、质量高的感受；(2)简练，简练是商标的特征，字要少，图形简明，把一个企业、一个药品高度地“浓缩”在商标上；(3)特征，商标设计应体现一个药品生产企业的企业性格，显示不断进取、敢创名优产品的风格，同时也要体现名优产品的可靠安全感。

药品商标的使用除与其他行业商标标志有共同点之外，还有它的特殊性。首先是它的设计必须与医药行业的属性吻合，即健康性、安全性、生命性；其次医药商标必须经过国家工商行政管理部门的审批注册后方可使用。医药商标标志是企业和企业产品的信誉、质量、安全、有效的代名词。因此，医药商标标志的设计，既要掌握共性，又要突出个性，才能在商品经济市场中为企业树立良好的形象，为产品树立品牌形象。

目前，我国众多的医药企业都拥有自己的商标标志。但从设计来看，有相当部分仍不能脱离绘画性、写实性的表现手法，带有明显经济封闭的痕迹。从表现的对象来看，多以美术字、书法、山水、塔桥、松鹤、花鸟、龙凤以及简单的几何形体作为表现对象；从表现的手法来看，多以软弱无力的线条来描绘，犹如一幅风景画、装饰画或是拼凑的文字图案；从表现的情感来看，不少作品未能代表医药行业特性，缺乏表现企业产品的属性和企业的精神内涵，使企业减少了与消费者非语言性的交流机会；从审美的角度来看，不是过于简单就是走向繁琐，缺乏商标标志应具有"强的、美丽的视觉信号性的原则"；从使用的情况来看，未能为商标标志的使用制定一个统一的规则和做法，将本来应是企业形象和产品形象核心的商标标志，当成附属品，最明显的错误莫过于将其"淡化"在产品的包装装潢中，将商标朦胧地、孤单地放在某个角落，令消费者难以识别和选择。一个企业的商标标志如果没有独特的内涵和强烈的视觉冲击力，那么这个企业就很难获得消费者的认同和好感，以至于在激烈的市场竞争中失去表现自己的产品和企业形象的良机。

第九章　医药商品的广告宣传

广告是商品经济的产物，随着商品生产和商品交换的不断发展，广告在商品经济中的地位与作用越来越重要，掌握广告的基本理论与运作原则，对医药商品在流通领域中实现使用价值具有重要的现实意义。

第一节　广告

一、广告的定义

广告是确定的广告主以付费方式运用媒体劝说公众的一种信息传播活动。这一定义包含了广告四个方面的本质属性。

(1)广告是一种有偿的信息传播活动，信息传播必须是付费的。要达到广告的目的，需要通过媒体的帮助将信息传达给接受者，但使用媒体的过程不是免费的，而是广告发起者购买媒体的时间与空间的过程。这是广告区别于公关、宣传、推销、叫卖、展览等传播活动的一个最显著标志，也是广告最本质的属性。

(2)广告是一种非个体传播，其运用的传播媒介主要有网络、广播、电视、报纸、杂志等大众传播媒介，以及广告牌、海报、灯箱、直邮等自筹式传播媒介，这也是广告区别于其他传播活动的一个重要标志。

(3)广告是一种劝服性的信息传播活动。广告的传播目的，就是要劝服接受者，使之愉快地接受发起者所传达的信息，或不知不觉，或若明若暗地产生预期的效果。所以，有人说广告是一种说服的艺术。这就决定了广告必然要借助艺术的表现手法，使广告传播更具有说服力、感染力。劝服性是广告发挥作用的具体形式，通过这种劝说，来影响公众的态度、观念和行为。

(4)广告是针对目标市场进行劝说公众的一种传播活动，其劝说的对象是广大的、分散的社会大众，而非个人。

二、广告的作用

1. 刺激需求，推动购买

广告对消费者购买活动的影响，首先是通过介绍医药商品的好处，引发消费者对该医药商品产生兴趣，从而刺激其产生有选择需求，推动购买，达到企业扩大销售的广告目的。企业广告也是通过介绍企业的良好业绩，为企业树立良好的声誉，从而引发消费者对该企业的产品产生好感，乐意购买该企业的产品。如近几年，云南盘龙云海的排毒养颜胶囊，在排毒产品中一骑绝尘，能够在强手如林的保健品市场上占领一席之地，广告对消费者购买活动的影响是功不可没的。在广告中通过介绍排毒养颜胶囊产品的效果好、见效快，刺激消费者产生需求，推动购买。

2. 利于竞争，促进生产与经营

竞争是商品经济的产物。是商品经济运动的普遍规律。市场竞争是一种压力。医药保健企业在市场竞争中为了处于不败之地，必然要处处维护信誉，保持与提高医药保健商品的质量，努力开发新产品，提高服务质量，加强企业与消费者的良好关系。医药保健企业通过广告将这一切公之于众，广告既起医药保健商品保证书的作用，也起挑战书的作用。企业本身所登的广告，是向社会大众提出的保证书，而其他企业的广告，是向本企业的挑战书。

3. 促进和支援了企业营销人员的推销

广告可以弥补医药商品营销人员由于个人信誉与威信有限的弊端。广告的一个重要特点，就是它可以借助媒介的威信来提高医药企业的威信。我国的电视台、电台、报纸是党和政府的喉舌，具有权威性，在其上面作广告，医药商品的品位和可信度都得到相应的确认与提高。医药保健企业的促销可以充分借助这一特点。自 1995 年以来，中央电视台黄金段位广告竞标连连爆出惊人新闻，众医药保健企业不惜代价购买中央电视台的黄金段位，除了中央电视台的传播功能外，重要的一点就是中央电视台无可比拟的权威性。广告还可以作为医药保健商品营销人员推销中的说明与说服的材料。并且，广告传播的速度和范围远远超出了营销人员推销，成为医药保健商品营销人员推销的"先行官"。康泰克是大家公认的强势品牌，广告作为其促销最成功的主要方式之一，从各个方面均得到了验证。康泰克在品牌第一联想率、广告记忆率、品牌与生产厂家认知率等诸多指标中名列前茅，令其他品牌难以望其项背。这为康泰克带来了巨大的效应：它成为经销者向消费者推荐药品、消费者指名要药的主要原因之一，广告对医药商品来讲是公众推崇的最好的促销方式。

4. 有助于企业形象的树立

良好的企业形象，一方面要靠企业在生产经营上的刻苦努力来塑造，这是树立良好企业形象的基础；另一方面，还要靠医药保健企业通过广告以及其他工具，有意识地去树立特定的企业形象，来增强消费者和公众的信任和好感。过去那种"酒好不怕巷子深"，不重视广告宣传的企业，在今天市场经济条件下必然处于下风。广告通过持续的传播，可以在消费者心目中提高知名度和美誉度，通过宣传医药保健企业独特的经营观念、经营宗旨、经营风格及企业的象征物，既告知公众，又教育职工，有利于企业形成独特的企业文化。这一切都有利于企业良好形象的树立。

5. 促进国际贸易交往

对外贸易是社会生产力发展到一定阶段的必然趋势。由于世界各国的经济格局不同，任何一个国家都不可能不进行对外贸易。我们要促进国内产品进入国际市场，大力扩展对外贸易，广告在促进国际贸易中起着"引路人"的作用。它一方面可以向世界各国介绍我国的医药保健名优产品，促进医药保健商品出口贸易的发展；另一方面也可以使我们从外商的广告中掌握国际市场新动态，了解各国的新产品、新技术。我们可以从中取长补短，不断赶超世界先进水平，推动我国经济的发展，使我国医药保健商品在国际市场竞争中立于不败之地。

6. 普及健康知识，培养人们正确的生活方式和高尚的情操

普及与健康有关的知识是购买医药保健商品的前提，只有加深对医药保健有关知识的认识，才有可能培养人们正确的生活方式，使消费者根据自身健康状况的不同而选择商品。特别在现代市场中，科学技术突飞猛进，新产品日新月异，医药保健商品种类繁多，各类医药保健商品又分散在各个商业网点。消费者迫切需要了解医药保健商品的产、供、销情况。广告通过商品信息的传播，向消费者介绍医药保健商品的商标、性能、用途、特点、价格，以及如何服用、如何使用、如何保养等各项商业服务措施，这实际上是帮助消费者提高对医药保健商品的认知程度，指导消费者如何购买医药保健商品。

第二节　广告媒介与广告效果

广告媒介又称广告媒体，是广告的四大要素之一，任何广告都必须通过一定的媒体诉诸广告对象的视听感觉。由于现代社会的媒体众多，而不同的产品有不同的消费时象，即便是同一种商品，在不同的时期也往往有不同的销售区域，所以，广告媒体的选择和确定，在广告运作过程中有着十分重要的意义。下面我们重点介绍目前医药保健商品最常用的五大媒介的特点和效果。

一、报纸广告

1. 报纸广告的优点

报纸与杂志、广播和电视相比，虽然是最古老的广告媒介，但它的影响力和普及性，却是其他广告媒介难以达到的，它为客户提供的服务，也超过其他广告媒介。这是与报纸广告的许多特性有着密切关系的。

(1)覆盖面宽，发行量大。一般公开发行的报纸都不同程度地覆盖到社会的各个领域，尤其是综合性报纸，无论是全国发行还是地区发行，其覆盖面都会横跨各种行业和阶层界限，同时由于其售价低廉而拥有较大的发行量。对广告主而言，报纸的覆盖面和发行量常常是广告投资考虑的首要方面。

(2)时间性强，传播迅速。报纸的发行速度快，能在短期内发行传达一项信息，并使报纸广告很快发生作用，使医药商品迅速由销售部门到达消费者手中，使购买者、销售者、生产者以及潜在消费者联结在一起。有些紧急的广告，只有借助报纸才能立即发布，重要的报纸在大城市还设有传真版和网络版印刷点，在迅速传播新闻的同时也传播了广告信息。

(3)印象深刻，便于存查。报纸广告不像电波广告那样转瞬即逝，不可追踪。它用较快的速度给人留下白纸黑字的书面语言，便于消费者收集有关资料，便于保存、查阅，尤其适合于那些附有销售地点的广告。

(4)制作简易，传播灵活。报纸广告制作简便，印刷迅速，传播面广，不受地区、环境、气候条件的限制，具有很大的灵活性。

(5)费用低廉。报纸本身的售价低，广大民众都买得起，这就有利于广告的传播；另一方面报纸广告费相对来说比较低，如报纸发行量大，广告的成本则越低。此外报纸广告是以占用版面位置大小计费的，企业可以根据广告预算费用灵活运用，版面可大可小，日期也可长可短。

2. 报纸广告存在的问题

(1)有效时间短。绝大多数读者都只读一遍当日报纸，很少有人重复阅读隔日报纸。因此，报纸广告的有效时间也就是当日出版后读者阅读的那一段时间。

(2)阅读的注意度低。报纸大多以新闻报道为主，一般不会给广告以最优版面安排，而报纸的各种信息是整体同时提供给读者的，读者阅读时又倾向于新闻报道以及感兴趣的栏目，如果说不是急于想获知某种欲购医药商品的信息，或者广告本身表现形式不佳，读者常常会忽略广告。

(3)广告印刷不够精致。报纸的印刷比较简易，纸张质地欠佳，色彩单调，不少报纸广告印刷常常显得较粗糙，特别是摄影图片。设计者应认真考虑到这一点，在设计中尽可能增强广告的艺术效果和情趣，以冲淡或抵消这种粗糙感。

二、杂志广告

1. 杂志广告的优点

在五大媒介中，杂志属于小而细致的广告媒介。同报纸一样，作为印刷媒介，杂志广告也有许多优点：

(1)专业选择性强，宣传效率高。目前国家规定处方药的广告只能在医学类专业杂志上发布。医学杂志的读者对象多为医药界人士，如果能够根据商品的特色和消费对象的阅读习惯，选择合适的杂志发布广告，如在骨伤科类医学杂志上刊登骨伤科类药品、医疗器械广告，就能取得较为理想的宣传效果。另一方面杂志读者阶层比电视和广播稳定。因此，通过杂志发布广告，容易选准目标市场，针对性极强。

(2)保存期长，传阅率高。杂志广告阅读或保存期限较长，任何时候只要人们有机会接触到杂志，刊登在杂志上的广告就能对读者产生作用。杂志的利用率很高，一份好的杂志，往往有很多人传阅，尤其是资料室、图书馆订购的杂志，阅读率更高，便于扩大、深化广告宣传效果。

(3)编辑精细，印刷精致。杂志用纸质量高，印刷设施条件优良，一般采用彩色胶印，印刷精美，能最大限度地发挥彩色传真效果，因而，杂志广告具有很高的欣赏价值。利用彩色照片和插图实施强烈的诉求，具有报纸所不能达到的接近真实境界的视觉冲击力。

2. 杂志广告存在的问题

(1)时效性不强，出版周期长。由于杂志的出版周期比较长，少则七八天，多则两个月，不能刊载具有时间性要求的广告。于是广告的实际效能下降了，致使医药产品不能应对激烈的竞争和灵活多变的市场。

(2)传播面窄。杂志的发行量有限，直接订户不多，尤其是许多专业性杂志，针对性强，导致其传播面窄。

三、广播广告

1. 广播广告的优点

广播媒体虽受到电视与报纸媒体的冲击，但凭着自身的独特功能而保持其一定的竞争力，在广告市场中仍占有相当地位，发挥其较为重要的作用。广播广告的优点在于：

(1)传播速度快，传播范围广，时空性强。广播是以电磁波作为传播介质，而电磁波的传播速度是每秒30万公里，传播速度是诸种媒体中最快的。同时，无线电波是借助于大气层中的电离层来传播的，可以传播到世界的任何地方，传播面也是相当广泛的。广播可以由播音员直播或现场转播，广播可以在最短的时间内把广告传播到千家万户。

(2)设计容易，编排灵活。广播广告的制作较电视广告简单得多。最简单的广播广告就是口播，把广告稿直接诵读播放，这样就十分灵活，随时可根据听众的反应和广告客户的要求进行改动，形式也可多种多样。广播广告的制作与播放很快，能够根据市场的变化及时进行调整，对新产品的介绍和推广十分及时和迅速，电台广告可以根据需要，安排在各个时间段播出，如防治老年病的医药商品在早晨六七点钟播出，大多晨练的老人就可收到这些医药商品信息，起到了很好的作用。也可以与特定节目结合在一起播出，还可以随时插入、撤换、修改，编排方式特别灵活。

(3)气氛浓厚，具有互动性，感染力强。广播广告能使听众直接从播音员优美的音调和语言艺术中，了解和理解广告内容；能借助音乐的节奏、旋律和音响的气氛，增强广告的真实感和感染力。现代广播大都以直播节目为主，还可以随时利用热线电话的插入使患者与发布广告的企业的医药顾问随时沟通，更易满足人们在社会生活中趋向的一种和谐的氛围的心理，给人一种亲切、温暖和诚实的感觉，使人感到容易交往，容易进一步了解医药商品。

2. 广播广告存在的问题

(1)有声无形，印象不深。广播广告运用声音诉求，只有听觉效果，没有视觉形象，主要借助想像来填补，因而广告效果会受到一定影响。听众看不到商品外观结构，对商品的印象不深刻。

(2)时间短暂，听众分散。广播广告来得快，去得也快，随着电波转瞬即逝，停留短暂；而且广播广告听众分散，接收范围也十分分散，收听广告的随意性很大，听众数量难以估计。

四、电视广告

1. 电视广告的优点

电视在五大媒介中属后起之秀，自它产生后，很快风靡世界，各国厂商纷纷选它作为广告媒介，迅速超过广播、杂志和报纸广告而跃居第一位。电视广告的优点在于：

(1)受众广泛，覆盖面广，收视时间长。由于电视形式多样，表现手段活泼，男女老幼都喜欢，传播的信息不但数量多，而且内容广，新闻、戏剧、电影、体育、音乐等等都可以借助于电视传播，使它成为人们生活中不可缺少的文化娱乐方式。在我国，人们接触电视的时间，远远超过看报纸、杂志的时间，平均达 3 个小时以上。由于收视率高，播送频道多，播送时间长，影响力就大。

(2)形象生动，印象深刻。电视是视觉、听觉效果俱佳的媒体，电视广告集语言音乐(声音)、文字图像(形象)、动作(表情)于一体，形象逼真，生动有趣，电视台播放的广告，以直观的方式介绍医药保健商品，具有较强的说服力和亲切感，电视广告可以利用现代的科学技术生动地再现医药保健商品的形象、功能、原理、工艺和材料等，使消费者对商品有更深入的了解。同时，电视广告还能够形象地介绍医药保健商品实际使用和操作过程，以及维护保养知识，使消费者增强安全感。就像一位上门的推销员把商品展示在每个家庭成员面前，易引起消费者的兴趣，使消费者注意力集中，留下较深的印象。

(3)宣传的商品面广而深，广告效果好。电视几乎无人不看，所以电视广告宣传的商品范围、适用面就较宽，特别是宣传与人民生活相关的医药保健商品和服务项目，采用电视媒介，容易引起消费者的关心和兴趣，广告效果较好。

2. 电视广告存在的问题

(1)设计制作技术复杂，广告费用昂贵。电视广告制作较复杂，编排一部有一定情节的广告片需要美工、文字、音乐、音响、演员、导演、场记、照明、摄影等各个方面的同心协力，设计制作费用高，而且播放的费用也比较高，因此广告费用昂贵，一般中小企业是难以承担的。

(2)时间短暂，干扰性强。电视广告是以时间长短作为计价单位的，而且受到费用和广告受众心理接受的限制，不能播放时间太长的广告。因为广告时间有限，无法作详细解释和说明，所以，屏幕印象容易消失；而且在同一时间里，播放多则广告，相互干扰大，容易混淆，对广告效果有影响。

五、网络广告

1. 网络广告的优点

随着互联网在中国的推广与普及，网络广告应运而生。网络广告具有传统媒体无法比拟的优势。网络广告的优点在于：

(1)客户与广告者随时沟通，广告查看无时限要求。厂商代号标识在其所有产品上，据此顾客随时通过网络与厂商以语音、文字等多种形式交流，可完成客户服务工作；同时，查看网络广告无时限要求。

(2)高针对性，低成本。几乎没有一种广告形式比电子邮件更具有目标性，这也就是电子邮件广告能够引发直销市场革命性变化的原因所在。网络广告具有可链接性，只要被链接的主页被网络使用者点击，就必然会看到广告，这是任何传统广告无法比拟的；最重要的是其经济性，网络广告的费用一般是报纸的五分之一，电视的八分之一。于是，网络广告理所当然会成为企业广告投放的选择之一。

(3)有视、音频效果和巨大的信息承载量。网站采用多媒体技术播放音频、视频、动画、文字等多种形式广告，当人们进入网络时，任点进一个页面，都会看到代表某种产品或服务的各色图片、动画。另外，网络具有巨大的信息承载量，这一点同传统媒介中的报纸媒介相似，但量更大，只不过互联网的呈现方式不是翻阅，而是一层层的点击。

2. 网络广告存在的问题

(1)互联网的普及率低。在国内，互联网的普及率以所占人口比例来讲非常低，即便是互联网使用普及率最高的北京市也不到10%。因此广告覆盖面不够广。

(2)供选择的广告位置少。这一方面是因为可供选择的旗帜广告位置只有顶栏和底栏两处(底栏的效果比顶栏要差)，而小尺寸的按钮广告通常又不为大多数广告主看好。由于许多有潜力的网站还没有广告意识，页面上至今不设广告位置，从而使广告越来越向几个先行的网站聚集，从而加剧了广告位置的紧张。

六、常用的广告媒介种类

1. 电子媒介

(1)电视广告；(2)广播广告；(3)电影广告；(4)电子显示大屏幕；(5)电动广告牌；(6)扩音移动广告；(7)幻灯广告；(8)有线电视；(9)闭路电视；(10)激光广告；(11)卫星广告；(12)投影广告；(13)录像广告；(14)电子报纸；(15)光导纤维广告；(16)电话广告；(17)传真广告。

2. 印刷媒体

(1)报纸广告；(2)杂志广告；(3)电话簿；(4)画册、样本；(5)火车时刻表；(6)标证、标签；(7)商品目录；(8)商品说明书；(9)宣传小册子；(10)明信片；(11)广告扩页；(12)挂历广告。

3. 展示广告

(1)陈列广告；(2)橱窗广告；(3)门面广告；(4)立式广告；(5)人体广告。

4. 户外广告

(1)广告牌；(2)霓虹灯；(3)海报；(4)招贴；(5)车辆广告；(6)旗帜广告；(7)气球广告；(8)飞艇、飞机、书法广告及烟雾广告等；(9)模型(大型)；(10)灯箱广告；(11)广告车(专用)。

5. 其他媒体

(1)火柴盒；(2)手提袋；(3)包装纸；(4)购物袋；(5)香味广告；(6)实物馈赠广告；(7)礼品

广告;(8)服饰广告。

第三节 药品广告审查管理和标准

一、药品广告审查管理

药品广告是由指药品生产企业或者药品经营企业承担费用,通过一定的媒介和形式介绍具体药品品种,直接或间接地进行以药品销售为目的的商业广告。

为加强药品广告审查管理,规范药品广告发布行为,保证药品广告真实、合法,保障人民用药安全有效,药品广告审查管理要求:

1.发布药品广告的广告主必须是具有合法资格的药品生产企业或者药品经营企业。

2.凡利用各种媒介或者形式发布药品广告(包括企业面向消费者宣传的非处方药资料),均应当按照本办法规定进行审查批准。但药品生产企业面向医药专业人员的药品宣传材料除外,然而,其宣传内容必须真实、合法,不得进行虚假宣传。

3.省、自治区、直辖市药品监督管理部门(以下简称省级药品监督管理部门)为药品广告审查机关,负责本行政区药品广告的审查批准。各级药品监督管理部门应当对药品广告发布情况进行检查,对违法发布的药品广告应当依法作出处理,并通报同级工商行政管理部门。

4.国家食品药品监督管理局对省级药品监督管理部门的药品广告审查工作进行指导和监督,对省级药品监督管理部门违反《广告法》、《药品管理法》、《药品管理法实施条例》及本办法的行为,有权按照《药品管理法》的规定予以处理。

5.省级药品监督管理部门应当建立违法药品广告公告制度,定期发布《违法药品广告公告》,并及时上报国家食品药品监督管理局,国家食品药品监督管理局汇总后定期印发《违法药品广告公告汇总》。

二、药品广告申请

1.申请发布药品广告,必须向药品生产企业所在地的省级药品监督管理部门提出申请。申请发布进口药品广告,必须向进口药品代理机构所在地的省级药品监督管理部门提出申请。一家境外药品生产厂商只能确定一个省(区、市)作为进口药品广告的申请地。

2.药品生产企业、药品经营企业和广告经营单位、广告发布单位可以作为药品广告申请单位。

3.申请发布药品广告,广告申请单位应当填写《药品广告审查表》,并提交如下证明文件:

(1)药品生产企业的《药品生产许可证》或者药品经营企业的《药品经营许可证》复印件。

(2)药品生产批件(或者《进口药品注册证》、《医药产品注册证》)、质量标准、说明书的复印件和实际使用的包装及说明书。

(3)非处方药品广告需提交非处方药注册登记证书复印件。

(4)药品经营企业做广告主时,必须提交药品生产企业的委托书原件。

(5)药品广告内容出现药品商品名称、注册商标、专利等内容的,必须提交相关证明文件的复印件。

(6)药品经营企业办理药品广告申请时,应当提交药品生产企业的委托书原件;广告经营单位或者广告发布单位办理药品广告申请时，应当提交申请单位营业执照复印件和药品生产企业的委托书原件；进口药品代理机构申请药品广告时，应当提交相关资格证明文件的复印件。

(7)法律法规规定的其他确认广告内容真实性的证明文件。

三、药品广告的审查

1. 省级药品监督管理部门必须依据《广告法》、《药品管理法》、《药品管理法实施条例》和本办法规定的审查标准及有关部门规章和规范性文件对药品广告进行审查。

2. 省级药品监督管理部门对申请人提交的证明文件的真实性、有效性、合法性进行审查。有下列情况之一的，省级药品监督管理部门不得受理药品广告申请：

(1)擅自更改经批准的药品包装、标签、说明书的；

(2)撤销药品广告审查批准文号不满一年的；

(3)提交的证明文件不符合规定要求的。

3. 省级药品监督管理部门应当自受理之日起 10 个工作日内作出是否核发药品广告批准文号的决定。对审查合格的药品广告，发给药品广告批准文号，加盖药品广告审查专用章，并将已批准的《药品广告审查表》送同级工商行政管理部门备查。对审查不合格的药品广告，提出书面审查意见。广告申请单位在 3 个月内未将修改后的广告如期报回的，该广告应重新申报。

4. 仅出现药品名称的药品广告，省级药品监督管理部门在接到申请后 5 个工作日内作出审查决定。

5. 经审查核发批准文号的药品广告内容发布时不得擅自更改变动，药品广告内容需要改动的应当重新申请审查。

6. 药品广告批准文号有效期为一年，有效期满后继续发布的，应当在期满前 2 个月向原药品广告审查机关重新提出申请。

7. 互联网发布的药品广告，必须经过审查批准。

8. 对已经批准的药品广告，有下列情况之一的，省级药品监督管理部门应当填写《药品广告调回复审通知书》，调回复审：

(1)国家食品药品监督管理局认为省级药品监督管理部门批准的药品广告内容不符合规定的；

(2)省级药品监督管理部门认为应当调回复审的；

(3)广告监督管理部门提出复审建议的。

9. 药品的质量标准、说明书等药品广告审查依据发生变化的，应当立即停止发布已审查的药品广告，需要继续发布的，应当按照变化后的质量标准、说明书重新申请审查。

10. 违反药品广告管理法律法规、规章和规范性文件规定，篡改经批准的药品广告内容，进行虚假宣传的，由发给药品广告批准文号的省级药品监督管理部门撤销药品广告批准文号，一年内不受理该企业该品种的广告审批申请。同时，异地省级药品监督管理部门不得受理该企业该品种的广告备案。

同企业同品种药品广告批准文号被撤销一次以上的，一年内不受理广告申请的时限按最后一次撤销的时间计算。

11. 有下列情况之一的药品广告，原审批地省级药品监督管理部门应当收回药品广告批准文号：

(1)《药品生产许可证》、《药品经营许可证》被吊销的；

(2)药品生产批准文号被撤销的；

(3)已被国家食品药品监督管理局和省级药品监督管理部门责令停止生产、销售和使用的药品；

(4)药品管理法规定的假药、劣药。

12. 异地发布药品广告备案时需提交如下资料：

(1)《药品广告审查表》原件和复印件；

(2)药品生产批件、质量标准、说明书的复印件和实际使用的包装及说明书；

(3)非处方药品需提交非处方药注册登记证书复印件；

(4)进口药品需提交《进口药品注册证》或《医药产品注册证》和药品进口代理机构的相关证明文件复印件；

(5)电视广告需提交录像带或光盘；

(6)广播广告需提交录音磁带；

(7)异地申请备案时，需提交药品生产企业的委托书原件；

(8)药品广告内容涉及商品名称、注册商标、专利等内容的，需要提供相关证明文件。

13. 省级药品监督管理部门在受理备案申请后5个工作日内作出是否准予备案的决定。对符合药品广告审查规定的，准予备案，并在《药品广告审查表》上签注“准予备案”和加盖省级药品监督管理部门药品广告审查专用章，并送同级工商行政管理部门备查；对不符合规定的不予备案，填写《药品广告不予备案意见书》，并说明理由，交由原审批地省级药品监督管理部门处理，并通知广告申请单位(图9-1)。

14. 对省级药品监督管理部门不予备案的药品广告有异议的，原审批地省级药品监督管理部门可向国家食品药品监督管理局申诉。广告主或者广告申请单位也可直接向国家食品药品监督管理局申诉、投诉。

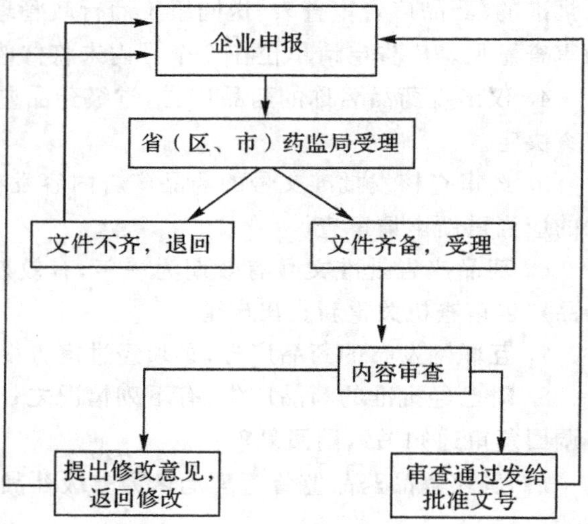

图9-1 药品广告审批程序

15. 药品广告批准文号为“×药广审（视）第0000000000号”，“×药广审（声）第0000000000号”，“×药广审（文）第0000000000号”。其中“×”为各省、自治区、直辖市的简称。“0”为由十位数字组成，前六位代表审查年月，后4位代表广告批准序号。“视”、“声”、“文”代表用于广告媒介形式的分类代号。

四、药品广告审查标准

1. 药品广告的内容必须真实、合法，以国家食品药品监督管理局批准的说明书为准，不得含有虚假内容。

下列药品不得以任何形式发布广告：

(1)麻醉药品、精神药品、医疗用毒性药品、放射性药品、戒毒药品以及国家食品药品监督管理局认定的特殊管理的药品；

(2)国家食品药品监督管理局或者省级药品监督管理部门明令停止或禁止生产、销售和使用的药品；

(3)医疗机构配制的制剂；

(4)国家食品药品监督管理局批准试生产的药品。

2. 国内外政府部门及社会团体、中介服务组织确认的各种资格的内容不得在药品广告中发布，国家食品药品监督管理局特许的除外。

3. 药品广告中必须标明药品的通用名称、药品生产批准文号、禁忌证、忠告语、药品广告批准文号、药品生产企业名称及广告主名称。只出现药品名称的药品广告，必须标明药品的通用名称和药品广告批准文号。

4. 药品质量标准和使用说明书中规定有禁忌内容的，必须在广告中醒目标示。不能全部标示的，除注明主要内容外，应当标示“其他禁忌详见药品说明书”。

5. 药品商品名称不得单独进行广告宣传。广告宣传需使用商品名称的，必须同时使用药品的通用名称。

注册商标包含药品商品名称的，不得以注册商标名义单独进行广告宣传。商标使用范围既包括药品又包括其他商品的，使用商标名称宣传时，必须标明商品种类。

6. 药品广告中不得出现下列情形：

(1)含有药到病除等不科学地表示功效的断言或者保证，使用不恰当的表现形式，引起公众对所处健康状况、所患疾病产生不必要的担忧或恐惧，或使公众误解不使用广告宣传的药品会患某种疾病或加重病情；

(2)夸大药品的功能疗效或者把药品的功能疗效神秘化；

(3)含有“安全”、“无毒副作用”等承诺的内容；

(4)违反科学规律，明示或者暗示包治百病、适合所有症状。

7. 药品广告应当鼓励和引导合理用药，不得直接或间接怂恿任意、过量使用药品。药品广告不得含有以下内容：

(1)声称免费治疗、无效退款、保险公司保险的；

(2)含有最新技术、最高科学、最先进制法、药之王、国家级新药、不复发、不反弹、永葆青春、显著、消除、解除、根治、根除、药到病除等绝对化的用语和表示的；

(3)有奖销售、让利销售及馈赠、降价、指定产品、专用产品、以药品作为礼品或奖品的；

(4)声称或暗示药品为正常生活或治疗病症所必须，服用该药能应付现代紧张生活或升学、考试的需要，能帮助改善或提高成绩，能使精力旺盛、增强竞争力等。

8. 药品广告不得利用国家机关、医药科研单位、学术机构，或者专家、学者、医师、药师和患者的名义和形象做证明。

9. 药品广告不得与其他药品进行功效和安全性对比，不得贬低同类产品，不得含有药品有效率、治愈率、排序、评比等综合评价或者获奖的内容。

10. 非处方药药品广告的忠告语是：“请按药品说明书或在药师指导下购买和使用。”处方药药品广告的忠告语是：“请按医生处方购买和使用。”

处方药药品广告在《药品广告审查表》中必须注明“仅限医学、药学专业刊物发布”。

11. 非处方药广告必须标明非处方药专用标识，电视药品广告中非处方药专用标识必须始终出现。

12. 非处方药药品广告的批准文号、忠告语、禁忌内容必须醒目标示，在电视广告中出现的时间不得少于5秒。

13. 非处方药不得在儿童节目和儿童出版物上发布广告，不得以儿童名义介绍药品，不得以儿童为诉求对象，不得出现儿童不在成人监护下单独用药的内容。

14. 大众媒介发布的药品广告不得含有标明或者暗示能增强性功能的内容。

15. 处方药可以在卫生部和国家食品药品监督管理局共同指定的医学、药学专业刊物上发布广告，但不得在大众传播媒介发布广告或者以其他方式进行以公众为对象的广告宣传。

第十章　医药商品的电子商务

电子商务作为一种新型的商业运作模式，是当代信息社会中网络技术、电子技术和数据处理技术在商贸领域中综合应用的产物，是国民经济和社会信息化的一个重要组成部分。医药行业是我国四大重点技术创新产业之一，是一个技术密集程度高、投入多、效益好、风险大的国际性产业。同时，从规范性角度来看，医药行业也是世界公认的适合发展电子商务的行业，发展医药电子商务已是大势所趋。从发达国家的情况看，网上医药商品交易十分普遍，美国医药界已经完全进入网上交易时代。据统计，美国仅 1998 年就形成了 1700 亿美元的网上交易市场规模；目前与医疗保健相关的网站至少接近 2 万个，全美上网人口中有 50%表示曾在网上查询医疗保健相关资讯或购买过医药保健品。

第一节　医药商品电子商务的概念

一、药品电子商务的概念

1. 电子商务的定义

1997 年 11 月，国际商会在巴黎举行了世界电子商务会议。到会的专家和代表作了权威的表述：电子商务是指实现整个贸易过程中各阶段的贸易活动的电子化。交易各方以电子交易方式而不是通过当面交换或直接面谈方式进行的任何形式的商业交易，包括交换数据、获得数据以及自动捕获数据等。其业务包括信息交换、售前售后服务、销售、电子支付、运输、组建虚拟企业等。

2. 药品电子商务

国家食品药品监督管理局颁布的《药品电子商务试点监督管理办法》中明确规定："药品电子商务是指药品生产者、经营者或使用者，通过信息网络系统以电子数据信息交换的方式进行并完成各种商务活动和相关的服务活动。"

二、药品电子商务的作用

与传统商业流通渠道相比，药品电子商务实现了信息流、物流和资金流的三流合一，是低费用、高效率的商业通道。以网上药品采购招投标为例：整个过程表现为"人机对话"，供需双方不见面，招标投标信息、评标办法和标准、评标结果和中标结果均在网上公布，并从专家组中随机抽取专家组成专家委员会，按照"首先是质量，其次是价格"的原则进行评标议价。这样，交易过程在完全透明和有效监控下进行，不仅省却了大量事务性的工作，提高了效率，而且最大限度地避免购销双方私下交易带来的不正之风，消除不良购销成本，最终把药价里虚高的水分挤出来，让利于消费者。同时，通过网上交易，可以促进物流和商流的分离，减少药品的物流环节，降低物流费用，从而降低医药商品的成本。为此，部分省市已作出规定，今后省市一级的医院在药品采购时，应通过网上招投标的形式进行。

作为一种商务活动过程，电子商务将带来一场史无前例的革命。其影响将远远超出商务的本身，它将对传统的医药企业的科研、生产、营销和医药贸易行业的发展带来巨大的影响，对医药消费者的生活和健康带来不可估量的巨大社会价值。

三、医药商品电子商务的优缺点

医药商品电子商务除电子商务所具有的安全性、知识产权保护、网络营运提供商责任、域名注册与商标、电子合同效力、电子支付、消费者权益保护、电子签名效力、非法信息及病毒侵入、非法传播等一系列问题外，因为其行业本身的特殊性还具有以下的优势和弊端。

1. 优势

(1)对忙于工作或因地处偏僻、远离药店的人们来说，网上购物更方便，且购买药品或向药师(医生)咨询更隐蔽。符合现代人的生活节奏和人们的消费心理。

(2)网上药品销售公开透明，再加上完善的交易制度和管理环境，使得商家会严格自律，有利于减少假劣药品的销售。

(3)随着我国医疗体制的改革，药品分类管理制度、执业药师制度、医疗保险制度等的逐步实施，在客观上有利于推动医药电子商务。

(4)许多网站和药品经营商向顾客提供自诊自疗的医学、药学知识以及详尽的药品信息和检索工具。信息的集中不仅便于消费者的比较、选择，而且因流通环节的减少，使药品价格也相对便宜。

(5)网上售药可打破行政区域界限，将信息和实物传到世界各地。特别是通过网上来表现中医药的“神奇”，将有利于增强世界对中药的认同，实现中医药在全球为人们服务的目的。

2. 弊端

(1)网上售药将药品销售各方完全隔离。这种既隐蔽又直接的方式容易被不法分子利用，进行无证经营、制售假劣药或实施其他欺诈行为。其结果不但使合法网站和药品经营商的利润与声誉受损，而且消费者的生命安全与健康也受到威胁。

(2)从目前的技术角度来看，网络技术缺乏监控，功能尚不完备。即使在技术发达的西方国家，网上售药也受到种种限制，一些国家甚至提醒患者不要相信网上出售的药品。

(3)我国药品分类管理制度刚刚启动，在网上无法实现对处方的有效管理，处方真伪难以识别，加之消费者在网上得不到医生、药师的直接用药指导，因此从不法网站或合法网站购买药品的消费者都有可能遭受不当药方之害，或者购买的药物之间可能存在交叉影响的危险。

(4)当不同品种、不同品名的药品通过网络广告宣传时，其中的消费欺诈很可能无孔不入，有恃无恐，消费者的风险无限增大，即使有《消费者权益保护法》，其权益也很难得到切实保障。

第二节　医药商品电子商务的运作

一、药品电子商务网站

1. 开设药品电子商务网站的条件

开设药品电子商务试点网站除按有关规定注册外，还必须取得国家食品药品监督管理局的批准。国家食品药品监督管理局制定的《药品电子商务试点监督管理办法》规定：

(1)必须是依法设立的企业法人，且有较强的经济实力，能为用户提供长期服务。试点起步阶段，药品电子商务网站须由证照齐全的医药经营企业搭建，医药批发企业也可与合法的互联网信息服务者(ICP)共建药品电子商务网站，并对所建网站负责。

(2)关键岗位工作人员必须具有一定的药品专业知识，必须有执业药师负责网上咨询。

(3)网站不直接参与药品经营，不从药品差价中获得利益。

(4)有能力对上网企业所提供资料的真实性进行审查，并对审查失职负责。

(5)必须完整保存交易记录。

(6)符合国家食品药品监督管理局的其他相关规定。

2. 药品电子商务网站的运营要求

药品电子商务网站是进行医药商品网络交易的平台，是沟通医药生产企业、医药经营企业和消费者的桥梁。根据国家食品药品监督管理局颁布的《药品电子商务试点监督管理办法》，药品电子商务网站必须做到：

(1)在网页首页标明经国家食品药品监督管理局审批同意的文件。

(2)与进行网上交易的药品生产、经营企业和医疗机构签订书面协议，并负责对进入网站的企业、产品的合法性进行审核。未签订协议的单位和个人可以从试点网站获取相关信息，但不得利用网站进行药品商业信息发布或进行网上交易活动，消费者个人购买行为除外。

(3)发布有关企业信息时，必须标明药品生产企业、经营企业名称、《药品生产企业许可证》、《药品经营企业许可证》及其编号。

(4)发布有关药品信息时，必须同时标明药品名称、批准文号、生产批号、药品质量检验报告、生产企业名称、注册商标等，有关适应症及用法、用量和禁忌证必须符合药品标准的相关规定。

(5)从事药品交易的零售企业只能在网上销售国家药品监督管理局公布的非处方药。

二、药品电子商务的交易模式

当前的国际医药电子商务系统主要提供网上信息共享，网上广告，网上交易，支付结算等多种服务。按照交易对象来分网上医药商品交易大体有两类：一类是企业之间的交易，这是目前医药商品电子商务的主要方式，通常称为B TO B方式，这类交易发生在药厂与药厂，药厂、医药公司与医院，药厂与医药公司或零售药店之间，他们之间的交易是医药商品电子商务的主流，约占全部网上药品销售金额的85%左右；另一类是网上零售药店对消费者个人的业务，称为B TO C方式，约占全部网上药品销售金额的15%左右，这15%零售业务中又可分为处方药与非处方药，非处方药则是完全自由购买的。B TO B模式把上游的供应商与下游的买家客户通过 Internet 连接起来，形成以自身企业为核心的客户关系管理系统，实现一体化的直接电子商务运作。相对于 B TO C，B TO B 作为企业过去商务关系和活动的延续，交易双方身份比较明确，而且有较高的信息基础，每单交易额较大，有效地突破、回避了目前电子商务面临的三大瓶颈：网上认证，在线支付和配送，实施起来相对顺畅一些，可以被医药商业企业选作电子商务的突破口，也符合国家对电子商务的政策取向。如上海医药集团的中国医药（上海）经贸信息网利用上海医药的传统主业在销售网络、配送体系、市场份额、品牌方面的资源优势，与网络全面结合，就有着较好的发展前景。

三、药品电子商务的流程

不同类型的药品电子商务，一般都包括三个阶段：交易前、交易中和交易后。但具体流程有所不同，基本上可归纳为两种：药品网络直销和药品网络中介交易。

1. 药品电子商务交易的三个阶段

(1)交易前。这一阶段主要指买卖双方和参与交易各方在签约前的准备工作，包括在医药商务网络和 Internet 上寻找交易机会，通过交换信息来比较产品价格和优惠条件，了解各方的贸易政策，选择交易对象。买方要买什么，就相应地去准备货款，制定购货计划，进行资源市场调查和市场分析，反复查询市场，了解卖方（国家）地贸易政策，修改购货计划和进货计划，确定和审批购货计划，落实购买商品的种类、数量、规格、价格、购货地和交易方式。尤其要利用 Internet 和各种电子商务网络寻找满意的商品和商家。

(2)交易中。在药品电子商务中，交易谈判和签订合同，交易前手续的办理是两个重要的环节。

交易谈判和签订合同是指买卖双方利用电子商务系统就所有交易细节在网上谈判，将磋商结果形成文件，以电子文件形式签订贸易合同。通过谈判，买卖双方明确权利、义务，明确标的商品的种类、数量、价格、交货地点、交货期、交易方式和运输方式以及违约和索赔等合同条款。

交易前手续的办理是指买卖双方从签订合同到开始履行合同要办理的诸多手续，是双方交易前的准备过程。包括与中介方、银行金融机构，信用卡、保险、运输等公司，海关、商检、税务等系统联系、合作。买卖双方可用电子数据互换系统（EDI）跟这些单位交换电子票据和电子单证，直到办理完手续，供应商开始发货为止。

(3)交易后。主要是指交易合同的履行、售后服务和索赔等活动。从买卖双方办理完所有手续开始，卖方备货、组货、发货，买卖双方可以通过电子商务服务器跟踪发出的货物，银行和金融机构按合同处理双方收付款和结算，出具单据，直到买方收到货，整个交易过程告终。交易中出现违约时，受损方可向违约方索赔。

2. 药品网络直销的流程

网络商品直销是指消费者和生产者（或者是需求方和供应方）直接利用网络进行交易。这种交易的最大特点是直接沟通、环节少、速度快、费用低。消费者和药厂、药品经营企业和药品生产企业通过互联网直接进行联系，订购药品或就药品采购合同进行网上招投标，通过电子邮件进行洽谈、签订合同、确定支付方式和采购药品的运输。具体过程为：

(1)消费者进入 Internet，查看企业和商家的网页；

(2)消费者通过购物对话框填写购货信息：姓名、地址、选购商品名称、数量、规格、价格；

(3)消费者选择支付方式，如信用卡、电子货币、电子支票、借记卡等；

(4)企业或商家的客户服务器检查对方支付服务器，看汇款额是否被认可；

(5)客户服务器确认消费者付款后，通知销售部门送货上门；

(6)消费者的开户银行将支付款项传递到他的信用卡公司，信用卡公司开给收费单。

3. 药品网络中介交易的流程

这种交易是通过网络商品交易中心，即虚拟网络市场进行的。虚拟市场是应用电子商务技术形成的一个虚拟的买卖双方聚集并进行交易的场所，最大程度上体现了电子商务技术的先进性与有效性，是电子商务发展的高级形态，提供了一对多、多对多的在线交易模式，是目前国内外最成功的电子商务应用模式，代表了未来电子商务发展的一个重要方向。如上市公司海虹控股的特色网络业务构架模式，其药品集中招标采购的平台就是虚拟市场，在国家加快推进药品集中采购的代理服务领域中已快人一步，初步形成了自己的优势，并且已经露出赢利的曙光。海虹控股2002年度年报显示，医药电子商务收入超过9000万元，利润增长260%。

药品网络中介交易的流程可分为四步：

(1)买卖双方将供需信息从网上告诉网络商品交易中心，交易中心向参与者发布大量的、详细的交易数据和市场信息；

(2)买卖双方根据这些信息选择自己的贸易伙伴，交易中心从中撮合，促使买卖双方签订合同；

(3)买方在交易中心指定的银行办理转账付款手续；

(4)交易中心设在各地的配送部门将卖方的货物送交买方。

采用药品网络中介交易的方式会增加一定的成本，但可以降低买方和卖方的风险。

四、药品电子商务的技术要求

1. 构建企业的网络基础设施

网络基础设施是医药企业搭建电子商务系统的基础，要发展药品电子商务，就必须构建医药企业自己的网络基础设施，为构建企业电子商务平台做技术和产品上的准备。

企业的网络基础设施包括企业内部网、企业内部网与Internet的连接和电子商务应用系统。

(1)企业内部网(Intranet)由Web服务器、电子邮件服务器、数据库服务器以及电子商务服务器和客户端的PC机组成。

(2)企业内部网(Intranet)与因特网(Internet)连接后，实现了企业与企业、企业与用户之间的连接，企业内部网必须与互联网连接，但要处理好安全性问题。

(3)电子商务系统要靠应用软件来实现，软件在企业内部网上运行。电子商务应用系统分为两部分，一部分是完成企业内部的业务处理，并向企业外部用户提供服务，如用户可通过互联网查看产品目录、产品资料等；另一部分是极其安全的电子支付系统，使得用户可以通过互联网在网上购物、支付等，真正实现电子商务。

2. 网络系统建设的技术要求

网络的建设问题是实现电子商务最基本的技术问题。电子商务强调要使参加交易的买方、卖方、银行或金融机构、厂商、企业和所有合作伙伴，都在Internet、Intranet、Extranet中密切结合起来，共同运作。

建设网络站点有两种模式：一种是自己建网站；另一种是外购整体网络服务。

完整的电子商务运作过程，是指通过网络来实现从原材料的查询、采购、产品的展示、定购到出货、储运以及电子支付等一系列贸易活动。利用先进的网络技术实现完整的电子商务过程，有利于提高企业的业务处理速度、降低运营成本、扩大应用领域、帮助企业解决一些棘手的问题(如保持市场优势，加快产品上市速度，解决企业国际化问题等)、提高企业内部的工作效率等。它还可以使商家与上游供应商更紧密地联系，更快地满足下游客户的需求，也可以让商家在全球范围内选择最佳供应商，在全球市场上销售产品。但要实现这样一个完整的过程，网络站点投资选择将面临资金问题、技术问题。其中，技术问题将退居次要地位。如果企业规模较大，资金充足，而且有大量的信息需要和外界交流，那么选择自己建立独立网站，实现电子商务的全过程是比较理想的；如果企业资金有限，也可以考虑选样建站，先实现电子商务的部分功能，然后逐步完善。或者整体外购网络服务，依托现有的网络服务从事医药商品经营。如海虹控股在 2001 年底筹划经营医药网时，首先控股了北京一家名叫易通的软件商，并买断了其开发的电子商务解决方案在医药业的专利权。

3. 建设企业核心的业务管理和应用系统

具有代表性的是企业资源管理软件(ERP)和外部网站，ERP 将企业内部原材料采购、生产计划、制造、订单处理与交付等有机地联系起来，使企业对供货流程的管理更加科学、规范、高效，同时由于它能够对库存的数量、金额进行实时监控，对于决策支持以及财务核算都带来更高的效率。外部网站负责企业对外进行品牌宣传、信息和产品发布。

4. 建立针对企业经营的增值环节，设计客户关系管理(CRM)和供销链管理(SCM)

通过 CRM，构筑客户信息数据库，用户的访问都被记录下来，以便个性化地定制产品和网页，提高效率和客户满意度。而 SCM 则是在 ERP 基础上构筑与客户、供应商的互动系统，实现产品供应的合理、高效以及高弹性。客户可以通过网络了解产品的供货周期、订单的执行情况等，企业则可以即时了解对客户的销售情况，提高决策执行的准确性、及时性，缩短供应链的运作周期，降低交易成本。

五、必须注意的几个问题

医药企业在开展电子商务过程中，应该注意以下几个问题：

1. 企业的经营管理、业务运作必须合法化、专业化、程序化、标准化。

2. 必须建立自己的企业网站，并在此基础上实现内部业务的电子化运作，内部信息流应与外部行业的著名 ICP 服务商紧密融合，形成共享互动，建立品牌推广效应。

3. 把上游的供应商与下游的买家客户通过 Internet 连接起来，形成以自身企业为核心的客户关系管理系统，实现一体化的直接电子商务运作。

因此，信息流程电子化是电子商务发展的基础。实施信息流程电子化，将极大地提高企业内部运作效率、管理效率，增强内部信息沟通，降低企业经营成本，从而全面提升企业的市场竞争力。

第三节　医药商品电子商务的管理

一、实现安全医药电子商务的应对措施

规范医药电子商务管理，实现安全电子商务需要做好三个对象的监管，即网络营运商、药

商、处方。为此，需制订以下相应制度。

1. 上网药品界定归类制度

非处方药可以上网放开经营，但应有警示语：应遵循医嘱或按说明书服用。处方药则应按情况考虑：精神病药品、麻醉药品、放射性诊断用药品、剧毒药品一律不可上网对消费者销售，消费者因欺骗而取得的，责任自负；这类药品在企业间流通要严格按相应管理法规进行。一般处方药可以上网在企业间流通；“B TO B”与“B TO C”要分开经营、分开管理；“B TO C”的处方药销售必须凭有效处方进行，由执业药师售出的处方药必须由其签名。

2. 处方审核制度

通过医院、诊所与网站联网，对处方加密。对所有执业医师进行资格备案、网上公开，并对其加强处方管理。网络营运商或药商要审查处方的有效性，若发生意外，政府可以追究网络营运商或药商审查处方有误的责任。

3. 建立网络审核制度

凡涉及药品、医疗器械流通（无论是直接流通还是间接流通）的企业或网站，必须到政府监管部门指定网站申请登记注册，经批准后该药商、网站才可进入医药网络市场。政府监管部门指定的网站在原则上主要是对企业的“两证一照”进行形式审查以及审核是否有执业药师主持、GSP 是否达标、有无违法违纪行为、有无不当购销行为；对网络营运商则需审核它的从业人员是否具备专业知识、人数的多少、信用、承担风险能力的大小。药品监督管理局则随时监督企业和网站的行为，具有处罚权、撤销权。在进行指向链接时，通过身份证或指纹、密码进行身份准入核定。合法药商、网络有统一的行业标识，并予以宣传，以便消费者识别、监督。

4. 上网药品审核、广告审查制度

所有上网药品一律需经过批准，药品批准文号、生产日期、生产批号、说明书、产地、生产企业名称等必须齐全。所有上网药品广告的内容必须经过药监部门的审核、备案，并向药监部门提供相关的详实资料、真实数据及其来源。

5. 实行药品信息公开制度

药商和网站必须如实公开其可公开的信息内容，如药品的来源、产地、规格、价格、通用名、成分、含量、作用机制、禁忌、毒副反应及适应症、生产日期、批号等，此外，还包括企业的生产情况、GMP 是否达标、药品的质量检验达标情况、用药相关知识的科学性介绍和启示。因为消费者拥有两项最重要的权利，即知悉真情权和获得知识的权利，药监部门也应及时通过特定网站向网民发布监管情况与信息，公布不合格和合格的网站、药商名单，对公众开展购药知识、识别合法网站与非法网站的宣传。

6. 网络售药监督制度

（1）组建督办队伍专门对付以下行为：销售未经批准的药物，销售假冒伪劣药物，销售过期药物，没有有效处方而故意销售处方药等，并对以上情况加以严厉处罚。做到专职监督，随时检查。

（2）设立专门机构倾听群众呼声，及时发现问题、解决问题，及时监督药商、网站的行为。还可以采用逆流查源的方法对生产企业进行监管。

（3）设立网络监察机构（小组），严密监视网络动态。

二、实行行业自律和消费者监督制度

作为实现安全医药电子商务的应对措施，还应实行行业自律和消费者监督。

1.行业自律的作用是自发清理门户以维护行业的声誉和发展。一般来说,行业都有自己的组织机构、章程、职责、权限。行业机构有一定的权限,鼓励、支持表现出色的会员,批评、制裁违法乱纪的会员,而更多的是从名誉上加以影响。设定的做法是行业机构向工商局申请注册荣、辱标识,该标识应流动授予会员单位。这在一定程度上能起到监督作用。

2.由网民自发组建全国反欺诈信息中心和网上反欺诈监视站,进行无偿服务。消费者一旦发现非法网上销售站点或者合法网站违法行为,可通过各种途径向有关监管部门举报,也可以将统一协会标识置于非法网站(行为)之处,作为警示标识引起公众注意,进行网上曝光。

三、对上网从事药品交易的经营企业监督管理

1.符合下列条件的药品经营企业,经与药品电子商务试点网站签订协议,可在该网站从事药品交易:

(1)具有合法证照;

(2)具有相应的药品配送系统;

(3)具有与经营业务相适应的药学专业人员。

2.药品经营企业必须在网上公布经营许可证和营业执照。

3.药品经营企业应当在网上公布咨询电子信箱和咨询电话,并负责答复与所经营药品有关的问题。

4.药品经营企业应当在网上明确标明药品监管部门的联系方式,消费者一旦发现药品质量问题,可随时投诉。

5.对于网上订购的药品,经营企业在送货时,除执行药品包装的有关规定外,还应当在包装上标明医药公司或药店的标签或标记,并开具发票。

四、对上网从事药品交易的生产企业的监督管理

1.具有合法证书的药品生产企业,经与药品电子商务试点网站签订协议,可在该网站从事药品交易。

2.生产企业应当向药品电子商务试点网站提供有关部门准予该产品生产和经营的证明文件,方可上网交易:

(1)药品的生产批准证明文件(原件)和质量检验报告;

(2)进口药品的注册证号和国家口岸药检所检验合格报告(原件);

(3)医疗器械的产品生产注册证书和注册证号(原件)。

3.药品生产企业应当经常对网上交易的药品进行质量跟踪检查,对有质量问题的药品,应报告药品监督管理部门及时处理。

五、对上网采购药品单位的监督

1.具有合法资格的医疗机构,经与药品电子商务试点网站签订协议,可在该网站进行药品采购。

2.上网进行集中招标采购的合法中介代理机构,必须经国家药品监督管理局认定后,方可与药品电子商务试点网站签约,在该网站进行药品采购。

第四节　我国医药商品的电子商务

目前，我国互联网络已进入快速发展时期，医药健康网站以平均每个月开通 2 个综合站点的速度发展。截至 2000 年 3 月底，全国已有近 200 家医药健康网站，这些网站多为综合性信息服务网站。“八五”期间，我国医药行业信息化建设的投资约 3 亿元，完成医药电子信息应用项目 60 多项。“九五”以来，各有关单位更是将信息化建设纳入了技术改造总体规划。医药电子商务是改变我国目前医药行业“多、小、散、乱”的现状，扭转成本高、效益差的局面，迎接加入 WTO 后的严峻挑战，更好地配合城镇职工基本医疗保险制度改革的有效途径。为此，在 2000 年国家经贸委确定把积极推进医药电子商务作为重点试点工作之一。

一、发展药品电子商务的背景

1. 我国医疗体制改革带来的医药分业、建立职工医疗保险制度、颁布国家基本用药目录清单、实行处方用药(RX)和非处方用药(OTC)分类销售等，将促进医药零售市场的兴旺。

根据我国网络基础设施建设和网民数的发展态势，可以预见我国 B TO C 医药电子商务将是一个潜力巨大，商机无限的领域。国务院副总理李岚清曾在全国城镇职工基本医疗保险制度和医疗卫生体制改革工作会议上，强调了医药行业要充分运用先进的信息技术手段，促进医药体制的改革，降低成本，提高效率。可以看出国家对信息技术在医药行业的应用非常重视。

2. 加入 WTO，对我国医药企业既有机遇也有挑战。

我国加入 WTO 后，根据世界贸易组织关于国际贸易的有关协议，其中涉及医药行业的承诺共有五个方面：

(1)保护药品知识产权；

(2)进口药品的平均关税逐步降至 60%以下；

(3)2001 年取消进口大型医疗器械管制；

(4)2003 年 1 月 1 日开放药品分销服务；

(5)加入 WTO 后开放医疗服务。

由此可见，全球经济合作，市场竞争全球化已经来临。电子商务是对传统营销模式和营销观念的一种巨大挑战，“传统经济时期是大鱼吃小鱼，网络经济时代是快鱼吃慢鱼”，国外商家利用先进的电子商务手段，争时间抢速度，拼产品拼服务，抢占中国庞大医药市场的同时，也同样为我们打开了出口国际市场的大门。

3. 电子商务是未来贸易的发展方向，传统的医药企业尽早开展电子商务，就会在竞争中抢占先机，与国际医药贸易模式接轨，在营销活动中与国际知名企业站在同一起跑线上，而克服了中小医药传统企业的许多竞争弱势，机遇和挑战并存，医药传统企业必须把握这一发展良机。

二、发展观念和外部运作技术条件已基本成熟

1. 我国的网络基础建设发展迅速

国家在电子商务的网络发展基础建设、发展环境和政策、发展资源、发展条件等方面进行了一系列探索与改革，医药电子商务试点工作稳步发展，已经形成了较为清晰的生产商、贸易

商电子商务发展模式，特别是广大医药企业的网络商务意识普遍增强，企业网站建设需求日渐清晰、发展迅速。

2. 国内医药行业 ICP 服务商的专业信息资源整合质量、服务质量有极大的提高

"中国医药市场"网站，集 6 万余家的行业厂商信息、7 万余条的动态供求信息，已经初步形成了涵盖医药原料、辅料、中间体；西药制剂、中药、保健品、生物药品、医疗器械设备、医药包装材料设备、医药成果转化交易等医药细分市场的国内著名电子商务服务平台，这些资源对于医药传统企业开展电子商务，实行资源共享，可以起到事半功倍的经营效果。

3. 电子商务的外部运作条件日趋完善

外部运作条件如信息安全认证、身份安全认证；物流配送资源整合及配送信息电子化；资金流的银行技术支撑及商家控制等，在技术和政策规范方面已有了突破性进展。

4. 企业内部信息流程电子化是开展电子商务的前提和保障

企业发展电子商务应以树立新型营销观为出发点，建立和完善与开展电子商务相配套的营销体系作为主线，充分挖掘人力资源、培养复合型人才作为基本保障。电子商务是建立在完善的计算机应用、商务流程电子化、信息联网共享等基础上的新型商务手段。对于国内医药传统企业，尤其是中小企业，其计算机应用水平还相对落后，实现以计算机应用、企业内部商务流程联网及外部 Internet 信息获取为基础的信息流程电子化，是目前国内大多数传统企业最紧迫的任务，这些都需要医药企业在逐步开展的电子商务过程中，不断磨合，尽快解决。

三、主要的药品电子商务企业

目前，北京、上海、广东、四川等地的一些单位都在积极筹建医药电子商务网络系统，国家信息产业部选择了医药卫生电子商作为全国行业类电子商务示范工程，国家经贸医药司也已经批准在部分城市开展医药电子商务及医药电子交易的试点工作，国家药品监督管理局专门出台了《药品电子商务试点监督管理办法》，电子商务在医药行业有了良好的开端。

国内已开展 B TO B 电子商务的主要有：中国金药网、中国上海医贸网、河南医药电子商务系统、中国医药信息网、西南经贸网和中国医药市场网等。上海医贸网和北京医药集团计划将 B TO C 和社区服务作为将来的一个发展方向。

B TO B 电子商务建设资金主要来源于国内医药及 IT 业的行政部门和相关企业，如上海医贸网和拟建的北京医药(电子商务)网。目前，B TO B 的医药电子商务网上贸易额占年交易额的比重仍然极低，但增长潜力巨大。以上海医贸网为例，正式运行 8 个月，网上交易额已突破 1500 万元，至 2000 年年底走单量达数亿元。B TO B 医药电子商务网服务对象为医药保健品生产企业、供应商、药房及医院等，所具有的功能一般包括电子交易、信息增值和网络电子商务等。

中国医药卫生电子商务网是我国行业电子商务的示范工程，它的运营和发展对我国医药电子商务进行了有益的探索。中国医药电子商务网于 1998 年正式投入运营。但是电子商务在我国还处于发展的初期，这期间尚存在许多待解决的问题。如安全问题、支付问题、配送问题等。这些问题在我国医药电子商务中也普遍存在。

四、存在的主要问题

既然医药电子商务"好处多多"，为何它发展的脚步不能走得更快一点呢？原因有以下几点：

1. 目前我国多数医药企业的信息处理基本上还停留在手工方式，医药企业员工的大量时间都消耗在事务性工作上，信息化程度亟待提高；

2. 医药企业的生产管理、费用管理和成本具有难以控制的特点；

3. 国家对药品的生产经营、定价和进出口采取统一管理，存在着不同程度的经济控制和行政干预；

4. 新型药品的开发研制、各种先进医药技术的掌握，都需要花费较长的时间，许多宝贵的数据资料的检索十分费事甚至难以实现；

5. 对资料的深入统计分析不能充分为医药企业的生产管理所利用；

6. 在经济管理上还存在漏、跑、错费现象；

7. 库存调用频繁，灵活性要求高，物资管理难度大。

不难看出，在影响我国医药电子商务发展的诸多因素中，管理仍是其中最大的障碍。一直以来，医药市场就有品种众多、品牌复杂、信息大的特点，严重的信息不对称是造成流通领域市场混乱的主要原因。而从药品购销过程来看，与物流、资金流相比，信息流是更为关键的一环，因为要实现医药体制改革所要求的公平、公正、公开以及诚实信用原则，其交易过程的参与者就必须掌握详细的信息并具备信息处理能力。所以，我们现阶段药品交易信息流的部分电子商务化，对医药电子商务来说是迈出了一小步，对建立新的药品流通格局、新的药品流通方式来说却是迈出了一大步。

此外，医药电子商务是医药流通体制改革的重要组成部分，而改革总是要涉及到利益的重新分配。我国目前的医药市场一个显著的特征就是买方市场，而医院的采购行为占到了整个药品采购行为的85%以上，医院的采购方式极大地影响着医药市场的运转。而目前我国绝大部分医院是非赢利性医院，享受国家财政补贴，假如医药电子商务使医院“以药养医”的局面不复存在，国家财政补贴的压力就大大增加了。此外，医药是个特殊行业，隶属的管理部门太广，大家要步调一致也不容易。其次，医疗机构、城镇职工医疗保障制度、药品价格、药品流通体制等改革工作刚刚启动，这是一个十分庞大的系统工程，相应的政策法规尚不配套，即使出台了相关法规，政府在监督检查的力度上还一下子跟不上来。比如，《医疗机构集中招标采购工作规范(暂行)》和《医疗机构药品集中招标采购监督管理暂行办法》早已出台，但各地的“土政策”照行不误，违规现象仍很严重。

尽管，目前医药电子商务的发展有难度，但它毕竟代表了今后医药行业的发展方向，对老百姓切身利益，对国家科技水平的提高，对社会资源的优化配置，都绝对有好处。发展医药电子商务的当务之急是建立一个独立的整体考虑的综合治理机构，对医药电子商务的发展进行统一规范的管理。

第十一章　医药商品信息

随着新技术革命的迅猛发展，信息、材料与能源作为构成现代社会经济发展的三大要素，已广泛地渗透到文化、生活各个领域，并产生了不可估量的深远影响。信息的种类、数量、内容和范围都远远超过以往任何时代，并以前所未有的速度不断地迅速生成、集聚、发展和膨胀，对人类社会的各个领域都发挥着深刻而巨大的影响，这已成为社会再生产过程不可或缺的基本要素。在社会主义市场经济条件下，与商品运行有关的各种信息，更是宏观经济和微观经济活动得以顺利进行的重要条件。对医药行业来说，信息对医药商品的生产、流通具有十分重要的意义，无论是国家对医药商品总体运行进行宏观调控，还是医药企业在微观层次上进行生产经营活动，广泛收集和认真研判医药商品信息都是必不可少的。

第一节　医药商品信息的概念

信息作为一种科学概念，被人类系统理解、高度重视和自觉应用的时间并不长。1948 年，信息论的奠基者和创始人申农首先在其著名论文《通信的数学理论》中提出："信息是系统不确定性的减少。"目前，有关信息的科学概念和定义很多，从不同角度对其进行了论述，但至今仍无确切完整并被绝大多数人接受的定论。

一、商品信息的涵义

信息具有自然属性和社会属性，是自然界客观存在的物质，无处不有，无处不在，因此，信息本身存在的独特性就是其自然属性；信息的社会属性是指人类相互间传递的消息、情报、数据或知识的总称。

1. 商品信息

商品信息是指能够被接受者接收、并满足其某种特殊需要、有关商品及其生产、流通和消费相关的消息情报数据或知识等的总称。商品信息属于经济信息范畴，一般由信息源发出某种符号（如：文字、数字、表格或图像等）、某种信号（如：声音信号、电信号等），并能满足接受者某种需要，或者按接受者要求解决某方面问题。

2. 商品信息系统

相对接受者而言，商品信息需求迫切程度的不同，反映出商品信息不同的使用价值。为提供商品信息的适用性、可靠性，需要做大量的调查研究工作。适用的商品信息又通过一定渠道在人类交往中相互传递，其价值高低取决于接受者的信息意识、知识素养和接受信息的能力；取决于时效性；取决于接受者的认识水平、社会生活实践和知识素养，即能否捕捉到对其有用的商品信息，包括对商品信息重视程度和反应灵敏度、对所得信息的加工取舍与应用。

信息价值具有时效性，因此，接受者必须具有良好的信息系统，即能对所接受的信息及时进行收集、识别和处理，要有一批专业意识强和信息处理能力突出的专业人员；接受者拥有优良的信息技术设备和操作运用这些设备及软件的能力。

3. 商品信息的主要特征

作为商品信息主要具有以下特征：

(1)价值和使用价值。人们获取商品信息的目的是利用它认识世界和改造世界。商品信息的有用性在于它能启迪思想，解除疑问，增长知识，提高企业经营者的管理决策水平和生产经营效益，因而，商品信息具有使用价值。此外，商品信息的搜集、加工处理、传递与交流，都要消耗人们的精力，以达到交换和转让的效果，从而反映出商品信息具有价值特征。

(2)多渠道、多层次。市场经济条件下，商品的生产、流通和消费等各个环节都是通过市场功能得到反映的，需要在一个高开放度的市场中才能获取更多有益的信息，这就决定了商品信息具有多渠道和多层次的特征。如企业作为商品生产制造者与经营者，既是商品信息接受者，又是商品信息发出者；政府机构，如财政、银行、税收、工商管理、技术监督等部门，常常是商品信息的义务发布者；新闻媒体，如报纸、杂志、广播、电视、电影等，是商品信息公开传播者；随着因特网的应用，将全球各国商品信息组成网络系统，通过计算机控制与使用，使分布于全球各国各地的商品信息能被需求者及时、完整而又较为准确地收集与处理。

(3)时效性与流动性。商品经济社会的最大特征就是市场竞争不可避免，而且十分复杂又激烈，企业要想在市场竞争中获胜，取得经营主动权，必须及时而又快速地了解和掌握可靠的商品信息。随着人口增长，各种资源短缺已成不争的事实，企业为争夺资源而引发的市场竞争，也使商品信息流动性加大，企业需要及时地把握市场赢利机会，需要正确地进行经营预测和决策，需要依据各种商品信息作出研判。因此，从某种程度上说，竞争推动商品信息流动，企业的生产、经营活动更需各种流动的商品信息作为决策依据。

(4)反馈性。一切信息都是按有形或无形控制进行有序传递，而任何控制都需要反馈才能实现。商品信息作为经济类信息，必须遵循“传递－反馈－控制”路径，周而复始。市场经济竞争激烈，瞬息万变，使商品信息具有生成速度快、数量多、传递交换极为频繁的特点，为此，应加强对商品信息反馈性管理，即应用管理系统对商品信息的反馈性进行多级、递阶和分类控制，使商品信息具有更高的价值和使用价值，体现出更高的效益特征。

二、医药商品信息

1. 医药商品信息的概念

医药商品信息是指一定时间和条件下，医药商品交易活动的各种消息、情报、数据资料的总称，亦即反映医药商品生产与经营活动的消息、情报、数据资料。医药商品信息同样具有其他信息所共有的基本特性，如可感知和可识别性，可转换性，可存储性，可分析性，与载体的不可分割性，等等。

2. 医药商品信息的特性

作为一种特殊的商品，医药商品信息有着与其他商品信息不同的特点，具体表现在：

(1)具有明确的来源和目的性。医药商品信息直接产生于医药商品生产、经济活动及与之有关事物的动态变化之中。医药商品经营活动的各类医药企业和医疗机构、各种交易行为、医药商品供求关系及其变化、国家政策、行业法律法规对医药商品主体行为及活动的影响等等，都构成医药商品信息的直接来源。同时，医药商品信息从收集、加工、传递到存储等各个环节，都是围绕医药商品进行的，直接为提高商品活动的有效性、维持商品的正常活动规则服务的。

(2)医药商品信息具有复杂性和多样性。信息时代的信息具有种类繁多、数量大、内容复杂和范围广泛等特征。并以前所未有的速度不断地迅速生成、集聚、发展和膨胀，对人类社会的各个领域都发挥着深刻而巨大的影响。医药商品信息在数量急剧膨胀的同时，内容和形式上也呈现出复杂性和多样性。主要包括：医药商业的信息，资金、技术、劳务和房地产等生产要素的信息，生产者、经销商、消费者等医药商品活动主体的信息，政府、新闻媒介、商品管理机构、广告商、咨询业等医药商品服务者的信息。信息的内容不仅包括与生产经营活动直接相关的商品供应量、需求量、销售额、品种、质量和价格等，还包括间接影响生产经营活动的商品需求潜力、销售前景、商品占有率、竞争状况、产品信誉、企业知名度、广告效果、消费趋势以及消费者的需要、动机、偏好等。

(3)医药商品信息具有较强的可传递性。有关医药商品生产、经营活动的信息只有经过传递，才能为接受者接收，成为对经济活动现象及其内在联系的认识，因此，医药商品信息一经生成就要进行传递；并且，具有较强的可传递性。

(4)医药商品信息具有效用性。商品信息是为经济活动服务的，其结果必须有利于经济效益的提高。医药商品信息亦如此，医药商品信息的收集、整理、传递及使用等过程必须，也必然会对医药商品的生产、经营活动起到推动作用。

第二节　医药商品信息的分类和来源

由于医药商品的特殊性、多样性和复杂性，作为反映医药商品生产、经营活动中相关情况和资料的医药商品信息也表现出复杂性和多样性，对医药商品信息进行科学的分类，有助于医药商品信息的分析和研判。

一、医药商品信息的分类

按照不同的分类方法可作如下分类：

1. 按照信息产生过程

医药商品信息按照其产生过程可以分为原始信息和加工信息。原始信息也称为初级信息，主要指医药企业生产、经营活动的原始记录，如产量、销售额、利润和费用等。原始信息是最广泛、最大量的信息，也是加工信息的基础，当它按照既定的管理目标和要求采用一定的方法和技巧进行加工处理后，就形成加工信息。这些信息基本满足或能够满足医药生产企业、经营企业、消费者、专家学者或有关技术人员的需要，通常以综述、报道、报表、合同、索引、报告等形式表现出来。也称二级信息或三级信息，如医药企业内部报表分析、医药商情动态报告等。

2. 按照信息来源

医药商品信息按照其来源可以分为内部信息和外部信息。内部信息是来自医药企业内部生产经营过程及管理活动的资料和数据，主要由计划、会计、统计、技术、质检、销售等业务部门收集整理与储存保管。外部信息指来自医药企业经营管理系统以外的商品环境系统的信息，它包括国家计划、政策、法规条例、药价、商品供求变化、同行业竞争情况和消费趋向等信息，通常由政府部门、金融机构、经济信息机构、行业组织及新闻媒介机构等进行传输。是企业管理层的决策依据。

3. 按照信息的范围

按照信息的范围，医药商品信息可以分为商品宏观信息和商品微观信息。商品宏观信息是指与商品经营活动状态和方式全貌有关的信息，如各类商品在市场中供求状况、所反映的质量水平、影响商品产销的有关产业政策和产业结构调整现状、消费结构变更及趋势、市场中购买力强弱等。这类信息综合性比较强，能够比较准确地反映商品经济活动总量，故常作为国家和地方政府宏观决策与控制的研判依据。商品微观信息主要是反映单个企业或个别商品生产经营的相关信息，这些信息数量大，时效性强，对企业的微观决策与各项管理功能开展具有重要的指导作用。

4. 按照信息的时间属性

按照信息的时间属性，医药商品信息可以分为历史信息、现时信息和未来信息。

(1)历史信息是对已经发生的医药商品生产经营运行现象与过程的描述与评价，如抗生素类药品的发展史、品种沿革、剂型改革及其升级换代历程、生产工艺流程的变更等。掌握医药商品的历史信息，对于了解过去、指导医药商品生产经营活动、预测和开发医药新产品及其生产经营的发展，具有相当重要的指导意义。

(2)现时信息反映正在进行的医药商品生产、经营活动的信息，主要包括正在生产、流通、消费过程中的医药商品运行状况，正在制定或实施的有关医药商品及与其有关的生产、流通、消费等政策、法规的颁布或变动。这类信息的时效性特别强，医药生产、经营企业应该及时捕捉与利用它，使之更好地指导医药商品正在进行的生产经营活动。

(3)未来信息常被称为预测信息，是指对商品未来运行方向和轨迹作出预测的相关信息。可根据预测时间长短将该类信息进一步划分为近期、中期和长期三类预测信息。其时间长短划分主要依据研究对象的变化速度、影响深远程度和作用范围加以确定。通常，近期预测信息时间段为 1 年或不到 1 年；中期预测信息时间段为 1～4 年；长期预测信息时间段为 5～10 年或更长。预测信息准确性与距现实时间基本成正比，即距现实时间越长，对所涉及各因素的可控性越差；反之，近期预测信息准确度较高，对商品的生产经营指导作用比较强。而中期和长期预测信息只能作为商品消费发展趋势及方向把握的参考依据。

5. 按照信息来源的稳定程度

按照信息来源的稳定程度，医药商品信息可以分为固定信息和流动信息。

固定信息是系统化的信息资料，如统计资料、法律文件、广告专题节目和各种标准定额等。这类信息具有相对稳定性，是医药企业制定常规性决策的重要依据。流动信息是随时反映商品经济活动进程及变化动态的信息，如商品供求变动、价格涨落、利率变化、商品结构调整和消费流行趋势等。这类信息是不断变化的，时效性强，流动性大，通常只有一次性使用价值，是对生产经营活动及商品运行过程进行监督控制的重要依据。

6. 按照信息内容

医药商品信息按照其内容，可以分为商品情报信息、企业经营管理信息、营销环境信息。

(1)医药商品情报信息包括企业向商品搜集所需的反映商品动态的情报资料，以及企业向商品发出的有关本企业营销情况的信息。医药商品情报信息一般通过广告、商情动态、销售分析等图像或文字资料反映出来。包括有关供给、价格、流通渠道、市场需求等的商品供求信息和商品消费信息。

(2)医药企业经营管理信息是对企业生产经营过程进行计划、组织、指挥和控制时所需的信息，包括计划与合同信息、定额信息、价格信息及统计信息等。

(3)医药营销环境信息指影响企业营销活动的外部环境因素形成的信息,包括商品环境信息、经济环境信息、政治环境信息、科技信息等。

7. 按照商品信息表达方式

按照商品信息表达方式,医药商品信息可以分为文件类信息、声像类信息、实物类信息。

(1)文件类商品信息。商品信息以文件方式收集和传递,故称之为文件类商品信息,主要包括商品标准、商品法规、商品情报资料、商品市场调查报告、商品市场动态以及有关行情分析资料,此外,还包括各种有关商品契约或合同、简讯等。

(2)声像类商品信息。其主要是指能通过录音、磁盘、光盘、电视、广播、传真、电话等形式加以收集和传递的商品信息。该方式比较直观,且传播面广。随着科技的发展,各种商品信息量增多,通过磁盘、光盘等技术处理,可将大量信息合理地归类处理和储存,以有限的空间储存无限的信息量,目前该方式已成为商品信息收集与传递的主要方式,既方便使用,又科学合理。

(3)实物类商品信息。其主要是指客商来样加工的实物样品,包括商品的展览、展销、陈列等,经过设计竞赛和表演展示等,以实物样品的形式传递的商品信息。这些信息可作为新产品构思和创意的基本参照素材,对未来所应提供的商品特性、功能、市场需求趋势等预测作参考依据。

二、医药商品信息的来源

医药商品信息具有复杂性和多样性的特征,所以,医药商品信息资料的来源也表现为复杂性和多样性。

1. 按获取信息资料的过程分类

(1)第一手信息资料。简称第一手资料,是指商品调查和预测人员通过对商品实地调查,直接向有关调研与预测对象收集的资料。由于第一手信息资料是商品调研与预测者根据需要直接收集的信息,具有针对性、适用性较强,其来源广泛而且是已知和可控制的,收集方法可自行选择等特点,因此,此类医药商品信息资料的真实性较强。但收集第一手资料需组织较多的人力,既费时又费钱,有时光靠企业本身收集有困难,所以,一般可首先使用第二手信息资料,把第一手信息资料作为对第二手信息资料的补充。

(2)第二手信息资料。是指经过他人收集、记录、整理所积累的各种数据和资料的总称。第二手信息资料具有收集比较容易、花费代价小,来源比较多、涉及面广、比较可靠,特别是政府机构发布的资料更为可靠,以及收集资料快捷、节省时间等优点。但是,第二手信息资料存在适用性较差的缺陷,有些资料也有精确度不高等不足之处,需经进一步的加工处理。

2. 按信息资料的采集范围分类

(1)内部来源。指来自于医药生产、经营企业内部的各种相关的信息资料。它包括以前的相关调研与预测资料和企业档案,即医药企业内部的有关记录、报表、账册、总结、用户来函、订货单、合同、生产计划、客户名录、商品介绍、宣传材料等等。由于内部来源具有可控性、收集方便、成本低和可靠性强等优点,是开展调查预测首先应该加以考虑的。

(2)外部来源。是指来自于企业外部的各种与医药商品生产、经营活动相关的信息资料。它主要包括公告、统计、年鉴、报纸、期刊、图书、报告、会议资料、学术论文、广告等等。

第三节　医药商品信息的收集

医药商品信息的收集是进行医药商品信息研究的前提，收集信息的代表性、正确性、时效性、完整性，直接关系到医药商品信息的研究，关系到能否正确地指导企业的生产、经营活动，关系到医药企业的经营决策。

一、医药商品信息收集的基本要求

1. 全面具体

医药商品信息要能够反映医药商品各个时期、各个方面和各个经营环节的系统的信息；收集的医药商品信息力求做到时间、地点、条件、内容都明确。

2. 真实可靠

真实可靠的医药商品信息对医药企业的生产、经营活动是非常有意义的，因此，收集的医药商品信息要客观地、如实地反映医药商品的真实情况。

3. 灵敏迅速

对医药商品的生产、经营活动中各种信息要反应灵敏，在错综复杂的商品中要善于迅速捕捉信息，并及时进行加工、整理、传递。

4. 经济适用

医药商品信息的收集、加工、整理、传递要符合经济的原则，所提供的信息要有针对性，能够适合医药商品营销及企业经营管理的需要。

二、医药商品信息收集原则

医药商品信息收集的原则是注重信息采集的完整性、准确性、系统性和时效性。

1. 完整性

商品信息收集力求全面和完整，支离破碎的信息源无法作为决策依据，因此，不仅需要收集医药商品直接资料信息，而且也需要收集医药商品间接资料信息，然后，将所收集的各类信息进行调整、处理、研究、分析，以便使生产者经营者能以此作参照，确定最佳的生产、经营方案。

2. 准确性

商品信息收集力求准确性，能够真实反映医药商品及其生产、经营活动的客观情况，以便能对医药商品及其生产、流通和消费的发展趋势作出正确的预测，能够正确地指导医药商品的生产经营决策，能够通过并采取合理的管理与技术措施，对医药商品的生产、经营活动进行相应的调整。为保证医药商品信息收集的高度准确性，必须对所需收集的有关信息作好前期的筛选，使其具有较强的针对性，以便决策者节省时间，加快决策速度和效率，真正提高医药生产、经营企业的应变能力，提高医药商品在市场中的竞争力。

3. 系统性

商品信息收集非常重要，关系到医药商品生产、经营企业的生存与发展，因此，应该系统地收集与医药商品生产、经营有关的资料信息，便于综合性地进行分析与研判。如果是时断时续地收集信息，很难达到掌握某种商品及其运动的变化趋势目的，必须预先进行连贯性处理，使所收集的商品信息处于整个系统范围内。各类信息反映医药商品构成及其运动趋向，所收集的资料和数据及相关信息应力求完整、严密和系统化，使用户通过这些系统化的比较完整的信息源，了解并掌握医药商品生产、经营活动及其运行轨迹的全貌，力求降低决策所带来的风险，减少决策失误。要将所收集的信息根据系统性原则加以分类，从而能分门别类地进行整理，制作目录索引，使系统化的信息组织性与条理性更强，以利于提高其应用效果。

4. 时效性

商品信息具有时效性，因此，收集医药商品信息应力求及时，以便使医药企业能在激烈的市场竞争中抓住有利时机，争取主动地位。信息时代商品在市场中竞争剧烈多变，谁先获得有关信息，抢占优势地位，谁就有较大的取胜机会。因特网的应用为及时获取所需商品信息提供了技术保证，医药生产、经营企业应充分利用因特网优势，充分把握医药商品信息的时效性，增强整体竞争能力，才能极大地提高医药商品生产、经营效益。

三、医药商品信息收集的基本程序

1. 明确信息收集的主题

从信息源的角度看，商品就是一个大的信息库，医药企业需要的任何信息，都可以从医药商品中收集。但是，在收集前必须首先明确收集的主题，如反映医药商品规模的信息、反映医药商品消费需求的信息、反映医药行业竞争态势的信息等，只有在主题明确的基础上，收集的信息才会适用。

2. 确定收集信息的内容

围绕信息收集主题确定收集信息的内容，与信息主题相关的内容，就是信息收集工作者要收集的内容。如收集医药商品消费需求方面的信息，就要收集与消费需求有关的消费者收入、消费者人数、消费者年龄结构等内容。

3. 选择信息来源

要根据所需收集信息的内容，来合理选择收集医药商品信息的来源渠道。

4. 选择信息收集方法

信息收集的方法很多，如通过医药商品调查收集信息、向咨询机构购买信息、通过阅读报刊剪贴信息、通过互联网下载信息等。医药企业可以根据生产、经营活动的需要，具体选择信息收集的方法。

四、医药商品信息收集方法

1. 医药商品间接资料信息的收集

医药商品间接资料信息是由专业人员查阅资料通过对间接收集所获信息进行研判，其主要来源包括国际机构、政府有关部门、咨询公司等。如果该企业的生产、经营国际化，则必须收集和了解东道国市场相关资料信息，方法是可通过国际机构获取，如联合国(UN)、世界卫生组织(WHO)、世界银行、国际货币基金组织(IMF)等。其中UN年度报告提供世界范围内人口统计信息；WHO的报告可提供国际医药产品需求的总量、品种、结构等信息；世界银行的“世界发展报告”集中各国生活模式信息，包括指导日常生活中卡路里量、出生及生命预期等；IMF能够提供历史性文本作为该组织成员国的经济指导，包括各国GDP、工业生产、通货膨胀率、货币供应等相关信息，相关信息均适合于计算机管理。

各国政府及其各管理部门为了指导医药商品生产、经营和消费，会制定和发布各项宏观调控、微观指导性政策、方针和措施，如产业和产品结构调整相关的政策与法规；各种体制改革方案、国家经济发展规模和速度，人口发展、资源开发、环境保护等相关政策；对外贸易政策；物价政策等。这些政策与法规等信息往往由政府各部门以文件、新闻报道、发布会、出版刊物、会议、研讨会等形式向外公布。企业可通过上述这些渠道获取必要的信息源。

许多咨询公司还专门研究如何为医药企业的生产、经营提供各种服务，包括所需的医药商品信息资料。有些咨询公司还创办出版物，定期出版报刊，研究发布法规依据以及各种特殊领域中商品经营要求；有些咨询公司专门向市场提供二手资料，包括与银行公布的相关数据收集整理后，向外界发布有关财务和清算等信息，向客户提供具体操作路线和思路、预测经济和经营状况等。

医药商品进入国际市场，可通过驻外机构获取必要的有关进入国市场实况的资料信息。这些驻外机构包括大使馆、商务办事处、银行等。目前，各国政府在国外都相继设立有关机构以保持相互间政治、经济、文化等往来。在美国华盛顿几乎设置有世界各国的大使馆，这些大使馆内的商务参赞就是获取间接资料信息的很好来源。我国自改革开放二十多年来，已与世界上大多数国家建立了友好睦邻关系，各国在北京、上海等地均设有大使馆、商务办事处、商业银行等，为获取间接资料提供了方便的渠道。

除了上述能够获得间接资料信息的途径外，其他还可利用的渠道有高等院校、图书馆、商品交易会、行业协会、情报中心、专利刊物、大众传媒、商品推销手册等。只要留意观察，可随时随地捕捉到间接资料信息。

2. 医药商品直接资料信息的收集

医药商品直接资料信息是由研究人员进行实地或直接调查，对直接收集到的信息进行分类和筛选，再结合医药企业的实际状况进行必要的研判。通常在进行医药商品生产决策时，必须花费相当精力收集直接资料信息，并对其进行认真仔细的分析和研判。直接资料能够提供比较确切的信息，但收集和处理这类信息需要花费较多时间和金钱，支付成本高，而且还受到各种制约条件的影响，故需要特别注意。

样本选取是否合适直接关系到总体决策，故在样本选取时要注意信息的代表性和准确性，尤其对一些通讯、交通等基础设施比较落后的地区，更应力求获得适当的随机样本，并运用科学方法或聘请有关机构或人员抽取适当的工作样本，以保证样本信息的代表性和准确性。

直接资料信息收集通常采用调查表询问方式，这就要求调查表制作中力求将问题设计得明确易懂，还要求适合不同地区习俗、内容涵盖面应广、关键要点不能遗漏等。如果商品进入国际市场进行生产经营，则调查表制作时必须考虑不同文化背景及不同语言所表述内涵存在的客观区别，各种不同语言之间交流非常不容易，尤其是涉及到的俗语、短语，甚至包括某些句子，不同文化代表不同含义。

在医药商品直接资料收集时常常需进行直接采访以获取所需信息，但直接采访具有局限性。如有些风俗习惯中男女不宜直接交流观点或看法，更不适宜单独采访以了解其对本企业商品质量在应用中所产生的真实思想；有些被采访者受到教育、文化、习俗等影响，从这些人的口中很难获得真实感觉，其中有些人对现代世界认识十分有限，知识非常狭窄，其答案带有偏见或缺陷，从而使参考价值大大降低；有些中产阶级对于涉及个人隐私信息的保护正在明显增强，包括收入、财产、税的支付、家庭经济实况、政治观点、宗教信仰等，基本不愿意向外界透露真实状况。当然还有些其他各种原因，都给直接采访带来相当的困难。

第四节 医药商品信息的处理

商品信息经收集后，都需要经过科学方法处理才能应用于实际，才能正确指导商品生产经营活动。医药商品信息的处理也属于比较重要的环节，直接关系到医药商品信息是否适用，对医药商品的生产、经营活动是否具有指导作用。

商品信息处理主要包括六个步骤，即归类、加工、传输、储存、编目、输出，通过六个步骤，可使零散的、无序的各类商品信息转换成完整、系统、严密的使用方便的信息，可根据需要随时索取所需商品信息，从而为商品生产经营决策提供可靠的信息源。

一、医药商品信息处理的含义

医药商品信息处理，也称为医药商品信息加工，是指将收集到的各类医药信息资料，按照一定的程序和方法，进行分类、计算、分析和选择等，使之成为适用的商品信息资料的活动和过程。

医药商品信息处理既是医药商品调查人员的一种思维活动和信息工作，也是一种投入产出的工作过程。在这一过程中，不但要耗费商品调查人员大量的智力劳动，需要投入大量的财力、物力，还要使用各种计算机软件，采用科学的方法、程序和技术，对各种原始信息资料，进行加工处理，使原始信息成为更适用、更有价值的加工信息。

二、医药商品信息处理的意义

1. 医药商品信息处理是商品调查的必要环节

医药商品调查的根本目的是获取足够的商品信息，为正确的医药商品生产、经营决策提供依据。在医药商品调查过程中，收集到的各种信息一般都与所要求的仍有差异，尤其是各种第一手资料，大都处于原始无序状态，很难直接利用。即使是第二手资料，原先加工处理的口径与标准以及由此形成的信息形式，与医药商品调查的要求，特别是与医药商品生产、经营决策所需不可能完全相符，因而必须经过科学的加工处理，才能有效地用于医药企业的生产、经营决策。通过对医药商品信息的加工处理，可以使收集的信息资料统一化、系统化、实用化。所以，医药商品信息的使用必须经过处理与分析环节。

2. 医药商品信息处理有利于提高医药商品信息的价值

未经处理的医药商品信息资料由于比较杂乱、分散，其使用价值有限。医药商品信息的处理是一个去粗取精、去伪存真、由此及彼、由表及里、综合提高的过程，它不但能大大提高医药商品信息的浓缩度、清晰度和准确度，而且能够通过调查研究人员的演绎推理、归纳综合等创造性思维，形成规律性的结论，从而大大提高医药商品信息资料的价值。

3. 医药商品信息处理可以产生新的信息

在医药商品信息的处理过程中，通过调查人员的智力劳动、创造性思维，使已有的信息发生交合作用，从而有可能产生一些新的信息。医药商品调查研究人员在充分掌握历史和现状信息的基础上，运用有关技术手段，推测和估计医药商品的未来状态，由此所形成的预测信息也是一种新的信息。

4. 医药商品信息处理能发现调查工作的不足

在医药商品调查的整个过程中都会出现计划不周或调查实施偏差等问题。比如:对医药商品调查问题的认识不十分准确;调查设计不够全面;调查的方法存在缺陷;所收集的信息资料可能存在遗漏等等。这些问题可以通过检查、监督、总结等活动发现并加以纠正,但是,难免有些问题未被人们发现。在信息加工处理过程中,往往能发现一些问题。通过及时反馈,就能够采取措施,对存在的问题加以纠正,对已经产生的不良后果加以补救。

三、医药商品信息处理的程序

1. 信息的归类

医药商品信息收集过程中常由于受各种因素影响,使所收集的信息往往呈现散乱现象,造成使用的十分不便利。为此,首先应将来自不同渠道不同方法收集的医药商品信息进行分门别类处理,使其规范化与合理化,如对医药商品信息条目、属性、名称、词语等配有统一定义,以便使各种信息之间存在可比性;对医药商品信息属性采用规范的模式加以描述,其中属性可分为数值型和文字型两类;对于数值型属性描述,需要遵循规范的计量单位与精确度要求;对于文字型属性描述,应注意概括性与抽象性统一;对文字描述或符号等具体含义及限定范围描述,应按照明确规定要求叙述,以免前后矛盾或模糊难解,增加使用者的困难。

2. 信息的加工

医药商品信息加工是信息处理的重要组成部分,其主要目的是将原始资料信息所体现的零乱无序、复杂多样、互无联系、量大模糊等特征,经过去伪存真、去粗取精、提纯精炼式的加工,转变成条理分明、秩序井然、有序多样、价值兑现的可用性强的加工资料信息。医药商品信息加工处理主要包括筛选、分类排序、分析比较、整理统计、综合概括、鉴别编写等程序。在医药商品信息加工处理中,筛选可说是贯穿于全过程。初步筛选是为了便于后续工作顺利进行,但在后续工作进展过程中仍可根据需要进行部分筛选;分类排序主要是按其内容、时间、用途等标志进行编号登记及分类排序;分析比较仍属于对原始商品资料信息的精加工,若发现不符合实际要求的有关信息源时,立即采取必要措施进行剔除和补充;整理统计是使原始商品信息更具完整性、严密性和系统性;综合概括则进一步方便了鉴别编写工作的开展,综合性研判医药商品信息含量、时效、价值.最后按照医药商品生产、经营实际需要,通过计算机加工处理成使用方便的有用信息。

3. 信息的传输

医药商品信息只有在确认信息源及时传递到使用者手中,才能真正发挥其应有的作用。信息传输通常有两种途径:一种是将信息源进行有意识、有秩序、有目的地传输。即根据信息使用者的要求,遵循特定的传输通道,按照指定的路径和方向,达到预定的目标;另一种则与之相反,基本属于无序的自由扩散。但实际操作中,大多数商品信息传输是介于上述两种方式之间。但无论何种方式传输,均要求商品信息传输速度快和质量高,力戒各种干扰,力求真实无误,将有用的信息源及时有效地送到既定使用者手中。

4. 信息的储存

医药商品信息需要储存,以备今后再使用,因此,医药商品信息储存时必须防止可用信息的丢失或损毁,要选择适当的载体、保存场所和环境,同时做好储存期间的各项保管安全工作;医药商品信息储存力求科学与合理,选择优质储存载体,以最小空间储存最大量信息源;医药商品信息储存还必须保证使用方便,查找迅速。对储存信息的科学分类与编码目的,就是为了能从大量储存信息中快速查寻到所需内容。

5. 信息的编目

医药商品信息编目是为了检索方便，通常按照医药商品信息的来源、内容要求、时间先后、具体形式(如报告、报表、公文、广告等)，进行按需分类和编目，为了检索方便，往往编制成目录、文稿、索引、信息资料指南等。编目的基本原则：适用性、预见性、兼容性及系统化、标准化。

6. 信息的输出

对医药商品信息进行加工处理，目的是为了输出时使用方便。通常，一部分按照不同要求编辑成供医药企业内部各级部门需要的各种数据资料，其中大部分需要输送到国家宏观经济管理部门、上级有关主管部门、业务联系单位、各类信息研究中心或情报中心等。

四、做好医药商品信息处理的措施

1. 加强现场管理

现场管理是指在信息收集时进行的对收集工作的管理，包括对收集工作的监控，对信息资料的汇集等。现场管理的目的是尽可能减少在医药商品信息收集阶段出现的各种偏差和错误资料，提高所收集到的资料的准确性。

医药商品调查中的资料收集方法多种多样。每种方法均有可能因各种主客观原因导致信息资料的失实、偏差，甚至谬误。现场控制通常以督导商品调查人员恪尽职守，严格执行工作规范和标准，以科学的态度与方法进行医药商品信息的收集等形式来防范错误的出现。也可以对收集到的信息当即进行检查分析，以便及时发现问题，并采取对策加以解决。

对第一手资料的调查，在一项直接调查活动结束后，由商品调查人员立即进行某种处理与分析十分必要。由于调查的条件限制，当场的记录通常不甚完整，并有可能采用许多符号或简化语，因此要及时整理，以补充遗漏、规范记录，减少日后可能引起的差错。如果是由几个人共同进行的调查，在调查结束时应及时集体讨论，完善所收集的资料。

2. 对收集信息的鉴别

鉴别的主要目的之一是发现不真实的信息资料，为此，必须了解不真实信息资料的形式。

(1)不真实信息的主要形式：

①欺骗，即信息提供者编造与事实不符的信息资料；

②误传，即信息提供者以讹传讹，或者是道听途说，再把不真实的信息提供给调查者；

③虚构，即信息提供者提供无事实根据或根据不足的信息资料；

④添加，即信息提供者提供的商品信息资料反映的问题虽有一定根据，但亦有一部分是凭主观想象添加上去的虚构成分；

⑤拼凑，即信息提供者把某些原始信息拼凑成所谓新信息，但其不能反映真实面貌，不能揭示其规律；

⑥混淆，即信息提供者张冠李戴，把不同地点、不同时间、不同对象的信息资料混淆起来；

⑦夸张，即由信息提供者或调查者提供的将事实夸大或缩小的商品信息资料；

⑧偏颇，信息提供者或调查者不适当地突出事物的某一方面，忽视其他方面，即片面性；

⑨孤证，即信息提供者仅凭几个孤立的现象进行推理和判断，使结论与事实不符；

⑩回避，即信息提供者出于某种动机，或迎合某些人的需要，故意对某些事实避而不说。

(2)鉴别的主要方法：

①分析判断法，鉴别者运用本身的知识和经验，对所需鉴别的商品信息资料进行分析和判

断,发现疑点和问题,并作出评价;

②核对法,鉴别者把信息资料同客观事实相核对,或同权威资料相核对,对商品信息资料作出评价;

③比较法,把来自不同渠道,或者不同表现形式的信息资料互相比较,从中证实某些信息资料的准确性,发现问题和疑点,并作出评价。

3. 重视逻辑分析

逻辑处理是指对信息资料进行的只涉及形式而不涉及内容的某些加工工作。它包括如下具体的工作:

(1)鉴别。鉴别是对商品信息资料的真实性、准确性、系统性、适用性等所作的判断和结论。为保证最终形成的信息资料的质量和价值,必须加强对各种信息资料的鉴别。

从医药商品信息资料处理与分析的要求看,鉴别的内容应包括真实性鉴别,以检验信息资料的真伪;准确性鉴别,以判断信息资料的精确程度;系统性鉴别,以确定信息资料的完整程度;适用性鉴别,以分析信息资料的适用程度和价值大小。

从鉴别的对象看,鉴别的内容包括"用材"鉴别,即对医药商品调查活动收集所得的初始资料的鉴别,以保证用作处理与分析的信息资料的质量;"方法"鉴别,即对市场信息资料的处理与分析方法的鉴别;"成品"鉴别,即对处理与分析后形成的信息资料进行鉴别。

(2)分类。分类是根据商品信息资料进行整理,并按其性质、特点、用途等不同而进行归类。由于医药商品调查所得的信息资料十分繁杂,对它们分门别类地加以区别,求同存异,有利于形成系统化的信息资料,有利于人们更清晰地认识各种资料的内容,便于加工和处理、管理和使用。

(3)编码。编码是将各种类别的商品信息资料用代码来表示。代码是用来代表事物的记号,它可以用数字、字母或特殊的符号,或者它们之间的组合来表示。编码与分类紧密相关,是一项重要的工作。它可以为各项信息资料提供一个概要而清楚的认定,便于储存和检索;可以显示信息资料各单元的重要意义,并能协助资料的检索和操作;有利于提高信息资料处理的效率和精度,节省处理费用;有利于应用计算机对收集的信息资料进行分析和整理。

(4)合并。合并是指对某些性质相同、内容相似的商品信息资料进行归纳。它能精简医药商品信息资料的数量,提高其质量。合并必须合理,必须以不影响信息资料所反映的内容和使用为前提。

(5)比较。比较是对不同商品信息资料的适用性和价值大小等所作的对比。所获得的信息资料通常很多,各自的适用性和价值存在差异,通过比较它们之间的差异来区分优劣。

(6)筛选。筛选是在鉴别和比较的基础上,选择那些适用性强、价值大的信息资料,淘汰那些不适用、无价值以及没有必要保存的适用性差且价值小的信息资料。

4. 数理分析的应用

数理分析是对商品信息资料的数据部分所作的数学运算和统计分析的处理过程。一是数学运算,即对数据化的医药商品信息资料,根据需要所进行的各种数学计算,比如加、减、乘、除,求极值等;二是统计分析,即运用统计学方法对医药商品信息资料进行计算,比如计算平均数、中位数、概率分布等;三是建模与解模,即根据所调查事物的内在关系和发展规律,建立相关的数学模型,运用数理方法求解模型。

数理分析能够找出信息资料的规律,揭示事物的发展趋势,便于人们深刻而全面地认识客观事物。

5. 全面系统的研究

全面系统的研究是指在充分掌握各种信息资料的前提下，运用系统思维推理，对所研究的问题进行全面科学的研究，以得出正确的结论。系统研究不是孤立地分析每一个信息资料，而是从总体上把各种信息资料联系起来加以考察。其原则是将内部因素与外部因素相结合，局部因素与全局因素相结合，历史因素与现状和未来趋势相结合，静态与动态相结合，定性与定量相结合。

系统研究既要重视和采用分析的方法，把研究对象的整体分解为几个部分，从中认识事物的基础或本质，更要重视和采用综合的方法，把各种相互联系的个别资料联合成一个统一整体加以考察，然后找出事物的本质。

第五节　医药商品信息的研究

一、医药商品信息研究的功能

医药商品信息是医药企业生产、经营的重要决策依据，是医药企业取得成功的重要因素。研究医药商品信息对于医药企业的生产、经营活动具有如下功能：

1. 医药商品信息研究是医药企业经营决策的前提和基础

在医药企业经营过程中，无论是对于企业的战略目标、发展方向等战略问题的决策，还是对于企业的产品、定价、销售渠道、促销措施等战术问题的决策，都必须在准确地获取商品信息的基础上，才可能作出正确决策。

2. 医药商品信息研究是指导企业有效开展经营活动的重要组成部分

医药企业不仅为满足并生产消费者向往的商品而进行简单销售，更重要的是通过对消费者欲望与要求进行深入分析评估，依据所收集的各种信息资料加以研判，积极寻求科学方法开发不同消费者不同需求的医药商品。

3. 医药商品信息研究可以有效提高企业生产经营决策的准确性

现代社会，商品市场信息瞬息万变，机遇与风险并存，关键在于决策者准确性的把握与控制，这一切都需要加强对商品信息的研判与分析。目前，因特网的应用极大地减少了信息收集过程中各种不确定性因素的影响，使商品信息参考价值得到提升，从而为企业能及时抓住机遇，有效避免风险提供了有力保证。

4. 医药商品信息研究是进行内外协调的依据

医药企业的生产、经营活动，需要不断地收集商品信息，根据医药商品的变化和企业内部条件的变化，来协调外部环境与内部条件和企业目标之间的关系，使企业内部因素与外部环境之间，内部因素与各生产要素之间都能保持动态平衡和发展，以实现医药企业的经营目标。

二、影响医药商品信息研究的因素

1. 经营环境

医药商品信息研究之目的是为获取有效的生产、经营机会，通过向医药市场提供高质量的医药商品与服务，不断提高医药商品的市场占有率。因此，掌握和研判与医药商品经营环境有关的信息资料十分必要。医药商品经营环境比较复杂，如果医药商品在国际市场经营，则获取成功的难度更大,需要收集更多、更广的各种信息资料并进行分析研究。

2. 信息互换性

信息具有互换性,这是信息价值的反映。通过互换以衡量信息质量的高低,将质量差的信息剔除,保留高质量的或自身需要的信息,以便判断或决策者的行为趋向。信息互换涉及面较广,如国内外医药商品市场信息互换、企业内外医药商品经营环境信息互换、内部各部门间信息互换等。在实际操作中常发现信息不能互换现象,主要是因为传递和流动渠道不通畅所致,使有关信息产生滞后性或超前性,如遇此情况,必须及时采取有力措施,以免发生决策失误。

3. 需求差异性

消费者构成的不同,对医药商品需求产生差异性,如收入、职业、年龄、性别、教育、习俗、宗教信仰等不同,均反映在对不同商品的选择和购买。

因此,对商品信息的收集、整理与研判需要花大力气,并尽可能深入细致地进行实地调查与研究。一旦发现蛛丝马迹,立即采取应对措施,以免产生不必要偏差,延误对医药商品生产经营决策与判断。

三、医药商品信息研究程序

医药商品信息需要经过大量调查、资料收集以及对过程操作进行必要的研究,其研究的主要程序包括问题确定、收集信息源、资料鉴别与研判、完成分析报告。

1. 问题确定

问题确定之目的是为了解决问题,以便在整个研究过程中能够运用比较科学、合理以及容易使人理解的样本作关键性的测试与研判。在医药商品信息研究所应确定的问题中,至少包括两方面内容,即商品概念和市场结构。不同经营环境对商品概念理解不同,并受到所处环境中各种要素的影响,在信息收集与研判时必须注意到其中存在的理解差异,以免发生信息误导。市场结构主要包括市场规模与发展、竞争者数量及其在市场中所占份额、渠道特征等,这类信息对医药商品生产、经营和研判具有非常重要的参考价值。

2. 收集信息

确定问题后,需考虑从何处寻求信息、怎样获取所需信息等。通常依据二手资料进行研究,如收集已出版的各种刊物和政府有关部门的统计资料,甚至有关国家使馆可能提供的相关信息等。如果二手资料准备不充分,或者其中没有提供所必须掌握和了解的信息,此时,必须依据第一手资料,即通过内部观察和直接接触达到信息收集目的。一手资料具体收集方法很多,如与有关机构代表、政府官员、各类专家、具体管理人员、直接消费者等接触。

3. 资料鉴别与研判

对所收集的各类资料信息必须有计划、有目的地进行仔细认真的讨论、尤其需鉴别所收集的资料是否具有可行性。因此,当企业需要依据有关资料源进行研判时,还需进行必要的筛选,并对筛选后的资料按照实际情况进行试验,以便产生合乎市场需求的结果。通常在不同情况下采取高专业性水平的内部观察,即将经筛选后的所用资料按照原始开发计划进行测试,并非凭预期的或想像的由内部观察到的问题所决定。测试中将所需资料收齐整理进行交叉检查。即对所需信息与其相关性信息进行关键性比较,再将各种资料源相互比较和交叉检查,整个过程力求按照原先计划条款中确定的文本标准进行测试,并使测试结果能较全面地反映整个客观现状。测试需经有资格人员或机构审核,若为合格,则应出具合格的资格证明作为备案。

4. 分析与报告准备

资料鉴别与测试完后，仍需按文本标准要求对已选资料进行分析和阐明。如某企业对啤酒进行市场测试，通过对欧洲国家市场调查研究以及对相关资料的收集、鉴别、测试、筛选等，再经认真分析后发现：北欧国家将啤酒作为酒精饮料，而中欧大多数国家则将其看作为软饮料，以此将市场进行正确的细分，可以有效地把握了市场机会。因此，仔细分析所收集信息是十分必要的。最后是准备报告，文本内容必须完整、真实和目标明确，包括如何实现目标、实现目标可能存在的客观限制条件、如何超越障碍获得最终商品经营成功等，尤其需将特殊见解或观点在报告中加以特别阐述。

第十二章　医药商品预测

第一节　商品预测的基本原理

一、商品预测的概念

1. 预测

预测是指对今后将要发生的或目前还不明确的事物进行预先的估计和推测。这种估计和推测是在一定理论指导下，以历史发展和现状为出发点，以各种调查研究资料信息和统计数据为依托，同时运用一定的分析方法，包括定性分析方法和定量分析方法，对未来发展变化作出科学的预先推测。因此，预测的实质是对未来发展趋势的认识，通过调查研究加以确认或判断。

2. 商品预测

商品预测是对未来一定时期内，商品以及商品的生产、流通、消费等活动变化趋势加以判断。商品预测有广义和狭义之分。其中，广义的商品预测涉及到社会再生产的各个环节，主要通过系统地研究商品及其生产、流通、消费活动的历史与现状，探析支配其演变和发展的内在规律，全面估计其周围环境因素的影响，综合考虑社会再生产环节对商品生产经营发展趋势可能产生的作用，力求判断正确。而狭义的商品预测仅指商品本身而几乎不考虑社会各要素的影响。

二、商品预测的可行性

1. 商品发展变化的可知性

马克思主义哲学告诉我们，世界是由物质组成的，物质是在不断运动的，人们通过不断的实践，认识到物质世界是可以被认知的。商品作为客观存在物质，伴随构成的各要素之间相互影响，使其发展规律变得复杂多变。但是，人类通过长期的认知过程，根据已积累的经验和知识，能够了解并掌握变化规律，可以通过各种先进的科学技术和理论，依据历史发展和现状，对其未来演变趋势作出研判。

2. 商品发展变化的连续性

社会分工与再生产使构成社会的各组成部分相互依赖、互为生存条件，商品的生产经营不是孤立、间断的，其发展变化具有连续性，并且有轨可循。如商品自身的价值规律、在市场运行中的竞争规律等，人类可以运用商品发展变化的连续性、规律性特征，对其今后趋势作出较为客观的评价，以便正确指导未来商品发展的运行轨迹。

3. 商品发展的系统性

系统论的观点是将事物变化设置于系统范围内，并运用整体性、层次性和目的性对系统内事物的结构、层次、目标等变化要素进行科学分析，以便掌握事物在系统内的运行规律，预测事物系统今后的运行模式和轨迹，以及今后可能变化的、动态的观点。系统有大小之分，商品生产经营活动涉及人类生存与发展，关系到国家命运与前途，其运行发展具有系统性特征，但相对整个国民经济运行发展而言，商品系统只是个小系统，它受到整个国民经济大系统的制约和影响。因此，在对商品发展变化研判时往往需对国民经济系统运行规律进行分析，如经济结构、增长速度、行业发展、企业经营变化等，从而才能比较准确地判断商品未来发展趋向。

三、商品预测的作用

商品预测的作用可以从微观和宏观两个方面进行考察。从微观方面来说，通过商品预测可使企业经营管理水平得到提升，大大增强商品竞争力；从宏观方面来说，通过商品预测能更好地发挥宏观经济的监管与调控作用。

1. 商品预测是实现商品生产与流通的重要手段

商品生产与流通的目的是为了满足不同消费者不断增长的物质需求和文化需要，这些需求是动态发展的，不同时段、不同地方的不同消费者需求并不相同。为了更好地促进商品生产经营更好地为人类服务，只有尽可能准确地掌握消费者显现的和潜在的需求，才能对商品未来发展变化趋势作出正确判断，才能合理而又有效地安排商品生产和流通。

2. 商品预测为宏观管理决策提供重要依据

宏观管理决策主要是指国家及其有关部门或行业，各级地方政府等制定近期和中期经济发展规划、远期战略目标、工农业科技发展具体政策时的研判。宏观管理决策涉及国家和地方政府的经济增长速度、原材料和能源的供求条件、消费品和工业品的发展目标要求、科技发展政策与方针、产业和产品的结构调整、环境保护规划与政策导向等，这些重大的宏观管理决策都离不开商品预测，需要依据商品及其生产、流通、消费发展变化趋势进行研判，并指导国家和地方政府经济的健康发展。

3. 商品预测能提高企业整体经营管理水平

企业经营管理要求具有明确的商品生产经营范围、规模与方向，并依据现有经营条件和能力、市场变化和科技发展变化趋势、竞争对手的商品生产经营动态，正确决策企业未来发展和投资要求。随着全球经济一体化的发展趋势，企业必须随时关注国内外商品市场和技术开发变化趋势，及时掌握商品供求动态和需求内容，这都需要对商品进行科学预测，以避免商品生产经营管理的盲从性，促进企业整体经营管理水平的提高，不断提高企业经营效益。

第二节　医药商品预测的概念

一、医药商品预测的概念

医药商品预测就是在商品调查和商品分析的基础上，运用逻辑、数学和统计学的预测方法，预先对医药商品未来的发展变化趋势做出描述和量的估计。

医药商品预测是一门掌握医药商品变化规律的科学，通过广泛收集一定时期内有关社会经济现象的信息，系统地分析研究影响商品流通的各种因素，掌握医药商品变化的规律性，为企业生产、经营决策提供科学依据。

二、医药商品预测和医药商品调查

医药商品预测和医药商品调查之间具有既互相区别又互相联系的密切关系。

1. 医药商品预测和医药商品调查的联系

医药商品预测是建立在医药商品调查的基础上。进行医药商品预测，必须先做好医药商品调查工作，通过收集大量可靠的医药商品信息，认真分析、科学研判，才能做出切合实际的预测。医药商品调查和医药商品预测都是医药企业从事商品生产、经营活动的基础工作，都是为医药企业的生产、经营决策提供依据的重要手段。

2. 医药商品预测和医药商品调查的区别

医药商品调查的对象是医药商品过去和现在已经发生和存在的现象和事件，目的是了解过去，认识现实，掌握医药商品发展变化的轨迹、特点和规律。医药商品预测是依据对医药商品历史和现状的认识，了解、认识医药商品的未来，掌握医药商品的未来发展趋势，其对象是尚未形成的医药商品经济现象。另外，医药商品调查的重点是资料收集和处理方法的运用，而医药商品预测则主要运用定性分析方法和定量分析方法对未来进行估计。

三、医药商品预测分类

按照不同目的要求和分类方法，可将医药商品预测进行多种分类。

1. 根据预测的范围分类

根据商品预测的范围，可分为宏观商品预测和微观商品预测。

宏观商品预测是指在广泛的商品调查基础上，对影响医药商品生产、经营活动的总体状况的预测。主要包括对购买力水平、商品需求总量及构成、经济政策对商品供求的影响等方面的预测，从宏观经济效果出发，为整个医药商品生产、经营活动的发展规划提供决策依据。

微观商品预测是从一个局部、一个企业或某种商品的角度来预测供需发展前景。其主要任务是掌握企业供应范围内商情的变化情况，为企业制定生产、经营活动计划和决策提供依据。

宏观商品预测和微观商品预测是相互依存的，微观商品预测是宏观商品预测的基础，微观商品预测必须以宏观商品预测为指导。

2. 根据预测时期的长短分类

根据商品预测时期的长短，可分为长期预测、中期预测和短期预测。

长期预测(Long-term Forecast)指5年以上的预测，主要是为医药生产、经营企业制定长远战略、规划提供依据。

中期预测(Medium-term Forecast)指1年以上5年以下的预测，为医药生产、经营企业中期经营发展战略决策提供参考依据。

短期预测(Short-term Forecast)指1年以内的预测，主要预测季度、半年度或年度的医药商品需求量，为医药生产、经营企业适时调整产销结构，制定季度和年度生产、经营活动计划提供决策依据。

3. 根据商品预测内容分类

按照商品预测内容，医药商品预测可分为商品经济预测、商品技术预测和商品需求预测。

(1)商品经济预测。商品经济预测主要是对医药商品及其生产、流通、消费所涉及的各项经济活动发展变化趋势和目标任务进行必要的研判。发展变化趋势涉及社会为医药商品生产经营活动所提供的人力、资源、资本、科技等相关经济要素，目标任务是企业通过医药商品生产经营活动为社会所作出的应有奉献，提供社会效益，创造社会效益。因此，医药商品及其生产、流通、消费与社会经济之间存在客观的利益关系，社会经济发展与需求决定和制约着医药商品及其生产、流通和消费等经济活动。长期以来，我国采用政府管制下的计划经济模式，违背了经济活动客观规律法则。人为地指导医药商品生产经营活动，结果是既浪费了生产资源，又阻碍了社会经济的发展。科学进步使资源获得优化配置，社会分工推动商品实行社会化大生产，推动社会经济利益不断提高。改革开放后，我国医药商品生产经营活动按照市场经济运行轨迹进行，取得了令人瞩目的惊人业绩，而市场经济法则要求加强商品经济预测，运用科学方法认真仔细地调查实际和分析研判，以此促进医药行业的进一步发展。

(2)商品技术预测。商品技术预测是运用预测理论与方法探索和研判医药商品科技领域的演变趋势和发展方向、变革特征以及可能发生的科技革新转折。医药商品科技领域的变革或创新会影响医药商品及其生产、流通和消费活动，影响整个经济社会、人类生活、生态环境等，并推动人类社会不断向前发展。医药商品科技领域的变革或创新具有阶段性发展特征，其升级与换代往往反映了某特定历史时期的特定转折。它具有时代性，对人类的生存与发展起着至关重要的作用。医药商品技术预测是社会经济发展不可缺少的重要组成部分，它除了用一般的预测手段或方法外，还可采用各种特殊的手段或方法对医药商品技术进行预测或研判。例如采用结构分析法、趋势外推法、未来情景草拟法等。

(3)商品需求预测。商品需求预测是运用科学理论与方法分析和研判市场对医药商品某时段或未来时期的需求，其预测内容不仅包括医药商品数量，如总量、种类、不同商品结构比例等，还应该包括医药商品质量，如标准要求、指标特性、功能、用途等；同时还应考虑到影响市场需求变化的各种因素，包括政治、经济、人口、技术、战争、自然灾害等；消费者对医药商品的需求，如规格、型号、品种、功能、商标、品牌、标志、包装、价格、售前售后服务等。医药商品需求预测方法也很多，常用的主要方法有：市场调查法、试销法、专家意见法、推销人员估计法、概率统计法、趋势外推法、回归分析法、时间序列分析法等。医药商品需求预测是医药商品生产、经营活动必不可少的组成部分，它能为医药企业的经营决策研判提供可靠的依据和保证。

4. 根据预测时所用方法的性质分类

根据预测时所用方法的性质不同，医药商品预测可分为定性预测和定量预测。

定性预测是根据调查资料和主观经验，通过分析和推断，估计未来一定时期内医药商品的变化。

定量预测是根据医药商品变化的数据资料，运用数学和统计学方法进行推算，对预测对象的变化及趋势做出数量上的推测。

5. 根据预测的空间区域分类

根据预测的空间区域，医药商品预测可分为国际商品预测、全国性商品预测和区域性商品预测。

国际商品预测是以国际医药商品的发展趋势为对象的预测。随着世界经济一体化进程的加快和我国加入世界贸易组织，使得越来越多的医药企业进入国际市场，医药行业的国际化经营将成为十分普遍的现象。

全国性商品预测是以全国范围的医药商品状况为对象的预测。全国性商品预测可以是综合商品预测，也可以是专题商品预测。随着全国统一市场的形成，以及许多企业以全国市场为目标市场，有必要了解和掌握全国市场的发展趋势，需要开展全国性的医药商品预测。

区域性商品预测是指以某一个区域内的医药商品为对象的预测。比较而言，区域商品预测的预测面较小，收集资料相对容易，预测的难度相对小些，是最为普及的一类商品预测。

四、医药商品预测的内容

商品预测是为计划、决策、战略规划服务的。企业所处行业不同，企业的计划、决策、战略规划的具体要求亦不同，它们对商品预测内容的侧重点也有所不同。不论是那一类的医药企业，那一种的医药商品研究，医药商品预测的内容都包括宏观预测和微观预测两个方面。宏观方面包括预测医药生产及其发展变化、医药商品需求、医药商品价格、消费需求及其变化、医药产业对外贸易等内容。微观方面包括在宏观商品预测指导下，根据已有资料预测医药企业目标市场的未来发展趋势，预测医药企业的商品市场占有率变化等内容。

1. 医药商品需求

医药商品需求是指在一定的商品范围内、一定的时期、一定的商品环境下，特定的消费群，可能消费的医药商品的总量。影响医药商品需求的因素有两大类：一是医药商品生产、经营活动的环境因素，如经济环境因素、政治法律环境因素、科学技术环境因素、社会文化环境因素等，这些环境因素是医药企业本身不可控制的因素。二是医药企业生产、经营活动的组合因素，即产品的性能、质量、包装、价格、企业的销售渠道等因素。

医药商品需求的预测，要根据不同医药商品生产经营活动环境下的药品的功能、用法、剂量和人口发病率等统计数据来进行。

2. 市场占有率

医药商品的市场占有率，是指某一医药企业在未来一定时期、一定市场范围内，生产的某一特定医药商品占市场同类产品的总销售额的比例。这是医药企业产品销售预测的重要内容。在医药商品需求量既定的情况下，医药企业的产品销售量大小，主要取决于企业产品生产占有率，即取决于企业销售在整个同类商品销售中所占份额的大小。医药商品市场占有率高，销售量就大；反之，销售量就小。影响一个企业市场占有率高低的主要因素有：第一，医药企业自身生产经营条件；第二，医药企业竞争对手的生产经营能力。所以，在预测医药企业未来生产、经营前景时，必须对医药商品市场占有率的变化趋势做出预测。

医药商品的市场占有率受多方面因素影响。要想准确地预测医药商品的市场占有率，就必须认真分析商品环境、企业形象、产品质量、价格、广告促销等因素的影响，还必须通过医药企业积极的生产、经营活动对策来促进医药商品的市场占有率不断提高。

3. 医药商品资源

医药商品资源是指一定时期内，可以供销售的医药商品。医药商品资源主要来自生产部门，其次是进口。此外，还有国家战略储备物资等。

医药商品资源预测，是对进入市场流通的医药商品资源总量及其构成和各种具体的医药商品市场可供量的变动趋势的预测。医药商品资源预测同医药商品需求预测结合起来，可以预见未来医药商品供需状况的变化趋势。从医药企业的角度来说，进行医药商品资源预测，一是便于医药企业分析了解未来医药商品的供求状况；二是可以预见医药行业同类产品竞争对手的供货趋向，以便做出正确的经营决策。此外，还有产品寿命周期预测、消费结构和消费倾向预测等。

五、医药商品预测的作用

1. 有利于医药企业进行商品定位

菲利浦·科特勒认为:“定位就是对公司的产品进行设计,从而使其能在目标顾客心目中占有一个独特的、有价值位置的行为。”由此可见,商品定位就是医药企业根据自身经营资源和经营能力等内部条件,以及商品需求和商品环境等外部条件,为产品在潜在顾客的心目中确定一个合适的位置,从而更好地促使目标顾客接受本企业的产品。企业内部条件和外部条件的分析,均需要运用商品预测分析,掌握商品发展变化的趋势。因此,离开了商品预测,对企业的内外部条件的分析只能是盲目的主观的想象。

2. 有利于医药企业制定与实施正确的医药商品生产、经营活动战略

医药企业生产、经营活动战略是医药企业为实现既定的目标,在复杂的生产、经营活动环境中,对商品生产、经营活动中较长期的、重大的、全局性的问题所做出的筹划和采取的对策。医药市场是一个竞技场,每个商品生产、经营活动的参与者,必须有自己正确的生产、经营活动战略,才能在竞争中立于不败之地,才能生存和发展。制定医药生产、经营活动战略必须要了解和掌握医药商品及其生产、经营活动环境的基本状况和未来的发展变化趋势,使医药企业的资源和生产、经营活动目标在可以接受的风险限度内,与医药商品生产、经营活动环境提供的各种机会相协调。因此,确定正确的医药商品生产、经营活动战略要以医药商品预测为基本前提。

3. 有利于医药企业实行正确的医药产品开发与医药产品策略

医药企业的产品开发和产品策略正确与否,直接影响和制约产品能否适销对路,能否顺利销售出去,能否取得良好的经济效益,能否满足消费者需要。实行正确的产品开发和产品策略,关键是把握医药商品消费的发展趋势,认知医药产品的生命周期。通过医药商品预测,医药企业能有效地获取和把握医药商品消费的变化,同时为企业正确的产品开发和产品策略提供可靠的商品依据。

4. 有利于医药企业实行正确的产品定价与价格策略

企业定价是调节和诱导商品需求、参与商品竞争、实现生产经营活动目标的十分重要的手段。实行正确的产品定价和价格策略,既要考虑企业的定价目标、成本因素,也必须充分考虑医药商品的供求关系、医药商品消费需求趋势、医药消费者的消费偏好等因素。医药企业通过商品预测,能充分占有上述各类信息,为医药产品定价和选择价格策略提供保证。

5. 有利于医药企业正确选择营销渠道

选择销售渠道和销售策略,既要考虑企业产品因素,同时还要考虑消费者特点、市场区域、商品竞争、渠道成员、国家政策和法律等多种因素。因此,通过商品预测,医药企业可以获得上述各种信息,正确做出销售渠道和销售策略选择的决策。

6. 有利于医药企业有效开展促销

促销是企业向目标商品传递各种信息,改善企业经营环境的综合性策略。促销的基本类型和途径包括广告宣传、营业推广、人员推销和公共关系。医药企业无论运用何种促销手段,都必须以掌握充分的医药商品信息为条件。医药商品预测能够为企业提供开展促销活动的各类信息,促进促销活动的有效开展。

第三节　医药商品预测的程序

医药商品预测程序就是指开展医药商品预测工作的步骤。医药商品预测涉及面广，为了提高预测工作的效率和质量，必须按照一定的工作程序进行。

一、确定预测目标及方案

确定预测目标，并根据预测的目标拟定预测项目和实施方案，调配预测人员，编造费用预算，是进行商品预测的第一步骤。明确了预测的目标，才能为进一步收集资料、选择预测方法指明方向，才能有的放矢地提高预测质量。在确定预测项目、制定工作计划时，要从实际出发，分主次缓急，抓住决策计划中所需解决的主要问题，并根据主观力量，量力而行。

由于预测目标、对象、期限、预测的精确度等差异，预测所采用的方法、资料数据收集则不同，因此，只有根据医药企业生产、经营需要，明确医药商品预测目标、预测期限、预测成本，有的放矢，才能以较少的费用获得比较满意的预测结果。

二、收集整理医药商品信息资料

收集资料是医药商品预测的基础。任何商品预测都是以历史的和现有的资料为基础来进行，不全面、不系统的资料，将影响预测的质量。所以，收集资料要以预测目标和要求为核心，力求做到收集的资料具有广泛性、适用性。应尽可能广泛地收集影响预测对象未来发展变化的一切资料，包括预测对象本身发展的历史资料，以及具有影响、与之相关作用的因素的历史资料。收集过程中力求保证资料的真实性和可靠性，同时进行必要的分析、筛选与整理，对于一些偶然因素造成的不正常情况予以剔除，保留具有实用价值的资料和信息。

商品预测的资料，包括历史资料和现实资料两大类。

历史资料，即事物过去发展变化的资料，它能反应事物过去发展变化的客观规律，主要包括各级政府、综合管理部门公布的以及企业内部积累的历史资料和商品信息资料。如政策法令、总人口数量及构成、个人收入增长情况、消费结构变化、历史销售量及其他统计数据等。这些资料可以通过媒体获得，所以又称为间接资料或第二手资料。对历史资料不能不经分析研究拿来就用，而要鉴别资料是否真实可靠。因为不同的时间，由于受当时的政治、经济等因素的影响，商品状况差异较大，因而所取得的资料统计口径是否一致，不同时期是否有可比性，均需认真分析，经过调整、修整后再使用，以保证历史资料的可靠性。

现实资料，即直接对预测对象进行实地调查所得到的资料，又称直接资料或第一手资料。收集现实资料，主要从以下三方面入手：一是预测期内关于人口、个人收入、价格情况等等的变化情况，常用来反应消费者的消费结构和消费倾向之间的关系。二是消费者和用户的意见反馈，它往往反映着商品需求的变化趋势。三是实际调查资料，这是对商品客观现实的反映，比较接近于预测期内商品变化的实际，是进行商品预测必需的十分重要的资料。

经过商品调查获得的历史资料和现实资料，必须按照拟定的预测目标和要求对资料进行分类、统计、加工、整理，使之系统化，以便在预测中得到充分的利用。

三、建立预测模型，选择预测方法

一个合理的预测，首先应该建立适合预测目标和要求的预测模型。预测模型是对预测商品过去和现在发展规律的模拟，也是对以往成功预测经验的总结。建立预测模型时应满足预测要求，并且尽量简单、方便和实用，使预测准确度有保证。

预测方法很多，既有定性分析的预测方法，又有定量分析的预测方法。在选择预测方法时，应根据预测的具体要求而定。如果要求预测出一个具体数据，且有误差要求，就必须运用定量预测的分析方法；如果只要求预测出一个总体发展趋势，则可选择定性预测的分析方法。

预测方法的选择必须服从预测目标。即应根据预测要求、预测费用、预测时间、预测人员等条件选择合适的方法，一般应同时采用两种以上的方法，以资比较和鉴别预测结果的可信度。

四、根据预测模型进行预测分析

预测模型确定后，将各种数据进行计算、分析、比较和研判，提出可能出现的影响，修改模型或调整参数，进行反复计算和验证。

五、估计预测误差

预测模型是将复杂性的问题通过简化的模型处理，便于决策与判断。由于预测需要依据历史资料，简化的模型不可能包罗影响预测对象的所有因素，因此，预测结果与事实有误差是不可避免的，此时，需通过科学方法加以纠正。

六、提出预测论证报告，跟踪预测结果，及时修正预测结果

预测报告是对预测结果的可行性、可能性提出书面的论证，报告内容力求数据准确、可靠，其建议具有可行性。若发现预测与实际不符，要进行合理的修正并分析产生偏差的原因，必要时改进预测模型。

预测报告可分为两种，一种是专业性报告，供医药商品生产、经营活动专业人员阅读，其内容要求详尽，介绍预测分析的全过程及采用的分析方法等。另一种是非专业性报告，内容简明扼要，专业术语较少，主要供经济管理等职能部门的管理人员阅读。预测报告应作为今后工作备查的档案资料妥善保管。

七、评估预测

提交预测结果报告后，并非预测活动的结束，还应对预测结果进行评估，以便确定预测的准确性。

第四节　医药商品预测的方法

商品预测中的定性预测，是对未来商品发展变化的性质进行分析与预测，包括对未来发展方向、趋势及重大转折点等的预测，未来发展速度、相对值、基本状况等发展程度的预测分析。在定性预测中，预测者集体利用已掌握的信息，依据独有的专门知识、经验和直观材料，运用较为直观的判断力以确定未来发展趋势的性质和程度。该方法能集中多数人的智慧，集思广益，

从而能有效地避免个人预测所产生的主观片面性。

定量预测是对未来市场发展目标有因果等关系的影响因素进行预测的方法。定量预测也被称为因果分析预测或因素分析预测。该方法的运用需要有充分的数据资料，运用数学方法，结合计算机技术，对未来发展变化趋势、程度、结构等进行数量上的预测分析。必要时通过计算机进行演算以便于预测分析。如果变量之间存在着确定性关系，则称之为因果关系；反之，若变量之间存在非确定性关系，则称之为相关关系。

一、医药商品预测方法的选择

医药商品预测是对未来医药商品发展的探索，涉及面广，具有多种不确定性因素，为使预测结果更加具有科学价值和意义，必须科学合理地选择预测分析方法。

1. 根据预测目标选择

根据预测目标选择合适的预测方法比较常用。商品预测目标按时间可分为短、中、长期预测；按品种可分为耐用消费品和日用消费品预测；按市场特征可分为购买力预测、销售量（额）预测等。以时间划分为例，如果预测短期目标，常采用经验判断法、移动平均数法等；若预测长期目标，则常采用专家意见法、回归分析法等。

2. 根据预测范围选择

预测范围基本分为宏观预测和微观预测。如果是宏观预测，通常采用专家意见法、相关因素分析法为宜；若是微观预测，往往采用经验判断法、调查分析法等。

3. 根据所收集资料状况选择

商品预测常需要收集各种所需资料作为研制依据。如果所收集资料比较充分，数据的准确可靠程度高，则往往采用定性分析方法；反之，资料比较缺乏或不足，数据变化较大，并且反映不稳定，则经常采用定量预测分析方法。

4. 根据费用和期限选择

不同的预测分析方法的费用和时间是不同的。通常，定量预测涉及面广，要求高，需要配备计算机，因而费用比较大；有些商品预测对时间期限、精确度、可靠性等要求比较高，因此，在具体选择何种预测方法时，必须综合性地考虑这些因素，权衡其间的利弊得失，力求切合客观实际的需要。

总之，在选择商品预测方法时，既要根据预测对象的内容、目标、发展动态、实际掌握资料等，还要遵循预测过程中事物发展的连续性、可比性、相关性等进行综合研判，然后再确定应选择的合适的预测方法。预测是对未来事态发展的估计和推测，因此，很难保证其百分之百的正确，但应力求达到正确。为此，需对各种预测方法进行适当的评价，主要评价其预测能力，适用范围与条件，以便选择实用而又有效的预测技术；在预测时还需要对产生的误差进行仔细分析。这样做的目的是使预测结果有一个客观评价尺度，并能力求减少预测所产生的差错率。

二、定性预测方法

1. 定性预测方法的概念

定性预测方法也称判断分析方法，是指凭借预测人员在商品活动实践中积累的经验、知识以及综合分析能力，通过对有关资料的分析推断，对预测对象未来发展趋势做出估计和推断的预测方法。

定性预测方法是一类常用的预测方法，属于经验性质的预测。它的优点是可以充分考虑政治、经济、社会等各种因素对预测对象未来发展趋势的影响，简便易行，不需要复杂的计算公式和预测模型等预测工具，预测方法简便易掌握，预测时间短、费用低，使用面较广，且有一定的科学性。

定性预测方法的不足之处是对预测对象未来变化趋势难以作出精确的说明，对各项预测目标之间相互影响的程度难以作出量的说明，对预测结果难以估计其误差和评价它的可信程度。因此，应尽可能结合定量分析，使预测结果更准确、更科学、更符合客观实际情况。

2. 定性预测方法的应用

定性预测方法通常用在数据不足且难以获得，或没有必要去收集详细的数据的预测对象，凭借预测人员的知识、经验和相关的信息资料，或集体的智慧和综合性的材料，对预测对象的性质和变化规律进行预测。

三、常用的定性预测方法

1. 类推法

(1)对比类推法。世间许多事物的发展规律具有相似性，特别是同类事物之间。对比类推法，就是利用事物之间的相似性，通过先行事物发展变化过程的规律类推后继事物，从而达到预测后继事物未来发展前景的目的。对比类推法可分为产品类推法、区域商品类推法、行业类推法等。

(2)相关类推法。即从已知相关的各种商品因素之间的发展变化，来推测预测对象的未来发展趋势。如国家政治法律因素、科学技术动向和经济发展趋势对商品的影响。运用相关类推法，首先要根据分析判断和实际经验，分析同预测对象相关的主要因素和次要因素，依据事物之间的相关性进行预测。

医药商品各类产品之间的相关性可以归纳为替代性关系、互补性关系、先行与后行关系等。配伍使用的药品，如利福平和乙胺丁醇，是互补性产品；性能相似的药品，如抗病毒药利巴韦林与干扰素是替代性产品；而原料药与制剂药之间存在着先行与后行关系。利用产品之间的相互关系，可以预测相关产品的商品需求量。正常情况下，先行后行产品、互补性产品之间的需求关系往往呈现同方向变化；而替代性产品之间的需求关系往往呈反方向变化。

2. 经验判断法

经验判断法是依靠与预测对象相关的各类人员的知识和经验，对预测对象的未来发展变化趋势进行判断，得出有关结论的一种预测方法。主要有经理人员意见评判法、销售人员综合判断法等。

(1)经理人员意见评判法。由熟悉商品情况的经理人员根据已收集的信息资料和个人积累的经验，对未来商品做出主观判断和预测，最后由组织者把预测方案、意见集中起来，采用简单的算术平均法或加权平均法进行综合，从而取得预测结果。

(2)销售人员综合判断法。企业经理人员召集与销售业务有关的本企业业务部门销售人员和与本企业有联系的外企业销售人员，就预测项目广泛交换意见，最后由经理人员把销售人员的意见综合起来进行判断，得出预测结果。

3. 消费倾向调查法

未来商品是由潜在购买者构成的，商品预测就是判断在给定条件下潜在购买者的可能行为。只有购买者才知道将来可能购买什么和购买多少，因此，预测者通过调查潜在购买者的消费倾向可以较准确地掌握潜在购买者的消费倾向。

消费倾向调查法是指预测者在调查潜在购买者未来购买某种产品倾向的基础上，对产品销售做出量的推断的方法。在满足以下条件的情况下，采用消费者倾向调查法比较有效：

(1)消费者的购买倾向是明确清晰的。

(2)这种倾向会转化为消费者购买行为。

(3)消费者愿意向调查者讲述他们的愿望。

消费倾向调查法常用于消费品购买者、产业用品购买者的调查，可采用抽样调查及典型调查，然后再推断总结。

用消费倾向调查法预测产业用品的未来需求，其准确性比用在消费品方面要高；预测非耐用消费品需求的可靠性较低，用在耐用消费品方面稍高。

4. 专家意见法

专家意见法是一种应用广泛的预测方法，它是依靠专家的学识、经验和分析判断能力，对过去发生的事件和历史数据进行综合分析，对未来的发展变化趋势做出判断预测。

专家意见法包括两种基本方法：即专家会议法和德尔菲法。

(1)专家会议法。就是预测者邀请有关方面的专家，通过会议的形式，对预测目标的未来发展前景做出判断，在此基础上，综合专家们的意见，对预测目标做出量的估计。

专家会议法分以下步骤：

第一，邀请专家参加会议。邀请的专家应有：商品预测专家、某种产品设计研究专家、某种产品生产指导专家及销售专家等。

第二，向专家提供预测目标的背景资料。背景资料包括：消费者收入水平的增减情况；家庭消费结构的变化情况；某种疾病治疗及用药情况；同类产品如抗病毒药品的价格、销售额的历史资料等。

第三，召开专家会议，提出所需预测的项目。预测项目包括：对医药产品本身情况的预测，即对医药产品的功能、质量及所治疗的疾病；消费者可接受的价格水平；采取的促销手段；医药商品生产、消费的发展速度等。

第四，组织预测者根据专家们讨论的意见及所提出的预测方案进行统计分析，最后做出预测结果。

(2)德尔菲法。它是以匿名的方式。逐轮征询各个专家意见，最后由组织预测者进行综合分析，得出预测结果的预测方法。

德尔菲法同经验判断法和专家意见法等相比，具有以下不同的特点：

第一：匿名性。在整个预测过程中，专家之间互不见面，不发生横向联系，组织预测者与专家之间的联系采用书信方式，背靠背地分头征求意见。各位专家的预测意见亦以匿名的形式表达。因此，专家的预测意见能够得以充分发表，有利于提高整个预测的质量。

第二：反馈性。德尔菲法向各位专家多次逐轮征询意见，且每次征询都把预测要求和上一轮专家预测意见的分析统计资料反馈给他们，具有信息反馈沟通的特点。在征询－答复－反馈－再征询－再答复－再反馈……的多次反复过程中，专家们在背靠背的情况下，了解到所有专家各种预测意见及其理由，有利于相互启发，集思广益，开拓思路，充分发挥专家们的智慧。

第三：收敛性。德尔菲法重视对每轮专家们的预测意见进行定量的统计归纳，使专家们能够凭借反馈的预测意见不断修正自己的预测意见，最终使预测意见趋近。

德尔菲法是一种集科学性、适用性、可操作性于一体的预测方法，在定性预测中占有重要位置，因此，被广泛用于产品商品供求变化预测、产品价格走势预测、产品销售预测、商品占有率预测等。特别是因缺乏必要的数据资料而且应用定量分析方法又有困难时,德尔菲法是最佳预测方法。

四、定量预测方法

1. 定量预测方法的概念

定量预测方法是依据大量的数据资料,利用统计和数学方法建立预测模型,对预测对象的未来发展变化趋势进行量的分析和描述的方法。

定量预测法的特点是:数据资料齐全是条件;统计方法和数学模型是工具;量和质的分析相结合。其长处是预测结果精确度较高,并能在一定条件下指出误差发生的范围,能够比较科学地说明预测目标未来发展的量度及其结构关系。不足之处是对商品现象中非量化的因素,如政治、法律、社会文化无法用数学模型表达;应用定量分析进行预测,对数据资料要求较高,即需要系统、完整、可靠的数据,同时需要现代化数据处理手段等条件。

2. 定量预测方法的应用

定量预测方法主要用于具有时间序列特征的事件,如产品的年产量、季度产量,产品的年销售额(量)、季度销售额(量)等。其次用于具有因果关系特征的事件,如国民经济发展对商品供求关系的影响;居民收入变化对消费的影响;企业生产过程材料、能源消耗的增多,必然导致产品成本的增加,从而使产品销售价格不具竞争力等。

五、定时预测方法

1. 时间序列预测方法

时间序列预测方法是将同一变数的一组观察值(如销售额),按时间顺序加以排列,运用数学方法分析其变动规律,预测未来的发展变化趋势的方法。

时间序列预测方法的特点:假定商品环境因素是既定的,预测事物未来的发展,即使商品环境因素不变,但时间序列数据(即事物)存在着不同规律的变动;在研究预测对象与时间的关系时,重点研究事物的过去和未来的联系。

2. 长期趋势预测法

长期趋势预测法,又称趋势延伸法。它是根据已知历史资料数据的发展趋势,寻求商品发展与时间之间的长期趋势变动规律,用数理统计方法找出长期变动趋势增长规律的函数表达式,据此预测商品未来发展的可能水平。商品的销售(或需求)增长规律、耐用产品的发展和更新换代过程等,均可用其趋势增长线来描述和进行预测。

长期趋势预测法研究的是事物发展与时间的长期变化关系。它不仅要假设商品发展过程存在着某种长期趋势变动样式,而且要假设这种长期趋势变动样式所表现出的增长趋势线规律,在未来发展过程中按此增长趋势线渐进变化,不会出现跳跃变化。商品预测中以大量经济指标的历史数据编制的时间序列,长期趋势预测法常用的有直线趋势法、曲线趋势法、指数趋势法等趋势延伸法。

正确识别时间序列长期趋势发展的规律性增长线,是正确选择模型的关键。简捷的方法是画时间序列的直角坐标的散点图,通过目视估计判断据此勾画出数据变动趋势线。此外,从数学分析角度,可利用时间序列的差异变化情况做出判断。判断认识预测目标时间序列趋势线后,就以相应函数表达式为预测模型,再设法确定数学模型中的参数,便能进行趋势预测。

3. 相关分析预测方法

相关分析研究的对象是相关关系。相关关系，亦称非确定性关系。它是指社会现象之间客观存在的数值不确定的依存关系。即变量之间相互关系中不存在数值对应关系的非确定性的依存关系。一个变量的确定值为 X，与其有相关关系的另一个变量的对应值 Y 并不确定。例如，某种药品价格与该种药品的需求量之间的关系就是一种相关关系，即该种药品价格（X）变动，其需求量（Y）怎样变动并不确定。

从相关关系的定义可以看出，它具有两方面的含义：一方面，它是指现象之间确实存在的数量上的依存关系，而不是主观想像的关系或偶然巧合。它一般表现为一个现象发生数量上的变化，另一个现象也会相应地在数量上发生变化。例如，市场上商品价格低，销售量会增加；劳动生产率提高，产品成本将下降；能源发展速度快，工业生产的发展速度也将加快，等等。这类在数量变化上存在相互依存关系的经济现象是极为普遍的。另一方面，相关关系是指现象之间关系数值不确定的数量依存关系。也就是说，对于一种现象的某一个确定的数值，另一种现象有多个数值与之对应。例如，人们对某种商品的需求量是与人均收入成正比的，即它们之间确实存在数量上的依存关系。但是，具有相同人均收入的家庭，对这种商品的需求数量并不完全相同。因为影响家庭购买行为的因素，除了人均收入之外，还有其他开支的大小，预期未来价格的变动，家庭主要成员对这种商品的偏爱程度，等等。即使许多重要因素的条件都是一样的，也还会有各种各样的偶然因素在发生作用。

第十三章　医药新产品的开发

医药商品作为一种产品，与市场上其他产品一样，新旧更替，新产品层出不穷。不断涌现的医药新产品，为人民生活水平和生活质量的提高发挥了不可磨灭的作用。

第一节　新产品的概念及其分类

一、新产品概念

不同学派对新产品有不同解释。技术派认为：新产品是指结构、功能、物理性能、化学成分、用途与老产品有着本质的不同或者有显著差异的产品。市场派认为：第一次出现的产品称为新产品。经营派认为：第一次生产销售的产品称为新产品。不同观念对新产品也有不同看法，传统观念认为：新产品是相对老产品而言的，并与老产品存在一定的延续性。研究与开发新产品包括对老产品的改造，也包括采用新技术、新原理、新结构而发展的新产品。在开发新产品工作中对老产品要不断地改进，甚至不断创新。大量新产品在原有产品的基础上不断改进与发展；在开发新产品、改进老产品的过程中需要重视技术的创新与应用，通过对老产品不合理、不适宜部分的改进，保留其适应部分，开发创新部分，并将老产品作为新产品开发的前提，以此为基础创造出更多、更适合用户需求的新产品。现代观念认为：新产品并非仅指新产品本身，而是指与新产品相关的一切，其中包括新产品的品牌、质量、规格、包装、安全保障、环境、售后服务等，因此，新产品概念，不仅是与老产品相比较而言，而且还包含了市场或消费者所追求的新产品的特殊性质和效果，其中包含大量的创新内涵。

二、新产品的分类

新产品可按其所在地域范围、先进程度、用途和应用范围等进行分类。对新产品进行分类，是为了便于企业进行新产品开发。

1. 按所属范围划分

(1)国际范畴内新产品。这类新产品在国际范围内具有独创性和重大价值，一般都申请专利，并在基础研究取得成果的基础上，再通过应用研究而设计试制出的新产品。这类新产品在技术上有重大突破，国家应予以保护。

(2)国家范畴内新产品。这类新产品往往通过技术引进、测绘仿制或自行研制开发，以填补国内空白，或比国内已有的产品在技术经济性能上有显著提高，属于国家范畴内新产品。开发这类新产品，对于快速赶超世界先进水平，提高国家综合国力具有十分重要的意义，也是企业发展新产品的重要目标。

(3)地区范畴内的新产品。这类新产品一般利用国内现有技术，通过技术转让进行研制开发，不需要重新设计研究。开发这类新产品，一定要做好市场要求的调查工作，只有在一定时期内，外地产品不能满足国内外市场需要，而本企业又有条件生产时才可试制生产。

(4)企业范畴内的新产品。这类新产品虽然市场已有销售，但对本企业来说还是第一次研制的产品。这类新产品的开发研制也必须注意市场需求的调查，避免不必要的重复而造成浪费。在市场经济条件下，同类产品竞争特别激烈，一个企业是否要研制这类新产品，应对本企业的优势和技术条件作认真分析，以防止不必要的浪费。

2. 按创新程度划分

(1)完全创新产品。它是指采用新原理、新结构、新技术、新材料研制的新产品。这类新产品是在基础研究成果上通过应用研究而发展起来的新产品，或者是几项技术的综合，是技术上的重大突破。如20世纪出现的汽车、电子计算机等。完全创新产品可以是企业独立研究、开发的成果，也可以是引进国内外专利，或者是其他研究部门的科研成果。完全创新产品是一种全新商品，在技术性能、经济效益等方面具有新的特点。独立开发完全创新产品，不仅需要大量资金和先进技术，而且开发周期较长，风险性也较大，一般适合于大型企业。通常，完全创新产品只占所有新产品的10%左右。

(2)半创新产品。它是指以原有产品为基础作适当改变或替换的新产品。如对原产品的技术、结构、外型、用途等作不同程度的改变或替换。

(3)模仿型新产品。这类新产品是模仿国内外已研制出来的新产品，有时也根据市场需要进行必要的改进，以代替企业正在生产的产品。模仿型新产品具有周期短、见效快等特点，对于一些缺少技术力量的中小企业特别适合。此类新产品占全部新产品的20%左右。

(4)改进型新产品。这类新产品是采用各种改进技术对老产品进行改造，使新产品在技术性能上有一定的提高，在结构上有新的特点，在用途上有所扩大，能进一步满足消费者和用户的需要；或者是在现有商品领域中，选用若干通用化的零部件形成具有新用途的系列产品；或者是采用新的工艺、新的设备进行生产，使成本大幅度下降，价格降低而使销路扩大的产品。这类新产品占全部新产品的60%左右。

(5)换代型新产品。这类新产品是指在原有产品基础上，不改变基本原理，只是部分采用新技术而制造出来的，适合新用途、满足新需求的产品。这类新产品性能有较大提高，并具有新的功能，一般占全部新产品的10%左右。

3. 按应用范围划分

(1)大型成套专用商品和设备。这类新产品是为满足生产上某种工艺流程要求而研制的产品。其主要特点是匹配成套，可以满足不同使用要求，便于用户选用。

(2)量大面广的系列商品。这是指性能相同，而使用条件和应用范围不同的具有各种参数和规格的系列品。

与普通新产品不同的是医药新产品既包括各种中成药，也包括其他各种含有医药的新产品。医药新产品一般具有以下一项或多项特点：具有新的原理、构思和设计；采用新的原料；具有新的用途和新的功能；能满足消费者的新需要；能推广应用和提高经济效益。

医药新产品可以从市场和企业两个角度来判断。对某市场来讲是第一次出现的产品可以称为医药新产品，对某企业而言第一次生产销售的产品也叫医药新产品。根据这两个标准，可以把医药新产品分为以下三类：

①医药全新产品：这类产品具有前面所说的五项特点。一般是指新发明创造的产品。全新

产品是由于科学技术的进步，或者为满足市场上出现的新的需求而发明的产品。这种产品无论对企业或市场来讲都属新产品。新药研制中一般是指三类以上的新药。

②医药新产品大类：这种产品是在市场上已经出现，但对本企业来讲是最新产品。它一般是通过引进或模仿别人的技术，并稍加改进而创出本企业的产品。如各种四类新药都属于这一类。

③重新定位：是指企业把现有产品投放到新的市场部分。这种产品对企业来讲是老产品，但在市场上属新产品。医药产品市场可以按照多种标准划分为若干市场部分，任何一个企业都不可能满足全部市场的需求，它必须选择自己的目标市场。当该企业的产品在现有目标市场上达到饱和或销售不畅时，就可以考虑进入新的市场部分。

第二节　医药新产品市场开发原理及战略

一、医药新产品开发的原理

医药新产品开发是一项非常复杂的工作，需要对科学发展、生产工艺、消费趋向、市场需求、经济效益等进行研判，需要遵循一些客观原理进行创造。

1. 新产品开发应遵循创造性、新颖性和实用性原理

新产品发明可源于现有产品，但必须高于现有产品，具有一定的创造性或创意，其实质是对现有产品的突破，在技术、性能、构思等方面发生质的飞跃。新产品发明基于创造性，甚至完全脱离现有产品框架结构，开辟出另一广阔的应用领域，如蒸汽机、晶体管、计算机的创新等。当然，也有些新产品是对原有产品和技术的改进或修正或重新组合。新产品应遵循新颖性要求，即在一定时间和范围内与现有产品款型、功能、结构、外观等具有明显差异，给人以全新的感觉。新产品的新颖性是相对的，即在一定时间和地区范围内，若超出特定时间和范围则另当别论。新产品推向市场，需要得到市场认可才能实现其使用价值，故必须遵循实用性原理，力求满足消费者需求，方便消费者使用，对社会和环境绝不能造成损害。新世纪新产品实用性需要包含高技术含量，但更需要使用便捷的功能，因此，在新产品开发与试制中应综合考虑方便、快捷、轻巧、无公害等因素。

2. 新产品开发应遵循多样性、功能性、有益性原理

新产品开发最基本动因是满足各种不同消费者需求。由于各国经济发展水平存在客观差异，即使相同国家不同地区收入也不相同，此外，消费者年龄、性别、宗教信仰、文化习俗等差异，均对商品需求形成多样化特征。消费者需求差异，除要求新产品遵循多样化原理外，还要求新产品具有多功能性和特殊功能性。新产品开发涉及商品结构、性能与用途，通过对其化学成分、材料选择、工艺流程、配方设计等手段作局部或整体改进或重新组合，可大大增加功能特性，扩大商品的使用范围，并使商品的使用价值获得更大提高。新产品开发在满足消费者需求前提下，必须考虑其对社会及人体是否有益。新产品开发需要采用新工艺、新配方、新设备、新材料等。目前，自然资源的短缺已成为不争的事实，作为商品生产和使用的基础，在开发与研究过程中必须考虑新产品是否会产生不利或有害的影响；是否选择绿色能源或降低能源耗损；是否选择对环境无害的替代材料对现有产品作改进；是否采用不会对环境造成污染的合适的工艺；使用中是否会直接或间接地伤害人体。

二、医药新产品开发要求

1. 新产品开发应符合国家经济发展战略目标

商品作为国家经济发展基础，在开发研究过程中，首先，要符合国家经济发展战略目标要求，符合国家整体经济发展、社会生产要求及消费增长趋势。只有这样，才能使新产品开发顺利进行，开发出的新产品具有较强市场竞争力。要做到这一点，还必须注意时限性的特点。国家经济发展战略目标具有时限性，不同发展时期具有不同的战略目标要求。因此，不同时段新产品开发具有不同内容要求。其次，国家经济发展战略目标要求新产品开发时必须注意对自然环境的保护，力求利用先进的科学技术，逐步扩大技术密集型或知识密集型商品的比重，要兼顾各地不同收入层次消费者实际需求。在我国除了发展高中档次商品外，切不可忽视基层消费者日常必需小商品的研究与开发、生产与销售，以确保大众生活稳定，社会安宁。

2. 新产品开发应符合市场需求与发展趋势

新产品开发必须在广泛、深入的市场调研基础上，对不同消费需求、消费习俗、消费能力、消费结构、潜在需求量等进行仔细而又详尽地分析与判断，及时把握市场变化特征和变化趋势，从而确定新产品开发的方向，使新产品的品种、质量、性能、效用、规格、型号、款式、价格等适销对路，尽可能满足各层次消费者不同需求。

3. 新产品开发应符合经济效益和社会效益

现代社会政府、企业与个人都作为经济利益体参与整个社会的经济活动，新产品开发时应符合不同经济个体的经济利益要求，因此，力求突出“新”字，能为各经济个体创造更多利益。但是，仅有这一点是不够的，新产品开发还必须符合社会效益要求，也就是说新产品开发应具有社会经济合理性。首先，新产品能够在使用较少研究、设计和制造费用的前提下，实现批量生产，力求功能全、效用高、成本低、价廉物美，以最少的资源代价获得最高的经济利益。其次，在引导消费的前提下，力求保护人类生存环境的安全。商品生产需要的大量原材料来自自然环境，对于耗竭性资源，应尽量寻求替代品，可通过新产品研制开发达到部分或全部替代的作用，达到减少消费用量的效果；对于非耗竭性资源也应遵循合理开发与加强保护的原则，推广再生循环使用技术，使自然资源使用量降到最低。最后，新产品开发必须考虑到使用后对环境的安全性问题，即用完后的商品是否方便处理、对环境是否无污染、对人体是否会产生直接或间接的危害等。凡是不利于人们身心健康、有害社会、污染环境的新产品，坚决不能开发。

4. 新产品开发应符合相关标准的要求，便于生产制造和使用

新产品开发与研制不能只局限于实验室或样品阶段，更重要的是能够组织社会化大生产。这就要求其工艺性能完好，有利于生产制造：外型、功能要求合理，便于生产制造过程中的控制与管理；质量符合标准要求，该标准为国家标准、所在国标准或国际标准等。新产品开发时还应注意要方便消费者使用，包括操作灵便、安全可靠、易于保养维修等。

5. 新产品开发应利用自身优势，力求使新产品具有市场强竞争力

新产品开发应利用自身优势，包括技术能力、生产条件、员工素质、管理经验等，千万不可牵强附会，否则容易事倍功半。在目前新经济时代，具有高科技含量、有创意的新产品在市场中竞争力比较强，因此，企业应尽量开发研制具有自身专利技术产品，软件开发类产品等，只有这样的新产品才能在市场中立住脚根。

三、医药新产品开发的战略

医药新产品从它一问世，就面临激烈的竞争，特别是与生产同类产品企业的竞争。这些企业的营销目标、资源和实力各不相同。有的规模大,实力强;有的规模小,实力弱。面对众多的竞争者,生产企业可采用多种基本战略。生产医药新产品的企业,在进行市场营销时,从新产品的立项开始,就要注意对医药产品市场进行细分,以便确定自己的目标市场,并进行准确的市场定位。医药新产品市场细分指企业根据市场需求的多样性、消费者购买行为的差异性;整体顾客划分为若干具有某种相似特征的顾客群(又称子市场或细分市场)以便确定自己的目标市场。市场细分的依据可根据消费对象的年龄(分为老、中、青、儿童)、性别(男、女),收入(高、中、低)、消费动机(长寿、美容、防病)等各个方面,将市场分成若干批以便确立本企业准备立项的医药新产品要进入哪个市场。在打算进入这个市场之前,应了解该市场的竞争产品的情况,如疗效、价格、舒适性、安全性等。了解竞争产品的企业实力、营销策略等。如果所选中的市场是一个空白,没有竞争产品,则进入市场要顺利得多。一旦选中目标市场,还要考虑市场定位。如口服液的保健品市场按年龄可分为老年、中年、青年、儿童四个市场,假设某个企业选中了儿童市场,即该企业以儿童市场为目标市场,这时,这个企业还要考虑在目标市场的市场定位。这种市场定位战略,一般有两种选择:一种是远离竞争者,即在包装、价格、销售渠道方面实施与竞争者不同的策略;第二种是靠近竞争者,即在包装、价格、销售渠道等方面实施与竞争企业一致或接近的策略。企业应该选择哪种市场定位,应根据企业产品的特性、资源、财力、技术,以及竞争企业的产品特性、资源、财力、技术等实际情况而确定。市场细分、目标市场营销、市场定位是医药新产品在市场营销中的三个步骤。它们贯穿整个医药新产品市场营销的全过程,是医药新产品市场开发成功的保证。

第三节 医药新产品开发模式

一、新产品开发的主要模式

1. 市场导向型模式

该模式是以市场为导向而进行新产品的开发与研制的模式。如依据消费者需求和竞争需求而进行新产品的开发。市场导向型模式将市场作为新产品开发的直接动力,也作为新产品的起点与归宿。市场导向型模式的主要特点为:

(1)利用现有或潜在商品使用价值与用户消费欲望之间存在的客观差异;

(2)利用用户已经存在或潜在具有的消费欲望、消费需求;

(3)利用市场消费需求结构变化以及消费流向所产生的要求;

(4)利用企业现有条件而保持竞争优势,提高企业在市场上的信誉及地位,增强企业的经营活力。

2. 科技推动型模式

科技的迅猛发展使市场中涌现出许多高科技新型产品,并加快推动产品的更新换代。科技不仅是新产品产生的源泉,而且更是新产品开发的推动力和基础。科技发展为新产品开发提供了重要的手段,扩大了科技的应用水平,同时,还提高了新产品的精确性和开发效率。科技推动型模式在新世纪越来越受到企业的推崇与重视,许更多经营成功企业的经验证明:利用该模式开发和研制新产品具有比较大的成功可能性。

3. 产品周期型模式

产品存在生命周期，即产品从投向市场开始，必然经过导入、成长、成熟到衰退四个时期的不同运行。新产品开发时往往在原有产品退出市场之前就已做了大量工作，一般在市场成长期和成熟期前半时段，依据所获得的充足资金投放于新产品的研制与开发，从而能使企业经营良性循环，周而复始，螺旋形地上升。

二、新产品开发模式的共性与差异

1. 新产品开发模式的共性

上述三种新产品开发模式都需要以市场调查为基础，然后确定方向，依据原有基础或由外部引进技术进行研制与开发，选择最佳工艺路径，采用最合理的配方和机械设备，按照有关标准的要求加工成型，经检验合格后包装出厂。因此，三种新产品开发模式具有共性。

2. 新产品开发模式的差异

(1)重点不同。市场导向型模式重点是依据市场相关要素进行新产品的开发与研制。影响产品开发的市场因素有许多，其中最主要的是最终用户与竞争者，也就是说开发出的新产品必须能满足最终用户的实际需求，与竞争者的产品相比，具有较强的竞争力，即在产品的外形、款式、功能、用途、品质、价格等方面优于竞争者的同类产品。

科技推动型模式重点是依据科技实力研制与开发新产品，即利用科技优势使新产品的原理、结构、材料等具有独创性；或者利用原有技术进行优化联接，创造或组合成各种新产品；或者从外部引进技术，研制与开发出所处市场需求的新产品。该模式应用具有一定的风险性。如科技推动独创性新产品的研制与开发，通常整个周期比较长，需要高额投资和雄厚的技术基础，故比较适用于大型集团企业。一旦取得成功，其获取的经济效益是非常可观的；但若失败，则损失将十分惨重，需要经营者慎重决断，一般由管理者、技术人员及相关专家组成的决策组共同商定。

产品周期型模式重点是依据现有产品在市场中所处的生命周期而进行新产品研制与开发。通常当市场中现有产品销售最旺、赢利最高之时，即现有产品处于市场成长期后期与成熟期前期时，经营者应保持清醒头脑，必须抽取部分资金用于新产品研制与开发，以保持企业经营持续增长。

(2)产品创新程度不同。通常采用科技推动型模式进行新产品开发，其创新程度比较高，包括完全创新产品和部分创新产品。运用该模式开发新产品往往风险比较高，收益也比较大；赢利高，见效快。产品周期型模式开发新产品，比较常见方法是在现有产品基础上进行部分改进，如利用原材料互相替换而开发出新型产品；采用新工艺方法，对原材料进行二次加工或多层次加工而发展新型产品；采用新型材料生产制造新型产品；对现有产品功能、用途、款型等作部分改动后投放市场等。市场导向型模式介于上述两者之间，主要根据市场实际需求及企业自身优势使新产品能够在市场上具有强竞争力。

三、新产品开发模式选择

1. 选择要求

选择新产品开发模式，取决于市场调查研究基础上的预测准确性。首先，要仔细分析本行业在国民经济中的地位和作用，预测国民经济发展趋势对本行业的要求；其次，要求详细分析企业自身现有技术水平、研究开发能力、创造能力与管理水平，以及上述内容与国际先进水平相比存在的差距，以便正确预测未来技术的发展趋势；最后，应深入调查市场实际需求量，计算出较为准确的经济效益。只有这样，才能选择比较合适的新产品开发模式。

2. 选择程序

选择新产品开发模式是新产品正确开发与研制的重要环节。了解新产品开发不同模式的优缺点及适用范围，是选择新产品开发模式的前提；比较不同新产品开发模式共性与差异性，最终可分为产品概念开发、样品研制开发和商业性开发。

四、产品概念开发

产品概念开发是指新产品构思或寻求创意后经筛选或甄别到设计方案形成的全过程。

1. 新产品构思

新产品构思实际是寻求创意，主要指新产品开发的设想，即企业为满足市场新需求而提出的设想，再将具有现实代表意义的种子设想加以综合分析与研究，逐步形成比较具有系统或完整的新产品概念。

(1)构思或创意的主要来源。构思或创意主要来源于顾客、技术人员、竞争对手、企业经营、咨询公司、学术团体或协会、大学、各种媒体等。构思或创意决不能凭空臆想，而应到实践中去作深入细微的调查研究，与各类人员进行信息交流，再通过构思者或创意者艰苦的脑力加工而产生具有高水准构思或创意而开发出的新产品。它凝结着相关人员的心血和汗水，是劳动的结晶，投入市场后必然具有强生命力。

(2)构思或寻求创意的主要方法。排列法。将现有产品按照其属性进行有序排列，便于快捷地寻找出应改进属性的类型、要求与方法，并以此为基础形成新的产品构思或创意。

组合法。先列举出若干具有不同功能、特性、用途、款型等产品，通过将其中的两种或多种产品进行排列组合，从中产生新产品构思或创意。

多元法。构成产品的要素很多，该方法是将产品的重要因素抽象出来，然后对每一要素的具体特征进行分析，从中形成新产品构思或创意。

专家法。围绕新产品开发的要求，组织由若干名具有独特见解的专家、专业技术人员、发明家等聚集一起进行相关专题讨论，在会前便向与会人员提出若干问题，给予他们以充足时间准备，通过专家及其有关人员提出的各自设想和建议进行综合归纳与分析，在此基础上形成新产品构思或创意。

群辨法。这种方法是在广泛征集各类信息基础上经分析整理、辨明真伪、择优转化所形成的新产品构思或创意。该方法所涉及的征询人员除专家、发明家和专业技术人员以外，还通过调查问卷、召开座谈会等方式向消费者或用户征求意见，询问各类专业人员看法，包括各类中间商、广告代理商、储运商等。在认真听取意见和建议的基础上对各种信息进行综合、分类与归纳。经辨析后形成的新产品构思或创意比较能切合市场的实际需求。

(3)构思或寻求创意的原则。构思或创意应打破常规，有独特见解，循规蹈矩式的构思开发出的新产品非常容易在极短时间内被淘汰出市场，或者在进入市场之前已步入"死亡"边缘。

构思或创意应争取数量。常言道：量变引起质变。当数量达到一定时，则容易使构思或创意发生突变，开发出的新产品创新程度提高，必然使其市场竞争力增强。

构思或创意应善于组合与改良。实际上组合与改良本身就包含有创意与构思。组合并不是简单的拼凑，改良也不是单纯的修修补补，而是通过脑力劳动设计与构划，使之满足用户生理和心理的各种需求。

2. 新产品筛选

通常新产品构思或创意有多种方案，需要经过认真仔细的筛选，即根据企业自身所具备的条件，如资金能力、人力资源、科技水平、管理状况等是否符合开发这种新产品的构思或创意，以此作为选择新产品模式的重要决策依据。为了便于选择新产品，缩短新产品开发周期，有效地进行新产品开发，可按照一定程序选择新产品开发模式。

国外：现有技术水平、未来技术发展趋势、政治、战争、市场需求量等因素；

国内：现有技术水平、未来技术发展趋势、国民经济发展要求、市场需求量、企业现有技术、产品研究开发实力、产品生产制造能力、管理水平等。

第四节　医药新产品开发程序与要求

新产品开发程序主要有两种分法，每种包括八部分。第一种："构思－筛选－形成新产品概念－制定营销策略－商业分析－样品研究试制－市场试销－大批投产正式上市。"第二种："寻求创意－甄别创意－新产品概念发展与试制－制定营销战略－商业分析－产品试制开发－市场试验－商业化。"

一、样品研制开发的要求

1. 对于完全创新产品必须要进行预先研制，充分做好技术研究，集中所有力量进行技术攻关。同时，要搞好技术储备工作，为样品的设计与试制打好基础。完全创新产品是采用全新的原理、结构、材料和工艺制成的新产品，基本无成熟经验可借鉴，研制过程需要特别慎重，对其中每一环节都应考虑周全，避免留下任何隐患或不足，有些关键之处需反复多次地试验。

2. 对于非完全创新产品或者仿制型新产品，可以直接进行样品设计的试制，即直接通过设计－试制－试验－设计方案修改－再试制－再试验，整个过程历经反复多次。

3. 在样品设计试制时需要对所开发的新产品进行外形设计分析、材料与加工分析、价值工程分析，以确保所研制新产品具有高品质，以避免由于疏忽引起新产品功能欠缺，力求消除整体和局部功能过剩，以低成本和高品质作为新产品设计试制的指导思想。

4. 样品设计试制成功后，需要由专家组进行全面评审。首先，考核整个样品的设计方案是否合理，其性能指标是否能全面满足用户需求，是否符合相关标准规定的内容和要求，是否达到设计任务书预定的技术经济指标。其次，鉴定和验证整个样品设计方案的结构是否完善，性能与质量指标是否达到设计要求，是否具有经济效益。鉴定和验证时主要参照技术任务书要求，当然，所具备的技术任务书文本应完整、正确与统一，内容应符合现行有关标准要求，对产品生产制造具有一定的指导作用。技术任务书要比较详尽地描述样品所应具有的性能、质量、外观、安全性、可靠性等；对样品的生产工艺流程、制作过程中应花费的成本、技术实施与推广的经济条件以及有关卫生、环保、节能等技术要求均要有标准要求。最后，确定所设计样品能否转入小批试制或试生产。整个的评审过程必须遵循严密、规范、科学、客观的原则。

二、商业性开发

商业性开发是指从样品试制过渡到试生产和正式生产的过程，主要包括市场分析、包装设计与开发、品牌设计、消费者或用户试用、试生产、市场小批量试销、投产鉴定、广告宣传、各种促销、公关活动、正式批量生产、直接投放于市场等。

1. 检验新产品的市场效应

新产品样品经鉴定和验证合格后，需要进行包装、装潢、品牌和附加物的设计，生产准备和小批量试制，并将生产出一定数量的试制品投放到具有代表意义的小范围市场进行试销，经受市场的检验与认可，以检查这种新产品的市场效应。同时进一步考证企业生产制造这种新产品的工艺技术、生产设备、经营功能、管理水平等诸方面是否能够达到标准要求，是否能够大批量生产质量稳定的合格产品以满足市场的需求。

2. 市场检验后新产品的取舍条件

新产品投放市场如果能够获得成功，即该产品在试销市场中呈现高销售量，则可考虑扩大生产规模和生产量；如果消费者或用户对新产品采购量或使用量比较低，则需要进一步深入调查研究与分析，如果是由于对新产品不熟悉或了解不够，此时应加强广告宣传和各种促销活动，相信具有各种优势或特性的新产品最终能被广大消费者或用户所喜爱和接受；如果是由于新产品存在某些缺陷和不足，此时应在与消费者或用户进行信息沟通的基础上对新产品进行必要的改进或修正；如果经过各种努力和尝试，都无法使消费者或用户感到满意，或者对新产品作某些必要的改进或修正使成本太高，经济效益不合算，此时应当机立断，将此新产品立即放弃。

3. 新产品投产的鉴定要求

经过市场检验和认可后的新产品需要进行规模生产，以满足市场的实际需求。此时应进行投产鉴定，对新产品规模生产作进一步考证，主要包括以下几方面内容：

(1)产品稳定性的验证。新产品投放市场必须进行规模生产，需要大批量生产的产品质量具有稳定性。通常从企业生产的试制品中抽取一定数量，按照该产品技术标准要求规定进行质量稳定性鉴定。同时还应抽取一定数量产品进行消费者或用户试用试验，综合检查该产品各项质量指标，包括外观款型、安全性能、环保节能性能等，全面鉴定新产品质量稳定性，从而真正满足社会、企业和个人三方利益。

(2)技术文本的验证。这主要是指对与新产品的构思、设计、试制、投放市场检验等程序有关图纸和文本，以及所收集的各种资料汇总后进行审核，以确保上述所有相关信息资料的完整性、正确性、清晰性和统一性。这些技术文本应符合相关标准和标准化要求，并作为新产品规模性生产的指导文本。

(3)生产条件的核准。新产品一旦决定规模生产，则必须对企业自身所具备的生产条件进行必要的核查。根据新产品生产要求、规模大小以及类型，审查企业工艺设备安装状况、实验室检测条件与手段、项目生产与组织管理、员工操作技能等。对上述各生产环节核准后，才能转入大批量生产，才能使经大批量生产所得的新产品质量具有稳定性，以便真正满足市场中各类消费者或用户的需求。

三、对新产品研制开发成功的要求

新产品研制开发是否成功，基本可通过下列要求加以评判：

1. 技术鉴定合格，消费者或用户满意

任何一种新产品研制开发要获得成功，必须经过技术鉴定为合格品，同时要得到市场认可，使得消费者或用户使用此新产品后感到满意，并能产生满足感。这两条件相辅相成，缺一不可。

2. 具有价值和使用价值

任何一种新产品研制开发要获得成功，必须使该新产品具有价值和使用价值。企业投入大量人力、物力、财力开发和研制，是希望该新产品在满足消费者或用户需求基础上能够获得投资回报，企业自身能够有利可图。同时该新产品必须能满足消费者使用需求，使其在正常使用条件下，安全地发挥各项功能与效用，真正体现出使用价值。

3. 具有市场效应

任何一种新产品研制开发是否获得成功，可看其是否具有市场效应。新产品投放市场并要获得一定的市场占有率，则需要该新产品具有强大的市场竞争力，在与竞争对手对抗中能以其优势或特长取胜，能够争取到更多的客户。为此，企业还应对该新产品附加有更多的服务要素，以提升新产品综合性功能，使其市场效应达到最大。

第五节　医药新产品市场调研

一、市场调研的概念

所谓市场调研就是有目的的对与市场营销有关的信息、资料、情报，进行科学、系统地收集整理和分析，以便了解现有的和潜在的市场，发现问题和机会，作为市场预测和经营决策的基础。市场调研可分为两部分工作，一是资料信息的收集，二是市场分析和预测，两者是紧密相连不可分割的。资料收集是市场分析和预测的基础，没有大量的市场信息资料，市场分析和预测就只能是主观臆断。而对所收集的资料不作进一步的整理分析，并依此进行市场预测，市场调研就失去了应有的价值。

二、市场调研的意义

1. 市场调研是企业正确决策的依据。每一个人都希望健康长寿，因此医药新产品的市场只会越来越大。企业只有提供新产品才能满足需求，这是每位企业决策者必须考虑的问题。实际上，任何成功企业的经营策略都是建立在对大量的信息资料进行正确判断基础之上，只有这样才能以低代价取得高效益。因此企业要作出决策，必须要了解市场，进行市场调研。

2. 市场调研是企业开拓市场、开发新产品的基础。任何产品都有生命周期，当企业的产品进入成熟期后，最有效的继续生存方式就是开发新产品。通过市场调研可以了解和掌握新的需求和期望，从而选择新的市场机遇，瞄准最佳的市场，选择最佳的市场定位，使企业继续盈利。

3. 市场调研有利于企业在竞争中立于不败之地。企业要在竞争中取胜，就必须掌握竞争对手的经营策略、产品优势、经营力量、促销手段、发展意图以及市场需求容量、产品价格、原材料价格和供应能力，及早制定和修正产品策略、价格策略和促销策略，采取相应措施提高产品竞争力。

4. 市场调研有利于企业加强经营管理，提高经济效益和新产品的科技含量。经营决策正确与否最终是以经济效益体现出来的。但经济效益不仅与经营决策有关，而且与企业管理者、营销人员和生产人员是否协调配合有关。不断收集和获取新的信息，才能熟知生产、管理技术和医药科技发展的最新动态，在管理上找出自身的差距，在新产品开发中，充分利用最新科技成果，使新产品更具有特色或成本降低或质量更好。

三、搜集信息资料的内容和途径

1. 搜集信息资料的内容

(1)经营环境调查。医药企业的经营环境包括政治环境、经济环境、科技环境、法律环境、文化环境和自然环境。

医药是个特殊商品,它直接关系到人们用药安全有效。因此国家对医药的研制、生产、流通和使用都有特别规定,先后制订颁布了专项法律法规 22 个,相关法律法规 13 个,对整个医药行业的各项工作进行规范管理。因此,开发医药新产品和开发新市场应注意有关的法律法规的要求。

(2)市场需求调查。对企业来说,市场就是在一定时期内具有支付能力的需求。没有需求也就谈不上具有市场,当然就无法进行新产品开发。需求变化给医药新产品开发带来机遇,所以针对医药新产品消费者的调查是市场调查内容中最基本的部分。

对市场需求的调查内容包括以下三方面:首先是市场容量和特征。以中成药为例,必须了解人口分布、消费者生活习惯和职业、发病率、就医率、死亡率、治愈率等。对这些内容的调查有时还可发现药品的新市场。其次是影响市场的其他因素。比如医生用药习惯,患者和医生对现有药品和新药的认识、接受程度和对售后服务的要求,患者的文化素质、风俗习惯和心理需求。一般来说,患者除了要求药品具有治病防病功能外,还希望用药方便,副作用小,药物对人体的刺激性小。通过调查就可了解到现有药品的不足,寻找到新药开发的突破口。最后是患者对药费的承受能力。因为市场就是具有支付能力的需求,只有需求而没有支付能力则不成为市场,价格定位是新市场开发的重要因素。

(3)产品及营销活动调查。一般来说,本项调查的内容可有以下几个方面:竞争药品的优势,如疗效很好,使用安全方便等;竞争药品在市场上的占有率;竞争企业的生产能力和医药资源的供应;竞争者对经销渠道的控制程度;医生和患者对竞争药品的认可程度;竞争药品的缺陷,患者还有哪些需求未在竞争药品中体现出来;竞争药品的售后服务和促销活动;竞争药品的价格。

(4)收集有关医药发展的科技信息资料。收集和掌握医药及相关学科发展的最新成果,对新药的设计开发、老产品改造、提高医药提取率和降低制造过程的损耗和药品制造成本是非常重要的。

2. 搜集信息资料的途径

搜集信息资料的途径很多。由于调查的目的和内容不同,因此搜集信息渠道的侧重点不同。下列几个途径可供选择。

(1)文案途径。该途径主要是收集一些二手资料。通过这些资料可了解市场的基本状况,最新科技发展动态以及国家对医药行业的有关政策法规和统计资料。具体途径有:订购各种公开出版物,如《药学学报》、《药学文摘》、《药品信息》等;向有关情报机构、信息咨询机构、信息预测部门获取信息资料;通过国家和行业主管部门如国家食品药品监督管理局、中医药管理局等机构发布的各种政策文件(包括通知、计划等);通过与有关单位(如科研机构、大专院校、科研生产协作单位和医学会、药学会等学术协会以获取所需信息)进行资料交换。通过各种经济联系的有关部门获取信息资料,例如物价、审计、银行、工商管理、原辅料供应企业和各医药公司、药店等,这些部门往往是市场动态的耳目,他们掌握着众多的信息资料,对市场动向反应非常灵敏;通过各种信息发布会、展览会、订货会、展销会和学术会等机会收集信息情报资料;通过长期建立的人际关系网络和大众信息传播媒介，如电视、广播、专业报纸等有时也能获得重要的信息；实地调查是在周详严密的框架下，由调查人员直接向被访问者收集第一手资料的相互来往过程，该途径可获得原始资料，并要求调查人员有一定的专业素质和修养；通过调查访问处方医生、掌握药品的实际效果、副作用、用药量、疾病流行分布和最新医疗技术等情况；调查访问医生或患者，了解他们对现有药品的销售以及对新药的评价，寻找患者的新需求；原辅料生产企业可通过对客户的调查访问，了解现有原辅料的使用情况，存在的优缺点等，以获取对老产品改造的信息。

(2)其他途径。上述途径是市场调查的主要途径，为一般信息收集者常采用。还有些途径同样也能获得一些重要信息，比如，从竞争对手中的去职或现职人员中收集信息；通过参观学习、工作会议、进修等机会获取信息；还可从医院医生或医药公司的业务员中聘请业余信息员。

第六节　医药新产品开发的风险和成功条件

一、医药新产品开发的风险

医药新产品开发同其他新产品开发一样，有着巨大的风险和失败率。要使医药新产品开发的风险减少到最小的程度，企业及科研人员在新产品立项时要注意以下几点：

1. 确定产品的市场。在医药新产品开发之前，必须对新产品的潜在顾客作深入调查，准确了解医药新产品的市场规模及市场的性质。不要等到新产品生产出来之后，才发现并不适合市场需要，或者市场并不像事先估计的那么大。

2. 避免主观臆断。不要把医药新产品开发人员的想法强加在消费者身上，不要以医药新产品开发人员的好恶来判断消费者的倾向。

3. 对影响潜在顾客购买的因素进行仔细分析。一方面运用这些影响因素中有利的一面进行促销，另一方面设法应付这些因素所带来的不利影响。

4. 准确核算成本。如果事先对医药新产品开发的成本估计偏低，产品生产出来之后，才发现按成本制定的价格超过了消费者的接受能力，则会导致医药新产品开发的失败。

5. 掌握竞争对手的医药新产品开发情况，准确预测竞争结果。如果新产品刚投放市场，就遇到更先进的同类产品的竞争，也会造成医药新产品的夭折。

6. 对困难要有足够的认识。医药新产品的销售对推销人员的素质有较高的要求，并需要投入巨额广告经费给予支持。不要等到医药新产品上市时，才发现本企业的销售力量和资金不足，从而无力打开医药新产品的销路。

7. 不要过分强调产品技术而忽视了市场的需求。许多医药新产品的研制人员，考虑技术问题比较多，从市场的角度考虑问题较少，所开发的新产品往往是技术含量很高，可是消费者并不需要。

8. 抓住时机。市场形势千变万化，科学技术日新月异的发展，医药新产品不断涌现，产品的生命周期越来越短，产品更新换代的速度加快。如果企业研制周期太长，或推出速度太慢，则有可能被竞争企业仿制，或被更新的产品淘汰，从而失去市场机会。

二、保证医药新产品开发成功的条件

企业要保证新产品开发成功必须做到以下几点：

1. 市场调查工作必须认真进行。这种调查包括科学技术的新动向，消费者需求的变化趋势，竞争对手的医药新产品开发情况及其他可能的影响因素。在调查的基础上作出尽可能准确的预测，才可能避免医药新产品不适应市场需求或落在竞争对手后面的情况。

2. 企业本身要有足够的开发能力。企业竞争能力直接关系着新产品开发的成败，企业在开发医药新产品时必须要有雄厚的技术和资金作后盾。此外，企业在开发新产品时，如果能同现有产品建立起联系，则会有助于新产品的推广。

3. 产品本身要有独特的风格。许多医药新产品之所以不为市场所接受，就是因为与原有产品差别太大却缺乏特色。保持医药新产品与原有产品具有明显优势并创出特色，现在医药新产品的特色主要是由新理论和新原料组成。

4. 上市时机要恰当。医药新产品研制成功后，要对市场形势作周密的分析，选择上市时机。在时机不成熟和时机过去时上市都必然遭到失败。

5. 企业的高层领导人对医药新产品开发工作应给予强有力的支持。医药新产品开发活动中存在着三大障碍：技术障碍、市场障碍和企业内部障碍。企业内部部门之间的摩擦，高层领导人员如果能协调好新产品开发部门与其他部门的关系，对保证医药新产品开发的成功有十分重要的意义。

第七节　新药的申报与审批

一、新药申报资料项目

1. 新药（化学药品）申报资料项目

第一部分，综述资料：①新药名称（包括通用名、化学名、英文名、汉语拼音。凡新制定的名称，应说明依据），选题的目的与依据，国内外有关该药品研究现状或生产、使用情况的综述；②研制单位研究工作的综述；③产品包装、标签设计样稿；④使用说明书样稿。

第二部分，药学资料：①原料药生产工艺的研究资料及文献资料；制剂处方及工艺的研究资料及文献资料；②确证化学结构或组分的试验资料及文献资料；③质量研究工作的试验资料及文献资料，包括理化性质、纯度检查、溶出度、含量测定等；④质量标准草案及起草说明，并提供标准品或对照品；⑤临床研究用的样品及其检验报告书（申请临床时报送）或生产的样品 3～5 批及其检验报告书（申请生产时报送）；⑥稳定性研究的试验资料及文献资料；⑦产品包装材料及其选择依据。

第三部分，药理毒理资料：①主要药效学试验资料及文献资料；②一般药理研究的试验资料及文献资料；③急性毒性试验资料及文献资料；④长期毒性试验资料及文献资料；⑤局部用药毒性研究的试验资料及文献资料；全身用药的过敏性、溶血性、血管刺激性等试验资料及文献资料；⑥复方制剂中多种组分药效、毒性、药代动力学相互影响的试验资料及文献资料；⑦致突变试验资料及文献资料；⑧生殖毒性试验资料及文献资料；⑨致癌试验资料及文献资料；⑩依赖性试验资料及文献资料；⑪药代动力学试验资料及文献资料。

第四部分，临床资料：①供临床医生参阅的药理、毒理研究及文献的综述；②临床研究计划及研究方案；③临床研究总结资料(包括知情同意书、伦理委员会批准件)。

附说明：第一类新药(化学药品)中的避孕药Ⅰ期临床试验应按《新药审批办法》的规定进行；Ⅱ期临床试验应完成不少于100对6个月经周期的随机对照试验；Ⅲ期临床试验完成1000例12个月经周期的开放试验；Ⅳ期临床试验应充分考虑该类药品的可变因素，完成足够样本量的研究工作。其他各类避孕药临床试验一般可按《新药审批办法》规定的病例数要求进行，但相应各期临床试验的观察周期应与第一类新药避孕药的要求一致。

2. 新药(医药材)申报资料项目

(1)第一部分，综述资料：

①品种研制工作概况；

②名称(包括中文名、汉语拼音、拉丁名)及命名依据，选题目的、选题依据及有关文献资料综述；

③药材包装材料的性能、规格的设计样稿和说明，包装上必须附有品名、储藏、质量合格标志、产地、调出单位和日期等内容。

医药材的人工制成品、医药材中提取的有效成分和部位、以人工方法在动物体内的制取物等要求同《新药(医药制剂)申报资料项目》中的第4项。

(2)第二部分，药学资料：

①医药材的来源及其鉴定依据；

②生态环境、生长特征、栽培或培殖技术、产地加工和炮制方法等资料；

③药材性状、组织特征、理化鉴别等研究资料(方法、数据、附图和结论)及文献资料；

④临床试验用药材的质量标准草案及起草说明；

⑤药材的初步稳定性试验资料及文献资料；

⑥按临床试验用药材的质量标准提供有代表性的三批样品及其检验报告书，同时提供原动、植、矿物标本，引种(养)药材还需同时提供原产地的动、植、矿物标本各2份(包括带花、果、种子等鉴定特征)，每批样品数量应为全检需要量的3倍；

⑦药材的质量标准及起草说明，并提供对照品及有关资料(留作初审单位审核用)；

⑧药材的稳定性试验资料、结论和有关文献资料；

⑨质量标准提供有代表性样品至少3批及其检验报告书，并提供原动植物和矿物及引种(养)药材原产地的动、植、矿物标本各2份(包括带花、果、种子等鉴定特征)，每批样品数量至少应为全检需要量的3倍。

(3)第三部分，药理毒理资料：

①与功能主治有关的主要药效学试验资料及文献资料；

②一般药理研究的试验资料及文献资料；

③动物急性毒性试验资料及文献资料；

④动物长期毒性试验资料及文献资料；

⑤致突变试验资料及文献资料；

⑥致癌试验资料及文献资料；

⑦生殖毒性试验资料及文献资料。

(4)第四部分，临床资料：

①文献古籍对本品性味归经、功能主治等内容的论述，现代研究对传统理论的印证和修

定，该药材应用于方剂的有关研究资料；

②临床试验设计方案及供临床医师参阅的药理、毒理研究结论；

③临床试验负责单位整理的临床试验总结资料，并附各临床试验单位的临床试验报告。

3. 新药（医药制剂）申报资料项目

(1)综述资料：

①品种研制工作概况；

②名称（包括中文名、汉语拼音）及命名依据；

③处方来源、选题目的、选题依据及有关文献资料综述；

④药品使用（试用）说明书样稿及起草说明。内容应包括药品名称、主要药味（成分）、性状、药理作用、功能与主治、用法与用量、不良反应、禁忌、注意、规格、储藏、有效期、生产企业、批准文号等。

药品包装材料的性能、规格及标签的设计样稿及说明。特殊药品和外用药品的标志必须在包装及使用说明上明显表示。

(2)药学资料：

①制备工艺及其研究资料；

②与质量有关的理化性质研究资料及文献资料；

③临床试验用药品的原料（药材）和成品的质量标准草案及起草说明；

④临床试验用药品的初步稳定性试验资料及文献资料；

⑤临床试验用样品及其质量检验和卫生标准检验报告书（样品数量至少应为全检需要量的3倍）；

⑥生产用药品原料（药材）和成品的质量标准及起草说明，并提供对照品及有关资料（留作初审单位审核用）；

⑦药品的稳定性试验资料、结论和该药品有效期的有关研究资料及文献资料；

⑧连续生产的样品至少3批（中试产品），及其质量检验和卫生标准检验报告书（样品每批数量至少应为全检需要量的3倍）。

(3)药理毒理资料：

①与功能主治有关的主要药效学试验资料及文献资料；

②一般药理研究的试验资料及文献资料；

③动物急性毒性试验资料及文献资料；

④动物长期毒性试验资料及文献资料；

⑤致突变试验资料及文献资料；

⑥致癌试验资料及文献资料；

⑦生殖毒性试验资料及文献资料。

(4)临床资料：

①处方组成及功能主治，用中医药理论阐述适应病症的病因、病机、治法与方解；

②临床试验的设计方案及供临床医师参阅的药理、毒理研究结论综述；

③临床试验负责单位整理的临床试验总结资料及各临床试验单位的临床试验报告。

二、新药的审批管理

新药的审批管理主要包括临床研究和生产上市两个阶段。把新药的审批管理过程分为初审把关和复审批准：

1. 初审把关阶段

指省级药品监督管理局负责审批管理的第一阶段，其管理的主要工作：

①对原始资料(指申报的附件一、二、三、四)进行初审；

②对试制条件实地考察，并填写考察报告表；

③省药品检验所对新药质量标准(草案)进行技术复核修订，并对新药样品进行检验。

2. 终审批准阶段

指国家食品药品监督管理局负责审批管理的第二阶段，其管理的主要工作内容和程序：

(1)新药临床研究和生产上市经国家食品药品监督管理局批准

①新药的临床研究是在新药临床前研究的基础上，将该新药用于人体进行的研究阶段。所以，研究工作必须慎重、严格，要经过国家药品监督管理局审核批准。

②新药在生产上市之前首先要取得新药证书。新药一般在完成Ⅲ期临床试验后，经国家药品监督管理局批准发给新药证书(新药证书分正本和副本)。持有《药品生产许可证》，并符合CMP要求的企业或车间可同时发给批准文号。取得批准文号后才可生产该新药。

(2)建立优先审评制度

①加快程序审评。一类新药和属于保密的医药品种，研制单位可直接向国家食品药品监督管理局申请，同时报请省药品监督管理局现场考察和原始资料审核，样品检验及质量标准复核由中国药品生物制品检定所负责。

②加快审评进度。属国内首家申报临床研究的新药、国内首家申报的对疑难危重疾病(如艾滋病、肿瘤、罕见疾病等)有治疗作用的新药，以及工艺确有独特之处的新药，应加快审评进度，及时审理。

(3)建立新药公告制度

第一类新药在国家食品药品监督管理局批准生产后予以公告，其他各类新药在临床研究的申请被批准后予以公告。各省级药品监督管理局，自公告之日起即停止对同一品种临床研究申请的受理。经国家食品药品监督管理局批准的新药临床研究必须在一年内开始实施，否则该项临床研究需重新申报。

(4)增加复审程序

为加强新药研制单位与负责药品初审、复审单位的交流，研制单位对审批结论有异议的，可向国家药品监督管理局提出复审要求。

(5)国家对新药实行监测制度

国家对新药按中药、天然药物，化学药品，生物制品进行分类监测制度，在监测期内国家食品药品监督管理局不批准其他企业生产和进行。

(6)克服重复生产的限制规定

多个单位联合研制的新药须联合申报，经批准后可发给联合署名的新药证书，但每个品种(原料药或制剂)只能由一个单位生产。同一品种的不同规格视为一个品种。

(7)新药试生产和正式生产的规定

新药被批准分为试生产和正式生产。

试生产的药品仅供医疗单位在医生指导下使用，不得在零售药店出售，也不得以任何形式进行广告宣传。

新药在试生产期内应继续考察药品质量，考察其稳定性及临床疗效和不良反应(应完成符合要求的Ⅳ期临床阶段性试验)。药品检验机构要定期抽验检查,发现质量问题要及时报告。如发生严重不良反应或疗效不确切者,国家食品药品监督管理局可责令停止生产、销售和使用。

(8)统一药品批准文号

试生产药品的批准文号为:"国药试字×(或Z或S)××××××××";

正式生产药品的批准文号为:"国药准字×(或Z或S)××××××××";

其中,×代表化学药品;Z代表中药;S代表生物制品。

(9)增添新药标准试行期

新药经批准后,其质量标准为试行标准。试生产新药的质量标准试行期为3年,其他新药的质量标准试行期为2年。

新药的试行质量标准期满,生产单位应提前3个月提出转正申请,及时办理质量标准的转正。新药试行标准的转正,经省级药品监督管理局审查同意,报国家食品药品监督管理局审核批准。

为了鼓励研究创制新药,保护新药研制人员和生产单位的利益与积极性,避免重复研究和生产,国家食品药品监督管理局重新修订了《新药保护和技术转让的规定》,自1999年5月1日起施行。该规定明确了对新药实行分类保护制度,对已经获得批准的新药的技术转让实行审批制度。

第八节　新药的监测和技术转让

一、新药的监测

1. 新药的监测管理制度

国家食品药品监督管理局根据保护公众健康的要求,对批准生产的新药设立监测期,对该新药的安全性继续进行监测。监测期内的新药,国家食品药品监督管理局不批准其他企业生产和进口。

2. 新药的分类监测管理

新药的监测期自批准该新药生产之日起计算,不超过5年。对于不同新药,根据其现有的安全性研究资料、境内外研究状况,确定不同的监测期限。新药进入监测期后,国家食品药品监督管理局不再受理其他申请人同品种的新药申请。省、自治区、直辖市药品监督管理局应当将已经收到的申请退回申请人。

3. 监测期内的新药管理

(1)在监测期内的新药,药品生产企业应当经常考察生产工艺、质量、稳定性、疗效及不良反应等情况,每年向所在地省、自治区、直辖市药品监督管理局报告。(2)有关药品生产、经营、使用或者检验、监督的单位发现新药有严重质量问题、严重的或者非预期的不良反应,必须及时向省、自治区、直辖市药品监督管理局报告。(3)省、自治区、直辖市药品监督管理局对于新药有严重质量问题、严重的或者非预期的不良反应,应当立即组织调查,并报告国家药品监督管理局。(4)药品生产企业不按规定履行新药监测期责任的,省、自治区、直辖市药品监督管理局应当责令其改正。(5)设立监测期的新药从批准之日起2年内没有生产的,国家药品监督管理局可以批准其他药品生产企业生产该新药的申请,并继续进行监测。

二、新药的技术转让

1. 新药技术转让的概念

新药技术转让，系指新药证书（正本）的拥有者，将新药生产技术转给生产企业。接受新药技术转让的企业不得对该新药进行再次技术转让。

2. 新药技术转让的规定

国家食品药品监督管理局根据医疗需要，宏观控制新药技术转让的品种和数量。

（1）对已有多家生产，能满足医疗需要的品种，可停止受理对该品种转让的申请。

（2）对于简单改变剂型的新药，原则上不再受理新药技术转让的申请；对其他类别的新药，若申报生产该新药的单位超过三家时，亦不再受理该新药的转让申请。

（3）新药技术转让应在新药试行质量标准转正后方可申请。不具备生产条件的科研单位，在新药标准试行期内可申请转让。

（4）新药证书（正本）拥有者转让新药时，必须将新药的全部技术及资料无保留地转给受让单位，并保证受让单位独自试制出质量合格的连续 3 批产品。

（5）多个单位联合研究的新药，申请新药技术转让时，其各项转让活动须经新药证书共同署名单位一同提出申请与签订转让合同。

（6）接受新药技术转让的企业必须取得《药品生产许可证》和《药品 GMP 证书》。

（7）新药技术转让应由新药证书（正本）拥有单位申请办理。转让申请最迟应在新药保护期满前 6 个月提出。

3. 新药技术转让的申请程序

新药证书（正本）拥有单位申请技术转让时，须向所在地省级药品监督管理部门提交以下材料：

（1）申请新药证书（副本）的报告。

（2）新药证书（正本复印件）、新药生产证书批件（复印件）、质量标准、说明书。

（3）提供受让单位的《药品生产许可证》（复印件）、《药品 GMP 证书》（复印件）、双方签订的技术转让协议或合同（原件副本）。

以上资料经审查合格后转报国家食品药品监督管理局，由国家药品监督管理局审核同意后核发给注明受让单位名称的新药证书（副本）。

（4）接受技术转让的生产企业，在取得新药证书（副本）后，应在转让单位指导下，完成新药样品的试制工作；并将申请生产的报告、全套技术资料、试制样品自检报告及新药证书（副本），报至所在地省级药品监督管理部门。

（5）省级药品监督管理部门应：第一，对受让单位的生产条件、样品试制现场进行实地考察，填写考察表，并通知省级药品检验所对受让单位现场抽取连续 3 批样品进行检验（生物制品的检验由中国药品生物制品检定所负责）。第二，将审核意见、申请报告、新药证书（副本复印件）、试制现场考察报告、检验报告书以及该新药通过国家食品药品监督管理局审评的资料一同转报至国家食品药品监督管理局，经审核合格的，由国家食品药品监督管理局核发给药品批准文号。

第九节　新生物制品的管理

随着科学技术的进步，生物制品的研究与开发生产，已经发展成为以现代生物技术为基础的新的独立学科和新兴产业，成为近几年来发展最快的高新技术产业之一。与之相适应，生物制品的世界市场也迅速发展，在整个药品市场中的份额迅速提高。生物制品已经是药品的一大重要类别，国家非常重视对生物制品的管理，国家食品药品监督管理局对原《新生物制品审批办法》进行修订，于1999年颁布了新的《新生物制品审批办法》。

一、我国生物制品的现状

随着改革开放的深入发展，一方面，国外先进的生物技术和先进的生产工艺及设备纷纷引入我国，国内有更多的人力、物力投入到生物制品的研究和开发之中。20世纪80年代初，我国生物制品研究单位只有卫生部所属的6个生物制品研究所、成都输血研究所等少数单位，研究和生产的品种也主要是一些常用的预防性制品和血液制品。现在我国研究和开发生产生物制品的单位已发展到几百家；生物制品的种类也不断增加，由过去的预防性为主，发展到诊断、治疗、保健等多种作用的制品。另一方面，我国的12亿人口和不断提高的人民生活水平的需求，使国外生物制品厂商纷纷看好我国市场，国外生物制品厂商争先恐后地来华申请进口注册，或在我国合资建厂。特别是近两年来，进口生物制品由1997年的16个国家、27个公司、21个品种，增加到1998年的20个国家、31个公司、34个品种。在这些进口制品中既有我国目前比较成熟的制品，也有我国目前尚处于研制的制品。

国外先进的生物制品研制技术的引进和产品的进口注册以及合资建厂等等，使我国的科研人员能够借助国外先进的科学技术，利用他们的先进经验开发和研制我国的生物制品，在一定程度上缩短了我国对某些制品的研制探索期，使一些制品的研制起步较高，短时间内拉近了我国与先进国家的距离。国外先进的生产质量管理经验的引进，对提高我国生物制品企业素质，促进我国生物制品产业化发展必将起到积极的作用。

二、新生物制品的概念、品种和分类

1. 新生物制品的概念

(1)生物制品是应用普通的或以基因工程、细胞工程、蛋白质工程、发酵工程等生物技术，获得的微生物、细胞及各种动物和人源的组织和液体等生物材料制备，用于人类疾病预防、治疗和诊断的药品。

(2)新生物制品系指我国未批准上市的生物制品。已批准上市的生物制品，当改换制备疫苗和生物技术产品的菌毒种、细胞株，以及其他重大生产工艺改革对制品的安全性、有效性可能有显著影响时按新生物制品审批(含抗生素、动物脏器制品)。

2. 生物制品的品种范围

生物制品包括疫(菌)苗、毒素、类毒素、免疫血清、血液制品、免疫球蛋白、抗原、变态反应原、细胞因子、激素、酶、发酵产品、单克隆抗体、DNA重组产品、体外免疫试剂等。根据生物制品采用的原料、制法和用途的不同，以及生物制品管理的要求，一般把生物制品分为以下类别：(1)菌苗；(2)噬菌体；(3)疫苗；(4)抗血清和抗毒素；(5)类毒素；(6)混合制剂；(7)血液制品；

(8)诊断用品。

3. 新生物制品的分类

新生物制品分为五类：

第一类：国内外尚未批准上市的生物制品。

第二类：国外已批准上市，尚未列入《中国药典》或规程，我国也未进口的生物制品。

第三类：疗效以生物制品为主的新复方制剂；工艺重大改革后的生物制品。

第四类：国外药典或规程已收载的生物制品；已在我国批准进口注册的生物制品；改变剂型或改变给药途径的生物制品。

第五类：增加适应症的生物制品。

三、新生物制品的研究

1. 新生物制品的研究内容

新生物制品的研究内容，包括生产用菌毒种、细胞株、生物组织、生产工艺和产品质量标准、检定方法、保存条件、稳定性以及与制品安全性、有效性，及其有关的免疫学、药理学、毒理学、药代动力学等临床前的研究工作和临床研究；并根据研究结果提出制造检测规程和产品使用说明书（草案）。

2. 新生物制品的研制过程

新生物制品的研制过程一般分为以下几个阶段：

(1)实验研究。包括应用基础研究，生产用菌种或细胞株的构建、选育、培养、遗传稳定性，生物组织选择，有效成分的提取、纯化及理化特性、生物特性的分析研究，取得制造和质量检定的基本条件和方法。

(2)小量试制。根据实验研究结果，确定配方、建立制备工艺和检测方法，试制小批量样品，进行临床前安全性和有效性的实验，并制订制造与检测基本要求。

(3)中间试制（见《新生物制品审批办法》）。

(4)试生产（见《新生物制品审批办法》）。

(5)正式生产（见《新生物制品审批办法》）。

四、新生物制品的审批管理

1. 新生物制品的临床研究

(1)申报新生物制品的临床研究，研制单位要填写申请表，提交规定的有关申报材料，经所在地省级药品监督管理部门审查，并对研制条件和原始资料进行现场核查，提出意见后，报送国家食品药品监督管理局审批。

(2)除体外诊断试剂外，生物制品临床研究须经国家药品监督管理局审评、批准后方可进行。

2. 新生物制品的新药证书和生产上市

(1)新药证书。新生物制品Ⅲ期临床试验结束后，研制单位填写申请表，提交规定的有关申报资料，报送国家食品药品监督管理局审核批准后，发给新药证书。多家联合研制的新生物制品，国家药品监督管理局批准后，为每个单位颁发研制单位联合署名的新药证书。

(2)批准文号及试生产。申报生产新生物制品的企业，在经过国家验收符合 GMP 要求的车间内连续生产 3 批，经中国药品生物制品检定所抽样检定合格，填报申请表，提交有关文件资料，报国家食品药品监督管理局审批，发给批准文号。被批准的第一类新生物制品为试生产，试产期 2 年。批准文号为“国药试字 S × × × × × × × ×”，其他类别的新生物制品除某些制品外均为“国药准字 S × × × × × × × ×”。

(3)生产单位数。多家单位联合研制的新生物制品，第一类新生物制品允许其中两个单位生产，其他类别的新生物制品允许一个单位生产。

(4)新体外诊断试剂。研制单位完成产品临床考核，其连续三批产品经中国药品生物制品检定所检定合格后，填写申请表，提交规定的有关资料，报国家食品药品监督管理局批准后，发给新药证书，具备相应生产条件者发给批准文号。生产单位用外购的主要原材料制备的新体外诊断试剂，经批准，发给批准文号，不发给新药证书。

3. 新生物制品的检定规程

(1)新生物制品生产被批准后，其制造检定规程为试行规程。其试行期：第一类为 3 年(含试生产期)，其他类别为 2 年。

(2)试行期满 3 个月前，生产企业应提出试行规程转正的申请；规程试行期满，未提出转正申请或未按要求补充材料的生产企业，国家食品药品监督管理局取消其产品的批准文号。

第十节 仿制药品的管理

一、仿制药品的概念

仿制药品系指仿制国家已批准正式生产、并收载于国家药品标准(包括《中国生物制品规程》)的品种。试行标准的药品及受国家行政保护的品种不得仿制。

二、仿制药品的管理

(1)申请仿制药品的企业必须是取得《药品生产企业许可证》、《药品 GMP 证书》的企业或车间。

(2)国家鼓励创新和技术进步，控制仿制药品的审批，通过发布信息进行引导。对已满足临床需求的品种，可暂停仿制申请的受理和审批。但使成本明显降低或质量显著提高的企业，经国家药品监督管理局审核同意后仍可申请仿制。

(3)仿制药品的质量不得低于被仿制药品，使用说明书等应与被仿制药品保持一致。

(4)申请仿制的生物制品，由中国药品生物制品检定所负责抽样检定。

(5)凡需进行人体生物等有效性试验的须经省级药品监督管理部门批准后方可进行。

(6)仿制药品的批准文号。经国家药品监督管理局审核同意仿制的药品，编排统一的批准文号。中药为“国药准字 ZF× × × × × × × ×”，化学药品为“国药准字×F× × × × × × ×”，由省级药品监督管理部门核发；生物制品的批准文号为“国药准字 SF× × × × × × ×”，由国家食品药品监督管理局核发。

(7)对已有国家标准且不在新药保护期内的化学药品，凡工艺进行重大改变的，应按仿制药品申报。

(8)被吊销药品批准文号的企业，5 年内不再受理其仿制该品种的申请。

下篇　分论

第十四章　西药商品

第一节　抗微生物药物

一、抗生素

1. 青霉素类

【药品名称】青霉素钠(钾)　英文名：Benzylpenicillin Sodium(Potassium)

分子式：$C_{16}H_{17}N_2NaO_4S$　分子量：356.38

【适应症】适用于敏感细菌所致各种感染，如脓肿、菌血症、肺炎和心内膜炎等。为以下感染的首选药物：①溶血性链球菌感染，如咽炎、扁桃体炎、猩红热、丹毒、蜂窝组织炎和产褥热等；②肺炎链球菌感染，如肺炎、中耳炎、脑膜炎和菌血症等；③不产青霉素酶葡萄球菌感染；④炭疽；⑤破伤风、气性坏疽等梭状芽孢杆菌感染；⑥梅毒(包括先天性梅毒)；⑦钩端螺旋体病；⑧回归热；⑨白喉；⑩L-青霉素与氨基糖苷类药物联合可用于治疗草绿色链球菌心内膜炎。

【用法用量】肌内注射或静脉滴注。①成人：肌内注射，每日80万～200万单位，分3～4次给药；静脉滴注，每日200万～2000万单位，分2～4次给药。②小儿：肌内注射，按体重2.5万单位/kg，每12小时给药1次；静脉滴注，每日按体重5万～20万单位/kg，分2～4次给药。

【制剂】粉针：①0.12g(20万单位)；②0.24g(40万单位)；③0.48g(80万单位)；④0.6g(100万单位)；⑤0.96g(160万单位)；⑥2.4g(400万单位)。

【药品名称】阿莫西林　英文名：Amoxicillin

分子式：$C_{16}H_{19}N_3O_5S \cdot 3H_2O$　分子量：419.46

【适应症】适用于敏感菌(不含β内酰胺酶菌株)所致的下列感染：①溶血性链球菌、肺炎链球菌、葡萄球菌或流感嗜血杆菌所致中耳炎、鼻窦炎、咽炎、扁桃体炎等上呼吸道感染；②大肠埃希菌、奇异变形杆菌或粪肠球菌所致的泌尿生殖道感染；③溶血性链球菌、葡萄球菌或大肠埃希菌所致的皮肤、软组织感染；④溶血性链球菌、肺炎链球菌、葡萄球菌或流感嗜血杆菌所致急性支气管炎、肺炎等下呼吸道感染；⑤急性单纯性淋病；⑥本品尚可用于治疗伤寒、伤寒带菌者及钩端螺旋体病。

【用法用量】口服。成人每次0.5g，每6～8小时1次，每日剂量不超过4g；小儿每日剂量按体重20～40mg/kg，每8小时1次。

【制剂】片剂(胶囊)：①0.125g；②0.25g。粉针：0.5g。

【药品名称】苯唑西林钠　英文名:Oxacillin Sodium

分子式:$C_{19}H_{18}N_3NaO_5S \cdot H_2O$　分子量:441.44

【适应症】主要适用于治疗青霉素酶葡萄球菌感染,包括败血症、心内膜炎、肺炎和皮肤、软组织感染等。也可用于化脓性链球菌或肺炎球菌与耐青霉素葡萄球菌所致的混合感染。

【用法用量】静脉滴注:每次 1～2g,必要时可用到 3g,溶于 100ml 输液内滴注 0.5～1 小时,每日 3～4 次。小儿每日用量 50～100mg/kg,分次给予。

【制剂】粉针:①0.5g;②1.0g。

【药品名称】哌拉西林钠　英文名:Piperacillin Sodium

分子式:$C_{23}H_{26}N_5NaO_7S$　分子量:539.54

【适应症】适用于敏感肠杆菌科细菌、铜绿假单胞菌、不动杆菌属所致的败血症、上尿路及复杂性尿路感染、呼吸道感染、胆道感染、腹腔感染、盆腔感染以及皮肤、软组织感染等。

【用法用量】静脉滴注和静脉注射。成人:中度感染,每日 8g,分 2 次静脉滴注;严重感染,每次 3～4g,每 4～6 小时静脉滴注或注射,每日总剂量不超过 24g。婴幼儿和 12 岁以下儿童:每日按体重 100～200mg/kg。

【制剂】粉针:①0.5g;②1.0g;③2.0g。

【药品名称】普鲁卡因青霉素　英文名: Procaine Benzyl Penicillin

分子式:$C_{13}H_{20}N_2O_2 \cdot C_{16}H_{18}N_2O_4S \cdot H_2O$　分子量:588.72

【适应症】由于本品血药浓度较低,故其应用仅限于青霉素高度敏感病原体所致的轻、中度感染。

【用法用量】肌内注射,临用前加适量灭菌注射用水使成混悬液,每次 40 万～80 万单位,每日 1～2 次。

【制剂】粉针:①40 万单位[普鲁卡因青霉素 30 万单位,青霉素钠(钾)10 万单位];②80 万单位[普鲁卡因青霉素 60 万单位,青霉素钠(钾)20 万单位]。

2. 头孢菌素类

【药品名称】头孢氨苄　英文名:Cefalexin

分子式:$C_{16}H_{17}N_3O_4S \cdot H_2O$　分子量:365.41

【适应症】适用于敏感菌所致的急性扁桃体炎、咽喉炎、中耳炎、鼻窦炎、支气管炎、肺炎等呼吸道感染、尿路感染及皮肤软组织感染等。本品为口服制剂,不宜用于重症感染。

【用法用量】口服成人:每次 250～500mg,每日 4 次,最高剂量每日 4g;肾功能减退的患者,应根据肾功能减退的程度,减量用药。儿童:每日按体重 25～50mg/kg,每日 4 次。

【制剂】片剂:①0.125g;②0.25g。颗粒剂:①50mg;②125mg。

【药品名称】头孢羟氨苄　英文名:Cefadroxil

分子式:$C_{16}H_{17}N_3O_5S \cdot H_2O$　分子量:381.41

【适应症】适用于敏感细菌所致的尿路感染、皮肤软组织感染以及急性扁桃体炎、急性咽炎、中耳炎和肺部感染等。本品为口服制剂,不宜用于重症感染。

【用法用量】口服。成人常用量：每次 0.5～1.0g，每日 2 次。儿童常用量：每次按体重 15～20mg/kg，每日 2 次。

【制剂】胶囊：①0.125g；②0.25g。

【药品名称】头孢拉啶 英文名：Cefradine

分子式：$C_{16}H_{19}N_3O_4S$ 分子量：349.40

【适应症】适用于敏感菌所致的急性咽炎、扁桃体炎、中耳炎、支气管炎和肺炎等呼吸道感染、泌尿生殖系统感染及皮肤软组织感染等。

【用法用量】口服：成人每次 0.25～0.5g，每日 4 次，每日最高剂量为 4g；儿童按体重每次 6.25～12.5mg/kg，每日 4 次。

【制剂】粉针：①0.5g；②1.0g。干混悬剂：①1.5g；②3.0g。胶囊：①0.25g；②0.5g。

【药品名称】头孢唑林钠 英文名：Cefazolin Sodium

分子式：$C_{14}H_{13}N_8NaO_4S_3$ 分子量：476.50

【适应症】适用于敏感细菌所致的中耳炎、支气管炎、肺炎等呼吸道感染、尿路感染、皮肤软组织感染、骨和关节感染、败血症、感染性心内膜炎、肝胆系统感染及眼、耳、鼻、喉科等感染。

【用法用量】成人常用剂量：静脉缓慢推注、静脉滴注或肌内注射，每次 0.5～1g，每日 2～4 次。儿童常用剂量：每日 50～100mg/kg，分 2～3 次静脉缓慢推注，静脉滴注或肌内注射。

【制剂】粉针：①0.5g；②1.0g

3. β-内酰胺酶抑制剂

【药品名称】舒巴坦钠 英文名：Sulbactam Sodium

曾用名：青霉烷砜钠

分子式：$C_8H_{10}NNaO_5S$ 分子量：255.23

【适应症】与青霉素类或头孢菌素类联合，用于治疗敏感菌所致的尿路感染、肺部感染、支气管感染、耳鼻喉科感染、腹腔和盆腔感染、胆道感染、败血症、皮肤软组织感染等。

【用法用量】本品与氨苄西林以 1：2 剂量比应用。

【制剂】粉针：0.25g(按 $C_8H_{11}NO_5S$ 计)。

4. 其他 β-内酰胺类

【药品名称】氨曲南 英文名：Aztreonam

分子式：$C_{13}H_{17}N_5O_8S_2$ 分子量：435.44

【适应症】适用于敏感需氧革兰阴性菌所致的各种感染。

【用法用量】①静脉滴注：每 1g 氨曲南至少用注射用水 3ml 溶解，再用适当输液(0.9%氯化钠注射液、5%或 10%葡萄糖注射液或林格氏注射液)稀释；②静脉推注：每瓶用注射用水 6～10ml溶解，于 3～5 分钟内缓慢从静脉注入。

【制剂】粉针：0.5g(按 $C_{13}H_{17}N_5O_8S_2$ 计算)。

5. 氨基糖苷类

【药品名称】硫酸卡那霉素 英文名：Kanamycin Sulfate

分子式：$C_{18}H_{36}O_{11}N_4 \cdot 1.7H_2SO_4$　分子量：651.23

【适应症】适用于敏感肠杆菌科细菌如大肠埃希菌、克雷伯菌属、变形杆菌属、产气肠杆菌、志贺菌属等引起的严重感染。

【用法用量】①成人常用量：肌内注射或静脉滴注，每次 0.5g，每 12 小时 1 次；②小儿常用量：肌内注射或静脉滴注，按体重每日 15～25mg/kg，分 2 次给药。

【制剂】注射液：0.5g/2ml(50 万单位)。滴眼液：40mg/8ml。粉针：①0.5g(50 万单位)；②1g(100 万单位)。

【药品名称】硫酸链霉素　英文名：Streptomycin Sulfate

分子式：$(C_{21}H_{39}N_7O_{12})_2 \cdot 3H_2SO_4$　分子量：1457.40

【适应症】①本品主要与其他抗结核药联合用于结核分枝杆菌所致的各种结核病的初治病例；②用于治疗土拉菌病，或与其他抗菌药物联合用于鼠疫、腹股沟肉芽肿、布鲁菌病、鼠咬热等的治疗；③亦可与青霉素或氨苄西林联合治疗草绿色链球菌或肠球菌所致的心内膜炎。

【用法用量】①成人常用量：肌内注射，每次 0.5g(以链霉素计，下同)，每 12 小时 1 次。②小儿常用量：肌内注射，按体重每日 15～25mg/kg，分 2 次给药。

【制剂】粉针：①0.75g(75 万单位)；②1g(100 万单位)；③2g(200 万单位)；④5g(500 万单位)。

【药品名称】硫酸庆大霉素　英文名：Gentamycin Sulfate

分子式：$C_{21}H_{43}N_5O_7 \cdot H_2SO_4$　分子量：575.33

【适应症】适用于细菌性痢疾或其他细菌性肠道感染，亦可用于结肠手术前准备。

【用法与用量】口服：成人每日 240～640mg，分 4 次服用；儿童按体重每日 5～10mg/kg，分 4 次服用。注射：①成人肌内注射或稀释后静脉滴注，每次 80mg(8 万单位)，静滴时将每次剂量加入 50～200ml 的 0.9%氯化钠注射液或 5%葡萄糖注射液，该溶液应在 30～60 分钟内缓慢滴入，以免发生神经肌肉阻滞作用；②小儿肌内注射或稀释后静脉滴注，按体重每次 2.5mg/kg，每 12 小时 1 次。

【制剂】片剂：①20mg(2 万单位)；②40mg(4 万单位)。注射液：①1ml：2 万单位；②1ml：4 万单位；③2ml：8 万单位。滴眼液：8ml：4 万单位。

6. 四环素类

【药品名称】盐酸四环素　英文名：Tetracycline Hydrochloride

分子式：$C_{22}H_{24}N_2O_8 \cdot HCl$　分子量：480.90

【适应症】本品作为首选或选用药物应用于下列疾病的重症感染者或不能口服给药者。①立克次体病；②支原体感染；③回归热；④布鲁菌病；⑤霍乱；⑥龟热病；⑦鼠疫。

【用法用量】静脉滴注：成人每日 1～1.5g，分 2～3 次给药，滴注药液浓度约为 0.1%；8 岁以上按体重每日 10～20mg/kg，分 2 次给药，每日剂量不超过 1g。

【制剂】粉针：　①0.125g；②0.25g；③0.5g。　片剂：①0.125g；②0.25g。　胶囊：0.25g。眼膏：0.5%。

【药品名称】盐酸金霉素　英文名：Chlortetracycline Hydrochloride

分子式：$C_{22}H_{23}ClN_2O_8 \cdot HCl$　分子量：515.35

【适应症】用于敏感金黄色葡萄球菌、化脓性链球菌、肺炎链球菌等革兰阳性菌及敏感革兰阴性菌所致的浅表皮肤感染。

【用法用量】局部用药：直接涂在患处，如涂在无菌纱布上更好，每日1～2次；涂入眼睑内，每日1～2次。

【制剂】软膏：1%。眼膏：0.5%。

7. 酰胺醇类

【药品名称】氯霉素　英文名：Chloramphenicol

分子式：$C_{11}H_{12}Cl_2N_2O_5$　分子量：323.13

【适应症】①伤寒和其他沙门菌属感染；②耐氨苄西林的B型流感嗜血杆菌脑膜炎或对青霉素过敏患者的肺炎、链球菌性脑膜炎、奈瑟菌性脑膜炎、敏感的革兰阴性杆菌脑膜炎；③脑脓肿；④严重厌氧菌感染；⑤无其他低毒性抗菌药可替代时治疗敏感细菌所致的各种严重感染；⑥立克次体感染。

【用法用量】口服：成人每日1.5～3g，分3～4次服用；小儿按体重每日25～50mg/kg，分3～4次服用；新生儿每日不超过25mg/kg，分4次服用。

【制剂】片剂(胶囊)：0.25g。眼膏：①1%；②3%。滴耳液：0.25g/10ml。滴眼液：20mg/8ml。注射液：①0.125g/1ml；②0.25g/2ml。

8. 大环内酯类

【药品名称】红霉素　英文名：Erythromycin

分子式：$C_{37}H_{67}NO_{13}$　分子量：733.94

【适应症】①作为下列感染的替代(青霉素)用药：溶血性链球菌、肺炎链球菌等所致的急性扁桃体炎、急性咽炎、鼻窦炎；溶血性链球菌所致的猩红热、蜂窝织炎；白喉及白喉带菌者；气性坏疽、炭疽、破伤风；放线菌病；梅毒；单核细胞增多性李斯特菌病等。②军团菌病。③肺炎支原体肺炎。④肺炎衣原体肺炎。⑤其他衣原体属、支原体属所致的泌尿生殖系感染。⑥沙眼衣原体结膜炎。⑦厌氧菌所致的口腔感染。⑧空肠弯曲菌肠炎。⑨百日咳。

【用法用量】口服：成人，每日1～2g，分3～4次服用；小儿，每日30～50mg/kg，分3～4次服用。

【制剂】软膏：1%。眼膏：0.5%。片剂(肠溶)：0.1g(10万单位)，0.125g(12.5万单位)，0.25g(25万单位)。

9. 其他类

【药品名称】盐酸林可霉素　英文名：Lincomycin Hydrochloride

分子式：$C_{18}H_{34}N_2O_6S \cdot HCl \cdot H_2O$　分子量：461.02

【适应症】适用于敏感葡萄球菌属、链球菌属、肺炎链球菌及厌氧菌所致的呼吸道感染、皮肤软组织感染、女性生殖道感染和盆腔感染及腹腔感染等。

【用法用量】成人每日1.5～2g，分3～4次口服；小儿按体重每日30～60mg/kg，分3～4次口服。

【制剂】片剂(胶囊)：①0.25g；②0.5g。注射液：①0.6g/2ml；②0.2g/1ml。

二、合成的抗菌药

1. 磺胺类

【药品名称】磺胺甲噁唑　英文名:Sulfamethoxazole

分子式:$C_{10}H_{11}N_3O_3S$　分子量:253.28

【适应症】①敏感细菌所致的急性单纯性尿路感染;②与甲氧苄啶合用可治疗对其敏感的流感嗜血杆菌、肺炎链球菌和其他链球菌所致的中耳炎;③星形奴卡菌病;④与乙胺嘧啶联合用药治疗鼠弓形虫引起的弓形虫病。

【用法用量】①成人常用量:首剂2g,以后每日2g,分2次服用;②小儿常用量:首剂按体重每日50～60mg/kg(总剂量每日不超过2g),以后每日按50～60mg/kg,分2次服用。

【制剂】片剂:0.5g。

【药品名称】磺胺嘧啶　英文名:Sulfadiazine

分子式:$C_{10}H_{10}N_4O_2S$　分子量:250.28

【适应症】①敏感脑膜炎球菌所致的流行性脑脊髓膜炎的治疗和预防;②与甲氧苄啶合用可治疗对其敏感的流感嗜血杆菌、肺炎链球菌和其他链球菌所致的中耳炎及皮肤软组织等感染;③星形奴卡菌病。

【用法用量】口服。成人常用量:每次1g,每日2次,首次剂量加倍;2个月以上婴儿及小儿常用量:按体重每次25～30mg/kg,每日2次,首次剂量加倍(总剂量不超过2g)。

【制剂】片剂:0.5g。

2. 硝基呋喃类

【药品名称】呋喃妥因　英文名:Nitrofurantoin

分子式:$C_8H_6N_4O_5$　分子量:238.16

【适应症】用于对其敏感的大肠埃希菌、肠球菌属、葡萄球菌属以及克雷伯菌属、肠杆菌属等细菌所致的急性单纯性下尿路感染,以及尿路感染的预防。

【用法用量】口服。成人:每次50～100mg,每日3～4次;1月以上小儿:每日按体重5～7mg/kg,分4次服用。疗程至少1周,或至尿培养转阴后至少3日。

【制剂】片剂:50mg。

【药品名称】呋喃唑酮(痢特灵)　英文名:Furazolidone

分子式:$C_8H_7N_3O_5$　分子量:225.16

【适应症】主要用于敏感菌所致的细菌性痢疾、肠炎、霍乱,也可以用于伤寒、副伤寒、贾第鞭毛虫病、滴虫病等;与制酸剂等药物合用于幽门螺杆菌所致的胃窦炎。

【用法用量】口服。成人:常用剂量为每次0.1g,每日3～4次;儿童:按体重每日5～10mg/kg,分4次服用。肠道感染疗程为5～7日,贾第鞭毛虫病疗程为7～10日。

【制剂】片剂:①10mg;②30mg;③100mg。

3. 喹诺酮类

【药品名称】诺氟沙星　英文名：Norfloxacin

分子式：$C_{16}H_{18}FN_3O_3$　分子量：319.24

【适应症】适用于敏感菌所致的尿路感染、淋病、前列腺炎、肠道感染和伤寒及其他沙门菌感染。

【用法用量】口服：①大肠埃希菌、肺炎克雷伯菌及奇异变形菌所致的急性单纯性下尿路感染，每次 400mg，每日 2 次，疗程 3 日；②其他病原菌所致的单纯性尿路感染，剂量同上，疗程 7～10 日；③复杂性尿路感染，剂量同上，疗程 10～21 日；④单纯性淋球菌性尿道炎，单次 800～1200mg；⑤急性及慢性前列腺炎，每次 400mg，每日 2 次，疗程 28 日；⑥肠道感染，每次 300～400mg，每日 2 次，疗程 5～7 日；⑦伤寒沙门菌感染，每日 800～1200mg，分 2～3 次服用，疗程14～21 日。局部用药：①皮肤软组织细菌感染，每日患处涂药 2 次；②滴入眼睑内，每次1～2滴，每日 3～6 次。

【制剂】软膏：①10g；②0.1g；③250g；④2.5g。胶囊：0.1g。滴眼液：8ml；24ml。

4. 硝咪唑类

【药品名称】替硝唑　英文名：Tinidazole

分子式：$C_8H_{13}N_3O_4S$　分子量：247.28

【适应症】适用于各种厌氧菌感染，如败血症、骨髓炎、腹腔感染、盆腔感染、肺支气管感染、肺炎、鼻窦炎、皮肤蜂窝组织炎、牙周感染及术后伤口感染。

【用法用量】口服。①厌氧菌感染：每次 1g，每日 1 次，首剂量加倍，一般疗程 5～6 日，或根据病情决定。②预防手术后厌氧菌感染：手术前 12 小时 1 次顿服 2g。③原虫感染：阴道滴虫病、贾第虫病，单剂量 2g，顿服，小儿按体重每日 50mg/kg，顿服，间隔 3～5 日可重复 1 次。肠阿米巴病，每次 0.5g，每日 2 次，疗程 5～10 日或每次 2g，每日 1 次，疗程 2～3 日；小儿按体重每日 50mg/kg，顿服 3 日。肠外阿米巴病，每次 2g，每日 1 次，疗程 3～5 日。

【制剂】片剂：0.5g。胶囊：①0.2g；②0.25g；③0.5g。注射液：0.4g/100ml，0.8g/200ml。输液：①100ml：替硝唑 0.2g 与葡萄糖 5g；②100ml：替硝唑 0.4g 与葡萄糖 5g；③200ml：替硝唑 0.4g 与葡萄糖 10g。

三、抗感染植物药制剂

【药品名称】大蒜素　英文名：Allitridium

分子式：$C_6H_{10}S_3$　分子量：178.33

【适应症】抗感染药。适用于深部真菌和细菌感染，以及防治急慢性菌痢疾和肠炎、百日咳、肺部和消化道的真菌感染、白色念珠菌菌血症、隐球菌性脑膜炎、肺结核等。

【用法用量】静脉滴注：每次 60～120mg，儿童酌减，稀释在 500～1000ml 的 5%～10%葡萄糖或葡萄糖氯化钠注射液中，缓慢滴注，每日 1 次。口服：成人每次 40mg（每次 2 粒），每日 4 次；儿童酌减或遵医嘱。

【制剂】注射液：①30mg/2ml；②60mg/5ml。肠溶胶丸：20mg。

【药品名称】盐酸小檗碱　英文名：Berberine Hydrochloride

分子式：$C_{20}H_{18}ClNO_4 \cdot 2H_2O$　分子量：407.85

【适应症】适用于敏感病原菌所致的胃肠道感染。

【用法用量】口服：每次 0.1～0.3g，每日 3 次。

【制剂】胶囊：0.1g。

四、抗结核病药

【药品名称】利福平　英文名：Rifampicin

分子式：$C_{43}H_{58}N_4O_{12}$　分子量：822.95

【适应症】①与其他抗结核药联合用于各种结核病的初治与复治，包括结核性脑膜炎的治疗；②与其他药物联合用于麻风、非结核分枝杆菌感染的治疗；③与万古霉素（静脉）联合用于甲氧西林耐药葡萄球菌所致的严重感染，与红霉素联合方案可用于军团菌属严重感染。

【用法用量】口服。抗结核治疗：成人每日 0.45g～0.60g，空腹顿服，每日不超过 1.2g；1 个月以上小儿按体重每日 10～20mg/kg，空腹顿服，每日量不超过 0.6g。

【制剂】片剂：0.15g。胶囊：①0.15g；②0.3g。

【药品名称】异烟肼　英文名：Isoniazid

分子式：$C_6H_7N_3O$　分子量：137.14

【适应症】与其他抗结核药联合用于各种类型结核病及部分非结核分枝杆菌病的治疗。

【用法用量】(1)肌内注射、静脉注射或静脉滴注：国内极少肌内注射；一般在强化期或对于重症或不能口服用药的病人采用静脉滴注，用氯化钠注射液或 5% 葡萄糖注射液稀释后使用。①成人每日 0.3～0.4g 或 5～10mg/kg；儿童每日按体重 10～15mg/kg，每日不超过 0.3g。②急性粟粒型肺结核或结核性脑膜炎，成人每日 10～15mg/kg，每日不超过 0.9g。③采用间歇疗法时，成人每次 0.6～0.8g，每周 2～3 次。

(2)局部用药：①雾化吸入，每次 0.1～0.2g，每日 2 次。②局部注射（胸膜腔、腹腔或椎管内），每次 50～200mg。

【制剂】注射液：①50mg/2ml；②100mg/2ml；

五、抗真菌药

【药品名称】硝酸咪康唑　英文名：Miconazole Nitrate

分子式：$C_{18}H_{14}Cl_4N_2O \cdot HNO_3$　分子量：479.15

【适应症】主要用于治疗肠道念珠菌感染。

【用法用量】饭后口服：成人每次 0.25～0.5g，每日 0.5～1g；小儿口服初始剂量按体重为每日 30～60mg/kg，而后减为每日 10～20mg/kg；婴儿每日 30mg/kg，分 2 次给药。疗程视病情而定。

【制剂】胶囊：0.25g。

【药品名称】硝酸益康唑　英文名：Econazole Nitrate

分子式：$C_{18}H_{15}Cl_3N_2O \cdot HNO_3$　分子量：444.70

【适应症】适用于皮肤念珠菌病，以及体癣、股癣、足癣、花斑癣等。

【用法用量】局部涂用：皮肤念珠菌病及各种癣病，每日早晚各 1 次，疗程 2～4 周；花斑癣，每日 1 次。局部喷雾：皮肤念珠菌病及各种癣病，每日 2 次，疗程 2～4 周；花斑癣，每日 2 次，疗程 2 周。

【制剂】软膏:10g/0.1g。栓剂:①50mg;②150mg。喷雾剂:1%。

六、抗病毒药

【药品名称】酞丁安 英文名:Ftibamzone

分子式:$C_{14}H_{15}N_7O_2S_2$ 分子量:377.45

【适应症】①用于带状疱疹、单纯疱疹,对尖锐湿疣也有一定的治疗作用;②可用于治疗浅部真菌感染,如体癣、股癣、手足癣等;③用于治疗各种沙眼;④也可用于单纯疱疹病毒 I 型与 II 型及水痘一带状疱疹病毒引起的角膜炎。

【用法用量】软膏:①用于带状疱疹、单纯疱疹、尖锐湿疣时,外涂于患处,每日 3 次;②用于浅部真菌感染时,外涂于患处,早晚各 1 次,体癣股癣连用 3 周,手足癣连用 4 周。

滴液:滴入眼睑内,每次 1 滴,每日 2~4 次。

【制剂】软膏:10g/0.3g;滴眼液:8mg/8ml。

【药品名称】利巴韦林 英文名:Ribavirin

分子式:$C_8H_{12}N_4O_5$ 分子量:244.21

【适应症】适用于呼吸道合胞病毒引起的病毒性肺炎与支气管炎,皮肤疱疹病毒感染。

【用法用量】口服:①病毒性呼吸道感染:成人每次 0.15g,每日 3 次,疗程 7 天。②皮肤疱疹病毒感染:成人每次 0.3g,每日 3 次,疗程 7 天;小儿按体重每日 10mg/kg,分 4 次服用,疗程 7 天。

注射:用氯化钠注射液或 5%葡萄糖注射液稀释成每 1ml 含 1mg 的溶液后静脉缓慢滴注。成人每次 0.5g,每日 2 次;小儿按体重每日 10~15mg/kg,分 2 次给药。每次滴注 20 分钟以上,疗程 3~7 日。

【制剂】片剂:①20mg;②50mg;③100mg。注射液:①100mg/1ml;②250mg/2ml。

第二节 抗寄生虫药物

一、抗疟药

【药品名称】硫酸奎宁 英文名:Quinine Sulfate

分子式:$(C_{20}H_{24}N_2O_2)_2 \cdot H_2SO_4 \cdot 2H_2O$ 分子量:782.96

【适应症】适用于治疗耐氯喹和耐多种药物虫株所致的恶性疟以及间日疟。

【用法用量】口服。①成人:用于治疗耐氯喹虫株引起的恶性疟时,每日 1.8g,分次服用,疗程 14 日。②小儿:小于 1 岁者每日 0.1~0.2g,分 2~3 次服;1~3 岁,0.2~0.3g;4~6 岁,0.3~0.5g;7~11 岁,0.5~1g。疗程 10 日。

【制剂】片剂:0.3g。

【药品名称】磷酸哌喹 英文名:Piperaquine Phosphate

分子式:$C_{29}H_{32}Cl_2N_6 \cdot 4H_3PO_4 \cdot 4H_2O$ 分子量:999.56

【适应症】适用于症状抑制性预防和疟疾的治疗，尤其是耐氯喹虫株所致的恶性疟的治疗与预防；亦可用于矽肺治疗。

【用法用量】口服：成人常用剂量按哌喹计。①抑制性预防疟疾：每月服1次，每次0.6g，临睡前服，连服4～6个月，但不宜超过6个月。②治疗疟疾：本品对耐氯喹虫株所致的恶性疟有根治作用，但作用缓慢，宜在用奎宁、青蒿素、咯萘啶控制症状后继用本品，首次0.6g，第二、三日分别服0.6g及0.3g，总量1.2～2.5g。③矽肺的防治：预防，每次服0.5g，10～15日1次，1个月量1～1.5g；治疗，每次0.3～0.75g，每周1次，1个月量2g，半年为一疗程。间歇1个月后，进行第二疗程，总疗程3～5年。

【制剂】片剂：0.2g；0.25g；0.5g。

二、抗阿米巴药

【药品名称】卡巴胂　英文名：Carbarsone

分子式：$C_7H_9AsN_2O_4$　分子量：260.08

【适应症】主要用于治疗慢性阿米巴痢疾，也可用于丝虫病等的治疗。

【用法用量】口服：①阿米巴痢疾：每次0.1～0.2g，每日3次；小儿每日8mg/kg，连服10天，必要时可重复。或用其1%溶液(内加2%小苏打)200ml，隔天保留灌肠1次，每疗程5次。②丝虫病：每日0.25～0.5g，分2次服用，连服10天，常与枸橼酸乙胺嗪合用。

【制剂】片剂：①0.1g；②0.2g。

【药品名称】盐酸依米丁　英文名：Emetine Hydrochloride

分子式：$C_{29}H_{40}N_2O_4$　分子量：480.65

【适应症】适用于阿米巴痢疾和肠外阿米巴病如阿米巴肝脓肿等治疗；以及甲硝唑或氯喹无效的患者。

【用法用量】深部皮下或肌肉注射：每日1mg/kg，最大剂量不超过60mg，每日1次，疗程4～6天，如需第2疗程时必须间隔6周。

【制剂】注射液：1ml：①30mg；②60mg。

三、抗滴虫药

【药品名称】甲硝唑　英文名：Metronidazole

分子式：$C_6H_9N_3O_3$　分子量：171.16

【适应症】适用于肠道和肠外阿米巴病(如阿米巴肝脓肿、胸膜阿米巴病等)、阴道滴虫病、小袋虫病和皮肤利什曼病、麦地那龙线虫感染等，以及厌氧菌感染的治疗。

【用法用量】口服。(1)成人常用量：①肠道阿米巴病，每次0.4～0.6g，每日3次，疗程7日；肠道外阿米巴病，每次0.6～0.8g，每日3次，疗程20日。②贾第虫病，每次0.4g，每日3次，疗程5～10日。③麦地那龙线虫病，每次0.2g，每日3次，疗程7日。④小袋虫病，每次0.2g，每日2次，疗程5日。⑤皮肤利什曼病，每次0.2g，每日4次，疗程10日；间隔10日后重复一疗程。⑥阴道滴虫病，每次0.2g，每日4次，疗程7日；可同时用栓剂，每晚0.5g置入阴道内，连用7～10日。⑦厌氧菌感染，口服每日0.6～1.2g，分3次服，7～10日为一疗程。

(2)小儿常用量：①阿米巴病，按体重每日35～50mg/kg，分3次，10日为一疗程。②贾第虫病，按体重每日15～25mg/kg，分3次，连服10日；麦地那龙线虫病、小袋虫病、滴虫病的剂量同贾第虫病。③厌氧菌感染，按体重每日20～50mg/kg。

静脉滴注：(1)成人常用量：厌氧菌感染，静脉给药首次按体重15mg/kg(70kg成人为1g)，维持量按体重7.5mg/kg，每6～8小时静脉滴注1次。(2)小儿常用量：厌氧菌感染的注射剂量同成人。

【制剂】片剂：0.2g。栓剂：①0.5g；②1g。甲硝唑葡萄糖注射液：250ml：甲硝唑0.5g与葡萄糖12.5g。

四、抗血吸虫药

【药品名称】呋喃丙胺　英文名：Furapromide

分子式：$C_{10}H_{12}N_2O_4$　分子量：224.22

【适应症】主要用于日本血吸虫病，也可用于姜片虫病和华枝睾吸虫病。

【用法用量】口服。①血吸虫病：每日60mg/kg，每日最大剂量不超过3g，分3次服用，10日为一疗程。②姜片虫病：每日1～2g，分2次服用，连用2～3日。③华枝睾吸虫病：第一日1g，第二日2g，第三日以后每日3g，分次服用，连服14～20日。

【制剂】片剂：0.125g。

五、抗其他吸虫药

【药品名称】吡喹酮　英文名：Praziquantel

分子式：$C_{19}H_{24}N_2O_2$　分子量：312.41

【适应症】为广谱抗吸虫和绦虫药物。适用于各种血吸虫病、华枝睾吸虫病、肺吸虫病、姜片虫病以及绦虫病和囊虫病。

【用法用量】(1)吸虫病：①血吸虫病：各种慢性血吸虫病采用总剂量60mg/kg的1～2日疗法，每日2～3次，餐间服；急性血吸虫病总剂量为120mg/kg，每日2～3次服，连服4日；体重超过60kg者按60kg计算。②华枝睾吸虫病：总剂量为210mg/kg，每日3次，连服3日。③肺吸虫病：每次25mg/kg，每日3次，连服3日。④姜片虫病：15mg/kg，顿服。

(2)绦虫病：①牛肉、猪肉绦虫病：10mg/kg，清晨顿服，1小时后服用硫酸镁。②短小膜壳绦虫和阔节裂头绦虫病：25mg/kg，顿服。(3)治疗囊虫病：总剂量120～180mg/kg，分3～5日服，每日2～3次。

【制剂】片剂：0.2g。

六、抗丝虫药

【药品名称】枸橼酸乙胺嗪　英文名：Diethylcarbamazine Citrate

分子式：$C_{10}H_{21}N_3O \cdot C_6H_8O_7$　分子量：391.42

【适应症】适用于治疗班氏丝虫、马来丝虫和罗阿丝虫感染，以及盘尾丝虫病，亦可用于热带嗜酸红细胞增多症患者。对前三者每次或多次治疗后可根治，但对盘尾丝虫病，因不能杀死成虫，故不能根治，对蛔虫感染也有效，但已为其他更安全、有效、新的抗蠕虫药所取代。

【用法用量】口服(餐后)：(1)班氏和马来丝虫病：①治疗斑氏绦虫病及重度感染马来丝虫病，每日0.6g，分2～3次服，7日为一疗程。间隔1～2个月，可应用2～3疗程。②治疗马来丝虫病可用大剂量短疗程法，即1～1.5g，夜间顿服法，也可间歇服用2～3疗程。

(2)治疗罗阿丝虫病：宜用小剂量，按体重每次2mg/kg，每日3次，连服2～3周，必要时间隔 3～4 周可复治。

(3)治疗盘尾丝虫病:初期药物剂量宜小,按体重不超过 0.5mg/kg,第一日 1 次,第二日 2 次,第三日增至 1mg/kg,口服 3 次,如无严重反应,增至 2mg/kg,日服 3 次,总疗程 14 日。如初治全身反应严重,可暂停用或减少剂量,必要时可给以肾上腺皮质激素。

(4)预防:在丝虫病流行区,有将乙胺嗪掺拌入食盐中,制成药盐全民食用以杀死血液中微丝蚴,防治效果迅速可靠,为消灭丝虫病传染源的较好措施。

【制剂】片剂:①50mg;②100mg。

七、抗黑热病药

【药品名称】葡萄糖酸锑钠　英文名:Sodium Sibogluconate

分子式:$C_{12}H_{18}O_{18}Sb_2 \cdot 9H_2O$　分子量:855.64

【适应症】适用于黑热病治疗。

【用法用量】肌内或静脉注射。一般成人每次 6ml(含五价锑 0.6g),每日 1 次,连用 6～10 日;或总剂量按体重 90～130mg/kg(以 50kg 为限),分 6～10 次,每日 1 次。小儿总剂量按体重 150～200mg/kg,分为 6 次,每日 1 次。

对敏感性较差的虫株感染,可重复 1～2 个疗程,间隔 10～14 日;对全身情况较差者,每周注射 2 次,疗程 3 周或更长;对新近曾接受锑剂治疗者,可减少剂量。

【制剂】注射液:每支含 5 价锑 0.6g,约相当于葡萄糖液酸钠 6ml/1.9g。

八、驱肠虫药

【药品名称】氯硝柳胺　英文名:Niclosamide

分子式:$C_{13}H_8C_{l2}N_2O_4$　分子量:327.12

【适应症】适用于人体和动物绦虫感染,为治疗牛带绦虫、短小膜壳绦虫、阔节裂头绦虫等感染的良好药物。对猪带绦虫亦有效,但服药后有增加感染囊虫病的可能性。

【用法用量】①驱牛带绦虫和猪带绦虫:空腹口服,嚼碎后服下。成人每次 1g,隔 1 小时再服 1g,2 小时后导泻,并可进食;儿童按体重 10～35kg,每次 1g,小于 10kg,每次 0.5g。

②驱短小膜壳绦虫:初剂 2g,继以每日 1g,连服 6 日,必要时间隔 1 月后复治;小儿 2～6 岁,每日 1g,小于 2 岁,每日 0.5g。

【制剂】片剂:0.5g

【药品名称】噻苯唑　英文名:Tiabendazole

分子式:$C_{10}H_7N_3S$　分子量:201.25

【适应症】适用于粪类圆线虫病、蛲虫病、钩虫病、鞭虫病、蛔虫病及皮肤幼虫移行症等,也可用于治疗旋毛虫感染。用于类圆线虫病和旋毛虫病(肠内期)。

【用法用量】①粪类圆线虫病,按体重每次 25mg/kg,每日 2 次,3 日为一疗程;对播散性粪类圆线虫病者,疗程为 5 日。②旋毛虫病,按体重每次 25mg/kg,每日 2 次,5～7 日为一疗程,必要时间隔数日可重复一疗程。③钩虫、蛔虫、蛲虫病,按体重每次 25mg/kg,每日 2 次,2 日为 1 疗程;每次剂量不可超过 1.5g,每日总量应小于 3g;必要时 1 周后可重复 1 疗程。

【制剂】片剂:0.25g。

第三节　主要作用于中枢神经系统的药物

一、中枢兴奋药

【药品名称】尼可刹米　英文名：Nikethamide

分子式：$C_{10}H_{14}N_2O$　分子量：178.23

【适应症】适用于中枢性呼吸抑制及各种原因引起的呼吸抑制。

【用法用量】皮下注射、肌内注射、静脉注射。成人常用量：每次 0.25～0.5g，必要时 1～2 小时重复用药，极量每次 1.25g；小儿常用量：6 个月以下每次 75mg，1 岁每次 0.125g，4～7 岁每次 0.175g。

【制剂】注射液：①0.375g/1.5ml；②0.5g/2ml。

【药品名称】盐酸士的宁　英文名：Strychnine Hydrochloride

分子式：$C_{21}H_{22}N_2O_2 \cdot HCl \cdot 2H_2O$　分子量：406.92

【适应症】用于巴比妥类中毒、瘫痪及弱视。

【用法用量】皮下或肌内注射：常用量，每次 1～3mg；极量，每次 5mg。

【制剂】注射液：①1mg/1ml；②2mg/1ml。

二、镇痛药

【药品名称】盐酸吗啡　英文名：Morphine Hydrochloride

分子式：$C_{17}H_{19}NO_3 \cdot HCl \cdot 3H_2O$　分子量：375.85

【适应症】强效镇痛药。适用于其他镇痛药无效的急性锐痛，如严重创伤、战伤、烧伤、晚期癌症等疼痛。心肌梗死而血压尚正常者，应用本品可使患者镇静，并减轻心脏负担。应用于心源性哮喘可使肺水肿症状暂时有所缓解。麻醉和手术前给药可保持患者宁静进入嗜睡。因本品对平滑肌的兴奋作用较强，故不能单独用于内脏绞痛（如胆绞痛等），而应与阿托品等有效的解痉药合用。本品不适宜慢性重度癌痛患者的长期使用。

【用法用量】注射。①皮下注射，成人常用量：每次 5～15mg，每日 15～40mg；极量：每次 20mg，每日 60mg。②静脉注射，成人镇痛时常用量每次 5～10mg；用作静脉全麻按体重不得超过 1mg/kg，不够时加用作用时效短的本类镇痛药，以免苏醒迟延，术后发生血压下降和长时间呼吸抑制。③手术后镇痛注入硬膜外间隙，成人自腰脊部位注入，每次极限 5mg，胸脊部位应减为 2～3mg，按一定的间隔可重复给药多次；注入蛛网膜下腔，每次 0.1～0.3mg，原则上不再重复给药。对于重度癌痛患者，首次剂量范围较大，每日 3～6 次，以预防癌痛发生及充分缓解癌痛。

口服。常用量：每次 5～15mg，每日 15～60mg；极量：每次 30mg，每日 100mg。对于重度癌痛患者，应按时口服，个体化给药，逐渐增量，以充分缓解癌痛。首次剂量范围可较大，每日 3～6 次，临睡前每次剂量可加倍。

【制剂】注射液：①5mg/0.5ml；②10mg/1ml。片剂：①5mg；②10mg。

【药品名称】盐酸美沙酮　英文名:Methadone Hydrochloride

分子式:$C_{21}H_{27}NO \cdot HCl$　分子量:345.91

【适应症】①适用于慢性疼痛。②采用替代递减法,用于各种阿片类药物的戒毒治疗,尤其是用于海洛因依赖;也用于吗啡、阿片、哌替啶、二氢埃托啡等的依赖。

【用法用量】①口服:成人每次 5～10mg,每日 10～15mg;极量:每次 10mg,每日 20mg。脱瘾治疗期,剂量应根据戒断症状严重程度和患者躯体状况及反应而定。开始剂量 15～20mg,可酌情加量。剂量换算为 1mg 美沙酮替代 4mg 吗啡、或 2mg 海洛因、或 20mg 哌替啶。

②注射:肌注或皮下注射,每次 2.5～5mg,每日 10～15mg。三角肌注射血浆峰值高,作用出现快,因此可采用三角肌注射。极量:每次 10mg,每日 20mg。

【制剂】片剂:2.5mg;注射液:5mg/1ml。

【药品名称】盐酸纳洛酮　英文名:Naloxone Hydrochloride

分子式:$C_{19}H_{21}NO_4 \cdot HCl \cdot 2H_2O$　分子量:399.87

【适应症】目前临床应用最广的阿片受体拮抗药。主要适用于:①解救麻醉性镇痛药急性中毒,拮抗这类药的呼吸抑制,并使患者苏醒;②拮抗麻醉性镇痛药的残余作用,以及新生儿受其母体中麻醉性镇痛药影响而致呼吸抑制。③解救急性乙醇中毒,静注 0.4～0.6mg,可使患者清醒。④疑似麻醉性镇痛药成瘾者,静注 0.2～0.4mg 可激发戒断症状,有诊断价值。⑤促醒全麻患者休克和某些昏迷患者,可能通过胆碱能作用而激活生理性觉醒系统使患者清醒。

【用法用量】①常用剂量:5μg/kg,待 15min 后再肌注 10μg/kg;或先给负荷量:1.5～3.5μg/kg,以 3μg/kg·h 维持。②脱瘾治疗时可肌注或静注:每次 0.4～0.8mg。③在用美沙酮戒除过程中,可试用小剂量美沙酮(每天 5～10mg),每半小时给纳洛酮 1.2mg,为时数小时(3～6 小时),然后换用纳洛酮,每周使用 3 次即可达到戒除目的。

【制剂】注射液:0.4mg/1ml。

三、解热镇痛抗炎及抗痛风药

【药品名称】安乃近　英文名:Metamizole Sodium

分子式:$C_{13}H_{16}N_3NaO_4S \cdot H_2O$　分子量:351.36

【适应症】适用于高热时的解热,也可用于头痛、偏头痛、肌肉痛、关节痛及痛经等。本品亦有较强的抗风湿作用,可用于急性风湿性关节炎,但因本品有可能引起严重的不良反应,很少在风湿性疾病中应用。另外,应用于小儿高热解热。

【用法用量】①口服。成人常用量:每次 0.5～1g,需要时服 1 次,最多每日 3 次;小儿:按体重每次 10～20mg/kg,每日 2～3 次。②注射。深部肌肉注射:每次 0.25～0.5g;小儿每次 5～10mg/kg。

【制剂】滴剂:0.2g/1ml。片剂:①0.25g;②0.5g。注射液:①0.25g/1ml;②0.5g/2ml。

【药品名称】吡罗昔康　英文名:Piroxicam

分子式:$C_{15}H_{13}N_3O_4S$　分子量:331.35

【适应症】适用于缓解各种关节炎及软组织病变的疼痛和肿胀的对症治疗。

【用法用量】①口服。成人常用量:每次 20mg,每日 1 次;或每次 10mg,每日 2 次。饭后服用。②肌内注射。成人每次 10～20mg,每日 1 次。

【制剂】片剂：①10mg；①20mg。胶囊：①10mg；②20mg。注射液：20mg/2ml。

【药品名称】芬布芬　英文名：Fenbufen

分子式：$C_{16}H_{14}O_3$　分子量：254.28

【适应症】适用于类风湿关节炎、风湿性关节炎、骨关节炎、脊柱关节病、痛风性关节炎的治疗，还可用于牙痛、手术后疼痛及外伤性疼痛。

【用法用量】口服。成人常用量：每日 0.6g，1 次或分 2 次服用，总量不超过 1.0g。

【制剂】胶囊：0.15g。片剂：①0.15g；②0.3g。

【药品名称】秋水仙碱　英文名：Colchicine

分子式：$C_{22}H_{25}NO_6$　分子量：399.44

【适应症】适用于痛风性关节炎的急性发作治疗，复发性痛风性关节炎的急性发作以及预防。

【用法用量】口服。急性期：成人常用量为每 1～2 小时服 0.5～1mg，直至关节症状缓解，或出现腹泻或呕吐；达到治疗量一般为 3～5mg，24 小时内不宜超过 6mg；停服 72 小时后每日量为 0.5～1.5mg，分次服用，共 7 天。预防：每日 0.5～1.0mg，分次服用，疗程酌定，如出现不良反应应随时停药。

【制剂】片剂：0.5mg。

【药品名称】萘普生　英文名：Naproxen

分子式：$C_{14}H_{14}O_3$　分子量：230.26

【适应症】适用于治疗各种轻度至中等度的疼痛，如拔牙后、原发性痛经、头痛及类风湿关节炎、骨关节炎、强直性脊柱炎、幼年型关节炎（juvenile arthritis）、急性痛风性关节炎、肌腱炎、滑囊炎等疾病的疼痛肿胀。

【用法用量】肌内注射：每次 100～200mg，每日 1 次。

【制剂】注射液：①100mg/2ml；②200mg/2ml。

四、抗震颤麻痹药

【药品名称】左旋多巴　英文名：Levodopa

分子式：$C_9H_{11}NO_4$　分子量：197.19

【适应症】适用于帕金森病及帕金森综合征。

【用法用量】口服。开始每次 250mg，每日 2～4 次，饭后服用；以后视患者耐受情况，每隔 3～7日增加每次剂量，增加范围为每日 125～750 mg，直至最理想的疗效为止。每日最大量 6 g，分 4～6 次服用。脑炎后及老年患者应酌减剂量。

【制剂】片剂：0.25g；胶囊：0.25g。

【药品名称】盐酸苯海索　英文名：Benzhexol Hydrochloride

分子式：$C_{20}H_{31}NO \cdot HCl$　分子量：337.93

【适应症】①震颤麻痹，脑炎后或动脉硬化引起的震颤麻痹；②药物利血平和吩噻嗪类引起的锥体外系反应；③肝豆状核变性。

【用法用量】口服。①帕金森病、帕金森综合征，成人开始每日1～2mg，以后每3～5日增加2mg，至疗效最好而又不出现副反应为止。一般每日不超过10 mg，分3～4次服用，需长期服用，极量每日20mg。②药物诱发的锥体外系疾患，第一日2～4mg，分2～3次服用，以后视需要及耐受情况逐渐增加至5～10mg。老年患者应酌情减量。

【制剂】片剂：2mg。

五、抗精神失常药

【药品名称】盐酸氯丙嗪　英文名：Chlorpromazine Hydrochloride

分子式：$C_{17}H_{19}ClN_2S \cdot HCl$　分子量：355.33

【适应症】①对兴奋躁动、幻觉妄想、思维障碍及行为紊乱等症状有较好的疗效，适用于精神分裂症、躁狂症或其他精神病性障碍；②止呕，各种原因所致的呕吐或顽固性呃逆。

【用法用量】(1)口服。①精神分裂症或躁狂症：从小剂量开始，每次25～50mg，每日2～3次，每隔2～3日缓慢逐渐递增至每次25～50mg，每日400～600mg；其他精神病，剂量应偏小；体弱者剂量应偏小，应缓慢加量。②止呕：每次12.5～25mg，每日2～3次。(2)肌内注射：每次25～50mg，每日2次，待患者合作后改为口服。(3)静脉滴注：从小剂量开始，25～50mg稀释于500ml葡萄糖氯化钠注射液中缓慢静脉滴注，每日1次，每隔1～2日缓慢增加25～50mg，每日100～200mg，不宜静脉推注。

【制剂】片剂：①25mg；②50mg。注射液：①10mg/1ml；②25mg/1ml；③50mg/1ml。

【药品名称】奋乃静　英文名：Perphenazine

分子式：$C_{21}H_{26}ClN_3OS$　分子量：403.97

【适应症】①对幻觉妄想、思维障碍、淡漠木僵及焦虑激动等症状有较好的疗效，适用于精神分裂症或其他精神病性障碍；因镇静作用较弱，对血压的影响较小，适用于器质性精神病、老年性精神障碍及儿童攻击性行为障碍。②止呕，各种原因所致的呕吐或顽固性呃逆。

【用法用量】(1)口服。①治疗精神分裂症：从小剂量开始，每次2～4mg，每日2～3次，以后每隔1～2日增加6mg，逐渐增至常用治疗剂量每日20～60mg。维持剂量每日10～20mg。②止呕：每次2～4mg，每日2～3次。(2)肌内注射。每次5～10mg，每日2次；或静脉注射每次5mg，用氯化钠注射液稀释成0.5mg/ml，注射速度每分钟不超过1mg，待患者合作后改为口服。

【制剂】片剂：①2mg；②4mg。注射液：5mg/1ml。

六、抗癫痫药

【药品名称】氯硝西泮　英文名：Clonazepam

分子式：$C_{15}H_{10}ClN_3O_3$　分子量：315.72

【适应症】主要用于控制各型癫痫，尤适用于失神发作、婴儿痉挛症、肌阵挛性、Lennox－Gastaut综合征。

【用法用量】(1)口服。成人常用量：开始每次0.5mg，每日3次，每3天增加0.5～1 mg，直到发作被控制或出现了不良反应为止。用量应个体化，成人最大量每日不应超过20mg。小儿常用量：10岁或体重30kg以下的儿童开始按体重每日0.01～0.03mg/kg，分2～3次服用，以后每3日增加0.25～0.5mg，至达到按体重每日0.1～0.2 mg/ kg或出现了不良反应为止。疗程应不超过3～6个月。

(2)注射液。用量应根据患者具体情况而个体化，尽量避免肌注。控制癫痫持续状态可用静脉注射，成人常用量1～4mg，30秒左右缓慢注射完毕，如持续状态仍未控制，每隔20分钟后可重复原剂量1～2次，最大量每日不超过20mg。

【制剂】片剂：①0.5mg；②2mg。注射液：1mg/1ml。

【药品名称】扑米酮　英文名：Primidone

分子式：$C_{12}H_{14}N_2O_2$　分子量：218.26

【适应症】适用于癫痫强直阵挛性发作(大发作)，单纯部分性发作和复杂部分性发作的单药或联合用药治疗，也用于特发性震颤和老年性震颤的治疗。

【用法用量】成人常用量：50mg开始，睡前服用，3日后改为每日2次；一周后改为每日3次；第10日开始改为250mg，每日3次，总量不超过每日1.5g；维持量一般为250mg，每日3次。小儿常用量：8岁以下，每日睡前服50mg；3日后增加为每次50mg，每日2次；一周后改为100mg，每日2次；10日后根据情况可以增加至125～250mg，每日3次，或每日按体重10～25mg/kg分次服用。8岁以上同成人。

【制剂】片剂：①50mg；②100mg；③250mg。

七、镇静药、催眠药及抗惊厥药

【药品名称】奥沙西泮　英文名：Oxazepam

曾用名：舒宁片

分子式：$C_{15}H_{11}ClN_2O_2$　分子量：286.72

【适应症】主要用于短期缓解焦虑、紧张、激动，也可用于催眠，辅助治疗伴有精神抑郁的焦虑，以及缓解急性酒精戒断症状。肌松作用较其他苯二氮䓬药物为强。

【用法用量】成人常用量：抗焦虑，每次15～30mg，每日3～4次；镇静催眠、急性酒精戒断症状，每次15～30mg，每日3～4次；一般性失眠，15mg，临睡前服。

【制剂】片剂：15mg。

【药品名称】司可巴比妥钠　英文名：Secobarbital Sodium

曾用名：速可眠

分子式：$C_{12}H_{17}N_2NaO_3$　分子量：260.27

【适应症】适用于不易入睡的患者，也可用于抗惊厥(如破伤风等)。

【用法用量】口服。成人常用量：催眠，50～200mg，睡前每次顿服；镇静，每次30～50mg，每日3～4次；麻醉前用药，200～300mg，术前1小时服。成人极量每次300mg。小儿常用量：镇静，每次按体重2mg/kg，或按体重表面积60mg/m^2，每日3次；麻醉前用药，50～100mg，术前1小时给药。

【制剂】胶囊：0.1g。

【药品名称】苯巴比妥　英文名：Phenobarbital

曾用名：鲁米那

分子式：$C_{12}H_{12}N_2O_3$　分子量：232.24

【适应症】治疗癫痫大发作及局限性发作的重要药物。主要用于治疗焦虑、失眠(用于睡眠时间短、早醒患者)、癫痫及运动障碍,也可用作抗高胆红素血症药及麻醉前用药。

【用法用量】成人常用量:催眠,30～100mg,晚上每次顿服;镇静,每次15～30mg,每日2～3次;抗惊厥,每日90～180mg,晚上每次顿服,或每次30～60mg,每日3次,极量每次250mg,每日500 mg;抗高胆红素血症,每次30～60mg,每日3次。小儿常用量:用药应个体化。镇静,每次按体重2mg/kg,或按体表面积60mg/m²,每日2～3次;抗惊厥,每次按体重3～5mg/kg;抗高胆红素血症,每次按体重5～8mg/kg,分次口服,3～7天见效。

【制剂】片剂:①15mg;②30mg;③100mg。

第四节 麻醉药及其辅助药物

一、全身麻醉药

【药品名称】硫喷妥钠 英文名:Thiopental Sodium

分子式:$C_{11}H_{17}N_2NaO_2S$ 分子量:264.33

【适应症】静脉全麻药。用于全麻诱导,复合全麻及小儿基础麻醉。

【用法用量】临用前,用灭菌注射用水溶解成2.5%溶液后应用。常用量:静脉注射,成人每次按体重4～8mg/kg;老年人应减量至2～2.5mg/kg;肌内注射,小儿每次按体重5～10mg/kg。极量:静脉注射每次全麻总用量1g。

【制剂】粉针①0.5g;②1g。

【药品名称】羟丁酸钠 英文名:Sodium Hydroxybutyrate

分子式:$C_4H_7NaO_3$ 分子量:126.09

【适应症】静脉全麻药。常与全麻药或麻醉辅助药合用,用于复合全麻的诱导和维持。

【用法用量】常用量:全麻诱导静脉注射每次按体重60～80mg/kg,注射速度每分钟约1g。小儿最高按体重100mg/kg。成人诱导量2～5g,手术时间长者每隔1～2小时追加1～2g。全麻维持静脉注射每次按体重12～80mg/kg。基础麻醉成人用量为按体重50～60mg/kg,小儿按体重60～80mg/kg。极量:成人每次总量按体重300mg/kg。

【制剂】注射液2.5g/10ml。

二、局部麻醉药

【药品名称】盐酸普鲁卡因 英文名:Procaine Hydrochloride

分子式:$C_{13}H_{20}N_2O_2 \cdot HCl$ 分子量:272.77

【适应症】局部麻醉药。用于浸润麻醉、阻滞麻醉、腰椎麻醉、硬膜外麻醉及封闭疗法等。

【用法用量】浸润麻醉:0.25%～0.5%水溶液,每小时不得超过1.5g;阻滞麻醉:1%～2%水溶液,每小时不得超过1.0g;硬膜外麻醉:2%水溶液,每小时不得超过0.75g。

【制剂】注射液:40mg/2ml。粉针:①0.15g;②1g。

【药品名称】盐酸丁卡因 英文名:Tetracaine Hydrochloride

分子式:$C_{15}H_{24}N_2O_2 \cdot HCl$ 分子量:300.83

【适应症】适用于硬膜外阻滞、蛛网膜下腔阻滞、神经传导阻滞、黏膜表面麻醉。

【用法用量】①硬膜外阻滞：常用浓度为 0.15%～0.3%溶液，与盐酸利多卡因合用，最高浓度为 0.3%，每次常用量为 40～50mg，极量为 80mg；②蛛网膜下腔阻滞：常用其混合液(1%盐酸丁卡因 1ml 与 10%葡萄糖注射液 1ml、3%盐酸麻黄素 1ml)，每次常用量为 10mg，限量为 15mg，极量为 20mg；③神经传导阻滞：常用浓度 0.1%～0.2%，每次常用量为 40～50mg，极量为 100mg；④黏膜表面麻醉：常用浓度 1%，眼科用 1%等渗溶液，耳鼻喉科用 1%～2%溶液，每次限量为 40mg。

【制剂】粉针：50mg。

三、骨骼肌松弛药

【药品名称】氯化筒箭毒碱　英文名：Tubocurarine Chloride

分子式：$C_{37}H_{41}ClN_2O_6 \cdot HCl \cdot 5H_2O$　分子量：771.73

【适应症】去极化型肌松药。用于麻醉中维持较长时间(>30 分钟)的肌松及电休克的对症处理；小剂量用于确诊重症肌无力。

【用法用量】成人常用量：①手术中维持肌松，先静注 10～15mg(或按体重 0.2～0.3mg/kg)，药效持续 60～100 分钟，以后每隔 60～90 分钟追加 5～10mg；②电休克，按体重 0.15mg/kg，30～90 秒钟内静注来控制肌强直，一般先静注 3mg，观察反应后，再决定进一步用量。小儿用量：静脉注射按体重 0.25～0.5mg/kg，维持量为初量的 1/5～1/6。

【制剂】注射液：10mg/1ml。

第五节　主要作用于植物神经系统的药物

一、拟胆碱药

【药品名称】新斯的明　英文名：Neostigmine

分子式：$[C_{12}H_{19}N_2O_2]^+$　分子量：223.14

【适应症】抗胆碱酯酶药。用于手术结束时拮抗非去极化肌肉松弛药的残留肌松作用，重症肌无力，手术后功能性肠胀气及尿潴留等。

【用法用量】注射。常用量：皮下或肌内注射每次 0.25～1mg，每日 1～3 次；极量：皮下或肌内注射每次 1mg，每日 5mg。

口服。常用量：每次 15mg(1 片)，每日 3 次，重症肌无力的患者用量视病情而定；极量：每次 30mg(2 片)，每日 100mg(6 片)。

【制剂】注射液①0.5mg/1ml；②1mg/1ml。片剂：15mg。

【药品名称】安贝氯铵　英文名：Ambenonium chloride

【适应症】适用于不能耐受新斯的明、吡斯的明或对溴过敏的重症肌无力。

【用法用量】口服：每日 3 次，每次 5～25mg。依患者疗效调整剂量。

【制剂】片剂：①5mg；②10mg；③20mg；④25mg。

二、抗胆碱药

【药品名称】氢溴酸东莨菪碱　英文名:Scopolamine Hydrobromide

分子式:$C_{17}H_{21}NO_4 \cdot HBr \cdot 3H_2O$　分子量:438.32

【适应症】适用于麻醉前给药,震颤麻痹,晕动病,躁狂性精神病,胃肠道、胆囊平滑肌痉挛,胃酸分泌过多,感染性休克及有机磷农药中毒。

【用法用量】皮下或肌内注射,每次0.3～0.5mg,极量每次0.5mg,每日1.5mg。口服0.3～0.6mg,每日0.6～1.2mg;极量:1次0.6mg,每日2mg。

【制剂】注射液:①0.3mg/1ml;②0.5mg/1ml。片剂:0.3mg。

三、拟肾上腺素药

【药品名称】萘甲唑林　英文名:Naphazoline Hydrochloride

分子式:$C_{14}H_{14}N_2 \cdot HCl$　分子量:246.74

【适应症】适用于过敏性及炎症性鼻充血、急慢性鼻炎等。也用于对麻黄碱有耐受性者。

【用法用量】鼻充血,0.05%～0.1%溶液,每侧鼻孔滴2～3滴。

【制剂】滴鼻液:①0.05%;②0.1%。

四、抗肾上腺素药

【药物名称】卡维地洛　英文名:Carvedilol

分子式:$C_{24}H_{26}N_2O_4$　分子量:406.48

【适应症】①原发性高血压:可单独用药,也可和其他降压药合用,尤其是噻嗪类利尿剂;②心功能不全:轻度或中度心功能不全(NYHA分级II或III级),合并应用洋地黄类药物、利尿剂和血管紧张素转换酶抑制剂(ACEI),也可用于ACEI不耐受和使用或不使用洋地黄类药物、肼屈嗪或硝酸酯类药物治疗的心功能不全者。

【用法用量】口服。剂量必须个体化,需在医师的密切监测下加量。本品需和食物一起服用,以减慢吸收,降低体位性低血压的发生。①高血压:推荐起始剂量每次6.25mg,每日2次;如果可耐受,以服药后1小时的立位收缩压作为指导,维持该剂量7～14天;然后根据谷浓度时的血压,在需要的情况下增至每次12.5mg,每日2次;同样,剂量可增至每次25mg,每日2次。一般在7～14天内达到完全的降压作用,总量每日不得超过50mg。在本品的基础上加用利尿剂或在利尿剂的基础上加用本品,预计可产生累加作用,扩大本品的体位性作用。②心功能不全:在使用本品之前,洋地黄类药物、利尿剂和ACEI(如果应用)的剂量必须稳定。推荐起始剂量每次3.125mg,每日2次,口服2周,如果可耐受,可增至每次6.25mg,每日2次;此后可每隔2周剂量加倍至患者可耐受的最大剂量。每次应用新剂量时,需观察患者1小时有无眩晕或轻度头痛。推荐最大剂量:体重<85kg者,每次25mg,每日2次;≥85kg者,每次50mg,每日2次。初次剂量为每日25mg,一次服下;可根据需要增加剂量至每日50mg,每日1～2次;最大剂量每日不超过100mg。

【制剂】片剂:20mg;　胶囊:10mg。

【药品名称】甲磺酸酚妥拉明　英文名:Phtneolamine Mesilate

分子式:$C_{17}H_{19}N_3O \cdot CH_4O_3S$　分子量:377.46

【适应症】嗜铬细胞瘤的治疗和术前准备，嗜铬细胞瘤的诊断，（酚妥拉明试验）因静脉注射去甲肾上腺素外溢而引起的皮肤坏死的预防和治疗，心力衰竭时的心脏负荷减轻，以及勃起功能障碍的治疗。

【用法和用量】注射。成人常用量：①酚妥拉明试验，静脉注射 5mg，也可先注入 2.5mg，若反应阴性，再给 5mg，如此可以减少假阳性的结果和血压巨降危险。②皮肤坏死防止：在每 1000ml 含去甲肾上腺素溶液中加入本品 10mg 静脉滴注，作为预防之用；已发生去甲肾上腺素外溢，用本品 5～10mg 加 10ml 氯化钠注射液作局部浸润，外溢后 12 小时内有效。③嗜铬细胞瘤手术：术前 1～2 小时静脉注射 5mg，术时静脉注射 5mg 或滴注每分钟 0.5～1mg，以防肿瘤手术时肾上腺素大量释出。④心力衰竭时心脏负荷减轻：静脉滴注每分钟 0.17～0.4mg。

儿童常用量：①酚妥拉明试验，静脉注射每次 1mg，亦可按体重 0.1mg/kg 或按体表面积 $3mg/m^2$，或肌内注射 3mg。②嗜铬细胞瘤手术：术前 1～2 小时肌内或静脉注射 1mg，亦可按体重 0.1mg/kg 或按体表面积 $3mg/m^2$，必要时可重复；术时静脉注射 1mg，亦可按体重 0.1mg/kg 或按体表面积 $3mg/m^2$。

口服。每次 40mg，在性生活前 30 分钟服用，每日最多服用一次。根据需要及耐受程度，剂量可调整至 60mg，最大推荐剂量为 80mg。

【制剂】粉针：10mg。片剂：①40mg；②60mg。

第六节　主要作用于循环系统的药物

一、钙拮抗药

【药品名称】盐酸维拉帕米　英文名：Verapamil Hydrochlcride

分子式：$C_{27}H_{38}N_2O_4 \cdot HCl$　分子量：491.07

【适应症】①心绞痛：变异型、不稳定性及慢性稳定性心绞痛。②心律失常：与地高辛合用控制慢性心房颤动和/或心房扑动时的心室率；预防阵发性室上性心动过速的反复发作。③原发性高血压。

【用法用量】通过调整剂量达到个体化治疗。安全有效的剂量每日不超过 480mg。

口服。①心绞痛：一般剂量为每次 80～120mg，每日 3 次；肝功能不全者及老年人的安全剂量为每次 40mg，每日 3 次，口服。约在服药后 8 小时根据疗效和安全评估决定是否增量。②心律失常：慢性心房颤动服用洋地黄治疗的病人，每日总量为 240～320mg，分 3 次或 4 次口服。预防阵发性室上性心动过速（未服用洋地黄的病人），成人的每日总量为 240～480mg，每日 3 次或 4 次口服；年龄 1～5 岁：每日量 4～8mg/kg，每日 3 次，口服，或每隔 8 小时口服 40～80mg；5 岁以上：每隔 6～8 小时口服 80mg。③原发性高血压：一般起始剂量为 80mg，每日 3 次，使用剂量可达每日 360～480mg；对低剂量即有反应的老年人或体型瘦小者，应考虑起始剂量为 40mg，每日 3 次。

注射：必须在持续心电监测和血压监测下，缓慢静脉注射至少 2 分钟。本品与林格氏液、5%葡萄糖注射液或氯化钠注射液均无配伍禁忌。一般起始剂量为 5～10mg（或按体重 0.075～0.15mg/kg），稀释后缓慢静脉推注至少 2 分钟。如果反应不令人满意，首剂 15～30 分钟后再给每次 5～10mg/kg 或 0.15mg/kg。静脉滴注给药，每小时 5～10mg，加入氯化钠注射液或

5%葡萄糖注射液中静滴，每日总量不超过50～100mg。

【制剂】片剂：40mg。 注射液：5mg/2ml。

【药品名称】尼莫地平 英文名：Nitrendipine

分子式：$C_{18}H_{20}N_2O_6$ 分子量：360.37

【适应症】高血压。

【用法用量】成人常用量：开始每次口服10mg，每日1次，以后可根据情况调整为20mg，每日2次。

【制剂】片剂：10mg。

二、治疗慢性心功能不全的药物

【药品名称】洋地黄毒甙 英文名：Digitoxin

分子式：$C_{41}H_{64}O_{13}$ 分子量：764.95

【适应症】主要用于充血型心力衰竭，尤其适用于伴有肾功能损害的充血型心力衰竭患者。由于其作用慢而持久，适用于慢性心功能不全患者长期服用。

【用法用量】主要采用口服。成人常用量，总量0.7～1.2mg，每6～8小时给药0.05～0.1mg。口服，维持量为每日0.05～0.1mg。小儿常用量，按下列剂量分3次或每6小时给予：早产儿或足月新生儿，按体重0.022mg/kg或按体表面积0.3～0.35mg/m^2；2周至1岁，按体重0.045mg/kg；2岁及2岁以上，按体重0.03mg/kg，维持量为洋地黄化总量的1/10，每日1次。

【制剂】注射液：1ml/0.1mg； 片剂：0.1mg。

【药品名称】盐酸多巴酚丁胺 英文名：Dobutamine Hydrochloride

分子式：$C_{18}H_{23}NO_3 \cdot HCl$ 分子量：337.85

【适应症】适用于器质性心脏病时心肌收缩力下降引起的心力衰竭，包括心脏直视手术后所致的低排血量综合征。

【用法用量】成人常用量：于5%葡萄糖液或0.9%氯化钠注射液中稀释后，以滴速每分钟2.5～10μg/kg给予。在每分钟15μg/kg以下的剂量时，心率和外周血管阻力基本无变化。偶用每分钟大于15μg/kg，需注意过大剂量仍然有可能加速心率并产生心律失常。

【制剂】注射液：20mg/2ml(按多巴酚丁胺计)。

三、抗心律失常的药物

【药品名称】奎尼丁 英文名：Quinidine

分子式：$(C_{20}H_{24}N_2O_2)_2 \cdot H_2SO_4 \cdot 2H_2O$ 分子量：782.96

【适应症】主要适用于心房颤动或心房扑动经电转复后的维持治疗。虽对房性早搏、阵发性室上性心动过速、预激综合征伴室上性心律失常、室性早搏、室性心动过速有效，并有转复心房颤动或心房扑动的作用，但由于不良反应较多，目前已少用。

【用法用量】成人应先试服0.2g，观察有无过敏及特异质反应。成人常用量：每次0.2～0.3g，每日3～4次。用于转复心房颤动或心房扑动，第一日0.2g，每2小时1次，连续5次；如无不良反应，第二日增至每次0.3g，第三日每次0.4g，每2小时1次，连续5次，每日总量不宜超过 2.4 g；恢复窦性心律后改为维持量，每次 0.2～0.3g，每日 3～4 次。成人处方极量：每日 3g（一般每日不宜超过 2.4g），分次给予。

【制剂】片剂：0.2g。

【药品名称】磷酸丙吡胺　英文名：Disopyramide phosphate

分子式：$C_{21}H_{29}N_{30} \cdot H_3PO_4$　分子量：437.47

【适应症】适用于其他药物无效且危及生命的室性心律失常。

【用法用量】应根据需要及耐受程度调整用量。口服：成人常用量，首次 0.2g，以后每次 0.1～0.15g，每 6 小时一次。

静脉注射：按体重 2mg/kg，最大量不宜超过 0.15g；可用氯化钠注射液、5％葡萄糖注射液或乳酸钠注射液稀释，静脉注射 5 分钟，必要时给药后 20 分钟重复，最大总量不应超过 0.3g；加上口服药量，每日最大量不应超过 0.8g。成人处方剂量：每日 0.8g，分次给予。

【制剂】片剂：0.1g。注射液：①50mg/2ml；②100mg/2ml。

四、防治心绞痛药

【药品名称】硝酸甘油　英文名：Nitroglycerin

分子式：$C_3H_5N_3O_9$　分子量：227.09

【适应症】心绞痛。

【用法用量】①溶液：1％溶液舌下给药，每次 0.05～0.1ml，每日 2ml。②注射液：用 5％葡萄糖注射液或氯化钠注射液稀释后静脉滴注，开始剂量为 5μg/min，最好用输液泵恒速输入。用于降低血压或治疗心力衰竭，每 3～5 分钟增加 5μg/min；如在 20μg/min 时无效可以 10μg/min 递增，以后可 20μg/min。由于患者对本药的个体差异很大，静脉滴注无固定适合剂量，应根据个体的血压、心率和其他血流动力学参数来调整用量。③片剂：成人每次 0.25～0.5mg(1 片)舌下含服，每 5 分钟可重复 1 片，直至疼痛缓解；如果 15 分钟内总量达 3 片后疼痛持续存在，应立即就医；在活动或大便之前 5～10 分钟预防性使用，可避免诱发心绞痛。

【制剂】注射液：①1mg/1ml；②2mg/1ml；③5mg/1ml；④10mg/1ml。片剂：0.5mg。

【药品名称】硝酸异山梨酯　英文名：Isosorbide Dinitrate

分子式：$C_6H_8N_2O_8$　分子量：236.14

【适应症】冠心病的长期治疗；心绞痛的预防；心肌梗死后持续心绞痛的治疗；与洋地黄和/或利尿剂联合应用，治疗慢性充血性心力衰竭；肺动脉高压的治疗。

【用法用量】①口服：预防心绞痛，每次 5～10mg，每日 2～3 次，每日总量 10～30mg。由于个体反应不同，需个体化调整剂量。②舌下给药：每次 5mg，缓解症状。③乳膏：宜自小剂量开始，逐渐增量。将乳膏按刻度挤出所需长度，均匀涂布于所给印有刻度的纸上，每格相当硝酸异山梨酯 0.2g；将纸面涂药区全部涂满，即 5cm×5cm 面积，贴在左胸前区（可用胶布固定）每日 1 次（必要时 8 小时 1 次），可睡前贴用。④喷雾剂：使用时，先揭开药瓶盖帽，喷射阀门处于上方，药瓶垂直，按压喷射阀门数次至喷雾均匀后则可使用。若停用时间较长，则需再按压阀门至喷雾均匀后方可使用。使用时将喷雾嘴对准口腔，按压 4 揿，可达到有效剂量 2.5mg。

【制剂】片剂：①2.5mg；②5mg；③10mg。　乳膏：1.5g(10g)。喷雾剂：250mg/200 次，每瓶喷量 200 揿。

【药品名称】硝苯地平　英文名:Nifedipine

分子式:$C_{17}H_{18}N_2O_6$　分子量:346.34

【适应症】①变异型、不稳定型及慢性稳定型心绞痛;②高血压(单独或与其他降压药合用)。

【用法用量】口服。①剂量应视患者的耐受性和对心绞痛的控制情况逐渐调整。过量服用硝苯地平可导致低血压。②从小剂量开始服用,一般起始剂量每次10mg,每日3次;常用的维持剂量为每次10～20mg,每日3次;部分有明显冠脉痉挛的患者,可用至每次20～30mg,每日3～4次,最大剂量不宜超过每日120mg;如果病情紧急,可嚼碎服或舌下含服每次10mg,根据患者对药物的反应,决定再次给药。③通常调整剂量需7～14天。如果患者症状明显,病情紧急,剂量调整期可缩短。根据患者对药物的反应、发作的频率和舌下含化硝酸甘油的剂量,可在3天内将硝苯地平的用量从10～20mg调至每次30mg,每日3次。④在严格监测下的住院患者,可根据心绞痛或缺血性心律失常的控制情况,每隔4～6小时增加一次,每次10mg。

【制剂】软胶囊:5mg。胶囊:①5mg;②10mg。

五、周围血管扩张药

【药品名称】烟酸　英文名:Nicotinic Acid

分子式:$C_6H_5NO_2$　分子量:123.11

【适应症】①适用于防治糙皮病、烟酸缺乏病、血管收缩及高血脂症。②严格控制或选择饮食,或接受肠道外营养的病人,因营养不良体重骤减,妊娠期、哺乳期,以及服用异烟肼者,严重烟瘾、酗酒、吸毒者,需要量均增加。

【用法用量】推荐膳食每日摄入量:初生～3岁为5～9mg,4～6岁为12mg,7～10岁为13mg,男性青少年及成人为15～20mg,女性青少年及成人为13～15mg,孕妇为17mg,乳母为20mg。口服。(1)成人常用量:①糙皮病,每次50～100mg,每日500mg,如有胃部不适,宜与牛奶同服或进餐时服,一般同时服用维生素B_1、B_2、B_6各5mg。②抗高血脂,开始口服100mg,4～7日后可增加至每次1～2g,每日3次。(2)儿童常用量:糙皮病,每次25～50mg,每日2～3次。

【制剂】片剂:①50mg;②100mg。

六、降血压药

【药品名称】盐酸肼屈嗪　英文名:Hdralzine Hydrochloride

分子式:$C_8H_8N_4 \cdot HCl$　分子量:196.64

【适应症】①高血压;②心力衰竭。

【用法用量】口服。①成人常用量:每次10mg,每日4次,饭后服用;2～4天后,加至25mg,每日4次,共一周;第二周后增至每次50mg,每日4次。最大剂量不超过每日300mg。②儿童常用量,按体重750μg/kg或按体表面积25mg/m²,每日2～4次,1～4周内渐增至最大量7.5mg/kg或每日300mg。

【制剂】片剂:①10mg;②25mg;③50mg。

【药品名称】盐酸哌唑嗪　英文名:Prazosin Hydrochloride

分子式:$C_{19}H_{21}N_5O_4 \cdot HCl$　分子量:419.87

【适应症】高血压。

【用法与用量】口服:每次 0.5～1mg,每日 2～3 次(首剂为 0.5mg,临睡前服);逐渐按疗效调整为每日 6～15mg,分 2～3 次服。每日剂量超过 20mg 后,疗效不进一步增加。

【制剂】片剂:①1mg;②2mg。

七、抗休克的血管活性药

【药品名称】硫酸异丙肾上腺素　英文名:Isoprenaline Sulfatie

分子式:$C_{11}H_{17}NO_3 \cdot 1/2H_2SO_4$　分子量:259.29

【适应症】①心源性或感染性休克;②完全性房室传导阻滞、心搏骤停。

【用法用量】①心搏骤停,心腔内注射 0.5～1mg;②三度房室传导阻滞,心率每分钟不及 40 次时,用本品 0.5～1mg 加 5%葡萄糖注射液 200～300ml 缓慢静滴。

【制剂】注射液:1mg/2ml。

八、调节血脂药及抗动脉粥样硬化药

【药品名称】氯贝丁酯　英文名:Clofibrate

分子式:$C_{12}H_{15}ClO_3$　分子量:242.70

【适应症】高脂血症。其降甘油三酯作用较降胆固醇作用明显。

【用法用量】成人常用量口服:每次 0.25～0.5g,每日 3～4 次。为减少胃肠道反应,本品宜与饮食同进,开始时宜采用小剂量,以后逐渐增量,但在治疗的第一个月内应达到规定剂量,停药时最好也采取递减方式;有时在开始服药的第一个月内疗效不显著,继续服用可见效,需长期服用;停药后,血清胆固醇和甘油三酯可能回升甚至超过原有水平,故应采用饮食控制疗法并监测血脂至稳定;治疗 3 个月无效即应停药,但治疗结节性黄色瘤可能需时一年,肝肾功能不全的患者,用药需减量。鉴于本品对人类有潜在致癌的危险性,使用时应严格限制在指定的适应范围内,且疗效不明显时应及时停药。

【制剂】胶囊:①0.25g;②0.5g。

第七节　主要作用于呼吸系统的药物

一、祛痰药

【药品名称】氯化铵　英文名:Ammonium Chloride

分子式:NH_4Cl　分子量:53.49

【适应症】适用于痰黏稠不易咳出者;也用于泌尿系统感染,需酸化尿液时。

【用法用量】成人常用量:口服祛痰,每次 0.3～0.6g,每日 3 次;酸化尿液,每次 0.6～2g,每日 3 次。

【制剂】片剂:0.3g。

【药品名称】乙酰半胱氨酸　英文名:Acetylcysteine

分子式:$C_5H_9NO_3S$　分子量:163.20

【适应症】适用于浓稠痰黏液过多的呼吸系统疾病:急性支气管炎、慢性支气管炎急性发作及支气管扩张症。

【用法用量】口服。成人每次 0.2g,每日 2～3 次。

【制剂】胶囊:0.2g。

二、镇咳药

【药品名称】福尔可定 英文名:Pholcodine

分子式:$C_{23}H_{30}N_2O_4 \cdot H_2O$ 分子量:416.52

【适应症】适用于剧烈干咳和中等度疼痛。

【用法用量】口服。常用量:①成人,每日3～4 次;②大于 5 岁儿童,每次 2.5～5mg,每日 3～4 次;③1～5 岁儿童,每次 2～2.5mg,每日 3 次。

【制剂】片剂:①5mg;②10mg;③15mg。

【药品名称】磷酸可待因 英文名:Codeine Phosphate

分子式:$C_{18}H_{21}NO_3 \cdot H_3PO_4 \cdot 1\frac{1}{2}H_2O$ 分子量:424.39

【适应症】①镇咳,用于较剧的频繁干咳,如痰液量较多宜并用祛痰药;②镇痛,用于中度以上的疼痛;③镇静,用于局麻或全麻时。

【用法用量】口服。成人常用量:每次 15～30mg,每日 30～90mg;极量:每次 100mg,每日 250mg。

【制剂】片剂:①15mg;②30mg。糖浆:①10ml;②100ml。

三、平喘药

【药品名称】茶碱 英文名:Theophyllin

分子式:$(C_7H_8N_4O_2) \cdot H_2O$ 分子量:198.18

【适应症】适用于支气管哮喘、喘息型支气管炎、阻塞性肺气肿等缓解喘息症状;也可用于心源性肺水肿引起的哮喘。

【用法用量】口服。本品不可压碎或咀嚼,成人或 12 岁以上儿童,起始剂量为 0.1～0.2g(1～2 片),每日 2 次,早、晚用 100ml 温开水送服。剂量视病情和疗效调整,但每日量不超过 0.9g(9 片),分 2 次服用。

【制剂】缓释片:0.1g。

四、来源于中草药的祛痰镇咳、平喘药

【药品名称】阿桔片 英文名:Compound Platycodon Tablets

【适应症】适用于镇咳、祛痰,如急性支气管炎及慢性支气管炎等有痰的咳嗽。

【用法用量】每次 1～2 片,每日 3 次。

【制剂】片剂:①0.1g;②0.125g 等。

第八节 主要作用于消化系统的药物

一、抗酸药及治疗消化性溃疡病药

【药品名称】氢氧化铝 英文名:Aluminium Hydroxide

分子式:$Al(OH)_3$ 分子量:78

【适应症】能缓解胃酸过多而合并的反酸等症状,适用于胃和十二指肠溃疡病及反流性食管炎的治疗;与钙剂和维生素D合用时可治疗新生儿低钙血症(手足搐搦症);尿毒症患者,服用大剂量本品可减少磷酸盐的吸收,减轻酸血症。

【用法用量】成人:口服,每次0.6~0.9g,每日3次,餐前1小时服。

【制剂】片剂0.3g。

【药品名称】枸橼酸铋钾 英文名:Bismuth Potassium Citrate

【适应症】适用于胃、十二指肠溃疡及慢性胃炎;与抗生素联用,根除胃幽门螺杆菌。

【用法用量】口服。每日4次,每次1包,前3次于三餐饭前半小时、第4次于晚餐后2小时服用;或每日2次,早晚各服2包。连续服28日为一个疗程,如再继续服用,应遵医嘱。

【制剂】片剂(颗粒剂):1.2g(相当于含铋0.11g)。

【药品名称】盐酸雷尼替丁 英文名:Ranitidine Hydrochloride

分子式:$C_{13}H_{22}N_4O_3S \cdot HC$ 分子量:350.87

【适应症】抑酸药。主要用于:①消化性溃疡出血、弥漫性胃黏膜病变出血、吻合口溃疡出血、胃手术后预防再出血等。②应激状态时并发的急性胃黏膜损害,和阿司匹林引起的急性胃黏膜损伤;亦常用于预防重症疾病(如脑出血、严重创伤等)应激状态下应激性溃疡大出血的发生。③全身麻醉或大手术后以及衰弱昏迷患者防止胃酸反流合并吸入性肺炎。

【用法用量】(1)成人,①上消化道出血:每次50mg,稀释后缓慢静滴(1~2小时),或缓慢静脉推注(超过10分钟),或肌注50mg,每日2次或每6~8小时给药1次;②术前给药:全身麻醉或大手术前60~90分钟缓慢静注50~100mg,或用5%葡萄糖注射液200ml稀释后缓慢静脉滴注1~2小时。

(2)小儿,静注:每次1~2mg/kg,每8~12小时每次;静滴:每次2~4mg/kg,24小时连续滴注。

【制剂】注射液:①50mg/2ml;②50mg/5ml(按$C_{13}H_{22}N_4O_3S$计)。

二、胃肠解痉药

【药品名称】硫酸阿托品 英文名:Atropine Sulfate

分子式:$(C_{17}H_{23}NO_3)_2 H_2SO_4 \cdot H_2O$ 分子量:694.84

【适应症】①各种内脏绞痛,如胃肠绞痛及膀胱刺激症状。②迷走神经过度兴奋所致的窦房结传导阻滞、房室阻滞等缓慢型心律失常,以及继发于窦房结功能低下而出现的室性异位节律;③有机磷酸酯类中毒。

【用法用量】口服:0.3～0.6mg,每日 3 次,极量每次 1mg,每日 3mg;皮下、肌肉或静脉注射:每次 0.5～1mg,极量每次 2mg。

【制剂】片剂:0.3mg; 注射液:①0.5mg/1ml;②1mg/2ml;③5mg/1ml。

三、助消化药

【药品名称】含糖胃蛋白酶 英文名:Saccharated Pepsin

【适应症】适用于胃蛋白酶缺乏或病后消化机能减退引起的消化不良症。

【用法用量】口服。每次 0.2～0.4g(1∶1200 单位),每日 3 次,饭前或饭时服,常与 0.1mol/L 稀盐酸 0.5～2.0 ml 同服;或配成含 1%～2%稀盐酸的胃蛋白酶合剂,每次 10～20ml,每日 3 次,饭前或饭时服。

【制剂】①1g∶120 单位;②1g∶1200 单位。

【药品名称】胰酶 英文名:Pancreatin

【适应症】适用于消化不良、胰腺疾病引起的消化障碍和各种原因引起的胰腺外分泌功能不足。

【用法用量】口服:每次 0.3～1g,每日 3 次,餐前服。

【制剂】肠溶胶囊:0.15g。

四、止吐药、催吐药及胃肠推动药

【药品名称】盐酸甲氧氯普胺 英文名:Metoclopramide Dihydrochloride

曾用名:胃复安、灭吐灵,呕感平,扑息吐。

分子式:$C_{14}H_{22}CN_3O_2 \cdot 2HC \cdot H_2O$ 分子量:390.72

【适应症】镇吐药。适用于①化疗、放疗、手术、颅脑损伤、脑外伤后遗症、海空作业以及药物引起的呕吐。②急性胃肠炎、胆道炎、胰腺炎、尿毒症等各种疾患的恶心、呕吐。③诊断性十二指肠插管前用,有助于顺利插管;胃肠钡剂 X 线检查,可减轻恶心、呕吐反应,促进钡剂通过。

【用法用量】肌内或静脉注射。成人,每次 10～20mg,每日剂量不超过 0.5mg/kg;小儿,6 岁以下每次 0.1mg/kg,6～14 岁每次 2.5～5mg。肾功能不全者,剂量减半。

【制剂】注射液:10mg/1ml。

【药品名称】多潘立酮(吗叮啉) 英文名:Domperidone

【适应症】①缓解由胃排空延缓、胃肠道反流、食管炎引起的消化不良症状,如:上腹部胀闷感、腹胀、上腹疼痛、嗳气、肠胃胀气、口中带有或不带有反流胃内容物的胃烧灼感;②治疗功能性、器质性、感染性、饮食性、放射性治疗或化疗所引起的恶心、呕吐。

【用法用量】口服。①成人:每日 3～4 次,每次 10mg,必要时剂量可加倍或遵医嘱。②儿童:每日 3～4 次,每次 0.3mg/kg,饭前 15～30 分钟服用。

【制剂】片剂:10mg。

五、泻药

【药品名称】比沙可啶 英文名:Bisacodyl

分子式:$C_{22}H_{19}NO_4$ 分子量:361.4

【适应症】用于便秘的治疗，腹部 X 线检查或内窥镜检查前清洁肠道，以及手术前后清洁肠道。

【用法用量】口服：每次 5～10mg，每日 1 次，睡前服，6 岁以上儿童用量为成人的一半。栓剂：塞入肛门，每次 10mg(1 粒)，每日 1 次。

【制剂】片剂：5mg；　栓剂：10mg。

六、止泻药

【药品名称】洛哌丁胺　英文名：Loperamide

分子式：$C_{29}H_{33}O_2NC$　分子量：463.04

【适应症】适用于成人及 5 岁以上儿童：①各种原因引起的非感染性急、慢性腹泻；②用于可减少回肠造瘘术患者排便体积及次数，增加粪便稠度；抑制肛门直肠手术后的病人排便失禁。

【用法用量】①急性腹泻：成人首剂 4mg，以后腹泻每次再服 2mg，直到腹泻停止或用量达每日 16mg，连服 5 日，若无效则停服；5 岁以上儿童首剂 2mg，以后腹泻每次再服 2mg，至腹泻停止，最大用量为每日 6mg。空腹或饭前半小时服药可提高疗效。②慢性腹泻：成人首剂 2～4mg，每日 2～12mg，显效后每日给予 4～8mg 维持治疗；5 岁以上儿童首剂 2mg，以后根据大便情况调节剂量。成人每日不超过 16mg，儿童每日不超过 3mg/20kg。

【制剂】胶囊：2mg。

七、肝胆疾病辅助用药

【药品名称】谷氨酸　英文名：Glutamic Acid

分子式：$C_5H_9NO_4$　分子量：147.13

【适应症】肝昏迷和某些精神－神经系统疾病(如精神分裂症和癫痫小发作)治疗的辅助用药。

【用法用量】口服：每次 2～3g，每日 3 次；静脉滴注：每次 11.5g，每日不超过 23g，用 5%葡萄糖注射液稀释后缓慢滴注。

【制剂】片剂：0.3g；0.5g。注射液：5.75g/20ml。

【药品名称】盐酸精氨酸　英文名：Arginine Hydrochloride

分子式：$C_6H_4N_4O_2$　分子量：174.20

【适应症】适用于忌钠肝性脑病的患者，以及其他原因引起血氨增高所致的精神症状。

【用法与用量】用 5%葡萄糖注射液 1000ml 稀释后静脉滴注，每次 15～20g，4 小时内滴完。

【制剂】注射液：5g/20ml。

【药品名称】非布丙醇　英文名：Febuprol

分子式：$C_{13}H_{20}O_3$　分子量：224.3

【适应症】适用于治疗胆囊炎、胆石症。

【用法用量】口服。成人：每次 200mg，每日 3 次；儿童：2～4mg/kg，每日 3 次。饭前服用。

【制剂】胶丸：100mg。

第九节 主要作用于泌尿系统的药物

【药品名称】氯噻酮片 英文名:Chlortralidone

分子式:$C_{14}H_{11}ClN_2O_4S$ 分子量:338.76

【适应症】①水肿性疾病,用于排泄体内过多的钠和水,减少细胞外液容量,消除水肿。常见的包括充血性心力衰竭、肝硬化腹水、肾病综合征、急慢性肾炎水肿、慢性肾功能衰竭早期、肾上腺皮质激素和雌激素治疗所致的钠、水潴留;②高血压,可单独或与其他降压药联合应用;尤其是原发性高血压;③中枢性或肾性尿崩症;④肾石症,主要用于预防含钙盐成分形成的结石。

【用法与用量】口服。成人常用量:①水肿性疾病,每日 25~100mg,或隔日 100~200mg,或每日 100~200mg,也有每日剂量达 400mg,每周连服 3 日。当肾脏疾病肾小球滤过率低于每分钟 10ml 时,用药间歇应在 24~48 小时以上。②高血压,每日 25~100mg,1 次服用或隔日 1 次,并依降压效果调整剂量;与其他降压药联合应用可以用较小剂量,每日12.5~25mg。

小儿常用量:按体重 2mg/kg,每日 1 次,每周连服 3 日,并根据疗效调整剂量。

【制剂】片剂:①50mg;②100mg。

【药品名称】布美他尼 英文名:Bumetanide

分子式:$C_{17}H_{20}N_2O_5S$ 分子量:364.4

【适应症】①水肿性疾病,包括充血性心力衰竭、肝硬化、肾脏疾病(肾炎、肾病及各种原因所致的急、慢性肾功能衰竭),尤其是应用其他利尿药效果不佳时。可与其他药物合用治疗急性肺水肿和急性脑水肿等。②高血压,在高血压的阶梯疗法中,不作为治疗原发性高血压的首选药物,但当噻嗪类药物疗效不佳,尤其当伴有肾功能不全或出现高血压危象时,本类药物尤为适用。③预防急性肾功能衰竭,用于各种原因导致肾脏血流灌注不足,例如失水、休克、中毒、麻醉意外以及循环功能不全等,在纠正血容量不足的同时及时应用,可减少急性肾小管坏死的机会。④高钾血症及高钙血症。⑤稀释性低钠血症,尤其是当血钠浓度低于 120mmol/L 时。⑥抗利尿激素分泌过多症(SIADH)。⑦急性药物毒物中毒,如巴比妥类药物中毒等。⑧某些呋塞米无效的患者。

【用法与用量】口服。①成人:治疗水肿性疾病或高血压,起始每日 0.5~2mg,必要时每隔 4~5 小时重复,最大剂量每日 10~20mg,也可间隔用药,即隔 1~2 日用药 1 日。②小儿:按体重每次 0.01~0.02mg/kg,必要时 4~6 小时 1 次。

注射。①成人:治疗水肿性疾病或高血压,静脉或肌内注射起始 0.5~1mg,必要时每隔 2~3 小时重复,最大剂量为每日 10mg;治疗急性肺水肿,静脉注射起始 1~2mg,必要时隔 20 分钟重复,也可 2~5mg 稀释后缓慢滴注(不短于 30~60 分钟)。②小儿:肌内或静脉注射按体重每次 0.01~0.02mg/kg,必要时 4~6 小时 1 次。

【制剂】片剂:1mg; 注射液:0.5mg/2ml。

【药品名称】山梨醇 英文名:Sorbitol

分子式:$C_6H_{14}O_6$ 分子量:182.17

【适应症】适用于脑水肿及青光眼,以及心、肾功能正常的水肿少尿。

【用法与用量】静脉滴注，每次 25g 山梨醇于 100ml 氯化钠溶液中稀释 250～500ml，儿童每次量为 1～2g/kg，在 20～30 分钟内输入。为消退脑水肿，每隔 6～12 小时重复注射每次。

【制剂】注射液：①25g/100ml；②62.5g/250ml。

第十节　主要作用于生殖系统及泌乳功能的药物

一、子宫收缩药及引产药

【药品名称】缩宫素　英文名：Oxytocin

分子式：$C_{43}H_{66}N_{12}O_{12}S_2$　分子量：1007.20

【适应症】适用于引产、催产、产后及流产后因宫缩无力或缩复不良而引起的子宫出血；了解胎盘储备功能（催产素激惹试验）。

【用法用量】①引产或催产：静脉滴注，每次 2.5～5 单位，用氯化钠注射液稀释至每 1ml 中含有 0.01 单位。静滴开始时每分钟不超过 0.001～0.002 单位，每 15～30 分钟增加 0.001～0.002 单位，至达到宫缩与正常分娩期相似，最快每分钟不超过 0.02 单位，通常为每分钟 0.002～0.005 单位。②控制产后出血：每分钟静滴 0.02～0.04 单位，胎盘排出后可肌内注射 5～10 单位。

【制剂】粉针：①0.5ml：2.5 单位；②1ml：5 单位；③1ml：10 单位。

二、促进子宫成熟的药物

【药品名称】硫酸普拉睾酮钠　英文名：Sodium Prasterone Sulfate

分子式：$C_{19}H_{27}NaO_5S \cdot 2H_2O$　分子量：426.51

【适应症】适用于妊娠足月引产前促使宫颈成熟。

【用法用量】用 5%注射用葡萄糖液 10ml 溶解后，缓慢静脉注射，注射时间不少于 1 分钟，每次 100～200mg，连续用药 3 天。

【制剂】粉针：0.1g。

第十一节　影响血液及造血系统的药物

一、促凝血药

【药品名称】凝血酶　英文名：Thrombin

【适应症】适用于手术中不易结扎的小血管止血、消化道出血及外伤出血等。

【用法用量】①局部止血：用灭菌氯化钠注射液溶解成 50～200 单位/ml 的溶液喷雾或用干粉喷洒于创面；②消化道止血：用生理盐水或温开水（不超 37℃）溶解成 10～100 单位/ml的溶液，口服或局部灌注，也可根据出血部位及程度增减浓度、次数。

【制剂】凝血酶无菌冻干粉末：①200 单位；②500 单位；③1000 单位；④2000 单位；⑤5000 单位；⑥10000 单位。

【药品名称】酚磺乙胺　英文名:Etamsylate

分子式:$C_{10}H_{17}NO_5S$　分子量:263.31

【适应症】适用于防治各种手术前后的出血,血小板功能不良、血管脆性增加而引起的出血。

【用法用量】①肌肉或静脉注射,每次0.25～0.5g,每日0.5～1.5g;静脉滴注,每次0.25～0.75g,每日2～3次,稀释后滴注。②预防手术后出血,术前15～30分钟静滴或肌注0.25～0.5g,必要时2小时后再注射0.25g。

【制剂】注射液:①0.25g/2ml;②0.5g/2ml;③1g/5ml。

二、抗凝血药

【药品名称】肝素钠　英文名:Heparin Sodium

【适应症】适用于防治血栓形成或栓塞性疾病(如心肌梗死、血栓性静脉炎、肺栓塞等);各种原因引起的弥漫性血管内凝血(DIC);血液透析、体外循环、导管术、微血管手术等操作中及某些血液标本或器械的抗凝处理。

【用法用量】①深部皮下注射:首次5000～10000单位,以后每8小时8000～10000单位,或每12小时15000～20000单位;每24小时总量约30000～40000单位,一般均能达到满意的效果。②静脉注射:首次5000～10000单位,之后按体重每4小时100单位/kg,用氯化钠注射液稀释后应用。③静脉滴注:首次5000单位之后,每日20000～40000单位,用氯化钠注射液1000ml稀释后持续滴注。④预防性治疗:高危血栓形成病人,大多是用于腹部手术之后,以防止深部静脉血栓。在外科手术前2小时先给5000单位肝素皮下注射,并避免硬膜外麻醉,然后每隔8～12小时5000单位,共约7日。

【制剂】注射液:①1000单位/2ml;②5000单位/2ml;③12500单位/2ml。

【药品名称】华法林钠　英文名:Warfarin Sodium

分子式:$C_{19}H_{15}NaO_4$　分子量:330.31

【适应症】适用于需长期持续抗凝的患者:①防止血栓的形成及发展,治疗血栓栓塞性疾病;②治疗手术后或创伤后的静脉血栓形成,可作心肌梗死的辅助用药;③对曾有血栓栓塞病患者及有术后血栓并发症危险者,有预防性作用。

【用法用量】口服。成人常用量:为避免冲击治疗,第1～3天3～4mg(年老体弱及糖尿病患者半量即可),3天后可给维持量每日2.5～5mg(参考凝血时间调整剂量使INR值达2～3)。因本品起效缓慢,治疗初3天,血浆抗凝蛋白细胞由于被抑制存在短暂高凝状态,如需立即产生抗凝作用,可在治疗开始时同时应用肝素,待本品充分发挥抗凝效果后再停用肝素。

【制剂】片剂:①2.5mg;②5mg。

三、血浆及血浆代用品

【药品名称】右旋糖酐40葡萄糖注射液　英文名:Dextran 40 Glucose Injection

分子式:高分子葡萄糖聚合物　分子量:约40000

【适应症】①失血、创伤、烧伤等各种原因引起的休克和中毒性休克;②预防手术后静脉血栓形成和血管外科手术等术后血栓形成。③血管栓塞性疾病,用于心绞痛、脑血栓形成、脑供血不足、血栓闭塞性脉管炎等。④体外循环时,代替部分血液,预充人工心肺机,既节省血液又可改善循环。

【用法用量】静脉滴注：用量视病情而定，成人常用量每次 250～500ml，24 小时内不超过 1 000～1500ml。婴儿用量为 5ml/kg，儿童用量为 10ml/kg。休克患者：用量可较大，速度可快，滴注速度为 20～40ml/min，第一天最大剂量可用至 20ml/kg，在使用前必须纠正脱水；预防术后血栓形成：术中或术后给予 500ml，通常术后第一二日每日 500ml，以 2～4 小时的速度静滴，高危患者，疗程可达到 10 天；血管栓塞性疾病：缓慢静滴，一般每次 250～500ml，每日或隔日每次，7～10 天为一疗程。

【制剂】①10%右旋糖酐 40 葡萄糖注射液：10g/100ml 右旋糖酐 40 与 5g 葡萄糖；25g/250ml 右旋糖酐 40 与 12.5g 葡萄糖；50g/500ml 右旋糖酐 40 与 25g 葡萄糖。②6%右旋糖酐 40 葡萄糖注射液，6g/100ml 右旋糖酐 40 与 5g 葡萄糖；15g/250ml 右旋糖酐 40 与 12.5g 葡萄糖；30g/500ml 右旋糖酐 40 与 25g 葡萄糖。

【药品名称】右旋糖酐 70 氯化钠注射液　英文名：Dextran 70 Sodium Chloride Injection

分子式：同右旋糖酐 40　分子量：约 70000

【适应症】①各种低血容量休克，如出血性休克、手术中休克、烧伤性休克等防治；②手术后静脉血栓形成和血栓性静脉炎预防。

【用法用量】静脉滴注，用量视病情而定。常用剂量每次 500ml。①休克：通常快速扩容的剂量为 500～1000ml，每分钟注入 20～40ml，推荐使用的最大剂量为每日 20ml/kg；②术后静脉栓塞：术中或术后给予 500ml，第 2 天继续给予 500ml，对于高危患者，疗程可达到 10 天。

【制剂】30g/500ml 右旋糖 70 与 4.5g 氯化钠。

四、抗贫血药

【药品名称】葡萄糖酸亚铁　英文名：Ferrous Gluconate

分子式：$C_{12}H_{22}FeO_{14} \cdot 2H_2O$　分子量：482.17

【适应症】适用于各种原因引起的缺铁性贫血的预防和治疗。

【用法用量】①成人：预防用，口服每日 1 次，每次 300mg；治疗用，每日 3 次，每次 300～600mg。②儿童：每日 3 次，按体重每次 10mg/kg，饭后服用，可减轻胃肠道局部刺激。

【制剂】胶囊：①250mg；②300mg；③400mg。

【药品名称】叶酸　英文名：Folic Acid

分子式：$C_{19}H_{19}N_7O_6$　分子量：441.40

【适应症】①各种原因引起的叶酸缺乏及叶酸缺乏所致的巨幼红细胞贫血；②妊娠期、哺乳期妇女预防给药；③慢性溶血性贫血所致的叶酸缺乏。

【用法用量】口服。成人每次 5～10mg，每日 15～30mg，直至血象恢复正常；儿童每次 5mg，每日 3 次(或每日 5～15mg，分 3 次)；预防用时，每次 0.4mg，每日 1 次。

【制剂】片剂：①0.4mg；②5mg。

五、促进白细胞增生药

【药品名称】肌苷　英文名：Inosine

分子式：$C_{10}H_{12}N_4O_5$　分子量：268.23

【适应症】适用于白细胞或血小板减少症，各种急慢性肝脏疾患、肺源性心脏病等心脏疾患，以及中心性视网膜炎、视神经萎缩等疾患。

【用法用量】口服：成人每次200～600mg，每日3次；小儿每次100～200mg，每日3次；必要时剂量可加倍（如肝病）。肌内注射：每次100～200mg，每日1～2次。静脉注射或滴注：每次200～600mg，每日1～2次。

【制剂】片剂：200mg。注射液：100mg/2ml；200mg/5ml。

【药品名称】鲨肝醇　英文名：Batiol

分子式：$C_{21}H_{44}O_3$　分子量：344.58

【适应症】①各种原因引起的白细胞减少症，如放射性、抗肿瘤药物等所致的白细胞减少症；②不明原因所致的白细胞减少症。

【用法用量】口服。成人每日50～150mg，分3次服，4～6周为一疗程；儿童每次1～2mg/kg，每日3次。

【制剂】片剂：①25mg；②50mg。

六、抗血小板药物

【药品名称】西洛他唑　英文名：Cilostazol

分子式：$C_{20}H_{27}N_5O_2$　分子量：369.47

【适应症】①具有血管扩张作用及抗血小板功能作用，可用于治疗由动脉粥样硬化、大动脉炎、血栓闭塞性脉管炎、糖尿病所致的慢性动脉闭塞症。②改善肢体缺血所引起的慢性溃疡、疼痛、发冷及间歇跛行，用作上述疾病的外科手术（如血管成形术、血管移植术、交感神经切除术）后的补充治疗，以协助缓解症状、改善循环及抑制移植血管内血栓的形成。

【用法用量】口服。成人每次50～100mg，每日2次；年轻患者可根据症状必要时适当增加剂量。

【制剂】片剂：①50mg；②100mg。

【药品名称】双嘧达莫　英文名：Dipyridamole

分子式：$C_{24}H_{40}N_8O_4$　分子量：504.63

【适应症】适用于预防血栓栓塞性疾病。

【用法用量】口服：每次25～50mg，每日3次，饭前服或遵医嘱。静脉注射：0.142mg/(kg·min)，静注共4分钟。

【制剂】片剂：25mg；　注射液：10mg/2ml。

【药品名称】盐酸噻氯匹定　英文名：Ticlopidine Hydrochloride

分子式：$C_{14}H_{14}ClNS \cdot HCl$　分子量：300.29

【适应症】用于因血小板高聚集状态引起的心、脑及其他动脉的循环障碍性疾患的预防和治疗。

【用法用量】口服：每次1片(0.25g)，每日1次，就餐时服用以减少轻微的胃肠道反应。

【规格】片剂：0.25g。胶囊：①0.25g；②0.125g；③0.1g。

第十二节　抗变态反应药物

一、抗组胺药

【药品名称】马来酸氯苯那敏　英文名:Chlorphenamine Maleate

曾用名:扑尔敏

分子式:$C_{16}H_{19}ClN_2 \cdot C_4H_4O_4$　分子量:390.87

【适应症】①过敏性鼻炎:过敏性鼻炎和上呼吸道感染引起的鼻充血,感冒或鼻窦炎;②皮肤黏膜的过敏:荨麻疹、枯草热、血管充血性鼻炎,虫咬所致的皮肤瘙痒和水肿;药疹和接触性皮炎。但同时必须停用或避免接触致敏药物。

【用法用量】成人:肌内注射,每次5～20mg。但同时必须停用或避免接触致敏药物。

【制剂】注射液:①10mg/1ml;②20mg/2ml。

【药品名称】盐酸苯海拉明　英文名:Diphenhydramine Hydrochloride

分子式:$C_{17}H_{21}NO \cdot HCl$　分子量:291.82

【适应症】主要用于:皮肤黏膜的过敏,如荨麻疹、血管神经性水肿、过敏性鼻炎、皮肤瘙痒症、药疹,对虫咬引起的皮炎和接触性皮炎也有效;晕动病的防治,有较强的镇吐作用;帕金森病和锥体外系症状;镇静,催眠;加强镇咳药的作用,适用于治疗感冒或过敏所致咳嗽。

【用法用量】口服:成人常用量,每次25～50mg,每日2～3次,饭后服药。深部肌内注射:每次20mg,每日1～2次。用于防治晕动病时,宜在旅行前1～2小时,最少30分钟前服用。

【制剂】片剂:25mg；　注射液:20mg/1ml。

二、过敏反应介质阻释剂

【药品名称】色甘酸钠　英文名:Sodium Cromoglicate Aerosol

分子式:$C_{23}H_{14}Na_2O_{11}$　分子量:512.34

【适应症】适用于支气管哮喘的预防。

【用法用量】气雾剂喷吸前先摇匀液体,气雾吸入,每次3.5～7mg,每日3～4次。

【制剂】气雾剂:①每瓶总量14g,内含色甘酸钠0.7g,每揿含色甘酸钠3.5mg;②每瓶总量19.97g,内含色甘酸钠0.7g,每揿含色甘酸钠5mg。

【药品名称】曲尼司特　英文名:Tranilast

分子式:$C_{19}H_{19}O_5N$　分子量:327.34

【适应症】抗变态反应药,适用于预防和治疗支气管哮喘及过敏性鼻炎。

【用法用量】口服:通常情况下,成人每次1片(0.1g),每日3次;儿童按体重每日5mg/kg,分三次服用。与其他平喘药配伍用于哮喘发作时,应遵医嘱。

【制剂】片剂(胶囊):0.1g。

第十三节　激素及其有关药物

一、脑垂体激素及其有关药物

【药品名称】重组人生长激素　英文名:Recombinant Human Somatropin

【适应症】适用于儿童、成人生长激素缺乏症,特纳氏综合征,儿童慢性肾功能不全导致的生长障碍,手术、创伤后高代谢状态(负氮平衡),烧伤,脓毒败血症。

【用法用量】肌注或皮下注射,剂量视病情而定。①矮小症:每周 0.6～0.8 单位/kg,皮下注射;②特纳氏综合征:每周 1.0 单位/kg 或每平方米体表面积 28 单位,皮下注射;③儿童慢性肾功能不全致生长障碍:每周 1.0 单位/kg 或每平方米体表面积 30 单位,皮下注射;④负氮平衡:每日 4～8 单位,用药 7 日,皮下注射;⑤烧伤:每日 0.3～0.6 单位,用药 4 周,皮下注射;⑥脓毒败血症:每日 0.3 单位/kg;⑦成人生长激素缺乏:每周 0.25 单位/kg,用药 2～6 个月。

【制剂】粉针:①1.6mg(4 国际单位);②4.0mg(10 国际单位)。

二、肾上腺皮质激素及促肾上腺皮质激素

【药品名称】倍他米松磷酸钠　英文名:Betamethasone Sodium Phosphate

分子式为:$C_{22}H_{28}FNa_2O_8P$　分子量:516.41

【适应症】主要用于过敏性与自身免疫性炎症性疾病。现多用于活动性风湿病、类风湿性关节炎、红斑狼疮、严重支气管哮喘、严重皮炎、急性白血病等。

【用法用量】肌注或静脉注射:每日 2～20mg,分次给予;口服:起始剂量每日 1～4mg,分次给予;维持量为每日 0.5～1mg;外用:每日 2～4 次,涂于患处,并轻揉片刻。

【制剂】注射液:5.26mg/1ml(相当于倍他米松 4mg)。片剂:0.5mg。软膏:①4g∶4mg;②10g∶10mg。

【药品名称】丙酸倍氯米松　英文名:Beclometasone Dipropionate

分子式:$C_{28}H_{37}ClO_7$　分子量:521.05

【适应症】适用于过敏性与炎症性皮肤病和相关疾病,如湿疹、过敏性皮炎、接触性皮炎、神经性皮炎、扁平苔藓、盘状红斑狼疮、掌跖脓疱病、瘙痒、银屑病等。

【用法用量】外用:涂患处,每日 2～3 次,必要时予以封包。

【制剂】软膏:10g/2.5mg。

【药品名称】醋酸地塞米松　英文名:Dexamethasone Acetate

分子式:$C_{24}H_{31}FO_6$　分子量:434.50

【适应症】适用于过敏性与自身免疫性炎症性疾病,如结缔组织病、严重的支气管哮喘、皮炎等过敏性疾病,溃疡性结肠炎,急性白血病,恶性淋巴瘤等。

【用法用量】口服:成人首剂为每次 0.75～3.00mg(1～4 片),每日 2～4 次。维持量约每日 0.75mg(1 片),视病情而定。外用:涂患处,每日 2～3 次。肌注:每次 1～8mg,每日 1 次;也可用于腱鞘内注射或关节腔、软组织的损伤部位内注射,每次 0.8～6mg,每次间隔 2 周;局部皮

内注射,每点 0.05～0.25mg,共 2.5mg,每周 1 次。鼻腔、喉头、气管、中耳、耳道注入,每次 0.1～0.2mg,每日 1～3 次;静脉注射:每次 2～20mg。

【制剂】片剂:0.75mg。软膏:10g/5mg。注射液:① 2.5mg/0.5ml;② 5mg/1ml;③25mg/5ml。

【药品名称】醋酸氢化可的松 英文名:Hydrocortisone Acetate

分子式:$C_{24}H_{32}O_6$ 分子量:404.50

【适应症】主要用于治疗肾上腺皮质功能减退症的替代治疗及先天性肾上腺皮质增生症。外用于过敏性、非感染性皮肤病和一些增生性皮肤疾患,如皮炎、湿疹、神经性皮炎、脂溢性皮炎及瘙痒症等。

【用法用量】口服:每日 20～30mg,清晨服 2/3,午餐后服 1/3;在应激状况时,应适当加量,可增至每日 80mg,分次服用。小儿每日 20～25mg/m^2,分 3 次服用。外用:每日2～4 次,涂于患处,并轻揉片刻。

【制剂】片剂:20mg;软膏:1%。

三、性激素及促性激素

【药品名称】黄体酮 英文名:Progesterone

分子式:$C_{21}H_{30}O_2$ 分子量:314.47

【适应症】适用于月经失调,如闭经和功能性子宫出血、黄体功能不足、先兆流产和习惯性流产(因黄体不足引起者)、经前期紧张综合征的治疗。

【用法用量】肌内注射。①先兆流产,10～20mg,用至疼痛及出血停止;②习惯性流产者,自妊娠开始,每次 10～20mg,每周 2～3 次;③功能性子宫出血,用于撤退性出血血色素低于 7 g 时,每日 10mg,连用 5 天,或每日 20 mg,连续 3～4 天;④闭经,在预计月经前 8～10 天,每日 10mg,共 5 天;或每日 20 mg,3～4 天;⑤经前期紧张综合征,在预计月经前 12 天注射 10～20mg,连续 10 天。

【制剂】注射液:10mg/1ml;20mg/1ml。

【药品名称】戊酸雌二醇 英文名:Estradiol Valerate

分子式:$C_{23}H_{32}O_3$ 分子量:356.51

【适应症】①补充雌激素不足,治疗女性性腺功能不良、闭经、更年期综合征等;②晚期乳腺癌(绝经期后妇女)、晚期前列腺癌的治疗;③可作避孕药,与孕激素类药合用,能抑制排卵。

【用法用量】肌内注射。①补充雌激素不足,每次 5～10mg,1～4 周 1 次;②前列腺癌,每次 30 mg,1～2 周 1 次,按需调整用量。

【制剂】注射液:5mg/1ml;10mg/1ml。

【药品名称】已烯雌酚 英文名:Diethylstilbestrol

分子式为:$C_{18}H_{20}O_2$ 分子量:268.36

【适应症】①补充体内雌激素不足,如萎缩性阴道炎、女性性腺发育不良、绝经期综合症、老年性外阴干枯症,以及阴道炎、卵巢切除后、原发性卵巢缺如。②乳腺癌、绝经后及男性晚期乳腺癌不能进行手术治疗者。③不能手术治疗的晚期前列腺癌患者。④预防产后泌乳、退(或回)乳。

【用法用量】口服。①补充体内不足，每日0.25～0.5mg，21天后停药一周，周期性服用，一般可用3个周期(自月经第5天开始服药)；②乳腺癌，每日15mg，6周内无改善则停药；③前列腺癌，开始时每日1～3mg，依据病情递增而后递减；维持量每日1mg，连用2～3个月；④预防产后泌乳、退乳，每次5mg，每日3次，连服3天。

【制剂】片剂：0.5mg；1mg；2mg。

【药品名称】十一酸睾酮　英文名：Testosteronel Undecanoate

分子式为：$C_{30}H_{48}O_3$　分子量：456.71

【适应症】①原发性或继发性男性性功能减退；②男孩体质性青春期延迟；③乳腺癌转移女性患者的姑息性治疗；④再生障碍性贫血；⑤类风湿性关节炎；⑥中老年部分性雄激素缺乏症、骨质疏松症。

【用法用量】肌肉注射，每次250mg，每月1次。

【制剂】注射液：0.25g/2ml。软胶囊：40mg。

四、避孕药

【药品名称】醋酸甲地孕酮　英文名：Megestrol Acetate

分子式：$C_{24}H_{32}O_4$　分子量：384.52

【适应症】适用于月经不调、功能性子宫出血、子宫内膜异位症，晚期乳腺癌和子宫内膜腺癌，以及用作短效复方口服避孕片的孕激素成分。

【用法用量】口服：①闭经(雌激素水平足够时)，每次4mg，每日2～3次，连服2～3日，停药2周内即有撤退性出血；②功能性子宫出血，每日4～8 mg，共20天，开始自月经第5天服(或同于①)；③子宫内膜异位，每次4～8mg，每日1～2次，自月经第5天服，连服3～6个月；④乳腺癌，每次40mg，每日4次，每日量160mg，连续2个月；⑤子宫内膜癌，每次10～80mg，每日4次，或每次160 mg，每日1次。

【制剂】片剂：1mg；4mg。

【药品名称】醋酸甲羟孕酮　英文名：Medroxyprogesterone Acetate

分子式：$C_{24}H_{34}O_4$　分子量：386.53

【适应症】适用于月经不调、功能性子宫出血及子宫内膜异位症以及晚期乳腺癌、子宫内膜癌等。

【用法用量】口服。①功能性闭经：每日4～8mg，连服5～10天；②子宫内膜癌：口服，每次100mg，每日3次：或每次500 mg，每日1～2次，作为肌内注射后的维持量。

【制剂】片剂：2mg；4mg；10mg。

五、胰岛素及其他影响血糖的药物

【药品名称】胰岛素　英文名：Insulin

【适应症】①Ⅰ型糖尿病；②Ⅱ型糖尿病，有严重感染、外伤、大手术等严重应激情况，以及合并心、脑血管并发症、肾脏或视网膜病变等；③糖尿病酮症酸中毒，高血糖非酮症性高渗性昏迷；④长病程Ⅱ型糖尿病血浆胰岛素水平确实较低，经合理饮食、体力活动和口服降糖药治疗控制不满意者，Ⅱ型糖尿病具有口服降糖药禁忌时，如妊娠、哺乳等；⑤成年或老年糖尿病患者发病急、体重显著减轻伴明显消瘦；⑥妊娠糖尿病；⑦继发于严重胰腺疾病的糖尿病；⑧严重营养不良、消瘦、顽固性妊娠呕吐、肝硬变初期，可同时静脉滴注葡萄糖和小剂量胰岛素，以促进组织利用葡萄糖。

【用法用量】①皮下注射：一般每日3次，餐前15～30分钟注射，必要时睡前加注，每次小量。剂量根据病情、血糖、尿糖由小剂量(视体重等因素每次2～4单位)开始，逐步调整。Ⅰ型糖尿病患者每日胰岛素需用总量按体重0.5～1单位/kg，根据血糖监测结果调整；Ⅱ型糖尿病患者每日需用总量变化较大，在无急性并发症情况下，敏感者每日仅需5～10单位/kg，一般约20单位/kg，肥胖、对胰岛素敏感性较差者需要量可明显增加。在有急性并发症(感染、创伤、手术等)情况下，对Ⅰ型及Ⅱ型糖尿病患者，应每4～6小时注射1次，根据病情变化及血糖监测结果调整。②静脉注射：主要用于糖尿病酮症酸中毒、高血糖高渗性昏迷的治疗。可静脉持续滴入，成人每小时4～6单位，小儿按体重每小时0.1单位/kg，根据血糖变化调整剂量；也可首次静注10单位加肌内注射4～6单位，根据血糖变化调整。病情较重者，可先静脉注射10单位，继之以静脉滴注，当血糖下降到13.9mmol/L(250mg/ml)以下时，剂量及注射频率随之减少。

【制剂】注射液：①400单位/10ml；②800单位/10ml。

【药品名称】中性胰岛素　英文名：Neutral Insulin

【适应症】同胰岛素。

【用法用量】同胰岛素。

【制剂】注射液：400单位/10ml；800单位/10ml。

【药品名称】格列本脲　英文名：Glibenclamide

分子式：$C_{23}H_{28}ClN_3O_5S$　分子量：494.01

【适应症】适用于单用饮食控制疗效不满意的轻、中度Ⅱ型糖尿病，患者胰岛β细胞有一定的分泌胰岛素功能，并且无严重的并发症。

【用法用量】口服。首剂2.5mg，早餐前或早餐及午餐前各1次；轻症者1.25mg，每日3次，3餐前服，7日后递增每日2.5mg。一般用量为每日5～10mg，最大用量每日不超过15mg。

【制剂】片剂：2.5mg。

【药品名称】甲苯磺丁脲　英文名：Tolbutamide

分子式：$C_{12}H_{18}N_2O_3S$　分子量：270.35

【适应症】适用于单用饮食控制疗效不满意的轻、中度Ⅱ型糖尿病，病人胰岛β细胞有一定的分泌胰岛素功能，并且无严重的并发症。

【用法用量】口服。常用量每次0.5g，每日1～2g。早餐前或早餐及午餐前各服0.5g；也可每次0.25g，每日3次，餐前半小时服，根据病情需要逐渐加量。一般用量为每日1.5g，最大用量每日3g。

【制剂】片剂：0.5g。

六、甲状腺激素类药物及抗甲状腺药物

【药品名称】左甲状腺素钠　英文名称：Levothyroxine Sodium

分子式:$C_{15}H_{10}I_4NNaO_4$　分子量:798.86

【适应症】适用于先天性甲状腺功能减退症(克汀病)与儿童及成人的各种原因引起的甲状腺功能减退症的长期替代治疗,单纯性甲状腺肿,慢性淋巴性甲状腺炎,甲状腺癌手术后的抑制(及替代)治疗,甲状腺功能亢进的抑制试验。

【用法用量】口服。成人:最初每日25~50μg,最大量不超过100μg,可每隔2~4周增加25~50μg,直至维持正常代谢为止。一般维持剂量为每日50~200μg。老年或有心血管疾病患者:起始量以每日12.5~25μg为宜,可每隔3~4周增加每次剂量,每次增加12.5~25μg。用药后应密切观察患者有否心率加快、心律失常、血压改变,并定期监测血中甲状腺激素水平,必要时暂缓加量或减少用量。

【制剂】片剂:100μg(以$C_{15}H_{10}I_4NNaO_4$计)。

【药品名称】卡比马唑　英文名:Carbimazole

分子式:$C_7H_{10}N_2O_2S$　分子量:186.23

【用法用量】口服。① 成人:首剂为每日30mg,可按病情轻重调节为15~40mg,每日最大量60mg,分次口服;病情控制后,逐渐减量,每日维持量按病情需要5~15mg,疗程一般18~24个月。② 小儿:首剂为按体重每日0.4mg/kg,分次口服。维持量按病情决定。

【制剂】片剂:5mg。

【药品名称】甲硫氧嘧啶　英文名:Methylthiouracil

分子式:$C_5H_6N_2OS$　分子量:142.18

【适应症】适用于各种类型的甲状腺功能亢进症:①病情较轻,甲状腺轻至中度肿大患者;②青少年及儿童、老年患者;③甲状腺手术后复发,又不适于放射性I^{131}治疗者;④手术前准备;⑤作为I^{131}放疗的辅助治疗。

【用法用量】用于治疗成人甲状腺功能亢进症,开始剂量一般为每天300mg,视病情轻重介于150~400mg,分次口服,每日最大量600mg;病情控制后逐渐减量,维持量每日50~150mg,视病情调整;小儿开始剂量按体重每日4mg/kg,分次口服,维持量酌减。

【制剂】片剂:50mg;100mg。

【药品名称】碘化钾　英文名:Potassium Iodide

分子式:KI　分子量:166.00

【适应症】地方性甲状腺肿的预防与治疗,甲状腺功能亢进症手术前准备及甲状腺亢进危象。

【用法用量】①地方性甲状腺肿预防:剂量根据当地缺碘情况而定,一般每日100μg即可。②地方性甲状腺肿治疗:对早期患者给予每日1~10mg,连服1~3个月,中间休息30~40天。约1~2月后,剂量可渐增至每日20~25mg,总疗程约3~6个月。

【制剂】片剂:10mg。

第十四节　维生素类

一、维生素 A、D 类药物

【药品名称】维生素 A　英文名：Vitamin A

分子式：$C_{20}H_{30}O$　分子量：286.46

【适应症】用于治疗维生素 A 缺乏症，如夜盲症、干眼病、角膜软化症和皮肤粗糙等。

【用法用量】①严重维生素 A 缺乏症：口服成人每日 10 万单位，3 日后改为每日 5 万单位，给药 2 周，然后每日 1 万～2 万单位，再用药 2 月。②轻度维生素 A 缺乏症：每日 3 万～5 万单位，分 2～3 次口服，症状改善后减量。

【制剂】胶丸：2.5 万单位/粒。

【药品名称】维 A 酸　英文名：Tretinoin

【适应症】适用于痤疮、扁平苔癣、白斑、毛发红糠疹和面部糠疹等，银屑病、鱼鳞病，以及治疗多发性寻常疣以及角化异常类的各种皮肤病。

【用法用量 】口服：每日 2～3 次，每次 10mg 。

【制剂】片剂：①5 mg；②10 mg；③20 mg。

【药品名称】维生素 AD 胶丸　英文名：Vitamin A and D Capsules

【适应症】①佝偻病和夜盲症治疗；②小儿手足抽搐症治疗；③维生素 AD 缺乏症预防。

【用法用量】①成人：每次 1 丸，每日 3～4 次；②儿童：用量请咨询医生。

【制剂】维生素 A：3000 单位；维生素 D：300 单位。

【药品名称】阿法骨化醇　英文名：Alfacalcidol

【适应症】①佝偻病和软骨病；②肾性骨病；③骨质疏松症；④甲状旁腺功能减退症。

【用法用量】口服。成人，每日 0.25～1μg。

【制剂】胶囊：0.25μg。

二、维生素 B 类药物

【药品名称】维生素 B_1　英文名：Vitamin B_1

分子式：$C_{12}H_{17}ClN_4OS$　分子量：300.81

【适应症】适用于脚气病或 Wernicke 脑病的治疗，以及维生素 B_1 缺乏引起的周围神经炎、消化不良等的辅助治疗。

【用法用量】肌内注射。成人重型脚气病，每次 50～100mg，每天 3 次，症状改善后改口服；小儿重型脚气病，每日 10～25mg，症状改善后改口服。

【制剂】注射液：50mg/2ml；100mg/2ml。

【药品名称】维生素 B_2　英文名：Vitamin B_2

曾用名：核黄素

分子式：$C_{17}H_{20}N_4O_6$　分子量：376.37

【适应症】适用于口角炎、唇炎、舌炎、眼结膜炎和阴囊炎等。

【用法用量】成人每日为2～3mg。治疗口角炎、舌炎、阴囊炎时，皮下注射或肌注，每次5～10mg，每日1次，连用数周。

【制剂】注射液：1mg/2ml；5mg/2ml；10mg/2ml。

【药品名称】腺嘌呤　英文名：Vitamin B_4

分子式：$C_5H_5N_5$　分子量：135.13

【适应症】适用于防治各种原因引起的白细胞减少症、急性粒细胞减少症，尤其是对肿瘤化学和放射治疗以及苯中毒等引起的白细胞减少症。

【用法用量】口服。成人：每次10～20mg，每日3次；小儿：每次5～10mg，每日2次。

【制剂】片剂：①10mg；②25mg。

【药品名称】维生素 B_6　英文名：Vitamin B_6

分子式：$C_8H_{11}NO_3$　分子量：169.14

【适应症】①适用于维生素 B_6 缺乏的预防和治疗，防治异烟肼中毒；也可用于妊娠、放射病及抗癌药所致的呕吐、脂溢性皮炎等。②全胃肠道外营养及因摄入不足所致营养不良、进行性体重下降时维生素 B_6 的补充。③下列情况对维生素 B_6 需要量增加：妊娠及哺乳期、甲状腺功能亢进、烧伤、长期慢性感染、发热、先天性代谢障碍病（胱硫醚尿症、高草酸盐症、高胱氨酸尿症、黄嘌呤酸尿症）、充血性心力衰竭、长期血液透析、吸收不良综合征伴肝胆系统疾病（如酒精中毒伴肝硬化）、肠道疾病（乳糜泻、热带口炎性肠炎、局限性肠炎、持续腹泻）、胃切除术后。④新生儿遗传性维生素 B_6 依赖综合征。

【用法用量】皮下注射、肌内或静脉注射。每次50～100mg，每日1次。用于环丝氨酸中毒的解毒时，每日300mg或300mg以上；用于异烟肼中毒解毒时，每克异烟肼给1g维生素 B_6 静注。

【制剂】注射液：①25mg/1ml；②50mg/1ml；③100mg/2ml。

【药品名称】维生素 B_{12}　英文名：Vitamin B_{12}

分子式：$C_{63}H_{88}C_6N_{14}O_{14}P$　分子量：1355.38

曾用名：氰钴铵

【适应症】主要用于巨幼细胞性贫血，也可用于神经炎的辅助治疗。

【用法用量】肌注：成人，每日0.025～0.1mg，或隔日0.05～0.2mg。用于神经炎时，用量可酌增。

【制剂】注射液：①0.05mg/1ml；②0.1mg/1ml；③0.25mg/1ml；④0.5mg/1ml；⑤1mg/1ml。

【药品名称】呋喃硫胺　英文名：Thiamine Tetrahydrofurfurgl Disulfide

别名：长效 Vitamin B_1（Alinaminf，Fursultiamin）

【适应症】适用于维生素 B_1 的脚气病或 Wernicke 脑病的治疗。亦可用于维生素 B_1 缺乏引起的周围神经炎、消化不良等的辅助治疗。

【用法用量】肌注：每日 20～40mg。

【制剂】注射液 20mg/2ml。

三、维生素C及其他

【药品名称】维生素C　英文名：Vitamin C

分子式：$C_6H_8O_6$　分子量：176.13

【适应症】(1)适用于治疗坏血病各种急慢性传染性疾病及紫癜等辅助治疗。(2)慢性铁中毒的治疗，促进去铁胺对铁的螯合，加速铁排出。(3)特发性高铁血红蛋白症的治疗。(4)下列情况需要量增加：①病人接受慢性血液透析、胃肠道疾病(长期腹泻、胃或回肠切除术后)、结核病、癌症、溃疡病、甲状腺功能亢进、发热、感染、创伤、烧伤、手术等；②因严格控制或选择饮食，接受肠道外营养的病人，因营养不良，体重骤降，以及在妊娠期和哺乳期；③应用巴比妥类、四环素类、水杨酸类，或以维生素C作为泌尿系统酸化药时。

【用法用量】肌内或静脉注射。成人每次 100～250mg，每日 1～3 次；小儿每日 100～300mg，分次注射。

【制剂】注射液：①0.1g/2ml；②0.25g/2ml；③0.5g/5ml；④2.5g/20ml。

【药品名称】维生素E　英文名：Vitamin E

分子式：$C_{29}H_{50}O_2$　分子量：430.71

【适应症】适用于棘红细胞增多症或吸收不良综合征。

【用法用量】肌注。每日 1 次，每次 5～50mg。

【制剂】注射液：①5mg/1ml；②50mg/1ml。

【药品名称】烟酸　英文名：Nicotinic Acid

分子式：$C_6H_5NO_2$　分子量：123.11

【适应症】①用于维生素PP缺乏症的预防和治疗。②扩张小血管，可缓解血管痉挛症状，改善局部供血。③缺血性心脏病、心绞痛症状缓解。④降血脂，大剂量可降低血脂。

【用法用量】肌内注射。成人，每次 50mg～100mg，每日 5 次；静脉缓慢注射，每次 25～100mg，每日 2 次或多次；小儿每次 25～100mg，每日 2 次。

【制剂】注射液：①10mg/1ml；②100mg/2ml。

第十五节　酶类及其他生化制剂

一、酶类药物

【药品名称】菠萝蛋白酶　英文名：Bromelains

【适应症】适用于手术后感染，骨关节急性发炎、乳腺炎、腮腺炎、蜂窝组织炎、慢性血栓静脉炎、支气管炎、肾盂肾炎等辅助治疗。

【用法用量】口服。每次 3 万～9 万单位，每日 9 万～12 万单位。

【制剂】肠溶片:5 万单位。

【药品名称】胰蛋白酶　英文名:Trypsin

【适应症】适用于清除血凝块、脓液、坏死组织及炎性渗出物,坏死性创伤、溃疡、血肿、脓肿及炎症等。各种眼部炎症、出血性眼病以及眼外伤、视网膜震荡等,毒蛇咬伤,使毒素分解破坏。

【用法用量】① 肌内注射,每次 1.25 万～5 万单位,每日 1 次;② 结膜下注射,每次 1250～5000 单位,每日或隔日 1 次;③ 滴眼,浓度 250 单位/ml,每日 4～6 次;④泪道冲洗,浓度 250 单位/ml;⑤ 毒蛇咬伤,以 0.25%～0.5%盐酸普鲁卡因注射液溶解成 5000 单位/ml 浓度的溶液,以牙痕为中心,在伤口周围作浸润注射或在肿胀部位上方作环状封闭,每次用量 5 万～10 万单位。

【制剂】粉针:①1.25 万单位;②2.5 万单位;③5 万单位;④10 万单位。

【药品名称】糜胰蛋白酶　英文名:Chymocotrypsin

【适应症】蛋白水解酶。用于治疗创面的炎性水肿、炎性粘连、血肿及溃疡等。

【用法用量】用氯化钠注射液溶解,肌内注射,每次糜蛋白酶 4000 单位和胰蛋白酶 6000 单位,每日 1 次。

【制剂】粉针:糜蛋白酶 4000 单位,胰蛋白酶 6000 单位。

【药品名称】溶菌酶　英文名:Lysozyme

【适应症】适用于慢性鼻炎、急慢性咽喉炎、口腔溃疡、水痘、带状疱疹和扁平疣等。

【用法用量】口服,每次 50～100mg,每日 3 次。

【制剂】肠溶片:10mg(6.25 万单位)。

二、其他生化制剂

【药品名称】三磷酸腺苷二钠　英文名:Adenosine Disodium Triphosphate

分子式:$C_{10}H_{14}N_5Na_2O_{13}P_3$　分子量:551.15

【适应症】辅酶类药。适用于进行性肌萎缩、脑出血后遗症、心功能不全、心肌疾患及肝炎等的辅助治疗。

【用法用量】肌内注射或静脉注射,加氯化钠注射液溶解,每次 10～20mg,每日 10～40mg。

【制剂】粉针:10mg;20mg。

第十六节　调节水、电解质及酸碱平衡用药

一、电解质平衡调节药

【药品名称】氯化钾　英文名:Potassium Chloride

分子式:KCl　分子量:74.5

【适应症】①低钾血症治疗,各种原因引起的低钾血症,如进食不足、呕吐、严重腹泻、应用

排钾性利尿药、低钾性家族周期性麻痹、长期应用糖皮质激素和补充高渗葡萄糖等；② 低钾血症预防，当患者存在失钾情况，尤其是如果发生低钾血症对患者危害较大时（如使用洋地黄药物的患者），如进食很少、严重或慢性腹泻、长期服用肾上腺皮质激素、失钾性肾病、Bartter 综合征等；③洋地黄中毒引起的频发性、多源性早搏或快速心律失常。

【用法用量】口服。常规剂量，每次 0.5～1g（6.7～13.4mmol），每日 2～4 次，饭后服用，并按病情调整剂量；每日最大剂量为 6g（80mmol）。

【制剂】片剂：①0.25g；②0.5g。　颗粒剂：1.6g（相当于钾 0.524g）。

【药品名称】浓氯化钠注射液　英文名：Concentrated Sodium Chloride Injection

分子式：NaCl　分子量：58.44

【适应症】各种原因所致的水中毒及严重的低钠血症。迅速提高细胞外液的渗透压，从而使细胞内液的水份移向细胞外；在增加细胞外液容量的同时，可提高细胞内液的渗透压。

【用法用量】一般认为，当血钠低于 120mmol/L 时，治疗使血钠上升速度为每小时 0.5mmol/L，不得超过每小时 1.5mmol/L。当血钠低于 120mmol/L 或出现中枢神经系统症状时，可给予 3%～5%氯化钠注射液缓慢滴注。

【制剂】注射液 1g/10ml。

【药品名称】氯化钙　英文名：Calcium Chloride

分子式：$CaCl_2$　分子量：110.98

【适应症】①钙缺乏，急性血钙过低、碱中毒及甲状旁腺功能低下所致的手足搐搦症，维生素 D 缺乏症等；②过敏性疾患；③镁中毒；④氟中毒；⑤心脏复苏时，如高血钾、低血钙，或钙通道阻滞引起的心功能异常。

【用法用量】①低钙或电解质补充，每次 0.5～1g（136～273mg 钙）稀释后缓慢静脉注射（每分钟不超过 0.5ml，即 13.6mg 钙），根据病人情况、血钙浓度，1～3 天重复给药。②甲状旁腺机能亢进术后的“骨饥饿综合征”病人的低钙，可用本品稀释于生理盐水或右旋糖酐内，每分钟滴注 0.5～1mg（最高每分钟滴 2mg）。③用作强心剂时，用量 0.5～1g，稀释后静脉滴注，每分钟不超过 1ml；心室内注射，0.2～0.8g（54.4～217.6mg 钙），单剂使用。④治疗高血钾时，根据心电图决定剂量。⑤抗高血镁治疗，首次 0.5g（含钙量为 136mg），缓慢静脉注射（每分钟不超过 5ml）。⑥小儿用量：低钙时治疗量为 25mg/kg（6.8mg 钙），静脉缓慢滴注。

【制剂】注射液：① 0.3g/10ml（含钙量为 82mg）；② 0.5g/10ml（含钙量为 136mg）；③0.6g/10ml（含钙量为 164mg）；④1g/20ml（含钙量为 273mg）。

【药品名称】磷酸氢钙　英文名：Calcium Hydrogen Phosphate

分子式：$CaHPO_4$　分子量：136.06

【适应症】补钙药，用于钙缺乏症。

【用法用量】口服。成人每次 0.6～2g（含钙量 140～466mg），每日 3 次。

【制剂】片剂：0.3g（含钙量 70mg）。

【药品名称】硫酸锌　英文名：Zinc Sulfate

分子式：$ZnSO_4$　分子量：161.45

【适应症】适用于锌缺乏引起的食欲、异食癖、贫血、生长发育迟缓、营养性侏儒及肠病性肢端皮炎；类风湿性关节炎、间歇性跛行、肝豆状核变性（适用于不能用青霉胺者）、痤疮、慢性溃疡、结膜炎、口疮等的辅助治疗。

【用法用量】成人常用量，治疗量：口服每日 300mg（含锌量 68mg），分 3 次服；长期服用剂量可根据血清锌浓度不高于 30.6μmol/L 调整。中国营养学会（1981）制定锌生理需要量为：1～6月小儿每日元素锌 3mg；7～12 月小儿每日元素锌 5mg；1～10 岁小儿每日元素锌 10mg；10 岁以上与成人每日元素锌 15mg；孕妇每日元素锌 20mg；乳母每日元素锌 25mg 可以作为参考制定儿童给药剂量。

【制剂】口服液：100ml（浓度 1%；含锌量 0.23%）；片剂：25mg（含锌量 5.7mg）；50 mg（含锌量 11.4mg）。

【药品名称】葡萄糖酸钙　英文名：Calcium Gluconate

分子式：$C_{12}H_{22}CaO_{14}$　分子量：430.38

【适应症】①治疗钙缺乏，急性血钙过低、碱中毒及甲状旁腺功能低下所致的手足搐搦症；②过敏性疾患；③镁中毒时的解救；④氟中毒的解救；⑤心脏复苏时应用（如高血钾、低血钙，或钙通道阻滞引起的心功能异常的解救）。

【用法用量】用 10%葡萄糖注射液稀释后缓慢注射，每分钟不超过 5ml。成人：低钙血症，每次 1g，需要时可重复；用于高镁血症，每次 1～2g；氟中毒解救，静脉注射，每次 1g，1 小时后重复，如有搐搦可静注 3g；皮肤组织氟化物损伤，每平方厘米受损面积应用 10%葡萄糖酸钙 50mg。小儿：低钙血症，按体重 25mg/kg（含钙量 6.8mg）缓慢静注；由于刺激性较大，本品一般情况下不用于小儿。

【制剂】注射液：1g/10ml。

二、酸碱平衡调节药

【药品名称】乳酸钠　英文名：Sodium Lactate

分子式：$C_3H_5NaO_3$　分子量：112.06

【适应症】适用于纠正代谢性酸中毒，腹膜透析液中缓冲剂、高钾血症伴严重心律失常 QRS 波增宽者。

【用法用量】①代谢性酸中毒，按酸中毒程度计算剂量，静脉滴注碱缺失（mmol/L）×0.3×体重（kg）＝所需乳酸钠（mol/L 的体积（ml），目前已不用乳酸钠纠正代谢性酸中毒。②高钾血症，首次静脉滴注 11.2%注射液 40～60ml，以后酌情给药；严重高钾血症导致缓慢异位心律失常，特别是心电图 QRS 波增宽时，应在心电图监护下给药；有时需高达 200ml 才能奏效，此时应注意血钠浓度及防止心力衰竭。③乳酸钠需在有氧条件下经肝脏氧化代谢成碳酸氢根才能发挥纠正代谢性酸中毒的作用，故不及碳酸氢钠作用迅速和稳定，现已少用。但在高钾血症伴酸中毒时，仍以使用乳酸钠为宜。④制剂为 11.2%高渗溶液，临床应用时可根据需要配制成不同渗透压浓度：等渗液浓度为 1.86%。

【制剂】注射液：①2.24g/20ml；②5.60g/50ml。

【药品名称】复方氯化钠注射液　英文名：Compound Sodium Chloride Injection

【适应症】适用于各种原因所致的失水，包括低渗性、等渗性和高渗性失水；高渗性非酮症糖尿病昏迷;低氯性代谢性碱中毒。

【用法用量】静脉滴注,剂量视病情需要及体重而定。常用剂量,每次500～1000ml;低氯性碱中毒,根据碱中毒量情况决定用量。

【制剂】注射液:①500ml;②1000ml。

【药品名称】复方乳酸钠葡萄糖注射液　英文名:Compound Sodium Lactate and Glucose Injection

【适应症】调节体液、电解质及酸碱平衡,补充细胞外液。适用于代谢性酸中毒或有代谢性酸中毒倾向并需要补充热量的脱水患者。

【用法用量】静脉滴注,按年龄、体重及症状不同可适当增减。成人每次500～1000ml,每小时300～500ml。

【制剂】注射液:500ml。

【药品名称】复方乳酸钠山梨醇注射液　英文名:Compound Sodium Lactate and Sorbitol Injection

【适应症】同复方乳酸钠葡萄糖注射液。调节体液、电解质及酸碱平衡,补充细胞外液。用于代谢性酸中毒或有代谢性酸中毒并需要补充热量的脱水病,也适用于糖尿病患者。

【用法用量】静脉滴注,按年龄、体重及症状不同可适当增减。成人每次500～1000ml,每小时300～500ml。

【制剂】注射液:500ml。

三、葡萄糖及其他

【药品名称】缩合葡萄糖氯化钠注射液　英文名:Polyglucose and Sodium Chloride Injection

【适应症】①增加血容量、提高血浆胶体渗透压。②拮抗急性失血、创伤、大面积烧伤、剧烈呕吐及循环血容量降低而引起的休克。③手术前及手术中补充血容量;④改善微循环。

【用法用量】①抗休克,静脉滴注每次500～1500ml,速度为10～15ml/min。②改善微循环,静脉滴注每次500ml,速度为2～3ml/min。

【制剂】注射液:500ml。

【药品名称】复方电解质葡萄糖MG3注射液　英文名:Compound Electrolytes and Glucose Injection MG3

【适应症】①用于经口服摄取水分和电解质发生困难时,可以补充热量和水分、电解质。用于低钾血症的高渗性脱水症。②外科手术前及术后的水分和电解质补充。

【用法用量】静脉滴注。成人:每次500～1000ml;小儿:一般用量每次50～100ml。按年龄、体重及症状的不同可适量增减给药速度。

【制剂】注射液:500ml。

第十七节 营养药

【药品名称】18 种氨基酸葡萄糖注射液 英文名:Amino Acid and Glucose Injeciton 18

【适应症】①改善外科手术前后患者的营养状态。②适于各种疾病所引起的营养不良,作为节氮疗法补充营养。

【用法用量】静脉滴注。成人一般每日 500~1000ml。由周围静脉缓慢滴注,注射速度为每小时 100~200ml,可根据年龄、症状、体重等情况按医嘱适当增减用量。

【制剂】注射液:①250ml:3.5%(含氨基酸总量为 8.70g);②500ml:13.5%(含氨基酸总量为17.40g)。

【药品名称】复方氨基酸注射液(15) 英文名:Compound Amino Acid Injection

【适应症】用于大面积烧伤、创伤及严重感染等应激状态下肌肉分解代谢亢进、消化系统功能障碍、营养不良及免疫功能下降患者的营养支持;以及手术后患者的营养改善。

【用法用量】①经中心静脉长时间应用时,应与葡萄糖(或脂肪乳)、维生素、电解质、微量元素等注射液联合,达到营养全面支持的目的。②经外周静脉应用时,用等量 5%葡萄糖注射液稀释后,缓慢滴注。输注速度:外周静脉输注时,一般以每分钟 30~40 滴为宜;中心静脉输液时遵医嘱。输注量应视病人的年龄、体重、营养状态、病情不同而定,一般成人每日 250~1000mL(按氨基酸含量计算为 0.5~1.5g/kg)。

【制剂】注射液:6.9%。

【药品名称】多种微量元素注射液 英文名:Multi-trace Elements Injection

曾用名:微量元素注射液

【适应症】肠外营养的添加剂,10 ml 即能满足成人每天对铬、铜、铁、锰、钼、硒、锌、氟和碘的基本或中等需要。另外,用于妊娠妇女补充微量元素。

【用法用量】成人推荐剂量为每日 10ml。在配伍得到保证的前提下,用本品 10ml 加入500~1000ml 多种氨基酸或葡萄糖注射液中,静滴 6~8 小时,输注速率不宜过快。体重超过 15kg 的儿童每日 0.1ml/kg,稀释后静脉输注,输注速率不超过 1ml/min。在无菌条件下,配制好的输液必须在 12 小时内输注完毕,以免被污染。

【制剂】注射液:10ml。

第十八节 抗肿瘤药

一、烷化剂

【药品名称】盐酸氮芥 英文名:Chlormethine Hydrochloride

分子式:$C_5H_{11}Cl_2N$ 分子量:156.05

【适应症】主要用于恶性淋巴瘤,尤其是霍奇金病的治疗,腔内用药对控制癌性胸腔、心包腔及腹腔积液有较好疗效。

【用法用量】静脉注射:每次 4～6mg/m²(或 0.1mg/kg),加生理盐水 10ml 由输液小壶或皮管中冲入,并用生理盐水或 5%葡萄糖液冲洗血管,每周 1 次,连用 2 次,休息 1～2 周重复。腔内给药:每次 5～10mg,加生理盐水 20～40ml 稀释,在抽液后即时注入,每周 1 次,可根据需要重复。局部皮肤涂抹:新配制每次 5mg,加生理盐水 50ml,每日 1～2 次,主要用于皮肤蕈样霉菌病。

【制剂】注射液:5mg/1ml; 10mg/2ml

【药品名称】异芳芥　英文名:Betamerphalan

分子式:$C_{13}H_{18}Cl_2N_2O_2$　分子量:305.20

【适应症】适用于慢性粒细胞白血病、睾丸精原细胞瘤、恶性淋巴瘤、乳腺癌及因骨转移的疼痛等。

【用法用量】口服。每次 25mg,每日每次;用于慢性粒细胞白血病,视病情及血象酌情每日 25～75mg,维持量每次 12.5mg,每周 1～3 次。

【制剂】片剂:25mg。

【药品名称】甘磷酰芥　英文名:Glyfosfin

分子式:$C_{12}H_{24}C_{12}N_3O_5P$　分子量:392.22

【适应症】乳腺癌和子宫颈癌等的癌性溃疡。

【用法用量】口服,每次 0.5g,每日 2 次,每周连用 4 天,休息 3 天,总量 20g 为 1 疗程;或每次 0.5g,每日 2 次,连续服用,总量 15～20g 为 1 疗程。

【制剂】片剂:①0.1g; ②0.25g。

【药品名称】白消安　英文名:Busulfan

分子式:$C_6H_{14}O_6S_2$　分子量:246.29

【适应症】适用于慢性粒细胞白血病的慢性期不适、原发性血小板增多症、真性红细胞增多症等慢性骨髓增殖性疾病。

【用法用量】慢性粒细胞白血病:成人常用量每日总量 4～6mg/m²,每日每次。如白细胞数下降至 2.0×10^9/L 则需酌情停药。每日或隔日 1～2mg,可维持白细胞计数在 1.0×10^9/L 左右。

【制剂】片剂:① 0.5mg;② 2mg。

【药品名称】顺铂　英文名:Cisplatin

分子式:$PtCl_2(NH_3)_2$　分子量:300.05

【适应症】为治疗多种实体瘤的一线用药。与依托泊甙联合(EP 方案)为治疗小细胞肺癌或非小细胞肺癌一线方案;联合丝裂霉素、异环磷酰胺(IMP 方案),或去甲长春花碱等方案为目前治疗非小细胞肺癌常用方案;以顺铂为主的联合化疗亦为晚期卵巢癌、骨肉瘤及神经母细胞瘤的主要治疗方案;与多柔比星、环磷酰胺等联用对多部位鳞状上皮癌、移行细胞癌有效,如头颈部、宫颈、食管及泌尿系统肿瘤等。"PVB"(顺铂、长春碱、博莱霉素)可治疗大部分 IV 期非精原细胞睾丸癌,缓解率为 50%～80%。

【用法用量】①一般剂量：按体表面积每次 $20mg/m^2$，每日 1 次，连用 5 天；或每次 $30mg/m^2$，连用 3 天，并需适当水化利尿。②大剂量：每次 80～$120mg/m^2$，静滴，每 3～4 周 1 次，最大剂量不应超过 $120mg/m^2$，以 $100mg/m^2$ 为宜。为预防本品的肾脏毒性，需充分水化：顺铂(PDD)用前 12 小时静滴等渗葡萄糖液 2000ml；DDP 使用当日输等渗盐水或葡萄糖液 3000～3500ml，并用氯化钾、甘露醇及呋塞米(速尿)，每日尿量 2000～3000ml。

【制剂】粉针：①10mg；②20mg。

【药品名称】卡铂　英文名：Carboplatin

分子式：$C_6H_{12}N_2O_4Pt$　分子量：371.26

【适应症】适用于卵巢癌、小细胞肺癌、非小细胞肺癌、头颈部鳞癌、食管癌、精原细胞瘤、膀胱癌、间皮瘤等。

【用法与用量】用 5%葡萄糖注射液溶解本品，浓度为 10mg/ml，再加入 5%葡萄糖注射液 250～500ml 中，静脉滴注。一般成人用量按体表面积每次 200～$400mg/m^2$，每 3～4 周给药 1 次；2～4 次为一疗程；也可采用按体表面积每次 $50mg/m^2$，每日 1 次，连用 5 日，间隔 4 周重复。

【制剂】粉针：①50mg；②100mg。

【药品名称】盐酸丙卡巴肼　英文名：Procarbazine Hydrochloride

分子式：$C_{12}H_{19}N_3O \cdot HCl$　分子量：257.76

【适应症】恶性淋巴瘤标准方案 MOPP 及 COPP 的主要药物之一，对 SCLC、恶性黑色素瘤、多发骨髓瘤、脑瘤(原发或继发)等亦有一定疗效。

【用法用量】口服。成人每次 50mg，每日 3 次，睡前顿服，以减轻胃肠道反应，连用 2 周，停服，4 周后重复；若白细胞低于 $3.0\times10^9/L$，血小板低于 $80\sim100\times10^9/L$，应停药。血象恢复后，剂量减为每日 50～100mg。

【制剂】肠溶片：①25mg；②50mg。

二、抗代谢药

【药品名称】塞替派　英文名：Thiotepa

分子式：$C_6H_{12}N_3PS$　分子量：189.22

【适应症】适用于乳腺癌、卵巢癌、癌性体腔积液的腔内注射以及膀胱癌的局部灌注，以及胃肠道肿瘤等。

【用法用量】①静脉或肌肉注射(单一用药)：每次 10mg(0.2mg/kg)，每日 1 次，连续 5 天后改为每周 3 次，一疗程总量 300mg；②胸腹腔或心包腔内注射：每次 10～30mg，每周 1～2 次；③膀胱腔内灌注：每次排空尿液后将导尿管插入膀胱内向腔内注入 60mg，溶于生理盐水 60ml，每周1～2次，10 次为一疗程；④动脉注射：每次 10～20mg，用法同静脉注射。

【制剂】注射液：10mg/1ml。

【药品名称】环磷酰胺　英文名：Cyclophosphamide

分子式：$C_7H_{15}Cl_2N_2O_2P \cdot H_2O$　分子量：279.10

【适应症】广泛应用的抗癌药物。适用于恶性淋巴瘤、急性或慢性淋巴细胞白血病、多发性骨髓瘤,乳腺癌、睾丸肿瘤、卵巢癌、肺癌、头颈部鳞癌、鼻咽癌、神经母细胞瘤、横纹肌肉瘤及骨肉瘤。

【用法用量】口服。成人常用量:每日2～4mg/kg,连用10～14天,休息1～2周重复。儿童常用量:每日2～6mg/kg,连用10～14天,休息1～2周重复。静脉注射。成人常用量:单药按体表面积每次500～1000mg/m^2,加生理盐水20～30ml,每周1次,连用2次,休息1～2周重复。联合用药500～600mg/m^2。儿童常用量:静脉注射每次10～15mg/kg,加生理盐水20ml稀释后缓慢注射,每周1次,连用2次,休息1～2周重复。也可肌内注射。

【制剂】粉针:0.1g;0.2g。　片剂:50mg。

【药品名称】依托泊甙　英文名:Etopside

分子式:$C_{29}H_{32}O_{13}$　分子量:588.57

【适应症】适用于小细胞肺癌、恶性淋巴瘤、恶性生殖细胞瘤、白血病、神经母细胞瘤、横纹肌肉瘤、卵巢癌、非小细胞肺癌、胃癌和食管癌等。

【用法用量】单用,每日60～100mg/m^2,连用10日,每3～4周重复。联合化疗,每日50mg/m^2,连用3～5天。

【制剂】软胶囊:50mg;100mg。

【药品名称】硫酸长春地辛　英文名:Vindesine Sulfate

分子式:$C_{43}H_{55}N_5O_7 \cdot H_2SO_4$　分子量:852.02

【适应症】适用于非小细胞肺癌、小细胞肺癌、恶性淋巴瘤、乳腺癌、食管癌及恶性黑色素瘤等恶性肿瘤。

【用法用量】单用,每次3mg/m^2,每周每次,连用3次为一疗程。用生理盐水溶解后缓慢静脉注射,或溶于5%葡萄糖缓慢静脉滴注(6～12小时)。

【制剂】粉针:1mg。

【药品名称】巯嘌呤　英文名:Mercaptopurine

分子式:$C_5H_4N_4S \cdot H_2O$　分子量:170.19

【适应症】适用于绒毛膜上皮癌、恶性葡萄胎、急性淋巴细胞白血病及急性非淋巴细胞白血病、慢性粒细胞白血病的急变期。

【用法用量】绒毛膜上皮癌:成人常用量,每日6～6.5mg/kg,分2次口服,以10日为一疗程,疗程间歇为3～4周。白血病:①开始,每日2.5mg/kg或80～100mg/m^2,每日1次或分次服用,一般于用药后2～4周可显效,如用药4周后,仍未见临床改进及白细胞数下降,可考虑在仔细观察下,加量至每日5mg/kg;②维持,每日1.5～2.5mg/kg或50～100mg/m^2,每日1次或分次口服。

【制剂】片剂:①25mg;②50mg;③100mg。

【药品名称】甲氨蝶呤　英文名:Methotrexate

分子式:$C_{20}H_{22}N_8O_5$　分子量:454.45

【适应症】①各型急性白血病,特别是急性淋巴细胞白血病、恶性淋巴瘤、非何杰金氏淋巴瘤和蕈样肉芽肿、多发性骨髓病;②头颈部癌、肺癌、各种软组织肉瘤、银屑病;③乳腺癌、卵巢癌、宫颈癌、恶性葡萄胎、绒毛膜上皮癌、睾丸癌。

【用法用量】(1)口服。成人每次5～10mg,每日1次,每周1～2次,一疗程安全量为50～100mg;用于急性淋巴细胞白血病维持治疗,每次15～20mg/m^2,每周1次。

(2)注射:用注射用水2ml溶解,静脉、肌内、动脉、鞘内注射;①急性白血病:肌肉或静脉注射,每次10～30mg,每周1～2次;儿童每日20～30mg/m^2,每周1次,或视骨髓检查情况而定。②绒毛膜上皮癌或恶性葡萄胎:每日10～20mg ,或溶于5%～10%的葡萄糖注射液500ml中静脉滴注,每日1次,5～10次为一疗程,总量80mg～100mg。③脑膜白血病:鞘内注射每次一般6mg/m^2,成人常用5～12mg,最大不超过12mg,每日1次,5天为一疗程。④预防脑膜白血病,每日10～15mg,每日1次,每隔6～8周每次。⑤用于实体瘤:静脉一般每次20mg/m^2;亦可介入治疗;高剂量并叶酸治疗某些肿瘤,方案根据肿瘤情况由医师判定,如骨肉瘤等。

【制剂】片剂:2.5mg; 粉针:5mg。

【药品名称】替加氟 英文名:Tegafur

分子式:$C_8H_9FN_2O_3$ 分子量:200.17

【适应症】适用于消化道肿瘤,如胃癌、结肠癌、直肠癌、肝癌,应用于乳腺癌、支气管肺癌和膀胱癌、前列腺癌、肾癌等。

【用法用量】口服:成人每日800～1200mg,分3～4次服用,总量30～50g为一疗程。注射:单药,成人每日800～1000mg;或按体重每次15～20mg/kg,溶于5%葡萄糖注射液或0.9%氯化钠注射液500ml中,每日1次,静滴,总量20～40g为一疗程。

【制剂】片剂:50mg。 粉针:200mg。 注射液:200mg/5ml。

【药品名称】盐酸阿糖胞苷 英文名:Cytarabine Hydrochloride

分子式:$C_9H_{13}N_3O_5 \cdot HCl$ 分子量:279.68

【适应症】适用于急性白血病的诱导缓解期及维持巩固期,急性非淋巴细胞性白血病、慢性粒细胞白血病的急变期,恶性淋巴瘤。

【用法用量】①诱导缓解量:静脉注射或滴注每次按体重2mg/kg(或1～3mg/kg),每日1次,连用10～14日,如无明显不良反应,剂量可增大至按体重每次4～6 mg/kg。②维持量:完全缓解后,按体重每次1mg/kg,每日1～2次,皮下注射,连用7～10日。③中剂量:阿糖胞苷剂量为每次按体表面积0.5～1.0g/m^2,一般需静滴1～3小时,每日2次,以2～6日为一疗程;④大剂量:阿糖胞苷剂量按体表面积为1～3g/m^2,静滴及疗程同中剂量方案。⑤小剂量:阿糖胞苷 剂量为每次按体表面积10mg/m^2,皮下注射,每日2次,以14～21日为一疗程;如不缓解而患者情况容许,可于2～3周重复一疗程。

【制剂】粉针:①50mg; ②100mg。

【药品名称】乌苯美司 英文名:Ubenimex

商品名:百士欣

分子式:$C_{16}H_{24}N_2O_4$ 分子量:308.38

【适应症】本品可增强免疫功能,用于抗癌化疗、放疗的辅助治疗,老年性免疫功能缺陷等。可配合化疗、放疗及联合应用于白血病、多发性骨髓瘤、骨髓增生异常综合征及造血干细胞移植后，以及其他实体瘤患者。

【用法用量】成人，每日30mg，1次（早晨空腹口服）或分3次口服；儿童酌减。症状减轻或长期服用，每周2～3次，10个月为一疗程。

【制剂】胶囊：10mg。

【药品名称】盐酸米托蒽醌　英文名：Mitoxantrone Hydrochloride

分子式：$C_{22}H_{28}N_4O_6 \cdot 2HCl$　分子量：517.41

【适应症】主要用于恶性淋巴瘤、乳腺癌和急性白血病，对肺癌、黑色素瘤、软组织肉瘤、多发性骨髓瘤、肝癌、大肠癌、肾癌、前列腺癌、子宫内膜癌、睾丸肿瘤、卵巢癌和头颈部癌也有一定疗效。

【用法用量】静脉滴注：溶于50ml以上的氯化钠或5%葡萄糖注射液中滴注，时间不少于30分钟。单用本品：按体表面积每次12～14mg/m²，每3～4周1次；或按体表面积每次4～8mg/m²，每日1次，连用3～5天，间隔2～3周。联合用药：按体表面积每次5～10mg/m²。

【制剂】注射液：2mg/2ml。　粉针：5mg。

三、抗肿瘤抗生素

【药品名称】盐酸吡柔比星　英文名：Pirarubicin Hydrochloride

曾用名：盐酸吡喃阿霉素

分子式：$C_{32}H_{37}NO_{12} \cdot HCl$　分子量：664.10

【适应症】适用于恶性淋巴瘤、急性白血病、乳腺癌、头颈部癌、胃癌、泌尿系统恶性肿瘤，以及卵巢癌、子宫内膜癌、子宫颈癌等。单用THP的有效率分别为20%～70%；与多种化疗药物，如Ara-C、CTX、6-MP、MTX、5-FU、DDP等联合应用，抗癌作用增加。

【用法用量】加入5%葡萄糖注射液或注射用水10ml溶解，静脉、动脉、膀胱内注射。①静注：一般按体表面积每次25～40mg/m²；②动脉给药：如头颈部癌，按体表面积每次7～20 mg/m²，每日1次，共用5～7日，或每次14～25 mg/m²，每周每次；③膀胱内给药：按体表面积每次15～30 mg/m²，稀释为浓度500～1000μg/ml，注入膀胱腔内保留1～2h，每周3次为一疗程，可用2～3疗程。

【制剂】粉针：①10mg；②20mg。

【药品名称】盐酸表阿霉素　英文名：Epirubicin Hydrochloride

商品名：法玛新

分子式：$C_{27}H_{29}NO_{11} \cdot HCl$　分子量：579.98

【适应症】适用于治疗白血病、恶性淋巴瘤、多发性骨髓瘤、乳腺癌、肺癌、软组织肉瘤、胃癌、肝癌、结肠直肠癌及卵巢癌等。

【用法用量】单独用药时，成人剂量按体表面积每次为60～90mg/m²；联合化疗时，每次50～60mg/m²，静脉注射。根据患者血象可间隔21天重复使用。

【制剂】粉针：10mg。

【药品名称】丝裂霉素　英文名：Mitomycin

分子式：$C_{15}H_{18}N_4O_5$　分子量：334.34

【适应症】主要适用于胃癌、肺癌、乳腺癌，也适用于肝癌、胰腺癌、结直肠癌、食管癌、卵巢癌及癌性腔内积液。

【用法用量】①静脉注射：每次6～8mg，以氯化钠注射液溶解后静脉注射，每周1次；或每次10～20mg，每6～8周重复治疗。②动脉注射：剂量与静脉注射同。③腔内注射：每次6～8mg。④联合化疗：FAM（氟尿嘧啶、阿霉素、丝裂霉素）主要用于胃肠道肿瘤。

【制剂】粉针：2mg；10mg。

四、抗肿瘤植物成分

【药品名称】硫酸长春碱 英文名：Vinblastine Sulfate

分子式：$C_{46}H_{58}N_4O_9 \cdot H_2SO_4$ 分子量：909.06

【适应症】主要用于实体瘤的治疗。对恶性淋巴瘤、睾丸肿瘤、绒毛膜癌疗效较好；对肺癌、乳腺癌、卵巢癌、皮肤癌、肾母细胞瘤及单核细胞白血病也有一定疗效。

【用法用量】静脉注射：成人剂量10mg（或6mg/m^2），儿童剂量10mg/m^2，每周1次，一个疗程总量60～80mg。

【制剂】粉针：10mg。

【药品名称】紫杉醇 英文名：Paclitaxel

分子式：$C_{47}H_{51}NO_{14}$ 分子量：853.92。

【适应症】卵巢癌和乳腺癌及NSCLC的一线和二线治疗，另外，应用于头颈癌、食管癌、精原细胞瘤、复发非何金氏淋巴瘤等。

【用法用量】为了预防发生过敏反应，在紫杉醇治疗前12小时口服地塞米松10mg，治疗前6小时再口服地塞米松10mg，治疗前30～60分钟肌注苯海拉明20mg，静注西咪替丁300mg或雷尼替丁50mg。单药剂量为135～200mg/m^2，在G－CSF支持下，剂量可达250mg/m^2，用生理盐水或5%葡萄糖盐水稀释，静滴3小时；联合用药剂量为135～175mg/m^2，3～4周重复。

【制剂】注射液：30mg/5ml。

五、抗肿瘤激素类

【药品名称】氨鲁米特 英文名：Aminoglutethimide

分子式：$C_{13}H_{16}N_2O_2$ 分子量：232.28

【适应症】适用于绝经后晚期乳腺癌、雌激素受体阳性、乳腺癌骨转移以及皮质醇增多症。

【用法用量】开始每次250mg，口服，每日2次，1～2周后无明显不良反应可增加剂量，每次250mg，每日3～4次，但每日剂量不超过1000mg。口服8周后改为维持量，每次250mg，每日2次。使用本品期间应同时口服氢化可的松，开始每次20mg，每日4次，1～2周后减量为每次20mg，每日2次。

【制剂】片剂：①0.125g；②0.25g。

【药品名称】醋酸甲地孕酮 英文名：Megestrol Acetate

分子式：$C_{24}H_{32}O_4$ 分子量：384.52

【适应症】主要用于治疗晚期乳腺癌和晚期子宫内膜癌，对肾癌、前列腺癌和卵巢癌也有一定疗效，并可改善晚期肿瘤患者的食欲和恶病质。

【用法用量】一般剂量：每次 160 mg，口服，每日 1 次；高剂量：每次 160 mg，口服，每日 2～4 次。

【制剂】胶囊：0.08g。分散片：160mg。

【药品名称】枸橼酸他莫昔芬　英文名：Tamoxifen Citrate

分子式：$C_{26}H_{29}NO \cdot C_6H_8O_7$　分子量：563.65

【适应症】①女性复发转移乳腺癌；②乳腺癌手术后转移的辅助治疗，预防复发。

【用法用量】每次 10mg 口服，每天 2 次，也可每次 20mg，每天 2 次。

【制剂】片剂：10mg。

六、其他抗肿瘤药物及辅助治疗药

【药品名称】血卟啉　英文名：Hematoporphyrine

分子式：$C_{34}H_{38}N_4O_6$　分子量：598.70

【适应症】适用于口腔、膀胱等部位癌和表浅癌症。

【用法用量】将冻结药品置室温，避光下溶化，取原液在病人前臂作皮肤划痕试验，观察 15 分钟，如无红肿硬结，则按体重每次 5mg/kg 加生理盐水 250ml 静脉滴注；48～72 小时后，观察荧光并进行激光治疗，如需进行第二次治疗，应相隔一个月。

【制剂】注射液：25mg/5ml；100mg/20ml。

【药品名称】磷酸氨基嘌呤　英文名：Adenine phosphate

分子式：$C_5H_5N_5 \cdot H_3PO_4$　分子量：233.13

【适应症】适用于各种原因引起的白细胞减少症及急性粒细胞减少症，如肿瘤的放射治疗或化疗，以及苯类、抗甲状腺药、氯霉素中毒等引起的白细胞减少症。

【用法用量】口服：每次 10～20mg，每日 3 次。

【制剂】片剂：10mg；25mg。

【药品名称】美司那　英文名：Mesnaum

分子式：$C_2H_5NaO_3S_2$　分子量：164.18

【适应症】环磷酰胺、异环磷酰胺、氯磷酰胺等药物的泌尿道毒性预防。

【用法用量】常用量为环磷酰胺、异环磷酰胺、氯磷酰胺剂量的 20%，静脉注射或滴注，给药时间为 0 小时段(用细胞抑制剂的同一时间)、4 小时后及 8 小时后的时段，共 3 次。对儿童投药次数应较频密(例如 6 次)或在较短的间隔时段(例如 3 小时)。

【制剂】注射液：0.2g/2ml。

第十九节　影响机体免疫功能的药物

【药品名称】环孢素　英文名:Cylcosporin

分子式:$C_{62}H_{111}N_{11}O_{12}$　分子量:1202.63

【适应症】适用于预防同种异体肾、肝、心、骨髓等器官或组织移植所发生的排斥反应,以及预防及治疗骨髓移植时发生的移植物抗宿主反应。

【用法用量】口服。成人常用量:开始剂量按体重每日 12～15mg/kg,1～2 周后逐渐减量;一般每周减少开始用药量的 5%,维持量约为每日 5～10mg/kg;对作移植术的患者,在移植前 4～12 小时给药。

【制剂】胶囊:25mg　口服液:5g/5ml。

【药品名称】转移因子　英文名:Transfer Factor

【适应症】适用于某些抗生素难以控制的病毒性或霉菌性细胞内感染(如带状疱疹,流行性乙型脑炎,白色念珠菌感染,病毒性心肌炎等);恶性肿瘤(主要用于肺癌,鼻咽癌,乳腺癌,骨肉瘤等);免疫缺陷病(如湿疹,血小板减少,多次感染综合征及慢性皮肤黏膜真菌病)。

【用法与用量】皮下注射:(淋巴回流较丰富的上臂内侧或大腿内侧腹股沟下方为宜,也可皮下注射于上臂三角肌处),每次 1～2 支,一周或两周 1 次或遵医嘱。

【制剂】注射液:3mg/2ml(3mg 多肽∶100μg 核糖)。

【药品名称】胸腺肽　英文名:Thymopeptide

【适应症】适用于治疗各种原发性或继发性 T 细胞缺陷病,某些自身免疫性疾病,各种细胞免疫功能低下的疾病及肿瘤的辅助治疗。包括:①各型重症肝炎、慢性活动性肝炎、慢性迁延性肝炎及肝硬化等;②带状疱疹、生殖器疱疹、尖锐湿疣等;③支气管炎、支气管哮喘、肺结核、预防上呼吸道感染等;④各种恶性肿瘤前期及化疗,放疗合用、并用;⑤红斑狼疮、风湿性及类风湿性疾病、强直性脊柱炎、格林巴利综合征等;⑥再生障碍性贫血、白血病、血小板减少症等;⑦病毒性角膜炎、病毒性结膜炎、过敏性鼻炎等;⑧老年性早衰、妇女更年期综合征等;⑨多发性疖肿及面部皮肤痤疮等;⑩银屑病、扁平苔藓、鳞状细胞癌及上皮角化症等;⑪儿童先天性免疫缺陷症等。

【用法与用量】皮下或肌肉注射:1 次 10～20mg,每日 1 次或遵医嘱;静脉滴注:每次 20～80mg,溶于 500ml∶0.9%氯化钠注射液或 5%葡萄糖注射液,每日 1 次或遵医嘱。

【制剂】粉针:①5mg;②10mg。

【药品名称】盐酸芬氟拉明　英文名:Fenfluramine Hydrochloride

分子式:$C_{12}H_{16}F_3N \cdot HCl$　分子量:267.72

【适应症】适用于单纯性肥胖及患有糖尿病、高血压、心血管疾患、焦虑症的肥胖患者。

【用法用量】口服。第一周,每日 2 次,每次服 20mg,早、晚餐前 30～60 分钟服;第二、三周,每日 3 次,每次服 20mg,早、中、晚餐前 30～60 分钟服;以后根据疗效与耐受程度可维持原量或增至每日 80～100mg，但较肥胖者限用每日 100mg。8～12 周为一疗程。

【制剂】片剂：20mg。

【药品名称】安非拉酮　英文名：Amfepramone Hydrochloride

分子式：$C_{13}H_{20}NO$　分子量：206.31

【适应症】适用于各种程度的单纯性肥胖症及伴有冠心病、高血压、糖尿病的肥胖患者。

【用法用量】口服。每次 25mg，每日 2～3 次，饭前 0.5～1 小时服用；如疗效不显著而耐受良好时，可增加剂量至每日 100mg，即傍晚加服 1 次 25mg。每一疗程为 1.5～2.5 个月，必要时可隔 3 个月重复疗程。

【制剂】片剂：25mg。

第二十节　延缓衰老药及某些老年病用药

一、延缓衰老药物

【药品名称】胸腺五肽　英文名：Thymopeptide

【适应症】①18 岁以上的慢性乙型肝炎患者，胸腺开始萎缩，细胞免疫功能减退；②各种原发性或继发性 T 细胞缺陷病；③某些自身免疫性疾病（如类风湿性关节炎、系统性红斑狼疮等）；④各种细胞免疫功能低下的疾病；⑤肿瘤的辅助治疗。

【用法用量】皮下或肌注：每次 3～20mg，每日或隔日一次。用前每支加生理盐水 0.5～1ml 溶解。

【制剂】粉针：4mg；20mg；40mg。输液：100mg/100ml。

二、某些老年病用药

【药品名称】桂利嗪　英文名：Cinnarizine

分子式：$C_{26}H_{28}N_2$　分子量：368.52

【适应症】适用于脑血栓形成、脑栓塞、脑动脉硬化、脑出血恢复期、蛛网膜下腔出血恢复期、脑外伤后遗症、内耳眩晕症、冠状动脉硬化及由于末梢循环不良引起的疾病等。

【用法用量】口服。每次 25～50mg。每日 3 次。

【制剂】片剂：25mg；　胶囊：25mg。

【药品名称】吡拉西坦　英文名；Piracetam

曾用名：脑复康

分子式：$C_6H_{10}N_2O_2$　分子量：142.16

【适应症】适用于急、慢性脑血管病、脑外伤、各种中毒性脑病等多种原因所致的记忆减退及轻、中度脑功能障碍以及儿童智能发育迟缓。

【用法用量】口服。成人每次 0.8～1.6g，每日 3 次，4～8 周为一疗程；儿童用量减半。

【制剂】片剂：0.4g。

【药品名称】己酮可可碱　英文名:Pentoxifylline

分子式:$C_{13}H_{18}N_4O_3$　分子量:278.31

【适应症】适用于缺血性中风、周围血管病，如伴有间歇性跛行的慢性闭塞性脉管炎等。

【用法与用量】口服:每次0.2～0.4g，每日2～3次。

【制剂】肠溶片:0.1g。

【药品名称】苯噻啶　英文名:Pizotifen

分子式:$C_{19}H_{21}NS$　分子量:295.45

【适应症】主要用于先兆性和非先兆性偏头痛的预防和治疗，减轻症状及发作次数；也用于红斑性肢痛症、血管神经性水肿、慢性荨麻疹、皮肤划痕症以及房性、室性早搏等。

【用法用量】口服每次0.5～1mg，每日1～3次。

【制剂】片剂：0.5mg。

【药品名称】盐酸吡硫醇　英文名:Pyritinol Hydrochloride

曾用名:脑复新

分子式:$C_{16}H_{20}N_2O_4S_2 \cdot 2HCl \cdot H_2O$　分子量:459.40

【适应症】适用于脑外伤后遗症、脑炎及脑膜炎后遗症等的头晕胀痛、失眠、记忆力减退、注意力不集中、情绪变化，以及脑动脉硬化、老年痴呆性精神症状等。

【用法与用量】口服:成人每次0.1～0.2g，每日3次；儿童每次0.05～0.1g，每日3次。注射:静脉注射，每日0.2～0.4g。

【制剂】片剂:0.1g。　粉针:①0.1g；②0.2g。

第二十一节　消毒防腐药

【药品名称】硼酸　英文名:Boric Acid

分子式:H_3BO_3　分子量:61.8

【适应症】用于皮肤、黏膜损害的清洁剂，急性皮炎、湿疹渗出的湿敷液，口腔、咽喉漱液，外耳道、慢性溃疡面、褥疮洗液，及真菌、脓疱疮感染杀菌液。

【用法用量】适用于皮肤、黏膜(腔)、膀胱、角膜伤口的冲洗清洁，口腔炎和咽喉炎时含漱，急性湿疹和急性皮炎伴大量渗液时湿敷。

【制剂】硼酸溶液:3%。

【药品名称】聚维酮碘　英文名:Povidone Iodine

分子式:$(C_6H_6ONI_2)n$

【适应症】外用消毒剂，可用于平时皮肤和伤口的消毒。

【用法用量】外用，局部涂抹，或冲洗。

【制剂】软膏:10%。　溶液:①5%；②10%。

第二十二节　解毒药

【药品名称】二巯丙醇　英文名:Dimercaprol

分子式:$C_3H_8OS_2$　分子量:124.23

【适应症】主要用于治疗砷、汞和金属中毒,与依地酸钙钠合用治疗儿童急性铅中毒脑病。

【用法用量】肌内注射。成人按体重 2～3mg/kg,第一、第二天,每 4 小时 1 次,第三天改为每 6 小时 1 次,第四天后减少到每 12 小时 1 次。疗程一般为 10 天。

【制剂】注射液:100mg/1ml;200mg/2ml。

【药品名称】谷胱甘肽　英文名:glutathione

分子式:$C_{10}H_{18}O_6N_3S$　分子量:308.33

【适应症】①化疗患者:包括用顺氯铵铂、环磷酰胺、阿霉素、红比霉素、博来霉素化疗,尤其是大剂量化疗时;②放疗患者;③各种低氧血症:如急性贫血、成人呼吸窘迫综合征、败血症等;④肝脏疾病:包括病毒性、药物毒性、酒精毒性及其他化学物质毒性引起的肝脏损害;⑤有机磷、胺基或硝基化合物中毒的辅助治疗。

【用法用量】①静脉注射:溶解于注射用水后,加入 100ml 生理盐水中静脉滴注,或加入少于 20ml 的生理盐水中缓慢静脉注射;②肌肉注射:溶解于注射用水后肌肉注射。(2)用量。①化疗患者:给化疗药物前 15 分钟内将 1.5g/m^2 本品溶解于 100ml 生理盐水中,于 15 分钟内静脉输注,第 2～5 天每天肌注 600mg。

【制剂】粉针:①0.3g;②0.6g。

【药品名称】二巯丁二钠　英文名:Sodium Dimercaptosuccinate

分子式:$C_4H_4Na_2O_4S_2 \cdot 3H_2O$　分子量:280.23

【适应症】适用于治疗锑、汞、砷、铅、铜等金属中毒及肝豆状核变性。

【用法用量】成人常用量 1g,用时配置成 10%溶液,立即缓慢静脉注射。

【制剂】粉针:①0.5g; ②1g。

【药品名称】亚甲蓝　英文名:Methylthioninium Chloride

分子式:$C_{16}H_{18}ClN_3S \cdot 3H_2O$　分子量:373.90

【适应症】适用于化学物亚硝酸盐、硝酸盐、苯胺、硝基苯、三硝基甲苯、苯醌、苯肼等和含有或产生芳香胺的药物(乙酰苯胺、对乙酰氨基酚、非那西丁、苯佐卡因等)引起的高铁血红蛋白血症。

【用法用量】静脉注射。亚硝酸盐中毒,按体重每次 1～2mg/kg;氰化物中毒,按体重每次 5～10mg/kg。最大剂量为 20mg/kg。

【制剂】注射液:①20mg/2ml; ②50mg/5ml; ③100mg/10ml。

【药品名称】氯解磷定　英文名:Pralidoxime Chloride

分子式：$C_7H_9ClN_2O$　分子量：172.6

【适应症】对急性有机磷杀虫剂抑制的胆碱酯酶活力有不同程度的复活作用，用于解救多种有机磷酸酯类杀虫剂的中毒。

【用法用量】肌内注射或静脉缓慢注射。一般中毒0.5～1g，严重中毒1～1.5g，以后根据临床病情和血胆碱酯酶水平，每1.5～2小时可重复1～3次。成人常用量：肌内注射或静脉缓慢注射0.5～1g，视病情需要可重复注射。小儿常用量：按体重20mg/kg，用法参见成人。

【制剂】注射液：0.5g/2ml。

第二十三节　眼科用药

【药品名称】普罗碘铵　英文名：Prolonium Iodide

曾用名：安妥碘

分子式：$C_9H_{24}I_2N_2O$　分子量：430.11

【适应症】适用于晚期肉芽肿或非肉芽肿性虹膜睫状体炎、视网膜脉络膜炎、眼底出血、玻璃体混浊，或作为视神经炎的辅助治疗。

【用法用量】①结膜下注射：每次0.1～0.2g，2～3日1次，5～7次为一疗程；②肌内注射：每次0.4g，每日或隔日1次，10次为一疗程。每疗程间隔7～14日，一般用2～3个疗程。

【制剂】注射液：①0.2g/1ml；②0.4g/2ml。

【药品名称】硝酸毛果芸香碱　英文名：Pilocarpine Nitrate

曾用名：硝酸匹罗卡品

分子式：$C_{11}H_{16}N_2O_2 \cdot HNO_3$，　分子量：271.27

【适应症】适用于急性闭角型青光眼、慢性闭角型青光眼、开角型青光眼、继发性青光眼等。

【用法用量】①慢性青光眼，0.5%～4%溶液每次1滴，每日1～4次；②急性闭角型青光眼急性发作期，1%～2%溶液每次1滴，每5～10分钟滴眼1次，3～6次后每1～3小时滴眼1次，直至眼压下降。

【制剂】滴眼液：①10ml/50mg；②10ml/100mg；③10ml/200mg。

【药品名称】马来酸噻吗洛尔　英文名：Timolol Maleate

曾用名：噻吗心安

分子式：$C_{13}H_{24}N_4O_3S \cdot C_4H_4O_4$，　分子量：432.49

【适应症】适用于原发性开角型青光眼，降低眼内压。

【用法用量】滴眼，每次1滴，每日1～2次；如眼压已控制，可改为每日1次；如原用其他药物，应自滴用本品的第二天起逐渐停用；原药物，不应突然停用。

【制剂】滴眼液：①5ml/12.5mg；②5ml/25mg。

【药品名称】水杨酸毒扁豆碱　英文名：Physostigmine Salicylate

商品名：依色林

分子式：$C_{15}H_{21}N_3O_2 \cdot C_7H_6O_3$　分子量：413.47

【适应症】抗胆碱酯酶药，有缩瞳、降低眼压作用。

【用法用量】①皮下或肌注，每次 0.5mg，或遵医嘱；②眼用，晚上临睡前涂于眼睑内，一般白天用毛果芸香碱，或遵医嘱。

【制剂】注射液：1ml/0.5mg。眼膏：①0.25%；②0.5%

【药品名称】吡诺克辛钠　英文名：Pirenoxine sodium

曾用名：白内停；卡他灵；卡它林；Catalin

分子式：$C_{16}H_{18}N_2O_5$　分子量：308.25

【适应症】适用于初期老年性白内障、轻度糖尿病性白内障或并发性白内障等。

【用法用量】滴眼，每日 3～4 次，每次 1～2 滴。

【制剂】滴眼液：每盒有药片 1 片（含吡诺克辛钠 0.8mg）；溶剂一瓶 15ml。

第十五章　中药商品

第一节　中药材

一、根及根茎类中药材

大　黄　Dahuang

《本经》

【来源】蓼科植物掌叶大黄 Rheum palmatum L.、唐古特大黄 Rheum tanguticum Maxin. ex Balf. 或药用大黄 Rheum officinale Baill. 的根茎。

【产销】主产于甘肃、青海、四川、西藏。亦产于陕西、湖北、新疆、河南等省。销往全国，也有出口。

【采集加工】9～10 月间选择生长 3 年以上的植株，挖取根茎，切除茎叶、支根，刮去粗皮及顶芽，风干、烘干或切片晒干。

【商品规格】根据产地不同分为西大黄、南大黄、雅黄，一般以蛋片吉、苏吉、水根、原大黄为规格，以上各种大黄均分为几等，并以外表黄棕色，锦纹及星点明显，体重，质坚实，有油性，气清香，味苦而不涩，嚼之发黏者为佳。

【规格等级标准】

1. 西大黄

(1)蛋片吉

一等：去净粗皮，纵切成瓣。体重质坚，表面黄棕色，断面淡红棕色或黄棕色，具放射状纹理及明显环纹，红肉白筋。髓部有星点环列或散在颗粒。气清香，味苦、微涩。每千克 8 个以内，糠心不超过 15%。无杂质、虫蛀、霉变。

二等：每千克 12 个以内。余同一等。

三等：每千克 18 个以内。余同一等。

(2)苏吉

一等：去净粗皮，横切成段，呈不规则圆柱形。表面黄棕色，体重质坚，断面淡红棕色或黄棕色，具放射状纹理及明显环纹，红肉白筋。髓部有星点环列或散在颗粒。气清香，味苦、微涩。每千克 20 个以内，糠心不超过 15%。无杂质、虫蛀、霉变。

二等：每千克 30 个以内。余同一等。

三等：每千克 40 个以内。余同二等。

(3)水根

统货：为掌叶大黄或唐古特大黄的主根尾部及支根的加工品，呈长条状。表面棕色或黄褐色，间有未去净的栓皮。体重质坚，断面淡红色或黄褐色，具有放射状纹理。气清香，味苦、微涩。长短不一，间有闷茬，小头直径不小于1.3厘米。无杂质、虫蛀、霉变。

(4)原大黄

统货：去粗皮，纵切或横切成瓣、段，块片大小不分。表面黄褐色，断面具有放射状纹理及明显环纹。髓部有星点或散在颗粒。气清香，味苦、微涩。中部直径在2厘米以上，糠心不超过15%。无杂质、虫蛀、霉变。

2. 雅黄

一等：不规则块状，似马蹄，去净粗皮。表面黄色或黄褐色，体重质坚，断面黄色或棕褐色。气微香，味苦。每只为150克至250克。无枯糠、焦糊、水根、杂质、虫蛀、霉变。

二等：体较轻泡，表面与断面均是黄褐色。每只为100克至200克。余同一等。

三等：未去粗皮。体轻，大小不分，间有直径3.5厘米以上的根黄。余同二等。

3. 南大黄

一等：去净粗皮。横切成段，表面黄褐色，体结实，断面黄色或黄绿色。气微香，味涩而苦。长度7厘米以上，直径5厘米以上。无枯糠、焦糊、水根、杂质、虫蛀、霉变。

二等：横切成段，体轻。大小不分，间有水根，最小头直径不小于1.2厘米。余同一等。

大黄出口品质以内茬红度所占比例多少而定，有九成、八成、七成、六成四种。出口有片子、吉子、糠心、粗渣等，其中以片子最佳，中吉次之，均分红度，而小吉、糠心、粗渣则无红度之分。

【储藏】放置于干燥通风处保存。入夏前，大宗商品，可用疏磺、氯化苦或磷化铝熏以防虫蛀。大黄片可置石灰缸内，密闭存放。

白芍　Baishao

《本经》

【来源】毛茛科植物芍药 Paeonia lactiflora Pall.（栽培种）的根。

【产销】主产于浙江、四川、安徽。亦产于贵州、山东、云南、湖南、河南、山西、甘肃等省。销往全国，并有出口。

【采集加工】夏、秋季节，茎叶枯萎时采挖已栽植3～4年的芍药根，除去根茎及须根，洗净，刮去粗皮，分别大小，放入开水中烫煮，随时翻动，使芍根发软，至内部无白心呈黄色时，捞出晒干。

【商品规格】按产地分，有杭白芍、川白芍、亳白芍、宝鸡白芍。按现行国家标准分，杭白芍分七等级，川白芍、亳白芍分四等级。通常认为杭白芍质量最佳。以上均以根粗长、均直、质坚实、粉性足，皮色整洁、无白心或裂痕者为佳。

【规格等级标准】

1. 白芍(川白芍、亳白芍)

一等：圆柱形，直或略弯，去净栓皮、两端整齐。表面类白色或淡红棕色，质坚实，体重。断面类白色或白色。味微苦、酸。长度大于8厘米，中段直径1.7厘米以上。无芦头、花麻点、破皮、裂口、夹生、杂质、虫蛀、霉变。

二等：长度6厘米以上，中段直径大于1.3厘米，间有花麻点。余同一等。

三等：长度4厘米以上，中段直径大于0.8厘米。余同二等。

四等：圆柱形，表面类白色或淡红棕色，断面类白色或白色。味微苦、酸。长短粗细不分，兼有夹生、破条、花麻点、头尾、碎节或未去净栓皮。无枯芍、芦头、杂质、虫蛀、霉变。

2. 杭白芍

一等：圆柱形，条直，两端切平。表面棕红色或微黄色，质坚体重，断面米黄色。味微苦、酸。长度大于8厘米，中段直径大于2.2厘米。无枯芍、芦头、栓皮、空心、杂质、虫蛀、霉变。

二等：长度大于8厘米，中部直径大于1.8厘米。余同一等。

三等：长度大于8厘米，中部直径大于1.5厘米。余同一等。

四等：长度大于7厘米，中部直径大于1.2厘米。余同一等。

五等：长度大于7厘米，中部直径大于0.9厘米。余同一等。

六等：长短不分，中部直径大于0.8厘米。余同一等。

七等：长短不分，直径大于0.5厘米，间有夹生、伤疤，无梢尾。余同一等。

白芍出口按安徽省亳州的规格分为：

一等：直径5.3～5.8厘米，长5.5～13厘米。

二等：直径4.6～5.2厘米，长5.5～13厘米。

三等：直径4.3～4.5厘米，长5.5～13厘米。

四等：直径3.7～4.2厘米，长5.5～13厘米。

五等：直径3.1～3.6厘米，长5.5～13厘米。

六等：直径2.6～3.0厘米，长5.5～13厘米。

上述等级均以身干，体实，条直，内外色泽洁白、光亮，两头切平整齐，粗细均匀，无空心断裂痕为准。

【储藏】放置于阴凉干燥处保存。为防虫蛀，可用硫磺或氯化苦熏。

黄　芪 Huangqi

《本经》

【来源】豆科植物蒙古黄芪 Astragalus membranaceus (Fisch.) Bge. Var. mongholicus (Bge.) Hsiao 或膜荚黄芪 Astragalus membranaceus (Fisch) Bge. 等的根。

【产销】主产于山西、黑龙江、内蒙古、甘肃。亦产于河北、陕西、吉林、辽宁等省。销往国内，也有出口。

【采集加工】秋季采挖，除净泥土，切去根头及须根，晒干。

【商品规格】按产地分为黑皮芪、白皮芪和红芪三类。

【规格等级标准】

特等：圆柱形的单条，斩去疙瘩头或喇叭头，顶端间无空心。表面灰白色或淡褐色。质硬而韧。断面外层白色，中间淡黄色或黄色，有粉性。味甘、有生豆气味。长度70厘米以上，上中部直径大于2厘米，末端直径不小于0.6厘米。无须根、老皮、虫蛀、霉变。

一等，长度50厘米以上，上中部直径大于1.5厘米，末端直径不小于0.5厘米，余同特等。

二等：长度40厘米，上中部直径大于1厘米，末端直径不小于0.4厘米，间有老皮，余同一等。

三等：长短不一，上中部直径大于0.7厘米，末端直径不小于0.3厘米，间有破短节子，余同二等。

黄芪出口规格也因标准不同而十分繁杂，主要要求无毛须，去大头，纹细，粉足，皮淡黄，茬口金黄，条顺直，无断碎条，无芪须和节子等，水分不得超过10%。例举原生芪出口规格如下：

大条：直径2厘米以上。

中条：直径1.5～2厘米。

小条：直径1～1.5厘米。

以上长度均为23～40厘米，扎小把成捆，外套麻布，四道绳腰，每件50千克。

【储藏】箱或席装，或者打捆外以麻布包装，置于干燥通风处保存。为防虫蛀，可以硫磺、氯化苦或磷化铝熏。少量可以用干沙埋藏，密封保存。饮片可储于坛内或石灰缸内，密封保存。

三　七　Sanqi

《纲目》

【来源】五加科植物三七 Panax notoginseng (Burk.) F.H.Chen 的根。

【产销】主产于云南、广西。亦产于四川、贵州、江西等省。销往全国，也有出口。

【采集加工】夏末、秋初开花前或冬季种子成熟后采收。选生3～7年以上者，挖取根部，去净泥土，剪除细根及茎基，晒至半干，反复搓揉，然后晒干。再置容器内，加入蜡块，反复振荡，使表面光亮呈棕黑色。本品以夏、秋采者，充实饱满，品质较佳，称为"春七"；冬采者，形瘦皱缩，质量较差，称为"冬七"。其剪下的粗枝根，称为"筋条"；较细者为"剪口"；最细者为"绒根"。

【商品规格】三七分春七和冬七两个品别，各十三个等级。

【规格等级标准】

1. 春三七

一等：呈圆锥形或圆柱形。表面灰黄色或黄褐色。质坚实而重，断面灰褐色或灰绿色。味苦、微甜。每千克40头以内，长度不超过6厘米。无杂质、虫蛀、霉变。

二等：每千克60头以内。余同一等。

三等：每千克80头以内，长不超过5厘米。余同一等。

四等：每千克120头以内，长不超过4厘米。余同一等。

五等：每千克160头以内，长不超过3厘米。余同一等。

六等：每千克240头以内，长不超过2.5厘米。余同一等。

七等：每千克320头以内，长不超过2厘米。余同一等。

八等：每千克400头以内。余同七等。

九等(大二外)：每千克500头以内，长不超过1.5厘米。余同八等。

十等(小二外)：每千克600头以内。余同九等。

十一等(无数头)：每千克在900头以内。余同十等。

十二等(筋条)：呈圆锥形或类圆形，间有从主根上剪下的细支根(筋条)。不分春七、冬七，每千克在900～1200头以内。支根上端直径不小于0.8厘米，下端直径不小于0.5厘米。余同十一等。

十三等(剪口)：不分春七、冬七，主要是三七的芦头(羊肠头)及糊七(未烤焦的)。

2. 冬三七

各等头数与春三七相同。但表面为灰黄色，有皱纹或抽沟(拉槽)，不饱满，体稍轻，断面黄绿色。无杂质、虫蛀、霉变。

出口商品规格与以上各等级基本一致。

【储藏】硬纸盒或木箱包装，内衬防潮纸；或者用布袋装后放于木箱内。置于阴凉干燥处密闭保存。为防蛀,少量药材可与冰片同储;大宗商品可用硫磺、氯化苦或磷化铝熏。

白 芷 Baizhi

《本经》

【来源】伞形科植物兴安白芷 Angelica dahurica (Fisch. ex Hoffm.) Benth. et Hook. f. ex Franch. et Sav.、川白芷 Angelica anomala Lallem.、杭白芷 Angelica taiwaniana (Boiss). 及云南牛防风 Heracleum scabridum Franch. 的根。

【产销】产于河南、河北、浙江、四川、重庆等省。销往全国,也有出口。

【采集加工】秋播种植的,次年 7~9 月间茎叶枯黄时采挖;春播种植的,当年 10 月采挖。择晴天,先割去地上部分,再挖出根部,除净残茎、须根及泥土(不用水洗),晒干或微火烘干。

【商品规格】按产地分川白芷、禹白芷、祁白芷、亳白芷、杭白芷,均分为一、二、三等级。以独枝条、粗壮、体重、质硬、粉性足、香气浓者为佳。

【规格等级标准】

一等:圆锥形,表面灰白色或黄白色。体坚实,断面白色或黄白色,具粉性。有香气,味辛微苦,每千克 36 支以内。无空心、黑心、芦头、油条等。

二等:每千克 60 支以内。余同一等。

三等:每千克 60 支以外,顶端直径不得小于 0.7 厘米。间有白芷尾、黑心、异状油条等,但总数不能过 20%。余同二等。

【出口商品】分为长和粗两等。

一等:长 14 厘米以上,头围粗约 10 厘米。

二等:长 10 厘米以上,头围粗约 8 厘米。

【储藏】放置于通风干燥处保存。为防蛀,需要常晾晒,可以硫磺、氯化苦或磷化铝熏之。

秦 艽 Qinjiao

《本经》

【来源】龙胆科植物秦艽 Gentiana macrophylla Pall.、粗茎秦艽 G crassicaulis Duthie ex Burkill 或西藏秦艽 G tibetica King ex Hook. f. 的根。

【产销】主产于甘肃、青海、陕西。亦产于内蒙古、四川、云南、湖北、河北、山西省。销往全国,也有出口。

【采集加工】春、秋采挖,除去茎叶、须根及泥土,晒干,或堆晒至颜色成红黄色或灰黄色时,再摊开晒干。

【商品规格】商品分大秦艽、麻花秦艽、小秦艽。按产地分为西秦艽、川秦艽、山秦艽。通常认为西秦艽质佳,尤以甘肃临夏、武山、陇西所产最著名。以上均以独根粗大,质地坚实、色棕黄,气味浓郁者为佳。

【规格等级标准】

1. 大秦艽

一等:圆锥形或圆柱形,有纵向皱纹,主根粗大似鸡腿、萝卜、牛尾巴。表面灰黄色或棕色。质坚而脆,断面棕红或棕黄色,中心土黄色。气特异,味苦涩。芦下直径 1.2 厘米以上。

二等:表面灰黄色或棕黄色。芦下直径 1.2 厘米以下,最小不低于 0.6 厘米。余同一等。

2. 麻花艽

统货:常由数个小根聚集交错缠绕呈发辫状或麻花状。全体有显著的向左扭曲的纵皱纹。表面棕褐色或黄褐色、粗糙,有裂隙,显网状纹,体轻而疏松。断面常有腐朽的空心。气特异,味苦涩。大小不分,但芦下直径不小于0.3厘米。

3. 小秦艽

一等:圆锥形或圆柱形。常有数支分枝纠合在一起,扭曲,有纵向皱纹。表面黄色或黄白色。体轻而疏松。断面黄白色或黄棕色。气特殊、味苦。条长20厘米以上,芦下直径1厘米以上。

二等:长短大小不分,但芦下最小直径不小于0.3厘米。余同一等。

【储藏】麻袋装,置于阴凉干燥处保存。

川 芎 Chuanxiong

《汤液本草》

【来源】伞形科植物川芎 Ligusticum wallichii Franch. 的根茎。

【产销】主产于四川。亦产于江西、贵州、湖北、陕西、甘肃、云南等省。销往全国,并有出口。

【采集加工】平原栽培者小满后4～5天采收;山地栽培者多在8～9月采收。根茎挖出,除净茎叶及须根,洗净,晒干或烘干,再用撞笼撞去须根。

【商品规格】川芎分川芎和山川芎两个品别,四个等级。

【规格等级标准】

1. 川芎

一等:呈结节状,质坚实。表面黄褐色,断面灰白色或黄白色。有浓烈而特异的香气,味苦、辛,麻舌。每千克44个以内,单个不低于20克。无山川芎、空心、焦枯、杂质、虫蛀、霉变。

二等:每千克70个以内。余同一等。

三等:每千克70个以外,体枯瘦,欠坚实,个大空心的属此等。余同二等。

2. 山川芎

呈结节状,体枯瘦,欠坚实。表面褐色,断面灰白色。有特异香气,味苦、辛,麻舌。大小不分。无苓珠、苓盘、焦枯、杂质、虫蛀、霉变。

【储藏】竹筐或篾包内垫篾席包装,置于阴凉干燥处保存。忌受潮、受热,本品易于虫蛀、发霉、泛油,应在原产地日晒或火烤干燥,然后用硫磺或氯化苦熏。

柴 胡 Chaihu

《本经》

【来源】伞形科多年生草本植物柴胡(北柴胡)Bupleurum chinense DC. 和狭叶柴胡(南柴胡)Bupleurum scorzonerifolium Willd. 等的根或全草。

【产销】北柴胡主产于辽宁、甘肃、河北、河南;南柴胡主产于湖北、江苏、四川。销往全国,并有出口。

【采集加工】春、秋采挖,去净茎苗、泥土,晒干。

【商品规格】商品分为北柴胡和南柴胡两个品别。

【规格等级标准】

1. 北柴胡

统货:呈圆锥形,上粗下细,顺直或弯曲,多分支。头部膨大,呈疙瘩状,残茎不超过1厘米。

表面灰褐色或土棕色,有纵皱纹。质硬而韧,断面黄白色。显纤维性。微有香气,味微苦、辛。无须毛、杂质、虫蛀、霉变。

2. 南柴胡

统货:类圆锥形,少有分支,略弯曲。头部膨大,有残留苗茎。表面土棕色或红褐色,有纵皱纹及须根痕。质较软,断面淡棕色。微有香气,味微苦、辛。大小不分。残留苗茎不超过1.5厘米。无须毛、杂质、虫蛀、霉变。

【出口商品】分大、中、小三等。

大胡:主干直径0.6~0.9厘米,每千克360只以内。

中胡:主干直径0.3~0.6厘米,不分只数。

小胡:主干直径0.3厘米以内,包括大、中胡加工剪下的根尾,但不能掺入毛须、茎苗及土杂之物。

【储藏】麻袋或席包装,置于干燥阴凉处保存。

北 沙 参 Beishashen

《本草汇言》

【来源】伞形科植物珊瑚菜 Glehnia littoralis Fr. Schmidt ex Miq. 的根。

【产销】主产于山东、河北、辽宁、江苏。销往全国,并有出口。

【采集加工】7~9月下旬采挖,除去地上茎及须根,洗净泥土,放开水中烫后剥去外皮,晒干或烘干。

【商品规格】分为三个等级。均以枝条细长、圆柱形,并且均匀质坚,外皮色白、干净者为佳。

【规格等级标准】

一等:呈细长圆柱形,无栓皮。表面黄白色。质坚而脆。断面皮部淡黄白色,具有黄色木质心。微有香气,味微甘。条长34厘米以上,上中部直径0.3~0.6厘米。无芦头、细尾须、油条、虫蛀、霉变。

二等:条长23厘米以上。余同一等。

三等:条长22厘米以内,粗细不分,间有破碎。余同二等。

【储藏】筐装或纸箱装,置于干燥通风处保存。

黄 芩 Huangqin

《本经》

【来源】唇形科植物黄芩 Scutellaria baicalensis Georgi 的根。

【产销】主产于河北、山西、内蒙古、陕西。亦产于东北三省,以及河南、山东、云南、贵州等地。销往全国,并有出口。

【采集加工】春季至夏初采收(秋季亦可)。选生长3~4年的植株,将根挖出后除去茎苗、须根及泥土,晒至半干时撞去栓皮,再晒至全干。

【商品规格】商品分条芩和枯芩两个品别。条芩,即枝芩、子芩,系内部充实的新根、幼根;枯碎芩,系枯老腐朽的老根和破头、块片。

【规格等级标准】

1. 条芩

一等:圆锥形,上部皮较粗糙,具有明显的网纹及扭曲的纵皱纹,下部皮细,有顺纹或皱纹。

表面黄色或浅黄色。质地坚脆，断面深黄色，上端中央间有黄绿色或棕褐色的枯心。气微、味苦。长度10厘米以上，中部直径大于1厘米，去净粗皮。

二等：长度4厘米以上，中部直径0.4～1厘米。余同一等。

2. 枯碎芩

统货：即老根多中空的枯芩和块片碎芩及破碎尾芩。表面黄色或浅黄色，质地坚脆，断面黄色，气微、味苦，无粗皮、茎芦、碎渣。

【出口商品】分芩王、枝芩和中条芩三等。

芩王：长度14厘米以上，中间直径大于1.8厘米。

枝芩：长度10厘米以上，头尾完整，但不得掺入芩尖和疙瘩头。

中条芩(片芩)：包括芩片、芩尖、断条等。

【储藏】席装，置干燥通风处保存。

桔　梗　Jiegeng

《本经》

【来源】桔梗科植物桔梗 Platycodon grandiflorum(Jacq.)A. DC. 的根。

【产销】全国大部分地区有生产。以东北、华北产量较大，通常称为“北桔梗”；华东地区产品质量较好，常称为“南桔梗”。

【采集加工】春、秋两季采收，以秋采者体重质实，质量较佳。挖取后去净苗叶，洗净泥土，即浸水中，刮去外皮，晒干。如遇阴雨天，则应烘干。

【商品规格】分南桔梗和北桔梗两个品别。

【规格等级标准】

1. 南桔梗

一等：顺直的长条形，长14厘米以上，上部直径大于1.4厘米。去净粗皮及细梢，表面白色。质坚实。断面皮层白色，中间淡黄色。味甘、苦、辛。

二等：长12厘米以上，上部直径大于1厘米。余同一等。

三等：长度不短于7厘米，上部直径大于0.5厘米。余同一等。

2. 北桔梗

统货：呈纺锤形或圆柱形，多细长弯曲，有分支。去净粗皮，表面白色或淡黄白色，体松泡。断面皮层白色，中间淡黄白色。味甘。大小长短不分，上部直径不小于0.5厘米。

【出口商品】共分五个等级：

一等：身干、洁白，打梢去岔，长12.5～25厘米，尾部周长3～3.8厘米，头围4.9～6.5厘米。

二等：身干、洁白，打梢去岔，长11.5～17厘米，尾部周长2.6～2.8厘米，头围4.5～4.7厘米。

三等：身干、洁白，长9～14厘米，尾部周长1.8～2.6厘米，头围2.8～3.4厘米。

四等：身干，洁白，长8～13厘米，尾部周长1.2～2.2厘米，头围2.8～3.4厘米。

桔梗碎：不成枝的身尾碎段，无土，无味及杂质。

【储藏】席装，置干燥通风处保存。可用硫磺、氯化苦熏后存。

白 术 Baizhu

《本经》

【来源】菊科植物白术 Atractylodes macrocephala Koidz. 的根茎。

【产销】主产于浙江、安徽、湖南等省。销往全国,也有出口。

【采集加工】霜降至立冬采挖,除去茎叶和泥土,烘干或晒干,再除去须根即可。烘干者称“烘术”;晒干者称“生晒术”,亦称“冬术”。

【商品规格】白术按个体大小分为四个等级,以冬术质量为优。

【规格等级标准】

一等:不规则团块状,体形完整。表面灰棕色或黄褐色。断面黄白色或灰白色。味甘、微辛、苦。每千克 40 只以内,最小个体不低于 25 克。无焦枯、炕泡及其他杂质等。

二等:每千克 100 只以内,最小个体不低于 10 克。余同一等。

三等:每千克 200 只以内,最小个体不低于 5 克。余同一等。

四等:体形不计,但需全体是肉。每千克 200 只以外,最小个体不低于 2 克。间有不严重的破碎、焦枯、炕泡、油个。余同一等。

【储藏】竹篓,外套单丝麻袋包装,置于阴凉干燥处保存。可烘干或以硫磺、磷化铝等熏存。饮片可入坛或石灰缸内储存。

半 夏 Banxia

《本经》

【来源】天南星科植物半夏 Pinellia ternata (Thunb.) Breit. 的块茎。

【产销】主产于四川、湖北、河南、安徽、山东、浙江。销往全国,并有出口。

【采集加工】7~9 月间采挖,洗净泥土,除去外皮,晒干或烘干。

【商品规格】一般按粒大小分三个等级和统装。以个大、质坚、色白、粉性足者为佳。

【规格等级标准】

一等:圆球形、半圆球形或偏斜,去净外皮。表面白色或浅黄白色,上端圆平,中心凹陷(茎痕),周围有棕色点状根痕,下面钝圆,较平滑。质坚实,断面洁白或白色,粉质细腻。气微,味辛,麻舌而刺喉。每千克 800 粒以内。

二等:每千克 1200 粒以内。余同一等。

三等:每千克 3000 粒以内。余同一等。

【出口商品】按照颗粒大小分为五个等级:

特级:每千克 800 粒以内。

甲级:每千克 900~1000 粒。

乙级:每千克 1700~1800 粒。

丙级:每千克 2600~2800 粒。

珍珠级:每千克 3000 粒以上。

【储藏】麻袋或篾篓包装,置于干燥通风处保存。

山　药　Shanyao

《本经》

【来源】薯蓣科植物薯蓣 Dioscorea opposita Thunb. 的块茎。

【产销】主产于河南、山西、河北、陕西。亦产于甘肃、广东、福建、浙江、江西、湖南、云南、四川等省。以河南产量最大，质最优，习称"怀山药"。销往全国，并有出口。

【采集加工】11～12 月采挖，切去根头，洗净泥土，用竹刀刮去外皮，晒干或烘干，即为毛山药。选择粗大的毛山药，用清水浸匀，再加微热，并用棉被盖好，保持湿润闷透，然后放在木板上搓揉成圆柱状，将两头切齐，晒干打光，即为光山药。

【商品规格】由于加工方法不同，有毛山药与光山药之分，两者均同等入药。以质坚实，粉性足，颜色洁白者为佳。

【规格等级标准】

1. 光山药

一等：圆柱形，条匀挺直，光滑圆润，两头平齐。长度大于 15 厘米，直径大于 2.3 厘米。内外皆为白色，质地坚实，粉性足，味淡。无裂痕、空心、炸头、杂质、虫蛀、霉变。

二等：长度 13 厘米以上，直径大于 1.7 厘米。余同一等。

三等：长度 10 厘米以上，直径大于 1 厘米。余同一等。

四等：长短不分、间有碎块，直径大于 0.8 厘米。余同一等。

2. 毛山药

一等：长条形，弯曲稍扁，有顺皱纹或抽沟，去净外皮。内外均为白色或黄白色，有粉性，味淡。长度大于 15 厘米，中部围粗大于 10 厘米。无破裂、空心、黄筋、杂质、虫蛀、霉变。

二等：长度 10 厘米以上，围粗大于 6 厘米。余同一等。

三等：长度 7 厘米以上，围粗大于 3 厘米。间有碎块。余同一等。

【出口商品】

六枝：直径大于 2.66 厘米，条长 18 厘米。

八枝：直径大于 2.13 厘米，条长 18 厘米。

十二枝：直径大于 1.9 厘米，条长 15 厘米。

十四枝：直径大于 1.65 厘米，条长 15 厘米.

十六枝：直径大于 1.4 厘米，条长 14 厘米。

出口商品：木箱封装，每件 25 千克或 35 千克。

【储藏】木箱封装：箱内衬以洁净白纸，用皮纸密封，再涂上桐油以防受湿。梅雨季节前须趁晴朗之日开箱晾晒，但要避免暴晒而使颜色发黄，起裂痕。晒干后置于干燥通风处保存。数量少，装箱时可同时拌入一定量的丹皮，这样可防虫蛀。也可用硫磺熏之，晒干后保存。

郁　金　Yujin

《药性论》

【来源】姜科植物姜黄 Curcuma longa L.、郁金 Curcuma aromatica Salisb. 或莪术 Curcuma zedoaria (Berg.)Rosc. 的块根。

【产销】主产于四川、广西、广东。销往全国，并有出口。

【采集加工】冬、春采挖，摘取块根，除去须根，洗净泥土，入沸水中煮或蒸至透心，取出晒干。

【商品规格】按产地分为川郁金、黑郁金、桂郁金、温郁金四个品别。

【规格等级标准】

1. 川郁金

黄丝一等：类卵圆形。表面灰黄色或灰棕色，皮细，略现细皱纹。质坚实，断面角质状，有光泽，外层黄色，内部金黄色。有姜气，味辛香。每千克600粒以内，剪净残蒂。无刀口、破瓣、杂质、虫蛀、霉变。

黄丝二等：每千克600粒以外，直径不小于0.5厘米。间有刀口、破瓣。余同一等。

绿白丝一等：呈纺锤形、卵圆形或长椭圆形。表面灰黄或灰白色，有较细的皱纹。质地坚实而稍松脆，断面角质状、淡黄白色，微有姜气，味辛、苦。每千克600粒以内，剪净残蒂。无刀口、破瓣、杂质、虫蛀、霉变。

绿白丝二等：每千克600粒以外，直径不小于0.5厘米。间有刀口、碎瓣。余同一等。

2. 温郁金

绿丝一等：纺锤形而稍扁，多弯曲，不肥满。表面灰褐绿色，具纵直或紊乱的皱纹。质地坚实，断面角质状、多为灰黑色。略有姜气，味辛、苦。每千克280粒以内。

绿丝二等：每千克280粒以外，但直径不小于0.5厘米。间有刀口、破碎。余同一等。

3. 桂郁金

呈纺锤形或是不规则弯曲。表面灰白色，断面淡白或黄白色，角质样而发亮。微有姜气，味辛、苦。大小不分，但直径不得小于0.6厘米。无杂质、虫蛀、霉变。

4. 黑郁金

纺锤形而稍扁，表面灰棕色或灰褐色，有不规则的细皱纹。质地坚实，断面角质状、灰褐色、有光泽，中部有扁环形内皮层，白色。味淡。

【储藏】麻袋或竹篓装。放置于干燥处保存。

天　麻　Tianma

《本经》

【来源】兰科植物天麻 *Gastrodia elata* Bl. 的块茎。

【产销】全国大部分地区有生产，主产于四川、云南、贵州、河南。销往全国，并有出口。

【采集加工】冬、春采挖其地下块茎，前者称“冬麻”，体重而饱满，质佳；后者称“春麻”，皮多皱缩，体松质次。挖出后，洗净泥土，除去地上茎，及时擦去粗皮，浸入明矾水中，半个小时后捞起，蒸至无白心为度，取出晾至半干，再晒干或烘干。

【商品规格】按个头大小及肥瘦分为四等。商品以体大、肉肥厚、质坚实、色黄白无空心、断面角质状明亮者为佳，且以冬麻质优。

【规格等级标准】

一等：长椭圆形，扁缩弯曲，去净粗皮。表面黄白色并有横环纹，顶端有残留茎基或红黄色的枯芽，末端有圆盘状的脐形疤痕。质坚实、半透明，断面角质样，牙白色。味甘、微辛。每千克26支以内。

二等：每千克46支以内。余同一等。

三等：每千克90支以内，断面角质样，牙白色或棕黄色，稍有空心。余同一等。

四等：每千克90支以外，凡不符合一、二、三等的碎块，空心及未去皮者均属于此等。

【出口商品】分一、二、三等。木箱包装，每箱净重 50 千克。

【储藏】篾包或木箱包装。置于干燥通风处保存。

当　归　Danggui

《本经》

【来源】伞形科植物当归 Angelica sinensis (Oliv.) Diels 的根。

【产销】主产于甘肃、云南、陕西、四川、湖北。销往全国，也有出口。

【采集加工】一般需培育 3 年才可采收。秋末挖取根部，除净茎叶、泥土，放在通风处阴干几天，按大小分别扎成小把，用微火熏干令透即得。

【商品规格】商品分全当归和归头两个品别，九个等级。以主根粗长，外皮黄棕色，断面黄白色，具油性，气味浓厚者为佳；主根短小，支根繁多，断面红棕色，气味较淡者质次；柴性大、干枯油少或断面呈绿褐色者不可供药用。

【规格等级标准】

1. 全当归

一等：主根圆柱形，有多条支根，根梢不细于 0.2 厘米。表面棕黄色或黄褐色。断面黄白色或淡黄色，具油性。气芳香，味甘、微苦。每千克 40 支以内。无抽苔根、杂质、虫蛀、霉变。

二等：每千克 70 支以内。余同一等。

三等：每千克 110 支以内。余同一等。

四等：每千克 110 支以外。余同一等。

五等：凡不符合以上分等者。全归占 30%，腿渣占 70%，具有油性。

2. 归头

一等：纯主根，呈长圆形或拳状。表面棕黄色或黄褐色，断面黄白色或淡黄色，具油性。气芳香，味甘、微苦。每千克 80 支以内。

二等：每千克 80 支以外。余同一等。

三等：每千克 120 支以内。余同一等。

四等：每千克 160 支以内。余同一等。

【出口商品】按甘肃岷县的规格分为：

篓归：身长，腿壮，内花粉白，货足干，每篓净重 25 千克，每千克不超过 76 支，底面一致。

箱归：身长，腿壮，纹细，身干，花白，每箱装粗腿 5～6 个，剪去尾须，分等如下：

一等：每箱净重 25 千克，箱面 1.5 千克(每千克 32 支)，中、底共 23.5 千克(每千克平均 52 支)。

二等：每箱净重 25 千克，箱面 1.5 千克(每千克 52 支)，中、底共 23.5 千克(每千克平均 76 支)。

三等：每箱净重 25 千克，箱面 1.5 千克(每千克 76 支)，中、底共 23.5 千克(每千克平均 114 支)。

四等：每箱净重 25 千克，箱面 1.5 千克(每千克 76 支)，中、底共 23.5 千克(每千克平均 250 支)。

【储藏】竹篓加衬防潮纸包装，每件为 50～75 千克。当归含糖质和油分，易虫蛀、发霉和泛油。一旦受潮即变黑泛油，进而虫蛀变质。应置阴凉干燥处密封保存。为防霉蛀，可用硫磺等熏后保存。

党　参 Dangshen

《本草从新》

【来源】桔梗科植物党参 Codonopsis pilosula(Franch.)　Nannf. 的根。

【产销】药材常有西党、东党、条党、潞党、白党之分。产地分别为:(1)西党主产于甘肃文县、岷县、舟曲、武都、临潭,四川南坪、平武、松潘、若尔盖,陕西汉中、安康,山西五台等地;(2)东党主产于黑龙江五常、尚志、宾县,吉林延边州、通化,辽宁风城、宽甸等地;(3)条党主产于四川南坪,湖北恩施、利川及与陕西接壤地区;(4)潞党主产于山西平顺、长治、壶关、晋城、黎城及河南新乡地区、栾川、嵩县;(5)白党主产于贵州毕节、安顺,云南昭通、丽江、大理及四川南部、西昌、凉山等地。销往全国,并有出口。

【采集加工】秋季采挖,除去地上部分,洗净泥土,晒至半干,用手或木板搓揉,使皮部与木质部贴紧。饱满柔软,然后再晒再搓,反复3～4次,最后晒干。

【商品规格】西党、条党、潞党分1～3级,东党、白党分1～2级。西党、东党为野生品,潞党、条党、白党为栽培品,一般认为潞党品质最好。皆以条粗壮,质柔润,外皮细,断面有菊花心,味甜,嚼之无渣者为优。

【规格等级标准】

1. 西党

一等:圆锥形,头大尾小,上部多横纹。外皮粗松,表面米黄色或灰褐色。断面黄白色并有放射状纹理。糖质多、味甜。芦下直径大于1.5厘米。无油条、杂质、虫蛀、霉变。

二等:芦下直径大于1厘米。余同一等。

三等:芦下直径大于0.6厘米,油条不超过15%。余同一等。

2. 条党

一等:圆锥形,头上茎痕较少且小,条较长,下端有纵皱纹。表面糙米色,断面白色或黄白色并有放射状纹理。有糖质、味甜。芦下直径大于1.2厘米。无油条、杂质、虫蛀、霉变。

二等:芦下直径大于0.8厘米。余同一等。

三等:芦下直径大于0.5厘米,油条不超过10%。无参秧、杂质、虫蛀、霉变。余同一等。

3. 潞党

一等:圆锥形,芦头较小。表面黄褐色或灰黄色。体结实而柔,断面棕黄色或黄白色,糖质多、味甜。芦下直径大于1厘米。无油条、杂质、虫蛀、霉变。

二等:芦下直径大于0.8厘米。余同一等。

三等:芦下直径大于0.4厘米,油条不超过10%。余同一等。

4. 东党

一等:圆锥形,芦头较大,芦下有横纹。体松质硬,外表面土黄色或灰黄色且粗糙,断面黄白色,中心淡黄色,显裂隙,味甜。长度20厘米以上,芦下直径大于1厘米。无毛须、杂质、虫蛀、霉变。

二等:长度20厘米以下,芦下直径大于0.5厘米。余同一等。

5. 白党

一等:圆锥形,具有芦头。表面黄褐色或灰褐色。体较硬,断面黄白色,糖质少、味微甜。芦下直径大于1厘米。无毛须、杂质、虫蛀、霉变。

二等:芦下直径大于0.5厘米,间有油条、短节。余同一等。

【储藏】席、竹篓或木箱内衬防潮纸包装后置于干燥通风处保存。本品含有糖质，易虫蛀，并且易发霉、泛油，在储藏过程中应反复日晒干燥，亦可硫磺熏后保存。

附　子　Fuzi

《本经》

【来源】毛茛科植物乌头 Aconitum carmichaeli Debx.（栽培品）的旁生块根（子根）。

【产销】主产于四川、陕西。销往全国，并有出口。

【采集加工】夏至至小暑间挖取附于母根旁的子根称为泥附子，洗净泥土，按大小分别加工。

（1）盐附子：选取较大的泥附子洗净泥土，浸入盐卤和食盐的混合液中，每日取出晒晾，并逐渐延长晒晾的时间，直至附子表面出现大量结晶盐粒，并且体质变硬为止。

（2）黑顺片：选取中等大小的泥附子，洗净后浸入盐卤水液中数日，并与盐卤水同煮沸，捞出，水漂，切成厚片，再浸人稀盐卤水液中，并加入黄糖及菜油制成的调色剂，使附片染成浓茶色，用水漂洗至口尝无麻辣感时，取出蒸熟，烘至半干，再晒干。

（3）白附片：选取较小的泥附子，洗净后浸入盐卤水液中数日，并与盐卤水同煮至透心为度，捞出，剥去外皮，纵切成薄片，用水漂洗至口尝无辣感时，取出蒸熟，晒至半干，以硫磺熏后，晒干。

【商品规格】现有盐附子、附白片、熟片、挂片、黄片、黑顺片六种规格。其中前两品规格均分为一、二、三等，后几种为统货。

【规格等级标准】

1. 盐附子

一等：圆锥形，上部肥满并有芽痕，下部有支根痕。表面呈黄褐色或黑褐色，附有结晶盐粒。体质沉重。断面黄褐色。味咸而麻、刺舌。每千克 16 个以内。无空心、腐烂。

二等：每千克 24 个以内。余同一等。

三等：每千克 80 个以内。余同一等。

2. 附白片

一等：一等附子去净外皮，纵切成厚 2～3 毫米的薄片。片面白色、半透明，片张大而均匀。味淡。无盐软片和霉变。

二等：二等附子去净外皮，纵切成厚 2～3 毫米的薄片。片面白色、半透明，片张较小、均匀。余同一等。

三等：三等附子去净外皮，纵切成厚 2～3 毫米的薄片。片面白色、半透明，片张小、均匀。余同一等。

3. 熟片

统货：一等附子去皮去尾后横切成厚 3～5 毫米的圆形厚片。片面冰糖色、油润光泽、半透明。无盐软片和霉变。

4. 挂片

统货：为二、三等附子各 50%，去皮后纵切两瓣。片面冰糖色或褐色、油润光泽、半透明，块瓣均匀。味淡或微带麻辣。每千克 160 瓣左右。无白心、盐软瓣及霉变。

5. 黄片

统货：为一、二等附子各 50%，去皮去尾，横切成 3～5 毫米的厚片。片面黄色，厚薄均匀。

味淡，无白心、尾片、盐软片及霉变。

6. 黑顺片

统货：二、三等附子，不去外皮，顺切成2～3毫米的薄片。边片黑褐色，片面暗黄色、油润光泽。片张大小不一，厚薄均匀。味淡，无盐软片和霉变。

【储藏】麻袋或木箱装，放置于干燥处储藏。可用硫磺熏蒸。为保持附片完好，应防压碎。盐附子易吸潮变软，应置于阴凉干燥处保存。

甘 草 Gancao

《本经》

【来源】豆科植物甘草 Glycyrrhiza uralensis Fischer 的干燥根及根状茎。同时有光果甘草 Glycyrrhiza glabra L.、黄甘草 Glycyrrhiza kansuensis Chang et Peng、胀果甘草 Glycyrrhiza inflata Batal. 等也作甘草入药。

【产销】产于我国华北、西北、东北等地。销往全国，并有出口。

【采集加工】秋季采挖，除去茎基、枝叉、须根等，截成适当长短的段，晒至半干，扎成小捆，再晒至全干。也有将外面栓皮削去者，称为“粉草”。

【商品规格】分为西草和东草两个品别。西草有五个规格，八个等级；东草分两个规格，四个等级。

【规格等级标准】

1. 西草

（1）大草

统货：圆柱形。表面红棕色、棕黄色或灰棕色。皮细紧，有纵纹，斩去头尾，切口整齐。质坚实，体重。断面黄白色，粉性足。味甜。长25～50厘米，顶端直径大于2.5～4厘米。黑心草不超过总重量的5%。无须根、杂质、虫蛀、霉变。

（2）条草

一等：圆柱形、单支顺直。顶端直径大于1.5厘米。间有黑心。余同大草统货。

二等：顶端直径大于1厘米。余同一等。

三等：顶端直径大于0.7厘米。余同一等。

（3）毛草

统货：呈圆柱形弯曲的小草，去净残茎。表面红棕色、棕黄色或灰棕色。断面黄白色，粉性足，味甜。顶端直径大于0.5厘米。无杂质、虫蛀、霉变。

（4）草节

一等：圆柱形，单枝条。表面红棕色、棕黄色或灰棕色，皮细、有纵纹。质坚实，体重。断面黄白色，粉性足。味甜。长超过6厘米，顶端直径大于1.5厘米。无须根、疙瘩头、杂质、虫蛀、霉变。

二等：顶端直径大于0.7厘米。余同一等。

（5）疙瘩头

统货：加工条草砍下之根头，呈疙瘩头状。去净残茎及须根。表面棕黄色或灰黄色，断面黄白色。味甜。大小长短不分，间有黑心。无杂质、虫蛀、霉变。

2. 东草

（1）条草

一等：圆柱形，上粗下细。表面紫红色或灰褐色，皮粗糙。不斩头尾。质松，体轻。断面黄白色，有粉性。味甜。长超过60厘米。间有5%直径大于20厘米的草头。无杂质、虫蛀、霉变。

二等：质松，长超过50厘米，芦下3厘米处直径1厘米以上，间有5%直径大于20厘米的草头。余同一等。

三等：间有弯曲分叉的细根。长40厘米以上，芦下3厘米处直径1厘米以上。间有5%直径大于20厘米以上的草头。无细小须子、杂质、虫蛀、霉变。余同一等。

(2) 毛草

统货：圆柱形弯曲的小草，去净残茎，间有疙瘩头。表面紫红色或灰褐色，质松，体轻。断面黄白色。味甜。不分长短，芦下直径大于0.5厘米。无杂质、虫蛀、霉变。

(3) 甘草

【出口商品】分东北甘草和西北甘草两类：东北甘草以外皮紫红，有光泽，条顺直，内茬黄土色、头尾粗细相等、筋少者为好货；西北甘草以皮红有光泽，质坚实，粉足，条顺，口面亮，无霉变，内茬不朽者为好货。

【储藏】扎捆成长方形，外加席包。本品含有大量的淀粉和甘草甜素，保管不当极易虫蛀、发霉，且霉菌蔓延十分迅速，应置干燥通风处保存。忌用硫磺熏，以免变色影响品质。

何　首　乌　Heshouwu

《日华子本草》

【来源】蓼科植物何首乌 Polygonum multiflorum Thunb. 的块根。

【产销】主产于河南，亦产于两湖、两广、贵州、四川、江苏、山西、浙江、安徽、山东等省。销往全国，并有出口。

【采集加工】栽后3～4年，春、秋采挖，洗净，切去两端，大者对半剖开，或切厚片，晒干、烘干或煮后晒干。

制首乌：取首乌片或块，置锅中煮至透心(肉发黄)，取出(用锅必须是非铁质的)，用黑豆汁拌匀，再置锅内炖至汁液吸尽并显棕色。首乌片(块)每100千克，用黑豆10千克。

黑豆汁制法：取黑豆10千克，加水适量煮约4小时，熬汁约15千克，豆渣再加水煮约3小时，熬汁约10千克，合并得黑豆汁约25千克。

【商品规格】主产广东。何首乌(家种品，熟片)分为统货和级外两个等级。

【规格等级标准】

统货：熟透。纵切或横切片的表面红褐色或棕褐色，断面褐色或黄褐色，粉性足，厚度不超过5毫米，中部直径1厘米以上，无根(梗)和虫蛀、霉变。

级外：熟透。纵切或横切片的表面红褐色或黄褐色，断面黄褐色或黄棕色，粉性足，厚度不超过5毫米，中部直径10毫米以内，无根(梗)和虫蛀、霉变。

【出口商品】按个头重量分为四等，即一等　(每个0.2千克)，二等　(每个0.1千克)，三等　(每个0.5千克)，四等(每个0.03千克)。

【储藏】席或麻袋装，放置于干燥处保存。

黄　连　Huanglian

《本经》

【来源】毛茛科植物黄连 Coptis chinensis Franch.、三角叶黄连 Coptis deltoidea C. Y.

Cheng et Hsiao、峨嵋野连 Coptis omeiensis(Chen)C. Y. Cheng 或云南黄连 Coptis teetoides C. Y. Cheng 的根茎。

【产销】主产于四川、湖北、云南，亦产于陕西、湖南、贵州、甘肃、广西、广东、福建、浙江、安徽、江西等省。销往全国，也有出口。

【采集加工】立冬后(11 月)采收。掘出后除去茎叶、须根及泥土，晒干或烘干，撞去粗皮。

【商品规格】商品分味连、雅连和云连三个品别，共六个等级。

【规格等级标准】

1. 味连

一等：多聚集成簇，分枝多弯曲，形如鸡爪或者单枝，肥壮而坚实，间有过桥(长度不超过 2 厘米)，簇面无须毛。外表黄褐色，断面金黄或黄色。味极苦。无不足 1.5 厘米的碎节、残茎、焦枯、杂质、霉变。

二等：较一等瘦小，有过桥。间有碎节、碎渣、焦枯等。余同一等。

2. 雅连

一等：独枝呈圆柱形，稍弯曲、条肥状、过桥少(长度不超过 2.5 厘米)。质坚硬。表面黄褐色，断面金黄色。味极苦。无碎节、毛须、焦枯、杂质、霉变。

二等：较一等瘦小，过桥较多，间有碎节、毛须、焦枯。余同一等。

3. 云连

一等：独枝呈圆柱形，稍弯曲，顶端微有褐绿色鳞片及叶残迹。条粗状，质坚实，直径大于 0.3 厘米。表面黄棕色，断面金黄色，味极苦。无过桥、毛须、杂质、霉变。

二等：较瘦小，直径在 0.3 厘米以下，间有过桥，表面深棕色。余同一等。

【储藏】麻袋或篾篓包装后放置于干燥通风处保存。

麦　冬　Maidong

《本经》

【来源】百合科植物麦冬 Ophiopogon japonicus(Thunb.) Ker-Gawl. 的块根。

【产销】主产于浙江、四川。亦产于贵州、云南、广西、安徽、湖北、福建等省。行销全国，并有出口。

【采集加工】浙江于栽培后第三年立夏时采挖，称“杭麦冬”；四川于栽培第二年清明后采挖，称“川麦冬”。野麦冬多在清明后挖取，习称“土麦冬”。挖起后，剪下块根，洗净泥土，曝晒 3～4 天，堆通风处，使其返潮，蒸发水气，约 3 日，摊开再晒，如此反复 2～3 次，晒干后，除净须根杂质。

【商品规格】商品有浙麦冬、川麦冬。按大小分为三等。以表面淡黄白色、身干、个肥大、质软、半透明、有香气、嚼之发黏者为佳。

【规格等级标准】

1. 浙麦冬

一等：纺锤形半透明，表面黄白色。质柔韧，断面牙白色，有木质心。味微甜，嚼之有黏性。每 100 克 300 只以内。无须根、油粒、枯子、烂头、杂质、霉变。

二等：每 100 克 560 只以内。余同一等。

三等：每 100 克 560 只以外，最小不小于麦粒。油粒、烂头不超过 10%。余同二等。

2. 川麦冬

一等:纺锤形半透明。表面淡白色,断面牙白色,木质心细软。味微甜,嚼之少黏性。每100克380只以内。无须根、油粒、乌花、杂质、霉变。

二等:每100克600粒以内。余同一等。

三等:每100克600粒以外。最小不小于麦粒。间有乌花、油粒,但不超过10%。余同二等。

麦冬出口按浙江省的标准分为:

一等:色黄亮,颗粒均匀,肥壮,长度超过2.54厘米。

二等:色黄亮,颗粒较小,肥壮,长约2.54厘米。

三等:色较差,颗粒大小不匀而瘦,长度不超过2.54厘米。

四等:色差粒瘦,长短不一,大多短于2.54厘米。

【储藏】放置阴凉通风处保存,并防止受热、受潮,否则会变色和生霉。有在加工时拌入少量滑石粉,不但可使外表光滑,也能起到防霉蛀和泛油的作用。

地 黄 Dihuang

《本经》

【来源】玄参科植物地黄 Rehmannia glutinosa libosch. 的块根。

【产销】我国大部地区皆有生产。主产于河南、浙江。亦产于陕西、山西、江苏、河北、山东等省。行销全国,并大量出口。

【采集加工】春、秋季采收。一般在地黄根变为红黄色时采收,挖取时应防止破皮,洗净泥土,置于火坑上,上盖席被,先以微火焙到大部出汗,再逐渐加大火力,烘焙到约八成干时,捏成团块,再烘焙至内部逐渐干燥而变黑,全身柔软,外皮变硬即可,习称为“元身生地”,不捏的称“干生地”。将干生地置容器内蒸至里润为度,取出再晒至八成干,再晒干,称“熟地黄”。

【商品规格】由于加工方法不同分为生地、熟地、“元身生地”三种。生地按每500克支头多少分为五等;“元身生地”分为三等;熟地为统货,一般不分等级。地黄,产于河南者为优,称“怀地黄”。

【规格等级标准】

生地

一等:呈纺锤形或条形。体重质柔润。表面灰白色或灰褐色,断面灰褐色或黄褐色,具有油性。味微甜。每千克16支以内。无芦头、生心、焦枯、杂质、虫蛀、霉变等。

二等:每千克32支以内。余同一等。

三等:每千克60支以内。余同一等。

四等:每千克100支以内。余同一等。

五等:油性少,支根瘦小,每千克100支以外。直径不小于1厘米。余同四等。

【储藏】条篓或麻袋包装,置于干燥通风处保存。熟地可置于衬有防潮油纸的木箱内储藏。

怀 牛 膝 Huainiuxi

《本经》

【来源】苋科多年生植物牛膝 Achyranthes bidentata Bl. 的根。

【产销】主产于河南。亦产于河北、山西、山东、江苏及辽宁等省。销往全国,并有出口。

【采集加工】立冬至小雪间采收,栽培者一般于播种当年采收。根挖出后,除去细根及泥沙,捆成小把，晒至干皱后用硫磺熏两次，将顶端切齐，晒干。

【商品规格】商品以身干、皮细、肉肥、条长、色灰黄、味甘者为佳。

【规格等级标准】

一等（又称头肥）：长圆柱形。内外黄白色或浅棕色。味淡、微甜。中部直径大于0.6厘米，长度超过50厘米。根条均匀，无冻条、油条、破条、杂质、虫蛀、霉变。每把3.3厘米，并排4～6根。

二等（又称二肥）：中部直径大于0.4厘米，长度超过35厘米。每把3.3厘米，并排6～8根。余同一等。

三等（又称平条）：中部直径小于0.2～0.4厘米，长短不分，间有冻条、油条。每把3.3厘米，并排8～16根。余同一等。

等外：平条和牛膝肉（细小肉条、枝杈、尖梢）各等半混合而成，统称牛膝肉。

【出口商品】按长短、粗细分为特肥、头肥、二肥、平条四个等级。

【储藏】木箱装，以纸固封后置于阴凉干燥处，夏季最好冷藏以防霉蛀。本品体糯、质柔，含较多的黏液质，易吸潮，受潮后色泛红至发黑，也易虫蛀。通常在装箱后即行封钉，以皮纸固封，干后涂桐油，置于干燥凉爽处。为防虫蛀，也可用硫磺熏，熏后晒干，再装箱储存。受潮的牛膝不宜烘干，最好用石灰吸湿。

川 贝 母 Chuanbeimu

《本经》

【来源】百合科植物川贝母 Fritillaria cirrhosa D. Don、暗紫贝母 F. unibracteata Hsiao et K. C. Hsia、甘肃贝母 F. przewalskii Maxim. 或棱砂贝母 F. delavayi Franch. 的鳞茎。

【产销】我国西南、西北及东北地区，以及安徽有生产。主产于四川、青海、云南、新疆、甘肃等省。行销全国，并有出口。

【采集加工】各地采集时间不一，如栽培者多于下种3年后，秋季苗枯萎时采收，质量较好。安徽于4月开始采收；甘肃于5～6月采收；四川、云南在6～7月为盛采期；青藏高原要推迟到8月间。加工方法各地也不相同，主要方法如下：(1)一般将贝母挖出后，去净泥土及须根，置烈日下曝晒至干透为止；或者用微火烘焙，以防变色及透油。(2)甘肃、云南等地将贝母置于布袋中或加入大量麦皮，撞去粗皮及吸去水分后簸净并晾干。用硫磺熏，干燥较快且色泽洁白，并可防蛀。

【商品规格】川贝母主产于我国西南地区，以四川最著，故名川贝母。其他地区所产外形类似，亦属川贝母类型。一般应用较广的有松贝、青贝、炉贝。松贝分为一、二等；青贝分为四等；炉贝分为一、二等。均以质地坚实，色白，粉性足，个完整不碎者为佳。

【规格等级标准】

1. 松贝

一等：类圆锥形或近球形，鳞瓣二，大瓣紧抱小瓣，未抱部分呈新月形，顶端闭口，基部底平。表面白色，体结实，质细腻，断面粉白色。味甘、微苦。每100克在480粒以外。无黄贝、油贝、碎贝、破贝、杂贝、虫蛀、霉变。

二等：顶端闭口或开口，基部平底或近似平底。每100克在480粒之内。间有黄贝、油贝、碎贝、破贝。余同一等。

2. 青贝

一等：扁球形或类圆形，两鳞片大小相似。顶端闭口或微开口，基部较平或圆形。表面白色、细腻、结实，断面粉白色。味淡、微苦。每100克380粒以外。其中对开瓣不超过20%。无黄贝、油贝、碎贝、破贝、杂质、虫蛀、霉变。

二等：每100克260～380粒。对开瓣不超过25%，间有花油贝、花黄贝，但不超过5%。余同一等。

三等：每100克200～260粒。对开瓣不超过30%，间有油贝、碎贝、黄贝、破贝，但不超过5%。余同二等。

四等：顶端闭口或开口较多，表面牙白色或黄白色。大小粒不分。间有油粒、碎贝、黄贝。余同三等。

3. 炉贝

一等：长锥形，贝瓣略似马牙。表面白色，体结实，断面粉白色，味苦。大小粒不分。间有油贝及白色破瓣。无杂质、虫蛀、霉变。

二等：表面黄色或淡棕黄色，有的具有棕色斑点。大小粒不分。间有油贝、破瓣。余同一等。

【出口商品】分下述几种。

川贝母：一般以四川省松潘地区出产的最好，市场上称之为松贝，分为二等。其中小粒圆净者拣出作为珍珠贝，售价较高。雪白色、圆净、匀正，无破边者为上品。

青贝母：四川省的灌县及云南、青海生产的多称为青贝，分为四等。

炉贝母：因多集中于打箭炉，故称炉贝，分为二等；云南生产的称知贝，形似炉贝。

【储藏】木箱或麻袋装，置于干燥通风处保存。

人　参　Renshen

《本经》

【来源】五加科植物人参 Panax ginseng C. A. Mey. 的根。

【产销】主产于吉林、辽宁、黑龙江。销往全国，并有出口。

【采集加工】①园参：9～10月间采挖生长6年以上的人参，用镐细心刨起，防止断根和伤根，去掉泥土，再行加工。新鲜品称“园参水子”；新鲜的移山参称“移山参水子”。

②野山参：5～9月间采挖，用骨针拨松泥土，将根及须根细心拔出，防止折断，去净泥土、茎叶。新鲜品称“野山参水子”。

加工方法分为以下五种。

(1)红参类：取园参水子剪去支根及须根，洗刷干净，蒸2～3小时，至参根变黄色、皮呈半透明状为宜，取出烘干或晒干；或者酒润透，置于蒸笼内蒸半透明状为度，取出晒干或烘干。

(2)糖参类：取鲜参洗刷干净，置沸水中浸泡3～7分钟，捞出，入凉水中浸泡10分钟左右，取出晒至七、八成干时，再经硫磺熏过；然后用大号针沿参体平行及垂直的方向扎小孔，浸于浓糖汁(100毫升水溶解135克糖)中24小时；取出曝晒1天，再用湿毛巾打潮，使其软化，进行第二次扎孔，浸入浓糖汁中24小时；取出后，冲去浮糖，晒干或烘干。

(3)生晒参类：取鲜参洗刷干净，晒1天，而后用硫磺熏过再晒干。

(4)掐皮参类：加工方法与糖参相似。一般将参体浸沸水中3次，每次1～2分钟，约三成熟时，再将支根置于沸水中约20分钟；参体经扎孔后放入较稀的糖汁中浸3次，取出微火烘烤，使皮与内部分离，再用竹刀轻扎外皮，使成点状。

(5) 大力参类:取鲜参在沸水中浸煮片刻后晒干。

【商品规格】商品规格等级很多。

【规格等级标准】

1. 山参

一等:纯野山参的根部,主根粗短呈横灵体,支根八字分开(俗称武形),五形全美(芦、艼、纹、体、须相衬)。有元芦。艼中间丰满,形似枣核。皮紧细。主根上部横纹紧密而深。须根青疏而长,质坚韧(俗称皮条须),有明显的珍珠疙瘩。表面牙白色或黄白色,断面白色。味甜微苦。每支重 100 克以上,艼帽不超过主根重量的 25%。无疤痕、杂质、虫蛀、霉变。

二等:每支重 55 克以上。余同一等。

三等:每支重 32.5 克以上。余同一等。

四等:每支重 20 克以上。余同一等。

五等:主根呈横灵体或顺体(俗称文形)。每支重 12.5 克以上,艼帽不超过主根重量的 40%。余同一等。

六等:主根呈横灵体、顺体、畸形体(俗称笨体)。每支重 6.5 克以上,艼帽不大。余同一等。

七等:无芦。有艼或无艼。每支重 4 克以上。余同一等。

八等:每支重 2 克以上,间有芦须不全的残次品。余同七等。

2. 园参

(1)十六边条红参

一等:根呈长圆柱形,身长、芦长、腿长,体长 18.3 厘米以上,有分支 2~3 个,表面棕红或淡棕色,有光泽。上部色泽较淡,有皮有肉。质地坚实,断面角质样。气香、味苦。每 500 克 16 支以内,每支 31.3 克以上。无中尾、黄皮、破疤、虫蛀、霉变、杂质。

二等:稍有黄皮、抽沟、干疤。余同一等。

三等:色泽较差。有黄皮、抽沟、破疤、腿红。余同一等。

(2)二十五边条红参

一等:长圆柱形,芦长、身长、腿长,体长 16.7 厘米以上,有分支 2~3 个。表面棕红或淡棕色,有光泽。上部色较淡,有皮有肉。质地坚实,断面角质样。气香、味苦。每 500 克 25 支以内,每支 20 克以上。无中尾、黄皮、破疤、虫蛀、霉变、杂质。

二等:稍有黄皮、抽沟、干疤。余同一等。

三等:色泽较差。有黄皮、抽沟、破疤、腿红。余同一等。

(3)三十五边条红参

一等:根呈长圆柱形。芦长、身长、腿长,体长 15 厘米以上,有分支 2~3 个。表面棕红或淡棕色,有光泽。上部色泽较淡,有皮有肉,质地坚实,断面角质样。气香,味苦。每 500 克 35 支以内,每支 14.3 克以上。无中尾、黄皮、破疤、虫蛀、霉变、杂质。

二等:稍有黄皮、抽沟、干疤。余同一等。

三等:色泽较差。有黄皮、抽沟、破疤、腿红。余同一等。

(4)四十五边条红参

一等:根呈长圆柱形,芦长、身长、腿长,体长 13.3 厘米以上,有分支 2~3 个。表面棕红或淡棕色,有光泽。上部色较淡,有皮有肉,质地坚实,断面角质样。气香、味苦。每 500 克 45 支以内,支头均匀。无中尾、黄皮、破疤、虫蛀、霉变、杂质。

二等:稍有黄皮、抽沟、干疤。余同一等。

三等:表面色泽较差。有黄皮、抽沟、破疤、腿红。余同一等。

(5)五十五边条红参

一等:根呈长圆柱形,芦长、身长、腿长,体长 11.7 厘米以上,有分支 2～3 个。表面棕红或淡棕色,有光泽。上部色较淡,有皮有肉。质坚实,断面角质样。气香、味苦。每 500 克 55 支以内,支头均匀。无中尾、黄皮、破疤、虫蛀、霉变、杂质。

二等:稍有黄皮、抽沟、干疤。余同一等。

三等:表面色泽较差。有黄皮、抽沟、破疤、腿红。余同一等。

(6)八十边条红参

一等:根呈长圆柱形。芦长、身长、腿长,体长 11.7 厘米以上,有分支 2～3 个。表面棕红或淡棕色,有光泽。上部色较淡,有皮有肉。质地坚实,断面角质样。气香、味苦。每 500 克 80 支以内,支头均匀。无中尾、黄皮、破疤、虫蛀、霉变、杂质。

二等;稍有黄皮、抽沟及干疤。余同一等。

三等:表面色泽较差,有黄皮、抽沟、破疤、腿红。其余同一等。

(7)小货边条红参

一等:根呈长圆柱形,表面棕红或淡棕色,有光泽。上部色泽较淡,有皮有肉。断面角质样。气香、味苦。支头均匀。无中尾、黄皮、破疤、虫蛀、霉变、杂质。

二等:有黄皮不超过身长的 1/2。稍有抽沟、干疤。余同一等。

三等:表面色泽较差,有黄皮、抽沟、破疤、腿红。

(8)二十支普通红参

一等:根呈圆柱形,表面棕红或淡棕色,有光泽。质坚实,断面角质样。气香,味苦。每 500 克 20 支以内,每支 25 克以上。无细腿、破疤、黄皮、虫蛀。

二等:稍有干疤、黄皮、抽沟。余同一等。

三等:色泽较差。有黄皮、干疤、抽沟、腿红。余同一等。

(9)三十二支普通红参

一等,根呈圆柱形。表面棕红或淡棕色,有光泽,质地坚实,断面角质样,气香、味苦。每 500 克 32 支以内,每支 15.6 克以上。无细腿、破疤、黄皮、虫蛀。

二等:稍有干疤、黄皮、抽沟。余同一等。

三等:色泽较差。有黄皮、干疤、抽沟、腿红。余同一等。

(10)四十八支普通红参

一等:根呈圆柱形。表面棕红或淡棕色,有光泽,质坚实,断面角质样,气香、味苦。每 500 克 48 支以内,支头均匀。无细腿、破疤、黄皮、虫蛀。

二等:有干疤、黄皮、抽沟。余同一等。

三等:色泽较差。有黄皮、干疤、抽沟、腿红。余同一等。

(11)六十四支普通红参

一等:根呈圆柱形。表面棕红或淡棕色,有光泽,质坚实,断面角质样,气香、味苦。每 500 克 64 支以内,支头均匀。无细腿、破疤、黄皮、虫蛀。

二等:有干疤、黄皮、抽沟。余同一等。

三等:色泽较差。有黄皮、干疤、抽沟、腿红。余同一等。

(12)八十支普通红参

一等:根呈圆柱形。表面棕红或淡棕色,有光泽,质地坚实,断面角质样,气香、味苦,每 500

克 80 支以内,支头均匀。无细腿、破疤、黄皮、虫蛀。

二等:稍有干疤、黄皮、抽沟。余同一等。

三等:色泽较差。有黄皮、干疤、抽沟、腿红。其余同二等。

(13)小货普通红参

一等:根呈圆柱形。表面棕红或淡棕色,有光泽,质地坚实,断面角质样,气香、味苦,支头均匀。无细腿、破疤、黄皮、虫蛀。

二等:稍有干疤、黄皮、抽沟。余同一等。

三等:色泽较差,有黄皮、干疤、抽沟、腿红。余同一等。

(14)全须生晒参

一等:根呈圆柱形,有分支。体轻有抽沟,芦须全,有艼帽。表面黄白色或较深。断面黄白色。气香、味苦。每支为 10 克以上。无破疤、虫蛀、杂质、霉变。

二等:每支为 7.5 克以上。余同一等。

三等:每支为 5 克以上。余同一等。

四等:具有抽沟,大、小支不分。芦须不全,间有折断。余同一等。

(15)生晒参

一等:根呈圆柱形,体轻有抽沟,去净艼须。表面和断面黄白色。气香、味苦。每 500 克 60 支以内。无破疤、虫蛀、杂质、霉变。

二等:每 500 克 80 支以内。余同一等。

三等:每 500 克 100 支以内。余同一等。

四等:体轻,具有抽沟和死皮。每 500 克 130 支以内。余同一等。

五等:每 500 克 130 支以外。余同四等。

(16)白直须

一等:根须呈条状、有光泽。表面、断面均黄白色。气香、味苦。长 13.3 厘米以上,条大小均匀。无水锈、破皮,无杂质、虫蛀、霉变。

二等:根须长 13.3 厘米以下,最短不低于 8.3 厘米,条大小不匀。余同一等。

(17)白糖参

一等:根呈圆柱形,芦、须齐全。表面白色,体充实,支条均匀。断面白色。味甜、微苦。无返糖、浮糖、碎芦,无杂质、虫蛀、霉变。

二等:大小不分,表面黄白色。余同一等。

(18)红直须

一等:根须呈长条形,粗壮均匀。红棕或橙红色,有光泽,半透明。断面角质样。气香,味苦。长 13.3 厘米以上。无干浆、毛须,无杂质、虫蛀、霉变。

二等:条不均匀,长 13.3 厘米以下,最短不小于 8.3 厘米。余同一等。

【出口商品】人参分园参、野山参。规格为:

(1) 园参

①生晒参:芦头齐全,支头匀正,条顺腿少,色泽金黄红亮。二支三支的肩部略有黄色,皮及模纹浆足身干。无干疤浆、断条、断腿者。

二支生晒参足干,每千克不得超过 64 支;三支不得超过 96 支;四支不得超过 128 支;五支不得超过 160 支。各等支头一律匀正,无破皮。

②石柱参:芦腿齐全,支头匀正,条顺长,支头少,色泽金黄红亮。七十支货以上,肩部有横

纹，皮黄色，浆足货干。无干疤浆、断条、断腿。三十二支货每千克足干不得超过32支，五十支货足干不得超过50支，七十支货足干不得超过70支，九十支货足干不得超过90支，一百一十支货足干不得超过110支，一百六十支货足干不得超过160支.以上支头均须匀正。

③白糖棒参：芦腿齐全，色白货干，无油条、毛须、断条、破皮，内外一样。

④红直参：色泽金黄红亮，条顺直，艼须及粗条须，干尖为合格，无毛须、光浆。

⑤红湾参：色泽金黄红亮、原混须、货足干。

(2)野山参

生晒、皮老、纹深、细密、芦圆、须条长坚韧.以支大、芦长、体灵、皮细色嫩黄、纹细密、饱满、浆水足、无破伤者为佳，支头大者为上品。

【储藏】小木盒内加棉纸、防潮纸包装，置阴凉干燥处密闭保存。本品含糖质而味甜，易虫蛀、发霉、变色，且虫蛀十分迅速，严重时可蛀成空洞。在储存中应勤检查，一旦发现泛潮，应晾晒，烘烤。为防蛀，可用磷化铝、溴甲烷熏。

二、全草类中药材

藿　香　huoxiang

《别录》

【来源】唇形科植物广藿香 Pogostemon cablin (Blanco) Benth. 或藿香 Agastache rugosa (Fisch. et Mey.) O. Ktze. 的全草。

【产销】广藿香主产于广东、海南，均为栽培品；藿香主产于四川、重庆，亦产于江苏、浙江、湖南等省。销往全国，也有出口。

【采集加工】广藿香：于6～7月间生长繁茂时采收。海南地区每年收2次，第1次在5～6月，第2次在9～10月，除去须根、泥土，晒2～3天，堆放，闷2天后再晒，再闷，如此堆晒至干为止。藿香：第1次在6～7月开花时采收，第2次在10月，采后晒干或阴干。单用老茎者，药材名“藿梗”。

【商品规格】商品分为石牌香和高要香、海南香，均为统货。以茎枝粗壮、色青绿、叶多、香气浓郁者为佳，并且以广藿香为优。

【规格等级标准】

1. 石牌香

统货：除净根。枝叶相连，老茎多呈圆柱形，节较密；嫩茎略呈方形，密被毛茸。断面色白，髓部较小，叶面灰黄色，叶背灰绿色。气香纯正，味微苦而凉。散叶不超过10%。无死香、杂质、虫蛀、霉变。

2. 高要香

统货：除净根。枝叶相连，枝干较细，节较密；嫩茎方形，密被毛茸。断面色白，髓部较大。叶片灰绿色。气清香，味微苦而凉。散叶不超过15%。无死香、杂质、虫蛀、霉变。

3. 海南香

统货：除净根。枝叶相连，枝干粗大、近方形，节密生；嫩茎方形，具有稀疏毛茸。断面色白，髓部大。叶片灰绿色，较厚。气香浓郁，味微苦而凉。散叶不超过20%。无死香、杂质、虫蛀、霉变。

【储藏】席或麻袋装，放置于干燥处保存。防止阳光照射和风吹，以免散失香气。

石 斛 Shihu

《本经》

【来源】兰科植物金钗石斛 Dendrobium nobile lindl.、环草石斛 D. loddigesii Rolfe.、马鞭石斛 D. fimbriatum Hook. var. oculatum Hook.、黄草石斛 D. chrysanthum Wall. 或铁皮石斛 D. candidum Wall. ex Lindl. 的茎。

【产销】主产于四川、贵州、广西、安徽、云南等省。行销全国。

【采集加工】全年均可采挖，但以秋后采挖者质量好。采回后如若保鲜，则春、秋季应及时栽培于细砂石中，放置阴湿处，经常浇水使根部保持湿润；冬天应平放于竹筐内，上盖蒲包，注意空气流通。①干石斛：将鲜石斛剪去须根，洗净，晒干或烘干；在广西地区先用开水烫过，趁热边搓边晒（或烘）至全部干燥为止。②耳环石斛：加工时，拣长约 4 厘米的鲜石斛，修去部分须根，洗净，晾干，然后放入铁锅内，均匀炒至柔软，趁热搓去薄膜状叶鞘，放置略通风处，两天后置于有细眼的铅皮盘内，下面用适当的微火，在离盘约 30 厘米处，微微加温，用手使之弯成螺旋形或弹簧状，再晾干，如此反复进行 2～3 次，至干燥为止。

【商品规格】一般按来源品种分为：环草石斛、黄草石斛、马鞭石斛、金钗石斛、耳环石斛、鲜石斛等多种。鲜石斛以青绿色，肥满多叶，嚼之发黏者为佳。石斛干品以色金黄、有光泽、质地柔润者为佳，其中耳环石斛以色黄绿、饱满、结实者为佳。

各地具有不同的标准。一般金钗石斛以主产于广西靖西者疗效最著；黄草石斛产于安徽霍山者疗效佳；耳环石斛产于湖北老河口者为最优。

【储藏】干货用纸包好，以木盒或铁盒包装后置于干燥阴凉处保存；鲜品可栽于湿沙内。

肉 苁 蓉 Roucongrong

《本经》

【来源】列当科一年寄生草本植物肉苁蓉 Cistanche deserticola Y. C. Ma 带鳞叶的肉质茎。

【产销】主产于内蒙、新疆、甘肃、青海等省。销往全国，也有出口。

【采集加工】春、秋均可采收，以 3～5 月间采者为好，过时则中空。春季采者，通常半埋于沙土中晒干，称为“甜大芸”、“淡大芸”或“淡苁蓉”；秋采者，因水分多，不易晒干，须投入盐湖中 1～3 年后，取出晒干，称为“盐大芸”、“咸大芸”或“咸苁蓉”。

【商品规格】商品有淡苁蓉和咸苁蓉两种，前者以个大身肥、鳞细、颜色灰褐色至黑褐色、油性大、茎肉质而软者为佳；后者以色黑质糯、细鳞、粗条、体扁圆为佳。

【规格等级标准】

1. 淡苁蓉

统货：圆柱形而略扁，稍弯曲。表面赤褐或暗褐色，有多数鳞片覆瓦状排列。体重，质坚硬或柔韧，断面棕褐色并有淡棕色斑点构成的波状环纹。气微，味微甜。枯心不超过 10%。去净芦头，无干梢，无杂质、虫蛀、霉变。

2. 咸苁蓉

统货：圆柱形或扁长条形。表面黑褐色，有多数鳞片呈覆瓦状排列并有盐霜。质柔软，断面黑色或黑绿色，有光泽。味咸。枯心不超过 10%，无干梢、杂质、霉变。

【储藏】麻袋或木箱装，置于干燥通风处，密封储存。

三、果实种子类中药材

五　味　子　Wuweizi

《本经》

【来源】木兰科植物五味子 Schisandra chinensis(Turcz.)Baill. 及华中五味子 Schisandra sphenanthera Rehd. et Wils. 的成熟果实。前者习称"北五味",后者习称"南五味"。

【产销】主产于东北者称"北五味";主产于西南及长江流域以南者称"南五味"。销往全国,并有出口。

【采集加工】霜降后果实完全成熟时采摘,拣去果枝及杂质,晒干。

【商品规格】均以粒大、肉厚、色泽红润、具有油润光泽者质优。北五味子分为一、二等,南五味子为统货。通常认为,辽宁产者油性大、紫红色、肉厚、气味浓,质量上乘,故有"辽五味"之称。

【规格等级标准】

1. 北五味

一等:不规则球形或椭圆形。表面紫红色或红褐色,皱缩,肉厚,质地柔润。其内有肾形种子1～2粒。果肉味酸,种子具有香气,味辛、微苦。干瘪粒不超过2%。无梗枝、杂质、虫蛀、霉变。

二等:表面黑红、暗红或淡红色,肉较薄,干瘪粒不超过20%。其他同一等。

2. 南五味

统货:呈球形或椭圆形。表面棕红色或暗棕色,皱缩、肉薄。其内有种子一枚,味酸、微苦、辛。干枯粒不超过10%。无梗枝、杂质、虫蛀、霉变。

【储藏】麻袋或塑料编织袋装。本品易受潮而发热并导致霉变,应置于干燥处保存,但也不可过于干燥、以免失润干枯。

砂　仁　Sharen

《药性论》

【来源】姜科植物阳春砂 Amomum villosum Lour、海南砂 A. longiligulare T. L. Wu 或缩砂 Amomum xanthioides Wall. 的成熟果实或种子。

【产销】阳春砂主产于广东,亦产于广西、云南少数地区;海南砂主产于海南岛;缩砂主产于越南、缅甸、泰国;销往全国,并有进口。

【采集加工】果实成熟时采收,晒干或文火焙干,即为壳砂(一名砂果);剥去果皮,将种子团晒干,即为砂仁。

【商品规格】商品有国产砂仁和进口砂仁两类。国产有阳春砂、绿壳砂、海南砂。阳春砂一般不分等级,因加工不同而分壳砂和砂仁两种;海南砂分统货和一、二等,也因加工不同分壳砂和净砂两种。上述均以个大、坚实、仁饱满、香气浓郁者为佳。通常认为产于广东阳春县的阳春砂品质最优。

【规格等级标准】

1. 阳春砂

统货:椭圆形或卵圆形,有不明显的三棱。表面红棕色或棕褐色,密生刺状突起,种子成团,具有白色隔膜,分成三室,籽粒饱满,棕褐色,有细皱纹。气芳香浓郁,味辛凉、微苦。果柄不超过2厘米,间有瘦瘪果。无杂质、果梗、霉变。

2. 缩砂

统货:棱状长圆形,表面淡红棕色或棕褐色,有小柔刺。体质轻泡,种子团较小,间有瘦瘪果。无杂质、果梗、霉变。

3. 海南砂

统货:三棱状的长圆形,表面棕褐色,有多数小柔刺。质沉重,种子分三室集结成团,籽粒饱满,种子呈多角形,灰褐色。气芳香。味辛凉而辣。无空壳、果柄、杂质、霉变。

(1)净砂

一等:为除去外果皮的种子团,呈钝三棱状椭圆形或卵圆形,分三瓣,每瓣约有种子十多粒,籽粒饱满。表面灰褐色,破开后,内部灰白色。味辛凉、微辣。种子团完整。每100克300粒以内。无糖子、果壳、杂质、霉变。

二等:种子团较小而瘪瘦。每100克300粒以外,间有糖子。余同一等。

(2)壳砂

统货:为砂仁剥下的果皮,呈瓢形或压缩成片状。表面红棕色、棕褐色或绿褐色,有许多短柔刺;内表面光洁而色淡。气微,味淡。无杂质、霉变。

进口砂仁有砂头王、原砂仁、壳砂仁、砂壳之分,均为统货。

【储藏】木箱或纸箱装,密闭并置于阴凉干燥处保存。忌曝晒、受热,以免泛油、散粒和走失香气。

枳　壳 Zhiqiao

《雷公炮制论》

【来源】芸香科植物酸橙 Citrus aurantium L. 、香圆 C. wilsonii Tanaka 或玳玳花 C. aurantium L. var. amara Engl. 等将近成熟的果实。

【产销】主产于四川、江西、江苏、福建等省。销往全国,时有出口。

【采集加工】7～8月间采收,从中部横切成两半,阴干、风干或微火烘干。

【商品规格】以外皮绿褐色、果肉厚、质坚韧、香气浓者为佳。

【规格等级标准】

一等:横切对开,呈扁圆形。表面绿褐色或棕褐色,有颗粒状突起。切面黄白色或淡黄色,肉厚,瓤小,质地坚韧,气清香,味苦、微酸。直径3.5厘米以上,肉厚0.35厘米以上。无虫蛀、霉变。

二等:肉薄,直径大于2.5厘米,肉厚0.35厘米以上。余同一等。

【储藏】竹篓或麻袋装,置于阴凉干燥处保存。

橘　皮 Jupi

《本经》

【来源】芸香科植物茶枝柑 Citrus reticulata Chachi. 或四会柑 C. suhoiensis Tanaka. 以及 Citrus reticulata Blanco. 等多种栽培变种的果皮。前两者商品称为"广陈皮",最后者的栽培品及其变种的果皮被概括称为"橘皮"。

【产销】广陈皮主产于广东,品质最佳,但产量小。陈皮主产于四川、重庆,产量大。福建、浙江、江西、湖南等地所产都较为著名,其他各地所产称土陈皮。销往全国各地,也有出口。

【采集加工】10 月以后采摘成熟果实，剥取果皮，阴干或晒干。

【商品规格】商品主要有陈皮、广陈皮两种。前者分为一、二等，后者分为一、二、三等。均以瓣大、整齐、外皮色泽深红，内表面白色、肉厚、油性大、香气浓郁者为佳，以广东新会等地所产最著。

【规格等级标准】

1. 陈皮

一等：不规则片状且较大。表面橙红色或红黄色，具有无数凹入的油点，对光照视清晰。内表面黄白色。质稍硬而脆，易折断。气香，味辛、苦。无杂质、虫蛀、霉变、病斑。

二等：片张较小，间有破碎。表面黄色或红黄色、暗绿色。内表面类白色或灰黄色，较松泡。余同一等。

2. 广陈皮

一等：剖成三至四瓣，裂瓣多向外反卷。表面橙红或棕紫色，有皱缩，并有无数大而凹入的油室。内表面白色，略呈海棉状。质地柔润，片张较厚，断面不齐。气清香浓郁，味微辛，不甚苦。无杂质、虫蛀、霉变、病斑。

二等：剖成三至四瓣不规则片张，且较薄。余同一等。

三等：皮薄而片小，表面红色或带有青色。余同二等。

【储藏】麻袋或竹篓装。应防潮、防热，置于阴凉干燥处保存。宜摊晾，忌曝晒，以免损伤香味。

枸　杞　子　Gouqizi

《本经》

【来源】茄科植物枸杞 Lycium chinense Mill. 或宁夏枸杞 Lycium barbarum L. 的成熟果实。

【产销】主产于宁夏自治区，亦产于甘肃、天津、河北、河南等地。销往全国，也有出口。

【采集加工】夏、秋果实成熟时采摘，除去果柄，置阴凉处晾至果皮起皱纹后，再曝晒至外皮干硬、果肉柔软即可。遇阴雨可用微火烘干。

【商品规格】商品有西枸杞、津枸杞（血枸杞）、土枸杞等。西枸杞分 1～5 等、津枸杞分 1～3 等。以粒大、色红、肉厚、籽少、质柔润、味甜者为佳。一般认为宁夏、青海等地栽培者质最佳；河北、天津地区产品次之；河南野生之土枸杞最次。

【规格等级标准】

1. 西杞果

一等：呈椭圆形或长卵形。果皮鲜红，紫红或红色，糖质多。质柔软滋润，味甜。每 10 克 74 粒以内。无油果、杂质、虫蛀、霉变。

二等：果皮鲜红或紫红色。每 10 克 116 粒以内。其他同一等。

三等：果皮红褐或淡红色，糖质较少。每 10 克 180 粒以内。其他同二等。

四等：每 10 克 220 粒以内。油果不超过 15%。其他同三等。

五等：色泽不一，每 10 克 220 粒以外。破碎，油果不超过 30%。其他同四等。

2. 血杞果

一等：类纺锤形，略扁。果皮鲜红或深红色，果肉柔软，味甜、微酸。10 克 120 粒以内。无油果、黑果，无杂质、虫蛀、霉变。

二等：每 10 克 160 粒以内。油果不超过 10%。余同一等。

三等：果皮紫红色或淡红色，深浅不一。每 10 克 160 粒以外。余同二等。

【出口商品】枸杞分为特级、甲级、乙级、丙级四个规格。

【储藏】木箱或硬纸箱内衬防潮油纸装。因为本品极易虫蛀、发霉、泛油、变色，所以应密闭，置于阴凉干燥处保存，并且要防潮、防闷热、防蛀。少量商品，可在晒干后以小包装储于石灰缸内；或置于缸内再喷以白酒，以此防霉和虫蛀。大宗商品，可用氯化苦或磷化铝熏，也可冷藏。

连　翘 Lianqiao

《本经》

【来源】木犀科植物连翘 Forsythia suspense (Thunb.)Vahl 的果实。

【产销】主产于山西、河南、陕西、山东等省。亦产于湖北、河北、甘肃。销往全国，也有出口。

【采集加工】果实初熟或熟透时采收。初熟的果实，采下后蒸熟，晒干，尚带绿色，称为“青翘”；熟透的果实，采下后晒干，除去种子及杂质，称为“老翘”；其种子称“连翘心”。

【商品规格】商品分黄翘和青翘两种，以黄翘为主流商品，一般不分等级，均为统货。其中黄翘以老翘、黄色、壳厚、无种子，纯净者为佳；青翘以不裂口、黑绿色者为佳。

【规格等级标准】

1. 黄翘

统货：长卵形或卵形，两端狭尖，多分裂为两瓣。表面有一条明显的纵沟和不规则的纵皱纹，以及凸起的小斑点，间有残留果柄。表面棕黄色，内面浅黄棕色，平滑，内有纵隔。质地坚脆。种子大多脱落。气微香，味苦。

2. 青翘

统货：狭卵形至卵形，两端狭长，多不开裂。表面青绿色或褐绿色，有两条纵沟和凸起的小斑点，内有纵隔。质地坚硬。气芳香，味苦。间有残留果柄。

【出口商品】均系黄翘，质量要求同上。

【储藏】麻袋或席包装，放置于干燥处保存。

四、花叶类中药材

菊　花 Juhua

《本经》

【来源】菊科植物菊 Chrysanthemum morifolium Ramat. 的头状花序。

【产销】(1)白菊花：主产于安徽亳县、涡阳及河南商丘者称为“亳菊”；产于河南武陟、博爱者称为“怀菊”；产于四川中江者称为“川菊”；产于山东济南者称为“济菊”；产于河北安国者称为“祁菊”；产于湖南平江者称为“平江菊”。

(2)滁菊花：主产于安徽滁州，品质最佳。

(3)贡菊花：主产于安徽歙县、浙江德清。

(4)杭菊花：主产于浙江嘉兴，产于海宁者多系黄菊。

【采集加工】霜降前花正盛开时采收，加工方法因各产地的药材种类而不同。白菊：割下花枝，捆成小把，倒挂阴干，然后摘取花序。滁菊：摘取花序，经硫磺熏过，晒至六成干时，用筛子筛成球状，晒干。贡菊：摘取花序，烘干。杭菊：有杭白菊、杭黄菊两种。杭白菊摘取花序，蒸后晒干；杭黄菊则用炭火烘干。

【商品规格】按性状不同分亳菊花、滁菊花、贡菊花、杭菊花、汤菊花、药菊花等；按加工方法又分为烘菊、蒸菊、晒菊等。以身干、色白（黄）、花朵完整不散瓣、香气浓郁、无杂质者为佳。

【规格等级标准】：

1. 亳菊花

一等：圆盘或扁扇形。花朵大、不露心，瓣密且肥厚、花瓣长而宽、色白、近基部微带红色。体轻，质柔软。气清香，味甘、微苦。无散朵、枝叶，无杂质、虫蛀、霉变。

二等：花朵中等、色微黄。余同一等。

三等：花朵小、色黄或暗。间有散朵。叶棒不超过5%。余同二等。

2. 滁菊花

一等：绒球状或圆形（多为头花）朵大、色粉白、花心较大、黄色。质柔、气芳香、味甘、微苦。不散瓣，无枝叶、杂质、虫蛀、霉变。

二等：绒球状或圆形（二水花），色粉白、朵均匀，不散瓣。无枝叶、杂质、虫蛀、霉变。

三等：绒球状，朵小、色次（即尾花），间有散瓣、并条。无杂质、虫蛀、霉变。

3. 贡菊花

一等：花头较小，圆形，花瓣密，白色。花蒂绿色，花心小，淡黄色，均匀不散朵，体轻，质柔软。气芳香，味甘、微苦。无枝叶、杂质、虫蛀、霉变。

二等：花头较小，圆形，白色，花心淡黄色，朵欠均匀。气芳香，味甘、微苦。无枝叶、杂质、虫蛀、霉变。

三等：花头较小，圆形，白色，花心淡黄色，朵欠均匀。气芳香，味甘、微苦。间有散瓣。无枝叶、杂质、虫蛀、霉变。

4. 杭白菊

一等：蒸花呈压缩状，朵大肥厚，玉白色。花心较大、黄色，气清香，味甘、微苦。无霜打花、浦汤花、生花、枝叶、杂质、虫蛀、霉变。

二等：蒸花呈压缩状，朵厚，较小，玉白色。花心黄色，气清香，味甘、微苦。无霜打花、浦汤花、枝叶、杂质、虫蛀、霉变。

三等：蒸花呈压缩状，朵小，玉白色。花心黄色，气清香，味甘、微苦。间有不严重的霜打花、浦汤花，无枝叶、杂质、虫蛀、霉变。

5. 汤菊花

一等：蒸花呈压缩状，朵大肥厚，色黄亮。气清香，味甘、微苦。无严重的霜打花和浦汤花、生花、枝叶、杂质、虫蛀、霉变。

二等：蒸花呈压缩状，朵小，较瘦薄，黄色。气清香，味甘、微苦。间有霜打花、浦汤花。无黑花、枝叶、杂质、虫蛀、霉变。

6. 药菊（怀菊、川菊、资菊）

一等：圆盘或扁扇形，朵大、瓣长、肥厚。花黄白色，间有浅红或棕红色。质松而柔。气芳香，味微苦。无散朵、枝叶、杂质、虫蛀、霉变。

二等：圆盘或扁扇形，朵较瘦小，色泽较暗。味微苦。间有散朵。无杂质、虫蛀、霉变。

【出口商品】以杭菊为主，分为甲、乙两级。有散装，机制成包，外套防潮纸和麻袋，每件净重100千克；封装，每封0.5千克，200封为一件。

【储藏】纸箱或布扎捆装。本品易虫蛀、发霉、变色、散气，应放置阴凉处密封保存。

金 银 花 Jinyinhua

《新修本草》

【来源】忍冬科植物忍冬 Lonicera japonica Thunb. 的花蕾。

【产销】主产于河南、山东等省，多为栽培品。广西、安徽、浙江、陕西、四川、贵州等地均有野生，总称为山银花或土银花。销往全国，并有出口。

【采集加工】5～6 月间，在晴天清晨露水刚干时摘取花蕾，摊席上晾晒或阴干，并注意翻动，否则容易变黑。忌在烈日下曝晒。

【商品规格】商品分密银花(南银花)、东银花(济银花)和山银花三个品别，共十个等级。其中初开，完整，色黄者为佳。其中，密银花品质最优，为全国之冠；济银花产量最大。

【规格等级标准】

1. 密银花

一等：花蕾呈棒状，上粗下细，微弯曲。表面绿白色，花冠厚，质稍硬，握之有顶手感。气清香，味甘、微苦。开放花朵、破裂花蕾及黄条不超过 5%。无黑条、黑头、枝叶、杂质、霉变。

二等：开放花朵不超过 5%，黑头、破裂花蕾及黄条不超过 10%。余同一等。

三等：表面绿白色或黄白色。开放花朵、黑条、黄条不超过 30%。余同一等。

四等：花蕾和开放花朵兼有。色泽不分。枝叶不超过 3%。无杂质、虫蛀、霉变。

2. 东银花

一等：花蕾呈棒状，肥厚。上粗下细，略弯曲。表面黄白或青白色。气清香，味甘、微苦。开放花朵不超过 5%。无嫩蕾、黑头和枝叶，无杂质、虫蛀、霉变。

二等：花蕾较瘦，开放花朵不超过 15%，黑头不超过 3%。余同一等。

三等：花蕾瘦小，开放花朵不超过 25%，黑头不超过 15%，枝叶不超过 1%。余同二等。

四等：花蕾和开放花朵兼有。色泽不分，枝叶不超过 3%。无杂质、虫蛀、霉变。

3. 山银花

一等：花蕾呈棒状，上粗下细，略弯曲，花蕾瘦长。表面黄白色或青白色。气清香，味淡、微苦。开放花朵不超过 20%。无梗叶、杂质、虫蛀、霉变。

二等：花蕾和开放花朵兼有。色泽不分。枝叶不超过 10%。无杂质、虫蛀、霉变。

【出口商品】分甲、乙两级。

甲级：色泽青绿微白，花针均匀，有香气，散花不超过 2%，无枝、叶、黑头和油条，身干。

乙级：色泽白绿，花针均匀，有香气，散花、枝、叶不超过 5%，无黑头及油条，身干。

【储藏】木箱或硬纸箱内衬防潮纸包装，放置于阴凉干燥处密封保存。

五、藤木树皮类中药材

牡 丹 皮 Mudanpi

《本经》

【来源】毛茛科植物牡丹 Paeonia suffruticosa Andr. 的根皮。

【产销】主产于安徽、四川、甘肃、陕西、湖北、湖南、河南、山东、贵州等省。

【采集加工】选择栽培 3～5 年的牡丹，于秋季或春初采挖，洗净泥土，除去须根及茎苗，剖取根皮，晒干；或刮去外皮，再剖取根皮晒干。前者称为“原丹皮”，后者称为“刮丹皮”。

【商品规格】按加工方法不同分为原丹、刮丹、丹须三种。按产区分为：安徽丹皮（凤丹、瑶丹、西山丹）。山东丹皮、湖南丹皮（白丹、五寸丹、连丹、寸丹、丹须五个规格）、西丹皮（甘肃）、川丹皮（四川）、统杂丹（各地），均分四个等级。以条粗、肉质、断面色白、粉性足、香气浓郁、亮星多者为佳，其中以安徽铜陵凤凰山产的质量最佳，习称“凤丹”。

【规格等级标准】

1. 凤丹

一等：圆筒状，条均匀略弯，两端剪平，纵形隙口紧闭，皮细肉厚。表面褐色，质硬而脆，断面粉白色，粉性足，有亮银星。香气浓郁，味微苦、涩。长 6 厘米以上，中部围粗在 2.5 厘米以上。无木心、青丹、杂质、霉变。

二等：长 5 厘米以上，中部围粗 1.8 厘米以上。余同一等。

三等：长 4 厘米以上，中部围粗 1 厘米以上。余同一等。

四等：凡不符合以上三等的细条及断支碎片，最小围粗不低于 0.6 厘米，无木心、碎末、杂质、霉变。

2. 连丹（原丹）

一等：圆筒状、条均匀、略弯曲，表面灰褐色或棕褐色，栓皮脱落处呈粉棕色。质硬而脆，断面粉白或淡褐色，有粉性。具有香气，味微苦、涩。长 6 厘米以上，中部围粗 2.5 厘米以上，碎片不超过 5%。无木心、碎末、杂质、霉变。

二等：长 5 厘米以上，中部围粗 1.8 厘米以上，碎片不超过 5%。余同一等。

三等：长 4 厘米以上，中部围粗 1 厘米以上，碎片不超过 5%。余同一等。

四等：凡不合以上三等的细条及断支碎片，最小围粗不低于 0.6 厘米。无木心、碎末、杂质、霉变。

3. 刮丹

一等：圆筒状，条均匀，刮去外皮。表面粉红色，在节疤、皮孔、根痕处偶有未去净的栓皮，形成棕褐色的花斑。质地坚硬，断面粉白色，有粉性。气香浓，味微苦涩，长 6 厘米以上，中部围粗 2.4 厘米以上。皮刮净，色粉红，碎片不超过 5%。无木心、杂质、霉变。

二等：长 5 厘米以上，中部围粗 1.7 厘米以上。余同一等。

三等：长 4 厘米以上，中部围粗 0.9 厘米以上。余同一等。

四等：凡不符合以上三等长度的断枝碎片。无木心、碎末、杂质、霉变。

【出口商品】分刮丹和连丹两种，均分为一、二两等。

一等刮丹：直径 2.4～3.5 厘米，长 6～13 厘米；

二等刮丹：直径 1.8～2.4 厘米，长 6～12 厘米。

一等连丹：直径 2.4～3.5 厘米，长 8～15 厘米；

二等连丹：直径 1.8～2.4 厘米，长 7～13 厘米。

【储藏】木箱或竹篓装，置于阴凉干燥处保存。

厚　朴　Houpo

《本经》

【来源】木兰科植物厚朴 Magnolia officinalis Rehd. et Wils. 或凹叶厚朴 M. officinalis Rehd. et Wils. var. biloba Rehd. et Wils 的干燥干皮、根皮及枝皮。

【产销】主产于四川、湖北、浙江、福建、湖南等省。销往全国，并有出口。

【采集加工】4～6月剥取树皮、根皮或枝皮，直接阴干，干皮置入沸水中微煮后堆放使“发汗”，待内表面变紫褐色或棕褐色时，再蒸软，卷成筒状，晒干或烘干。

【商品规格】按产区分为川朴（四川、湖北、陕西等地）、温朴（浙江、福建等地）、潜山朴、湖南朴等。以川朴质优，称“紫油厚朴”。规格有根朴（统装）、筒朴、脑朴（即靴角朴，为靠近根部的干皮）、枝朴等。筒朴分为四个等级。根朴、枝朴分有统装货和两个等级，均以皮厚肉细、内表面色紫棕色、油性足、断面有小亮点、香气浓郁者为佳。

【规格等级标准】

1. 川朴筒朴

一等：单筒或双筒，两端平齐。表面黄棕色，有细密纵纹，内面紫棕色、平滑，划之显油痕。断面外侧黄棕色，内面棕紫色、油润，纤维少。气香，味苦、辛。筒长40厘米且不超过43厘米，质量在500克以上。无青苔、杂质、霉变。

二等：筒长40厘米且不超过43厘米，重200克以上。断面外侧黄棕色，内面棕紫色、油润，具有纤维性。余同一等。

三等：筒长40厘米且质量不小于100克。余同二等。

四等：不符合以上规格者，以及碎片、枝朴，不分长短大小，均属于此等。无青苔、杂质、霉变。

2. 温朴筒朴

一等：卷成半筒或双筒，两端平齐。表面灰棕色或灰褐色并有纵皱纹，内面深紫色或紫棕色且平滑。质地坚硬，断面外侧灰棕色，内侧棕紫色，颗粒状。气香，味苦、辛。筒长40厘米，重800克以上。无青苔、杂质、霉变。

二等：筒长40厘米，质量在500克以上。余同一等。

三等：筒长40厘米，质量在200克以上。余同二等。

四等：不符合以上规格者，以及碎片、枝朴，不分长短大小。无青苔、杂质、霉变。

3. 蔸朴

一等：为靠近根部的干皮和根皮，似靴形而上端呈筒形。表面粗糙，灰棕色或灰褐色，内面深紫色，下端呈喇叭口状，显油性，纤维性不明显。气香，味苦、辛。长度70厘米以上，质量在2千克以上。无青苔、杂质、霉变。

二等：长度70厘米以上，质量在2千克以下。余同一等。

三等；长度70厘米以下，质量在500克以上。余同二等。

4. 耳朴

统货：为靠近根部的干皮，呈块片状或半卷而多似耳状。表面灰棕色或灰褐色，内面淡紫色，断面棕紫色，油润，纤维少。气香，味苦、辛。大小不一。无青苔、泥土、杂质、霉变。

5. 根朴

一等：呈卷筒状长条。表面土黄色或灰褐色，内面深紫色。质韧，断面油润。气香，味苦、辛。长70厘米，质量在400克以上。无木心、须根、杂质、霉变。

二等：长短不一，每枝400克以下。余同一等。

【储藏】扎捆或木箱装。本品易失润，干枯，散失香气，应置于阴凉干燥处保存。防止受潮，避光，避风吹。

黄　柏　Huangbai

《本经》

【来源】芸香科植物黄柏 Phellodendron amurense Rupr. 或黄皮树 Phellodendron chinense Schneid. 的树皮。前者习称“关黄柏”，后者习称“川黄柏”。

【产销】(1)川黄柏：主产于四川、贵州、陕西、湖北、云南等省；(2)关黄柏：主产于辽宁、吉林、河北等省。行销全国，并有出口。

【采集加工】3～6 月间采收。选 10 年以上的黄柏，轮流剥取部分树皮，晒至半干，压平，刮净粗皮(栓皮)，至显现黄色为度，不可伤及内皮，刷净晒干。

【商品规格】分为川黄柏、关黄柏两类。

【规格等级标准】

1. 川黄柏

一等：平板状，去净粗栓皮。表面黄褐色或黄棕色，内面暗黄或淡棕色，断面鲜黄色。体轻、质地较坚硬。味极苦。长度 40 厘米以上，宽度大于 15 厘米。无枝皮、粗栓皮、杂质、虫蛀、霉变。

二等：呈板片状或卷筒状，长宽大小不分，厚度不小于 0.2 厘米，间有枝皮。余同一等。

2. 关黄柏

片状，表面灰黄色或淡黄棕色，内表面淡黄色或黄棕色，断面鲜黄色、黄绿色或淡黄色。体轻、质地较坚硬。味极苦。无粗栓皮及死树的松泡皮、杂质、虫蛀、霉变。

【储藏】扎捆，以篾席包装，置于干燥通风处保存。

杜　仲　Duzhong

《本经》

【来源】杜仲科植物杜仲 Eucommia ulmoides Oliv. 的树皮。

【产销】主产于四川、陕西、湖北、河南、贵州、云南等省。销往全国，也有出口。

【采集加工】局部剥皮法。在清明至夏至间，选取生长 10～25 年以上的植株，按药材规格大小，剥下树皮，刨去粗皮，晒干。

【商品规格】有川仲、汉仲两类，分为特等、一、二、三等四个等级。以皮厚，内表面紫褐色，折断白丝浓密，弹性大者为佳。

【规格等级标准】

特级：平板状，两端平齐，除净粗皮，味微苦。表面灰褐色，里面黑褐色，质脆，断裂处有胶丝相连。每块长约 70～80 厘米，宽 50 厘米左右，厚度为 7 毫米以上，碎片不超过 10%。无卷形、杂质、霉变。

一级：长和宽均在 40 厘米以上，厚度为 5 毫米以上。余同一等。

二等：板片状或卷曲，内表面青褐色，每张长 40 厘米以上，宽 30 厘米以上，厚度为 3 毫米以上。余同一等。

三等：凡不符合以上各等级，厚度不小于 2 毫米，包括枝皮、根皮、碎块等。无杂质、霉变。

【出口商品】杜仲每张均须“修口”(修边)，其规格为：

一等厚杜仲：皮肉厚，刮去粗皮呈黄褐色，无霉点和碎块，最小块在 15 平方厘米以上，两端切成斜口，厚度在 1 厘米以上。

二等厚杜仲：除厚度 5 毫米以上外，余同一等。

三等厚杜仲:除厚度3毫米以上外,余同一等。

一等薄杜仲:除厚度3毫米以下外,余同一等。

二等薄杜仲:除厚度2毫米左右外,余同一等。

【储藏】扎捆或装箱。置于干燥通风处保存。

沉 香 Chenxiang

《别录》

【来源】瑞香科植物沉香 Aquilaria agallocha Roxb. 或白木香 A. sinensis (Lour.) Gilg. 含有树脂的木材。

【产销】主产于广东、海南岛、广西。销往全国,也有出口。

【采集加工】国产沉香的采集:选择树干直径30厘米以上的大树,在距地面1.5~2米处的树干上,用刀顺砍数刀,深约3~4厘米,待其分泌树脂,经数年后,即可割取沉香。割取时造成的新伤口,仍可继续生成沉香;或者在距地面约1米处的树干上,凿成深3~6厘米,直径约3~10厘米的数个小口(俗称"开香门"),然后用泥土封好,待伤口附近的木质分泌树脂,数年后生成沉香,即可割取;枯死的白木香树,有时亦可觅得沉香,此香因年代较久,含脂量高,品质较好,但产量不多。采得沉香后,再用小刀剔除不含树脂的部分,晒干。

【商品规格】分进口与国产两类。以前,进口商品常分为绿油伽南香、紫油伽南香、黑油伽南香、青丝伽南香等品种;或者分为全沉、落水原装、特等、一、二、三、四等。以油性足、体质重、香气浓郁等为佳。

国产货分为一、二、三、四号香,以及等外香五等级。以体重,色棕黑油润,燃之有油渗出,香气浓烈者为佳。

根据取材的质量及形状又分为多种规格,如大节、中节、小节,以及大盔、中盔、小盔,形状似武士的头盔。修制裁下的角称"沉香角";其边缘的杂质木称"毛香";外部黑褐色,内心质地松软多黄色,香味较淡者称"速香"或"速泡香"。

【储藏】木箱包装。本品易干枯、走散香味,所以应密封,置阴凉干燥处保存。切忌日晒、见光和受潮。

六、树脂(内含物)及菌类中药材

冰 片 Bingpian

《新修本草》

【来源】龙脑香科植物龙脑香 Dryobalanops aromatica Gaertn. f. 树脂的加工品,或樟脑、松节油等用化学方法合成的加工制成品。

【产销】龙脑香主产于东南亚,我国台湾有引种;艾纳香主产于广东、广西、云南、贵州等省。时有进口,销往全国。

【采集加工】龙脑冰片:从龙脑香树干的裂缝处采取干燥的树脂,进行加工;或砍下树干及树枝,切成碎片,经水蒸气蒸馏升华,冷却后即成结晶。

【商品规格】商品分梅花冰片,艾纳香冰片和合成冰片三个品别。

【规格等级标准】

过去常将梅花冰片按片张大小分为大梅、二梅、三梅、四梅等。艾纳香冰片分为结片、艾片两种，不分等级。合成冰片，德国产马头牌、扇子牌质优，日本产火山牌、太阳牌质次，皆以圆罐封装，每听1镑或5磅；国产机制冰片则片块大而薄，白色、透明，气香浓厚，优于德国、日本。

以上商品均以片大质薄、色洁白、质松脆、气清香、凉气大者为佳。以梅片为最著。

【储藏】纸包后外加玻璃纸密封，置小木箱内，或装入塑料袋内，置铁桶内密封。本品易挥发，易燃烧，应密闭，置于阴凉干燥处保存，避光、避风，慎防走气。

冬虫夏草 Dongchongxiacao

《本草从新》

【来源】麦角菌科真菌冬虫夏草菌 Cordyceps sinensis (Berk.) Sacc. 的子座及其寄生蝙蝠蛾科昆虫蝙蝠蛾 Hepialus armoricanus Oberthür 幼虫尸体的复合体。

【产销】主产于四川、青海、云南。全国有售，极少出口。

【采集加工】夏至前后，当积雪尚未融化时入山采集，此时子座多露于雪面。过迟则积雪融化，杂草生长，不易寻找，且土中的虫体枯萎，不合药用。挖起后，在虫体潮湿未干时，除去外层的泥土及膜皮，晒干；或再用黄酒喷之使软，整理平直，每7～8条用红线扎成小把，用微火烘干。

【商品规格】按产地分为炉草（四川打箭炉集散）、灌草（四川灌县）、滇草（云南滇西），以炉草质量最优；按大小档分为虫草王、散虫草、把虫草三等。以子座短，虫体完整、肥壮、坚实，色黄发亮，断面黄白色，无杂质、霉变者为佳。

商品分散装和封装两种规格。出口多封装。木箱装，内衬防潮纸密封，每件25千克。

【储藏】用纸包好，置于木箱内。本品易虫蛀、发霉、变色，应密封，置于阴凉干燥处保存。为防虫蛀，在装箱时可撒些碎丹皮。

茯苓 Fuling

《本经》

【来源】多孔菌科植物茯苓 Poria cocos (Schw.) Wolf 的干燥菌核。

【产销】主产于云南、安徽、湖北、河南等省。以云南产品质最佳，称“云苓”；以安徽产量大，称“安苓”。销往全国，也有出口。

【采集加工】野生茯苓一般在7月至次年3月间到马尾松林中采取；栽培茯苓一般在栽种后第二、三年采收，以立秋后采收的质量最好，过早则影响质量和产量。①加工：茯苓出土后洗净泥土，堆置于屋角不通风处，亦可储放于瓦缸内，下面先铺衬松毛或稻草一层，并将茯苓与稻草逐层铺迭，最盖上厚麻袋，使其“发汗”，析出水分；然后取出，将水珠擦去，摊放阴凉处，待表面干燥后再行“发汗”；如此反复3～4次，至表面皱缩，皮色变为褐色，再置阴凉干燥处晾至全干，即为“茯苓个”。②切制：于“发汗”后趁湿切制，亦可取干燥茯苓以水浸润后切制。将茯苓菌核内部的白色部分切成薄片或小方块，即为“白茯苓”；削下来的黑色外皮即为“茯苓皮”；茯苓皮下的赤色部分，即为“赤茯苓”；带有松根的白色部分，切成正方形的薄片，即为“茯神”。切制后的各种成品，均需阴干，不可烘晒。

【商品规格】分茯苓个、茯苓皮、茯苓块、赤茯苓。除茯苓皮外，茯苓个、茯苓块均分为一、二等级和统装。茯苓个以体重、坚实，外皮色棕褐，无裂隙，断面色白细腻，嚼之黏性强者为佳；茯苓皮以外皮黑褐色、内面灰白色、体软、质松、略具弹性者为佳；茯苓块以块状不碎、色洁白者为佳。

【规格等级标准】

1. 个苓

一等：不规则球形或块状。表面黑褐色或棕褐色。体坚实，皮细。断面白色。味淡，大小圆扁不分。无杂质、霉变。

二等：体轻泡，皮粗，质松，断面白色至黄赤色。味淡，间有皮沙、水锈、破块。余同一等。

2. 白苓片

一等：为茯苓去净外皮，切成薄片。白色或灰白色。质细，毛边(未修)。厚度为每厘米7片，每片长宽不小于3厘米。无杂质、霉变。

二等：长宽不小于3厘米，厚度为每厘米5片。余同一等。

3. 白苓块

统货：为茯苓去净外皮切成扁平方块，白色或灰白色。厚度0.4～0.6厘米，长宽为4～5厘米。边缘苓块，可不成方形，间有长宽1.5厘米以上的碎块。无杂质、霉变。

4. 赤苓块

统货：为茯苓去净外皮切成扁平方块，赤黄色。厚度0.4～0.6厘米，长宽均为4～5厘米。边缘苓块，可不成方形，间有长宽1.5厘米以上的碎块。无杂质、霉变。

5. 骰方

统货：茯苓去净外皮切成方块，白色。质地坚实，长、宽、厚在1厘米以内，均匀整齐。间有不规则的碎块，但不超过10%。无粉末、杂质、虫蛀、霉变。

6. 白碎苓

统货：茯苓加工时白色或灰白色的碎块或碎屑。无粉末、杂质、虫蛀、霉变。

7. 赤碎苓

统贷：茯苓加工时赤黄色的碎块或碎屑。无粉末、杂质、虫蛀、霉变。

8. 茯神木

统货：茯苓中间生长的松木。大多弯曲不直的松根，似朽木，质松体轻。每根周围必须带有2/3的茯苓肉。木杆直径不超过2.5厘米。

【出口商品】分天然和加工两种。

1. 天然品

排苓：不规则扁圆形，外皮棕红色，内茬洁白，无空泡、沙黄、水锈。每个重0.8千克以上。

大楝苓：不规则的瓜圆形，外皮棕红色，内茬粉白，无空泡、沙黄、水锈。每个重0.75千克以上。

小楝苓：不规则的瓜圆形，外皮棕红色，内茬粉白，无空泡、沙黄、水锈。每个重0.6千克以上。

2. 加工品

一等平片：纯白、光洁，加工匀净，修剪整齐，底面一致，无杂色、裂纹、麻影等。木桶装，每桶净重60千克。

二等平片：纯白、光洁，但较一等略差；加工匀净，修剪整齐，每张大小差异不大，无裂纹、麻影。木桶装，每桶净重60千克。

三等平片：洁白，加工匀净，修剪整齐，无裂纹、麻影。每桶中略有小张，但直径不小于5厘米。木桶装，每桶净重60千克。

四等平片：色泽略有不同，修剪整齐。每桶中有小张，但直径不小于3厘米。木桶装，每桶净重60千克。

五等平片：质地色泽较次，加工略有不匀，片形大小兼有。木桶装，每桶净重60千克。

上切：切片时剩余的不规则片块，不含杂质灰末。木桶装，每桶净重60～80千克。

片丝：修剪平片时剪下片边，成丝条形，故称片丝，色泽略有不一，无杂质、灰末。

【储藏】茯苓个以席或麻袋装；茯苓皮以席或塑料编织袋装；茯苓块以木箱装。本品易于虫蛀、发霉、变色，应密闭后置于阴凉干燥处保存。不宜曝晒，以免变色和起裂纹。为防虫蛀，可用氯化苦或磷化铝熏。

七、动物类中药材

鹿茸 Lurong

《本经》

【来源】鹿科动物梅花鹿 Cervus nippon Temminck 或马鹿 Cervus elaphus L. 的尚未骨化的幼角。

【产销】主产于吉林、辽宁、黑龙江、新疆、青海等省。销往全国，也有出口。

【采集加工】分锯茸和砍茸两法。①锯茸：雄鹿从第3年开始锯茸，每年可采收1～2次。每年采两次者，第一次在清明后45～50天，习称“头茬茸”，第二次在立秋前后，习称“二茬茸”；每年采一次者，约在7月下旬。锯下的茸，须立即加工。先洗去茸毛上不洁物，并挤去一部分血液，将锯口部用线绷紧，缝成网状，另在茸根上钉小钉，缠上麻绳；然后固定于架上，置沸水中反复烫3～4次，每次15～20秒钟，使茸内血液排出，至锯口处冒白沫，嗅之有蛋黄气味为止，该过程约需2～3小时；然后晾干，次日再烫数次，风干或烤干，烤时悬在烘架上，以70～80 ℃之无烟炭火为宜，烤约2～3小时后，取出晾干再烤，反复2～3次，至茸皮半干时，再行风干及修整。②砍茸：此法现已少用，适用于生长6～10年的老鹿或病鹿、死鹿。老鹿一般在6～7月采收。先将鹿头砍下，再将鹿茸连脑盖骨锯下，刮除残肉、筋膜，绷紧脑皮；然后将鹿茸固定于架上，如上法反复用沸水烫，烫的时间较锯茸为长，约需6～8小时；烫后掀起脑皮，将脑骨浸煮1小时，彻底挖净筋肉，再用沸水烧烫脑皮至7～8成熟，再阴干及修整。

【商品规格】有梅花鹿茸（即梅花茸）和马鹿茸两类，又有砍茸和锯茸之分。梅花鹿茸以粗壮，挺圆，顶端丰满，毛细柔软，色红黄，皮色红棕，有油润光泽者为佳；马鹿茸以饱满，体轻，毛色灰黑或灰黄，下部无棱线者为佳。

【规格等级标准】

1. 梅花茸

（1）二杠锯茸

一等：圆柱形，具有八字分岔一个，大挺、门桩相称，短粗嫩壮，顶头钝圆。皮毛红棕或棕黄色，锯口黄白色，有蜂窝状细孔，无骨化圈。不拧嘴，不抽沟，不破皮、悬皮、乌皮，不存折，不臭，无虫蛀。每支重量大于85克。

二等：存折不超过一处，虎口以下稍显棱纹。每支重量大于65克。余同一等。

三等：枝杆较瘦。悬皮、乌皮、破皮不露茸，存折不超过二处，虎口以下有棱纹。每支重量大于45克。余同一等。

四等：兼有独挺、怪角。不符合一、二、三等者。

（2）三岔锯茸

一等:圆柱形,具分岔 2 个。挺圆,茸质松嫩,嘴头饱满。皮毛红棕或棕黄色,不乌皮,不抽沟,不拧嘴,不破皮、悬皮、存折,无怪角。下部稍有纵棱筋,骨豆不超过茸长的 30%。每支重量大于 250 克。不臭,无虫蛀。

二等:突起纵棱筋长不超过 2 厘米,骨豆不超过茸长的 40%,每支重量大于 200 克。余同一等。

三等:枝杆较瘦。质嫩,稍有破皮不露茸,存折不超过 1 处,纵棱筋、骨豆较多。每支重量大于 150 克。余同一等。

四等:畸形或怪角,顶端不窜尖,皮毛色乌暗。凡不符合一、二、三等者。

(3)初生茸

统货:圆柱形,圆头质嫩,锯口有蜂窝状细孔,无骨化、无臭、无虫蛀。

(4)再生茸

统货:圆柱形,兼有独挺,圆头质嫩。锯口有蜂窝状细孔,无骨化、无臭、无虫蛀。

2. 马鹿茸

(1)锯茸

一等:枝岔类圆柱形。皮毛灰黑色或灰黄色。枝干粗壮,嘴头饱满,质嫩。有三岔、莲花、人字等茸,无骨豆,不拧嘴,不偏头,不破皮,不发头,不骨折,不臭,无虫蛀。每支量重 275～450 克。

二等:质嫩的四岔茸,不足 275 克的三岔、人字茸。四岔嘴头不超过 13 厘米,骨豆不超过主干长度的 50%。破皮长度不超过 3.3 厘米。余同一等。

三等:枝岔类圆柱形,皮毛灰黑或灰黄色。嫩五岔和三岔老茸。骨豆不超过主干长度的 60%。破皮长度不超过 4 厘米。不窜尖,不臭,无虫蛀。

四等:枝岔圆柱形或畸形,皮毛灰黑或灰黄色,老五岔、老毛杠、嫩再生茸,破皮长度不超过 4 厘米。不臭,无虫蛀。

五等:枝岔类圆柱形或畸形,皮毛灰黑或灰黄色。茸皮不全的老五岔、老毛杠、老再生茸。

(2)锯血茸

一等(A 级):不臭,无虫蛀,无骨化,茸内充分含血,分布均匀,肥嫩的莲花、三岔茸。不偏头,不抽沟,不破皮,不畸形。主枝及嘴头无折伤,茸头饱满,不空、不瘪。每支量重大于 500 克。

二等(B 级):不足一等的莲花、三岔茸及肥嫩的四岔、人字茸。不破皮,不畸形,茸头不空瘪。每支量重大于 300 克

三等(C 级):不臭,无虫蛀,无骨化,无折断,茸内充分含血,不足一、二等的莲花、三岔茸、四岔茸及肥嫩的畸形茸。每支量重大于 250 克。

【出口商品】鹿茸出口规格也很复杂,分梅花茸和马鹿茸两类,其中又有锯茸和砍茸之分。

(1)马砍茸

一等:大莲花、小咀三岔、三岔,特别短嫩肥胖。小咀呈四岔,茸咀呈元宝形,茸顶圆肥,自然抽分好,无底漏,无破皮,不臭,无鸳鸯怪形。如果有空头、发头生于头者,茸身生长的疔瘟超过全茸长度的一半者应降等。

二等:中莲花、大咀三岔、小咀四岔,均须短嫩肥,茸头自然抽分好,细毛红底,煮烤工足,无底漏,无破皮,无臭。如有空头、发头生于头者,茸身生长的疔瘟超过全茸长度一半者应降等。

三等:小莲花,四岔及肥嫩的五岔和一、二等因缺点而降级者。无臭,无破皮等。

以上一、二、三等均须头骨坚硬,眼骨应从眼眶骨上边缘 0.6 厘米处往后锯平,喉骨只须少

留。

(2)花三岔砍茸

一等:量重在1250～1500克,必须短横肥嫩,坚顶洁底,四衬全美。无破皮,无修补,无鸳鸯,无漏底。骨色白,煮之要足,顶底一样,细毛红底,咀头元宝形。净茸为根粗尖细应降等。

二等,量重在1000～1250克,必须短横肥嫩,坚顶洁底,四衬全美。无关重要处可有小的硬破皮(但胶皮不能破),露无白骨,无修补,无鸳鸯,无漏底。骨色白,煮之足,顶底一色。长茸肥顶,疔痘不得超过茸身的一半,细毛红底,咀头元宝形。净茸如根粗尖细应降等。

三等:量重在750～1000克,脑骨小,净茸须占全部的40%以上,煮工足、不臭、无破皮、无怪形。

以上各等均须脑骨坚白,下边的脑骨长方形,眼眶骨只需留三分之一,外皮不能包骨。

(3)花锯茸

一等:每副量重必须在87.5～125克,短肥挺圆,四衬全美,细毛红底,无修补,无破皮,不臭,煮工足,顶底一色。但茸根粗,茸尖细,茸身不圆或细长者均应降等。

二等:每副量重必须在75～87.5克,短肥挺圆,式样美观,细毛红底,无修补,不破皮,不臭,煮工足,顶底一色。

(4)花二砍茸

一等:每架量重在100克以上,四衬全美,短肥,茸挺均圆,细毛红底,煮工足,无破皮,无空皮,无针眼,无漏底,无修补,无鸳鸯。如果净茸质量大于125克,若式样差点,只要短肥亦合格。但茸根粗,茸尖细,茸形三楞,茸身长均须降等。

二等:每架量重在87.5克以上,四衬全美,短肥,茸身要圆,细毛红底,煮工足,无破皮,无空皮,无针眼,无漏底,无修补,无鸳鸯。但茸根粗,茸尖细,茸身三楞,扁挺均须降等。

三等:每架净茸量重在75克以上,式样美观,煮工足,无臭,略有鸳鸯和毛粗者亦可。

【储藏】木箱或纸箱包装,最好用樟木箱。密闭后置于阴凉干燥处保存。可放入用纸包好的樟脑丸以防虫蛀并有利保持药材色泽,也可喷洒白酒防虫。

珍　珠 Zhenzhu

《开宝本草》

【来源】珍珠贝科动物珍珠贝 *Pteria margaritifera* (L.)、马氏珍珠贝 *Pteria martensii* (Dunker)或蚌科动物三角帆蚌 *Hyriopsis cumingii* (Lea)、褶纹冠蚌 *Cristaria plicata* (Leach)、背角无齿蚌 *Anodonta woodiana* (Lea)等贝类动物珍珠囊中形成的无核珍珠。

【产销】主产于广东、海南、广西、浙江、上海等沿海地区,安徽多为人工培养。销往全国,时有进口。

【采集加工】天然珍珠:全年可采,以12月为多;从海中捞起珠蚌,剖取珍珠,洗净即可。人工养殖的无核珍珠:在接种后养殖1年以上,即可采收,但以养殖2年采收的珍珠质量较佳;采收的适宜时间为秋末,因河蚌分泌珍珠质主要在4～11月。

【商品规格】有进口与国产之别,规格繁多。均以纯净,质坚,有彩光,破面有层纹者为佳。通常认为广西产品为最著。

【规格等级标准】

一等:圆球形或近圆球形,重0.05克以上。表面自然玉白色或彩色。全身细腻光滑,显闪耀珠光。

二等：圆球形、近圆球形或半圆形，大小不分。色泽次于一等，表面自然玉白色或彩色（浅）。全身细腻光滑，显闪耀珠光。

三等：圆球形、近圆球形、半圆形、馒头形、长圆形或腰箍（鼓）形，大小不分。表面玉白色、浅橙色或浅紫色。全身光滑，有皱纹，显珠光。

四等：半圆形、长圆形、腰箍形或馒头形，大小不分。表面色不分，有细皱纹或浅沟纹。全身基本光滑，显珠光。

五等：不规则，大小不分，有明显皱纹或沟纹，全身有珠光。

【储藏】软纸包好后置于玻璃瓶或瓷瓶内，或以绸布包好置于木盒或铁盒内。

羚羊角 Lingyangjiao

《本经》

【来源】牛科动物赛加羚羊 Saiga tatarica L. 等的角。

【产销】主产于新疆、青海、西藏、内蒙古等省。销往全国。

【采集加工】全年均可捕捉。捕得后，将角从基部锯下，一般以 8～10 月猎取者最好。用时镑成薄片、锉末或磨汁。

【商品规格】以质嫩坚硬、皮光润如玉、近光透视尖端有血丝，无裂纹者为佳。

【规格等级标准】

一等：支条短小均匀，质嫩，通体红润，光洁如玉，无裂纹，基部无青茬，通视有“血丝”，“通天眼”清晰可见。

二等：质嫩，通体红润，有光泽，表面稍有暗裂纹，基部无青茬，通视有“血斑”、“血丝”，“通天眼”一般可见。

三等：质稍老，表面较粗糙，有裂纹，无光泽，基部有青茬。

四等：质老，表面裂纹较多，无光泽，基部有青茬，包括轻微秃尖、破皮，弹份等降级的羚羊角。

等外：老角，表面裂纹较多，无光泽或有灰白色斑痕，基部有青茬、秃尖、瓣裂，弹份严重等。

【储藏】以纸包好，置于木箱或纸箱内，放在干燥处密闭保存。

穿山甲 Chuanshanjia

《别录》

【来源】鲮鲤科动物鲮鲤 Manis pentadactyla L. 的鳞甲。

【产销】主产于广东、广西、贵州、云南、福建等地山区。行销全国。

【采集加工】捕得后杀死，去净骨肉，晒干，即为“甲壳”（亦称“甲张”）。将甲壳置沸水中，甲片自行脱落，晒干；或直接用沸水烫死，取下甲片，洗净晒干，即为“甲片”。

【商品规格】商品分甲片和甲张。

【规格等级标准】

甲片：统货。足干，片张完整，无爪甲，色鲜明，无残肉粘附，无泥杂；

甲张：统货。足干，原张甲全，无泥沙，无残肉粘附，尾巴去净骨肉，无嗅油味。

进口商品，多来自越南，一般分铜甲片和铁甲片两种。

【储藏】竹篓或木箱装。本品易虫蛀，应置于干燥处保存。

蛤　蚧　Gejie

《雷公炮制论》

【来源】壁虎科动物蛤蚧 Gekko gecko L. 除去内脏的全体。

【产销】主产于广西、广东、云南、贵州等省。销往全国，也有出口。

【采集加工】一般在 5～9 月间捕捉。主要方法，①光照：晚间乘蛤蚧外出觅食时，用较强的灯光照射，蛤蚧见强光则立即不动，便可捕获；②引触：用小竹竿一端扎上头发，伸向石缝或树洞中引触，蛤蚧遇发咬住不放，即迅速拉出，捕入笼中；③针刺：在竹竿上扎铁针，趁蛤蚧夜出时刺之。蛤蚧捕得后，用锤击毙，剖腹取出内脏，用干布抹干，再以竹片将其四肢、头、腹撑开，并用白线将尾固定于竹片上，以防脱落，然后用微火焙干。

【商品规格】以对为单位。原以雌雄为对，捆在一起；现多以一只长尾、一只短尾搭配出售。有断尾、全尾两种，均分特装、五装、十装、二十装，以及三十装。以体大肥壮、尾全不碎者为佳。

【规格等级标准】

特装：横腰执中横量 8.6 厘米以上。

五装：横腰执中横量 7.7～8.5 厘米。

十装：横腰执中横量 7.2～7.6 厘米。

二十装：横腰执中横量 6.8～7.1 厘米。

三十装：横腰执中横量 6～6.7 厘米。

【出口商品】要求：木箱装，每箱 50 对。

特装：全尾，长 9.5 厘米以上。

五装：全尾，长 8.5～9.49 厘米。

十装：全尾，长 8～8.49 厘米。

二十装：全尾，长 7.5～7.9 厘米。

三十装：全尾，长 7～7.49 厘米。

【储藏】铁盒或木箱装，置于阴凉干燥处保存。为防虫，箱内可伴放一些花椒。少量蛤蚧可放于石灰缸内，大宗商品可用氯化苦熏。

八、矿石化石类中药材

龙　骨　Longgu

《本经》

【来源】古代哺乳动物如象类、犀牛类、三趾马等的骨骼化石。

【产销】主产于河南、河北、陕西、山西、内蒙古等省。行销国内。

【采集加工】挖出后，除去泥土及杂质。五花龙骨质酥脆，出土后，露置空气中极易破碎，常用毛边纸粘贴。

【商品规格】一般分为五花龙骨、青花龙骨、黄花龙骨、白龙骨、土龙骨、黑混龙骨等 6 种。

五花龙骨以体轻、质酥脆、分层、有花纹、吸湿性强者为佳；龙骨以质硬、色白、吸湿性强者为佳。以五花龙骨质量最好。

【规格等级标准】

1. 五花龙骨

统货:圆柱形或不规则的块状。表面略有光泽、牙白色,具有蓝、黄、黑、棕等深浅粗细的纹理。体轻、质硬酥脆,易层层剥落,断面粗糙,显指纹,吸湿性强。

2. 土龙骨

统货:不规则的节条,块状。表面白色、类白色或淡棕色,有纵裂隙或棕色斑点。体重、质坚硬,断面白色而粗糙,关节处有多数蜂窝状小孔,有吸湿力。

3. 青龙骨

统货:呈圆锥或方柱形,略弯曲,有纵沟棱。表面青灰色或棕绿色;有棕黄色条纹,具光泽釉质层。体重、质坚硬,断面粗糙,凹凸不平,吸湿性强,粘舌。间有碎块。

4. 白龙骨

统货:圆锥或方柱形。略弯曲,表面黄白色,有棕红色花斑。体重、质坚硬,断面粗糙,凹凸不平,吸湿性强,粘舌。间有碎块。

【储藏】龙骨可装篓或麻袋(五花龙骨装木箱)。五花龙骨露置空气中极易风化粉碎,须置干燥处,密闭、避风保存。

朱　砂　Zhusha

《本经》

【来源】天然的辰砂 Cinnabar 矿石。

【产销】主产于川、黔、湘三省毗邻地区的山地。销往全国,并有出口。

【采集加工】劈开辰砂矿石,取出岩石中夹杂的少数朱砂。利用浮选法,将凿碎的矿石放在直径约尺余的淘洗盘内,左右旋转之。因其比重不同,故砂沉于底,石浮于上,除去石质后,再将朱砂劈成片、块状。其片状者称“镜面砂”,块状者称“豆瓣砂”,碎末者称“朱宝砂”。

【商品规格】按性状分豆砂、正洋尖砂、附洋尖砂、镜片砂。豆砂形如砂形,如豆,多为大个,每夹有小粒者,赤红色,有亮光,按夹粒之大小分正洋尖砂、阳洋尖砂、镜片砂三个等级。正洋尖砂为较碎小粒者(又称珠宝砂),呈细末状,赤红色,有时有白岩石掺杂其中。附洋尖砂,形如正洋尖砂,但色比正洋尖砂差,为紫灰色,色泽较暗。镜片砂是经加工劈成片者,呈斜方形或长条形,大小厚薄不等,直径为6～15厘米,厚约 0.3 厘米,光亮如镜。根据其质地和色泽不同,又分为红镜和青镜两种。各种商品均以色鲜红,有光泽、明亮,质重而脆者为佳。

商品另有“辰砂”,此种与天然朱砂不同,是以水银与硫磺为原料加工制成的。

【储藏】镜片砂装硬纸盒,豆砂等用纸包封,装木箱。置干燥处保存,防潮。

第二节　中成药

一、片剂

复方丹参片 Fufang Danshen Pian

【处方】丹参　三七　冰片

【性状】本品为褐色糖衣片或薄膜衣片,糖衣片或薄膜衣片,除去包衣后显褐色;气芳香,味微苦。

【用法与用量】口服，每次 3 片，每日 3 次。

【规格】每片重：0.3g。

【注意】孕妇慎用。

【储藏】密封。

【生产厂家】福建省漳州市乐尔康药业有限公司；北京知百草药业有限公司；唐山市第三制药厂；吉林省天光药业有限公司等。

黄杨宁片 Huangyangning Pian

【处方】黄杨宁

【性状】本品为白色或微黄色的片。味苦。

【用法与用量】口服，每次 1～2mg，每日 2～3 次。

【规格】每片(1)0.5mg；(2)1mg。含环维黄杨星 D。

【储藏】密封，遮光。

【生产厂家】南京小营药业有限公司；河南龙都制药厂；陕西海姆普德制药有限公司；陕西渭南康华制药有限责任公司；等。

元胡止痛片 Yuanhu Zhitong Pian

【处方】延胡索(醋制)　白芷

【性状】本品为糖衣片或薄膜衣片，除去包衣后，显棕褐色；气香，味苦。

【用法与用量】口服，每次 4～6 片，每日 3 次，或遵医嘱。

【规格】每片重：(1)0.3g；(2)0.25g。

【储藏】密封。

【生产厂家】华颐药业有限公司；天津同仁堂制药厂；河北邢台制药厂；邯郸制药有限公司；唐山康琳药业有限公司等。

昆明山海棠片 Kunming Shanhaitang Pian

【处方】山海棠

【性状】本品为糖衣片，除去糖衣后显棕色；味微苦、涩。

【用法与用量】口服：每次 2 片，每日 3 次。

【规格】每片含昆明山海棠干浸膏 0.25g。

【注意】肾功能不全者慎用。

【储藏】密封。

【生产厂家】山东凤凰制药有限公司；广东和平制药厂；楚雄雁塔药业有限责任公司；云南省玉溪市维和制药有限公司等。

利胆排石片 Lidan Paishi Pian

【处方】金钱草　茵陈　黄芩　木香　郁金　大黄　槟榔　枳实(麸炒)　芒硝(精制)　厚朴(姜制)

【性状】本品为糖衣片或薄膜衣片，除去包衣后显棕褐色，味苦、咸。

【用法与用量】口服。排石：每次6～10片，每日2次；炎症：每次4～6片，每日2次。

【规格】每片重：(1)0.3g；(2)0.25g(每片相当于总药材的1.1g)。

【注意】体弱、肝功能不良者慎用；孕妇禁用。

【储藏】密封。

【生产厂家】北京宝树堂科技药业有限公司；天津同仁堂制药厂；唐山市龙山药业有限公司；天津飞鹰制药有限公司等。

西瓜霜润喉片 Xiguashuang Lunhou Pian

【处方】西瓜霜 冰片 薄荷素油 薄荷脑

【性状】本品为淡红色的片。气芳香，味甜而辛凉。

【用法与用量】含服，每小时含化小片2～4片，大片1～2片。

【规格】每片重：(1)0.6g；(2)1.2g。

【储藏】密封，避光。

【生产厂家】桂林三金药业股份有限公司。

健民咽喉片 Jianmin Yanhou Pian

【处方】玄参 麦冬 蝉蜕 诃子 桔梗 板蓝根 胖大海 地黄 西青果 甘草 薄荷素油 薄荷脑棕

【性状】本品为糖衣片或薄膜衣片，除去包衣后显黄褐色；气香，味甜，具清凉感。

【用法与用量】含服：每次2～4片(小片)或2片(大片)，每隔1小时1次。

【规格】(1)小片：每片相当于原药材0.29g；(2)大片：每片相当于原药材0.44g。

【储藏】密封。

【生产厂家】武汉健民药业集团股份有限公司。

复方草珊瑚含片 Fufang Caoshanhu Hanpian

【处方】肿节风浸膏 薄荷脑 薄荷素油

【性状】本品为粉红色至棕红色的片或薄膜衣片；气香，味甜、清凉。

【用法与用量】含服，每次2片(小片)，每隔2小时1次，每日6次；或每次1片(大片)，每隔2小时，每日5～6次。

【规格】每片重：(1)0.44g(小片)；(2)1.0g(大片)。

【储藏】密封。

【生产厂家】江西江中药业股份有限公司。

二、胶囊剂

地奥心血康胶囊 Diao Xinxuekang Jiaonang

【处方】本品为地奥心血康经加工制成的胶囊

【性状】本品为胶囊剂，内容物为浅黄色或浅棕黄色的粉末；味微苦。

【用法与用量】口服：每次1～2粒，每日3次。

【规格】每粒装0.1g，含甾体总皂苷100mg(相当于甾体总皂苷元35mg)

【储藏】密封。

【生产厂家】成都地奥制药集团有限公司。

养血生发胶囊 Yangxue Shengfa Jiaonang

【处方】熟地黄 当归 羌活 木瓜 川芎 白芍 菟丝子 天麻 制何首乌

【性状】本品为胶囊剂，内容物为深棕色的颗粒；味辛、微苦。

【用法与用量】口服：每次 4 粒，每日 2 次。

【规格】每粒装 0.5g。

【储藏】密封，置阴凉处。

【生产厂家】天津市第五中药厂；河北省沧州唐圣药业有限公司；广东省中山市沙溪制药厂；广州敬修堂（药业）股份有限公司；佛山德众药业有限公司。

十滴水软胶囊 Shidishui Ruanjiaonang

【处方】樟脑 干姜 大黄 小茴香 肉桂 辣椒 桉油

【性状】本品为棕色的软胶囊，内容物为含有少量悬浮固体浸膏的黄色油状液体；气芳香，味辛辣。

【用法与用量】口服，每次 1～2 粒；儿童酌减。

【规格】每粒装 0.425g。

【注意】孕妇忌服。

【储藏】置阴凉干燥处保存。

【生产厂家】江苏康缘药业股份有限公司。

三、丸剂

安宫牛黄丸 Angong Niuhuang Wan

【处方】牛黄 水牛角浓缩粉 麝香 珍珠 朱砂 雄黄 黄连 黄芩 栀子 郁金 冰片

【性状】本品为黄橙色呈红褐色的大蜜丸；气芳香浓郁，味微苦。

【用法与用量】口服。每次 1 丸，每日 1 次；小儿三岁以内每次 1/4 丸，四岁至六岁 1/2 丸，每日 1 次；或遵医嘱。

【规格】每丸重 3g。

【注意】孕妇慎用

【储藏】密封。

【生产厂家】北京同仁堂股份有限公司同仁堂制药厂；河北安国药业集团有限公司；山西省广誉远中药有限公司；内蒙古库伦蒙药有限公司蒙药厂等。

冠心苏合丸 Guanxin Suhe Wan

【处方】苏合香 冰片 乳香（制） 檀香 青木香

【性状】本品为深棕色至棕褐色的大蜜丸；气芳香，味苦、凉。

【用法与用量】嚼碎服，每次 1 丸，每日 1～3 次；或遵医嘱。

【规格】每丸重:(1)1.1g;(2)1.5g。

【注意】孕妇禁用。

【储藏】密封。

【生产厂家】石家庄乐仁堂制药有限责任公司；沈阳中药制药有限公司;哈药集团哈尔滨中药三厂;杭州胡庆余堂药业有限公司等。

苏合香丸 Suhexiang Wan

【处方】苏合香　安息香　冰片　水牛角浓缩粉　麝香　檀香　沉香　丁香　香附　木香　乳香(制)　荜茇　白术　诃子肉　朱砂

【性状】本品为赭红色的水蜜丸或赭色的大蜜丸;气芳香,味微苦、辛。

【用法与用量】口服:每次1丸,每日1～2次。

【规格】每丸重3g。

【注意】孕妇禁用。

【储藏】密封。

【生产厂家】北京同仁堂股份有限公司同仁堂制药厂;承德中药集团有限责任公司;石家庄乐仁堂制药有限责任公司;内蒙古蒙药股份有限公司等。

清宁丸 Qingning Wan

【处方】大黄　绿豆　车前草　白术(炒)　黑豆　半夏(制)　香附(醋制)　桑叶　桃枝　牛乳　厚朴(姜制)　麦芽　陈皮　侧柏叶

【性状】本品为黑色的大蜜丸;味苦。

【用法与用量】口服:每次1丸,每日1～2次。

【规格】每丸重9g。

【注意】孕妇忌服。

【储藏】密封。

【生产厂家】北京同仁堂股份有限公司同仁堂制药厂;保定中药制药有限公司;营口市中药厂;江西心正药业有限责任公司等。

十全大补丸 Shiquan Dabu Wan

【处方】党参　白术(炒)　茯苓　炙甘草　当归　川芎　白芍(酒炒)　熟地黄　炙黄芪　肉桂

【性状】本品为棕褐色至黑褐色的水蜜丸或大蜜丸;气香,味甘而微辛。

【用法与用量】口服:水蜜丸每次6g,大蜜丸每次1丸,每日2～3次。

【规格】大蜜丸:每丸重9g。

【储藏】密封。

【生产厂家】北京同仁国药医药有限公司;河北天鹅制药有限公司;河北金牛制药有限公司;河北安国药业集团有限公司;广东宏兴集团股份有限公司宏兴制药厂等。

小活络丸 Xiaohuoluo Wan

【处方】胆南星　制川乌　制草乌　地龙　乳香(制)　没药(制)

【性状】本品为黑褐色至黑色的大蜜丸；气腥，味苦。

【用法与用量】黄酒或温开水送服，每次 1 丸，每日 2 次。

【规格】每丸重 3g。

【注意】孕妇禁用。

【储藏】密封。

【生产厂家】邯郸制药有限公司；河北药都制药集团有限责任公司；承德中药集团有限责任公司；唐山市第三制药厂；保定中药制药有限公司等。

跌打丸 Dieda Wan

【处方】三七 当归 白芍 赤芍 桃仁 红花 血竭 北刘寄奴 骨碎补(烫) 续断 苏木 牡丹皮 乳香(制) 没药(制) 姜黄 三棱(醋制) 防风 甜瓜子 枳实(炒) 桔梗 甘草 关木通 自然铜(煅) 土鳖虫

【性状】本品黑褐色至黑色的大蜜丸；气微腥，味苦。

【用法与用量】口服：每次 1 丸，每日 2 次。

【规格】每丸重 3g。

【注意】孕妇禁用。

【储藏】密封。

【生产厂家】北京同仁堂股份有限公司同仁堂制药厂；河北巨龙药业有限责任公司；山西省长治中药厂；吉林省跨海生化药业制造公司等。

黄连上清丸 Huanglian Shangqing Wan

【处方】黄连 栀子(姜制) 连翘 蔓荆子(炒) 防风 荆芥穗 白芷 黄芩 菊花 薄荷 酒大黄 黄柏(酒炒) 桔梗 川芎 石膏 旋覆花 甘草

【性状】本品为黑褐色的大蜜丸；气芳香，味苦。

【用法与用量】口服：每次 1～2 丸，每日 2 次。

【规格】每丸重 6g。

【注意】忌食辛辣食物；孕妇慎用；脾胃虚寒者禁用。

【储藏】密封。

【生产厂家】北京同仁堂股份有限公司同仁堂制药厂；河北天鹅制药有限公司；通化鸭绿江制药有限公司；杭州胡庆余堂药业有限公司等。

牛黄解毒丸 Niuhuang Jiedu Wan

【处方】牛黄 雄黄 石膏 大黄 黄芩 桔梗 冰片 甘草

【性状】本品为棕黄色的大蜜丸；有冰片香气，味微甜而后苦、辛。

【用法与用量】口服：每次 1 丸，每日 2～3 次。

【规格】每丸重 3g。

【注意】孕妇禁用。

【储藏】密封，防潮。

【生产厂家】北京同仁堂股份有限公司同仁堂制药厂；邯郸制药有限公司；承德药业集团六合制药有限责任公司；石家庄乐仁堂制药有限责任公司等。

六味地黄丸 Liuwei Dihuang Wan

【处方】熟地黄　山茱萸(制)　牡丹皮　山药　茯苓　泽泻

【性状】本品为棕黑色的水蜜丸、黑褐色的大蜜丸或小蜜丸;味甜而酸。

【用法与用量】口服:水蜜丸每次 6 丸,小蜜丸每次 9 丸,大蜜丸每次 1 丸,每日 2 次。

【规格】大蜜丸:每丸重 9g。

【储藏】密封。

【生产厂家】北京协和瑞草天然药业有限公司;天津达仁堂制药二厂;河南宛西制药股份有限公司;河北兴隆希力药业有限公司;河北天鹅制药有限公司等。

五子衍宗丸 Wuzi Yanzong Wan

【处方】枸杞子　菟丝子(炒)　覆盆子　五味子(蒸)　车前子(盐炒)

【性状】本品为棕褐色的水蜜丸、棕黑色的小蜜丸或大蜜丸;味甜、酸、微苦。

【用法与用量】口服:水蜜丸每次 6 丸,小蜜丸每次 9 丸,大蜜丸每次 1 丸,每日 2 次。

【制剂】大蜜丸:每丸重 9g。

【储藏】密封。

【生产厂家】北京同仁堂科技发展股份有限公司制药厂;河北邢台制药厂;邯郸制药有限公司;石家庄市华龙药业股份有限公司;河北药都制药集团有限责任公司等。

乌鸡白凤丸 Wuji Baifeng wan

【处方】乌鸡(去毛爪肠)　鹿角胶　鳖甲(制)　牡蛎(煅)　桑螵蛸　人参　黄芪　当归　白芍　香附(醋制)　天冬　甘草　地黄　熟地黄　川芎　银柴胡　丹参　山药　芡实(炒)　鹿角霜

【性状】本品为黑褐色至黑色的水蜜丸、小蜜丸、大蜜丸;味甜、微苦。

【用法与用量】口服:水蜜丸每次 6 丸,小蜜丸每次 9 丸,大蜜丸每次 1 丸,每日 2 次。

【规格】大蜜丸:每丸重 9g。

【储藏】密封。

【生产厂家】北京同仁堂科技发展股份有限公司制药厂;天津中新药业集团股份有限公司达仁堂制药厂;河北药都制药集团有限责任公司等。

石斛夜光丸 Shihu Yeguang Wan

【处方】石斛　人参　山药　茯苓　甘草　肉苁蓉　枸杞子　菟丝子　地黄　熟地黄　五味子　天冬　麦冬　苦杏仁　防风　川芎　枳壳(炒)　黄连　牛膝　菊花　蒺藜(盐炒)　青葙子　决明子　水牛角浓缩粉　羚羊角

【性状】本品为棕色的水蜜丸、棕黑色的小蜜丸或大蜜丸;味甜而苦。

【用法与用量】口服:水蜜丸每次 6 丸,小蜜丸每次 9 丸,大蜜丸每次 1 丸,每日 2 次。

【规格】大蜜丸:每丸重 9g。

【储藏】密封。

【生产厂家】四川济生堂药业有限公司;北京同仁堂股份有限公司;承德中药集团有限责任公司;唐山天恩药业有限公司等。

归脾丸 Guipi Wan

【处方】党参 白术(炒) 炙黄芪 炙甘草 茯苓 远志(制) 酸枣仁(炒) 龙眼肉 当归 木香 大枣(去核)

【性状】本品为棕褐色的水蜜丸、小蜜丸或大蜜丸;气微,味甘而后微苦、辛。

【用法与用量】用温开水或生姜汤送服,水蜜丸每次6丸,小蜜丸每次9丸,大蜜丸每次1丸,每日3次。

【规格】大蜜丸:每丸重9g。

【储藏】密封。

【生产厂家】北京同仁堂股份有限公司;北京同仁国药医药有限公司;邯郸制药有限公司;张家口市中药厂等。

麻仁丸 Maren Wan

【处方】火麻仁 苦杏仁 大黄 枳实(炒) 厚朴(姜制) 白芍(炒)

【性状】本品为黄褐色的水蜜丸、小蜜丸、大蜜丸;味苦。

【用法与用量】口服:水蜜丸每次6丸,小蜜丸每次9丸,大蜜丸每次1丸,每日1~2次。

【规格】大蜜丸:每丸重9g。

【储藏】密封。

【生产厂家】北京同仁堂股份有限公司同仁堂制药厂;南京同仁堂药业有限责任公司;杭州胡庆余堂药业有限公司;三九湖州药业有限公司等。

当归养血丸 Danggui Yangxue Wan

【处方】当归 白芍(炒) 地黄 炙黄芪 阿胶 牡丹皮 香附(制) 茯苓 杜仲(炒) 白术(炒)

【性状】本品为暗棕色的水蜜丸;味甜、微苦。

【用法与用量】口服,每次9g,每日3次。

【规格】(1)每丸重9g;(2)每丸重1g;(3)每10丸重3g;(4)每50丸重30g。

【储藏】密封。

【生产厂家】抚顺华仁堂制药有限公司;宿州科苑药业有限公司;青海三普药业股份有限公司;无锡山禾药业股份有限公司等。

柏子养心丸 Baizi Yangxin Wan

【处方】柏子仁 党参 炙黄芪 川芎 当归 茯苓 远志(制) 酸枣仁 肉桂 五味子(蒸) 半夏曲 炙甘草 朱砂

【性状】本品为棕色的水蜜丸、棕色至棕褐色的小蜜丸或大蜜丸;味先甜而后苦、微麻。

【用法与用量】口服:水蜜丸每次6丸,小蜜丸每次9丸,大蜜丸每次1丸,每日2次。

【规格】大蜜丸:每丸重9g。

【储藏】密封。

【生产厂家】北京同仁国药医药有限公司;河北省临西县制药厂;承德天原药业有限公司;台州南峰药业有限公司等。

香砂六君丸 Xiangsha liujun Wan

【处方】木香　砂仁　党参　白术(炒)　茯苓　炙甘草　陈皮　半夏(制)

【性状】本品为黄棕色的水丸;气微香,味微甜、辛。

【用法与用量】口服:每次 6～9g,每日 2～3 次。

【规格】(1)每瓶装 60g;(2)每袋装 9g;(3)每袋装 6g(每 8 丸相当于原生药 3g)。

【储藏】密封,防潮。

【生产厂家】湖北端药药业有限公司;内蒙古五原九郡药业有限责任公司;宁波立华制药有限公司;浙江英特制药有限公司等。

桂枝茯苓丸 Guizhi Fuling Wan

【处方】桂枝　茯苓　牡丹皮　赤勺　桃仁

【性状】本品为棕褐色的大蜜丸;味甜。

【用法与用量】口服:每次 1 丸,每日 1～2 次。

【注意】孕妇慎用。

【规格】每丸重 6g。

【储藏】密封。

【生产厂家】山西省万荣中药厂;山西省长治中药厂;大同石佛制药有限责任公司;神奇梵净山铜仁药业有限公司等。

肥儿丸 Feier Wan

【处方】肉豆蔻(煨)　木香　六神曲(炒)　麦芽(炒)　胡黄连　槟榔　使君子仁

【性状】本品为黑棕色至黑褐色的大蜜丸;味微甜、苦。

【用法与用量】口服:每次 1～2 丸,每日 2 次;三岁以内小儿酌减。

【规格】每丸重 3g。

【储藏】密封。

【生产厂家】天津中新药业集团股份有限公司达仁堂制药厂;沈阳中药制药有限公司;辽宁华源天利药业有限公司;安阳路德药业有限责任公司等。

天麻丸 Tianma Wan

【处方】天麻　羌活　独活　杜仲(盐炒)　牛膝　粉萆薢　附子(制)　当归　地黄　玄参

【性状】本品为黑褐色的水蜜丸或黑色的大蜜丸;气微香,味微甜、略苦麻。

【用法与用量】口服:水蜜丸每次 6g,大蜜丸每次 1 丸,每日 2～3 次。

【规格】大蜜丸:每丸重 9g。

【注意】孕妇慎用。

【储藏】密封。

【生产厂家】北京同仁堂股份有限公司同仁堂制药厂;天津达仁堂制药二厂;河北天鹅制药有限公司;河北药都制药集团有限责任公司等。

逍遥丸(水丸) Xiaoyao Wan

【处方】柴胡 当归 白芍 白术(炒) 茯苓 炙甘草 薄荷

【性状】本品棕褐色的水蜜丸;味甜。

【用法与用量】口服:每次 1 丸,每日 2 次。

【规格】每丸重 9g。

【储藏】密封。

【生产厂家】湖北端药药业有限公司;承德中药集团有限责任公司;河北省沧州唐圣药业有限公司;忻州药业(集团)制药有限公司等。

龙胆泻肝丸 Longdan Xiegan Wan

【处方】龙胆 柴胡 黄芩 栀子(炒) 泽泻 关木通 车前子(盐炒) 当归(酒炒) 地黄 炙甘草

【性状】本品为暗黄色,有大蜜丸、浓缩丸、水丸,味苦。

【用法与用量】口服:每次 3～6g,每日 2 次。

【规格】每袋装:(1)6g;(2)9g(每 100 粒重 6g)。

【注意】孕妇慎用。

【储藏】密闭,防潮。

【生产厂家】北京同仁堂(集团)有限责任公司北京中药二厂;河北万岁药业有限公司;河北天鹅制药有限公司;河北药都制药集团有限责任公司等

梅花点舌丸 Meihua Dianshe Wan

【处方】牛黄 珍珠 麝香 蟾酥(制) 熊胆 雄黄 朱砂 硼砂 葶苈子 乳香(制) 没药(制) 血竭 沉香 冰片

【性状】本品为朱红色的包衣水丸,除去包衣后显棕黄色至棕色;气香,味苦、麻舌。

【用法与用量】口服:每次 3 丸,每日 1～2 次。外用:用醋化开,敷于患处。

【规格】每 10 丸重 1g。

【注意】孕妇忌服。

【储藏】密封。

【生产厂家】北京同仁堂股份有限公司同仁堂制药厂;杭州胡庆余堂药业有限公司;宁波立华制药有限公司;河南禹州市制药集团有限公司等。

左金丸 Zuojin Wan

【处方】黄连 吴茱萸

【性状】本品为黄褐色的水丸;气特异,味苦、辛。

【用法与用量】口服:每次 3～6g,每日 2 次。

【规格】每瓶装:(1)30g;(2)60g(每 100 粒重 6g)。

【储藏】密闭,防潮。

【生产厂家】福建泉州中侨(集团)股份有限公司药业公司;三九黄石制药厂;利川民族药业有限责任公司;武汉齐丰药业有限公司等。

四君子丸 Sijunzi Wan

【处方】党参　白术(炒)　茯苓　炙甘草

【性状】本品为棕色的水丸;味微甜。

【用法与用量】口服:每次 3～6g,每日 3 次。

【规格】每瓶装:(1)30g;(2)60g。

【储藏】密闭,防潮。

【生产厂家】湖北广仁药业有限责任公司;吉林紫鑫和龙药业有限责任公司;四川康定金珠制药有限责任公司;广东华天宝药业有限公司等。

牙痛一粒丸 Yatong Yili Wan

【处方】蟾酥　朱砂　雄黄　甘草

【性状】本品为黄褐色的水丸;气微,味辛、有麻舌感。

【用法与用量】每次取 1～2 丸,填入龋齿洞内或肿痛的齿缝处,外塞一块消毒棉花,防止药丸滑落。

【注意】将含药后渗出的唾液吐出,不可咽下。

【规格】每 125 丸重 0.3g。

【储藏】密闭,防潮。

【生产厂家】南通制药总厂;武汉大鹏药业有限公司;广东宏兴集团股份有限公司宏兴制药厂;兰州佛光制药有限公司等。

藿胆丸 Huodan Wan

【处方】广藿香叶　猪胆粉

【性状】本品为黑色的水丸;气特异,味苦。

【用法与用量】口服:每次 3～6g,每日 2 次。

【规格】每瓶装:(1)36g;(2)60g。

【储藏】密闭、防潮。

【生产厂家】哈尔滨华瑞生化药业有限责任公司;广州市花城制药厂; 佛山冯了性药业有限公司; 湛江中承制药有限公司等。

黄氏响声丸 Huangshi Xiangsheng Wan

【处方】薄荷　浙贝母　连翘　蝉蜕　胖大海　酒大黄　川芎　儿茶　桔梗　诃子肉　甘草　薄荷脑

【性状】本品为糖衣或炭衣浓缩丸,除去包衣后显褐色或棕褐色;味苦、清凉。

【用法与用量】口服:炭衣丸每次 8 丸(每丸重 0.1g)或 6 丸(每丸重 0.133g),糖衣丸每次 20 丸,每日 3 次,饭后服用;儿童减半。

【规格】(1)每瓶装 400 丸(糖衣丸);(2)每丸重 0.1g(炭衣丸);(3)每丸重 0.133g(炭衣丸)。

【注意】胃寒便溏者慎用。

【储藏】密封。

【生产厂家】无锡山禾药业股份有限公司。

痧药 Shayao

【处方】丁香　苍术　天麻　麻黄　大黄　甘草　冰片　麝香　蟾酥(制)　雄黄　朱砂

【性状】本品为朱红色光亮的包衣小丸，除去包衣后显深黄色至黄棕色；气香，味甘、苦，有麻舌感。

【用法与用量】口服：每次 10～15 丸，每日 1 次；小儿酌减，或遵医嘱。外用：研细吹鼻取嚏。

【注意】按规定用量服月，不宜多服；孕妇禁用。

【规格】每 33 丸重 1g。

【储藏】密封。

【生产厂家】四川康定金珠制药有限责任公司；北京同仁堂(集团)有限责任公司北京中药二厂；兰州佛慈制药股份有限公司。

葛根芩连微丸 Gegen Qinlian Weiwan

【处方】葛根　黄连　黄芩　炙甘草

【性状】本品为暗棕褐色至类黑色的微丸；气微，味苦。

【用法与用量】口服：每次 3g；小儿每次 1g，每日 3 次；或遵医嘱。

【规格】每袋装 1g。

【储藏】密封。

【生产厂家】广西花红药业有限责任公司。

麝香保心丸 Shexiang Baoxin Wan

【处方】麝香　人参提取物　牛黄　肉桂　苏合香　蟾酥　冰片

【性状】本品黑褐色有光泽的微丸，截面棕黄色；味苦、辛凉，有麻舌感。

【用法与用量】口服：每次 1～2 丸，每日 3 次；或症状发作时服用。

【规格】每丸重 22.5mg。

【注意】孕妇禁用。

【储藏】密封。

【生产厂家】上海和黄药业有限公司。

四、颗粒剂

午时茶颗粒 Wushicha Keli

【处方】苍术　柴胡　羌活　防风　白芷　川芎　广藿香　前胡　连翘　陈皮　山楂　枳实　麦芽(炒)　甘草　桔梗　六神曲(炒)　紫苏叶　厚朴　红茶

【性状】本品为棕色的颗粒；气微香，味甜、微苦。

【用法与用量】开水冲服：每次 6g，每日 1～2 次。

【规格】每袋装 6g。

【储藏】密封。

【生产厂家】南通中诚制药有限公司；浙江英特制药有限公司；金陵药业股份有限公司南

京金陵制药厂;江西南昌制药厂等。

龙牡壮骨颗粒 Longmu Zhuanggu Keli

【处方】党参 黄芪 麦冬 龟板(醋制) 白术(炒) 山药 五味子(醋制) 龙骨 牡蛎(煅) 茯苓 大枣 甘草 乳酸钙 鸡内金(炒) 维生素 D_2 葡萄糖酸钙

【性状】本品为黄色或棕黄色的颗粒;味甜。

【用法与用量】开水冲服,二岁以下每次 5g,二岁至七岁每次 7g,七岁以上每次 10g,每日 3 次。

【规格】每袋装 5g。

【储藏】密封。

【生产厂家】武汉健民药业集团股份有限公司。

板兰根颗粒 Banlangeng Keli

【处方】板兰根

【性状】本品为棕色或棕褐色的颗粒;味甜、微苦或微涩(无糖型)。

【用法与用量】开水冲服:每次 5～10g(含糖型),或每次 3～6g(无糖型),每日 3～4 次。

【规格】含糖型:每袋装(1)5g;(2)10g。无糖型:每袋装 3g。

【储藏】密封。

【生产厂家】保定古城制药厂;长春银诺药业有限公司;吉林市蕙丰制药有限公司;福建泉州中侨(集团)股份有限公司药业公司等。

七宝美髯颗粒 Qibao Meiran Keli

【处方】制何首乌 当归 补骨脂(黑芝麻炒) 枸杞子(酒蒸) 菟丝子(炒) 茯苓 牛膝(酒蒸)

【性状】本品为黄棕色的颗粒;味甜、微苦、涩。

【用法与用量】开水冲服:每次 8g,每日 2 次。

【规格】每袋装 8g。

【储藏】密封。

【生产厂家】北京京铁华龙药业有限责任公司;怀化正好制药有限公司;四川宝光药业股份有限公司;昆明中药厂有限公司;兰州佛慈制药股份有限公司等。

九味羌活颗粒 Jiuwei Qianghuo Keli

【处方】羌活 防风 苍术 细辛 川芎 白芷 黄芩 甘草 地黄

【性状】本品为棕黄色的颗粒;气香,味甜、微苦。

【用法与用量】姜汤或开水冲服:每次 15g,每日 2～3 次。

【规格】每袋装 15g。

【储藏】密封。

【生产厂家】九寨沟天然药业集团有限责任公司;青海三普药业股份有限公司;兰州佛光制药有限公司;北京知百草药业有限公司等。

感冒退热颗粒 Ganmao Tuier Keli

【处方】大青叶　板蓝根　连翘　拳参

【性状】本品为棕黄色的颗粒;味甜、微苦或味苦、微甜(无糖型)。

【用法与用量】开水冲服:每次1～2袋,每日3次。

【规格】每袋装:(1)18g;(2)4.5g(无糖型)。

【储藏】密封。

【生产厂家】北京华荣制药有限责任公司;天津同仁堂制药厂;河北省通络药业有限公司;宁夏多维药业有限公司等。

五、散剂

七厘散 Qili San

【处方】血竭　乳香(制)　没药(制)　红花　儿茶　冰片　麝香　朱砂

【性状】本品为朱红色至紫红色的粉末或易松散的块状;气香,味辛、苦,有清凉感。

【用法与用量】口服:每次1～1.5g,每日1～3次;外用:调敷患处。

【规格】每瓶装:(1) 1.5g;(2)3g。

【注意】孕妇禁用。

【储藏】密封,置阴凉处。

【生产厂家】北京宝树堂科技药业有限公司;营口市中药厂;辽宁省阜新蒙药厂;吉林市圣源药业有限责任公司;哈药集团世一堂制药厂等。

蛇胆川贝散 Shedan Chuanbei San

【处方】蛇胆汁　川贝母

【性状】本品为浅黄色至浅棕黄色的粉末;味甘、微苦。

【用法与用量】口服:每次0.3～0.6g,每日2～3次。

【规格】每瓶装:(1)0.3g;(2)0.6g。

【储藏】密封。

【生产厂家】海宁强力宁制药有限责任公司;福建泉州中侨(集团)股份有限公司药业公司;山东百草药业有限公司;三九黄石制药厂等。

局方至宝散 Jufang Zhibao San

【处方】水牛角浓缩粉　牛黄　玳瑁　麝香　朱砂　雄黄　琥珀　安息香　冰片

【性状】本品为橘黄色至浅黄色的粉末;气芳香浓郁,味微苦。

【用法与用量】口服:每次2g,每日1次;小儿3岁以内每次0.5g,4～6岁每次1g;或遵医嘱。

【规格】每瓶装2g。

【储藏】密封。

【生产厂家】长春人民制药有限公司;福建泉州中侨(集团)股份有限公司药业公司;广东宏兴集团股份有限公司宏兴制药厂;青海三普药业股份有限公司等。

参苓白术散 Shenling Baizhu san

【处方】人参 茯苓 白术(炒) 山药 白扁豆(炒) 莲子 薏苡仁(炒) 砂仁 桔梗 甘草

【性状】本品为黄色至灰黄色的粉末;气香,味甜。

【用法与用量】口服:每次 6～9g,每日 2～3 次。

【规格】每 100 粒重 6g。

【储藏】密封,防潮。

【生产厂家】北京同仁堂股份有限公司同仁堂制药厂;承德天原药业有限公司;安庆市第一制药厂;新疆库尔勒中药厂等。

乌贝散 Wubei San

【处方】海螵蛸(去壳) 浙贝母 陈皮油

【性状】本品为黄白色的粉末;气微香,味咸、微苦。

【用法与用量】饭前口服:每次 3g,每日 3 次;十二指肠溃疡者可加倍服用。

【规格】每瓶装 45g。

【储藏】密闭,防潮。

【生产厂家】天津市第五中药厂;齐齐哈尔参鸽药业有限公司;湖北七叶花药业股份有限公司;辽阳药业有限公司。

避瘟散 Biwen San

【处方】檀香 零陵香 白芷 香榧草 姜黄 玫瑰花 甘松 丁香 木香 麝香 冰片 朱砂 薄荷脑

【性状】本品为朱红色的粉末;气香,味凉。

【用法与用量】口服:每次 0.6g。外用:适量,吸入鼻孔。

【规格】每盒装 0.84g。

【储藏】密封,置阴凉干燥处。

【生产厂家】天津市第五中药厂。

紫雪 Zixue

【处方】石膏 寒水石 滑石 磁石 玄参 木香 沉香 升麻 甘草 丁香 芒硝(制) 硝石(精制) 水牛角浓缩粉 羚羊角 麝香 朱砂

【性状】本品为棕红色至灰棕色的粉末;气芳香,味咸、微苦。

【用法与用量】口服:每次 1.5～3g,每日 2 次;周岁小儿每次 0.3g,5 岁以下小儿每增一岁,递增 0.3g,每日 1 次;5 岁以上小儿酌情服用。

【规格】每瓶装 1.5g。

【注意】孕妇禁用。

【储藏】密封,置阴凉处。

【生产厂家】内蒙古宝昌中药厂;辽阳药业有限公司;杭州胡庆余堂药业有限公司;河南天地药业股份有限公司等。

桂林西瓜霜 Guilin Xigua Shuang

【处方】西瓜霜　硼砂(煅)　黄柏　黄连　山豆根　射干　浙贝母　青黛　冰片　无患子果(炭)　大黄　黄芩　甘草　薄荷脑

【性状】本品为灰黄绿色的粉末;气香,味咸、甜、微苦而辛凉。

【用法与用量】外用:喷、吹或敷于患处,每次适量,每日数次;重症者兼服,每次1～2g,每日3次。

【规格】每瓶装:(1)1g;(2)2g;(3)2.5g;(4)3g。

【储藏】密封,防潮。

【生产厂家】桂林三金药业股份有限公司。

六、膏剂

川贝雪梨膏 Chuanbei Xueli Gao

【处方】梨清膏　川贝母　麦冬　款冬花　百合

【性状】本品为棕黄色稠厚的半流体;味甜。

【用法与用量】口服:每次15g,每日2次。

【规格】每瓶装:(1)120g;(2)150g;(3)250g。

【注意】忌辛辣食物。

【储藏】密封,置阴凉处。

【生产厂家】湖北省襄樊市隆中制药厂;武汉中联药业股份有限公司;湖北华光制药有限责任公司。

代温灸膏 Daiwen Jiugao

【处方】辣椒　肉桂　生姜　肉桂油

【性状】本品为橘黄色的片状橡胶膏;气芳香。

【用法与用量】外用:根据病症,按穴位贴一张。

【储藏】密封,置阴凉处。

【生产厂家】湘潭飞鸽药业有限公司。

伤湿止痛膏 Shangshi Zhitong Gao

【处方】流浸膏　水杨酸甲酯　薄荷脑　冰片　樟脑　芸香浸膏　颠茄流浸膏

【性状】本品为淡黄绿色至淡黄色的片状橡胶膏;气芳香。

【用法与用量】外用:贴于患处。

【注意】孕妇慎用。

【储藏】密封,置阴凉处。

【生产厂家】内蒙古科尔沁药业有限公司;锦州同德中药药业有限责任公司;杭州仁德医药有限公司;焦作市联盟卫生材料有限责任公司等。

狗皮膏 Goupi Gao

【处方】生川乌　生草乌　羌活　独活　青风藤　香加皮　防风　铁丝威灵仙　苍术

蛇床子　麻黄　高良姜　小茴香　官桂　当归　赤芍　木瓜　苏木　大黄　松节油　续断　川芎　白芷　乳香　没药　冰片　樟脑　丁香　肉桂

【性状】本品为摊于兽皮或布上的黑膏药。

【用法与用量】外用：用生姜擦净患处皮肤，将膏药加温软化，贴于患处或穴位。

【规格】每张净重：(1)12g；(2) 15g；(3)24g；(4)30g。

【注意】孕妇忌贴腰部和腹部。

【储藏】密封，置阴凉干燥处。

【生产厂家】济南爱民制药有限责任公司；北京同仁堂股份有限公司同仁堂制药厂；上海雷允上药业有限公司；山东大陆药业有限公司等

七、合剂

八正合剂 BaZheng HeJi

【处方】瞿麦　车前子(炒)　萹蓄　大黄　滑石　川木通　栀子　甘草　灯心草

【性状】本品为棕褐色的液体；味苦、微甜。

【用法与用量】口服：每次 15～20ml，每日 3 次，用时摇匀。

【规格】每瓶装：(1)100ml；(2)120ml；(3)200ml。

【储藏】密封，置阴凉处。

【生产厂家】陕西中医学院制药厂；重庆希尔安药业有限公司；四川豪运药业股份有限公司；太极集团重庆桐君阁药厂。

小青龙合剂 Xiaoqinglong Heji

【处方】麻黄　桂枝　白芍　干姜　细辛　甘草(蜜炙)　法半夏　五味子

【性状】本品为棕黑色的液体；气微香，味甜、微辛。

【用法与用量】口服：每次 10～20ml，每日 3 次，用时摇匀。

【规格】每支装 10ml。

【储藏】密封，遮光。

【生产厂家】华北制药集团制剂有限公司；光明集团伊春制药有限公司；浙江玉龙药业有限责任公司；福建延年药业有限公司；鲁南制药股份有限公司。

小建中合剂 Xiaojianzhong Heji

【处方】桂枝　白芍　甘草(蜜制)　生姜　大枣

【性状】本品为棕黄色的液体；气微香，味甜、微辛。

【用法与用量】口服：每次 20～30ml，每日 3 次，用时摇匀。

【规格】每支装 10ml。

【储藏】密封，遮光。

【生产厂家】江西铜鼓制药厂；威海人生药业集团股份有限公司；鲁南制药股份有限公司；河南省四方药业有限公司；太极集团重庆桐君阁药厂等。

四物合剂 Siwu Heji

【处方】当归　川芎　白芍　熟地黄

【性状】本品为棕黑色的澄清液体；气芳香，味微苦、微甜。

【用法与用量】口服：每次 10～15ml，每日 3 次。

【规格】(1)每支装 10ml；(2)每瓶装 100ml。

【储藏】密封，置阴凉处。

【生产厂家】四川新斯顿制药有限责任公司；吉泰安(四川)药业有限公司。

八、口服液剂

双黄连口服液 Shuanghuanglian Koufuye

【处方】金银花　黄芩　连翘

【性状】本品为棕红色的澄清液体；味甜、微苦。

【用法与用量】口服：每次 20ml，每日 3 次；小儿酌减或遵医嘱。

【规格】每支装 10ml。

【储藏】密封，遮光，置阴凉处。

【生产厂家】黑龙江庆安制药股份有限公司；黑龙江省完达山制药厂；江苏吴中实业股份有限公司苏州长征制药厂；东莞市亚洲制药有限公司等。

玉屏风口服液 Yupingfeng Koufuye

【处方】黄芪　防风　白术(炒)

【性状】本品为棕红色至棕褐色的液体；味甜、微苦、涩。

【用法与用量】口服：每次 10ml，每日 3 次。

【规格】每支装 10ml。

【储藏】密封，置阴凉处。

【生产厂家】北京双鹤高科天然药物有限责任公司；河北(冀衡集团)华威制药有限公司；成都天银制药有限公司；上海静安制药有限公司等。

清开灵口服液 Qingkailing Koufuye

【处方】胆酸　珍珠母　猪去氧胆酸　栀子　水牛角　板蓝根　黄芩苷　金银花

【性状】本品为棕红色的液体；味甜、微苦。

【用法与用量】口服：每次 20～30ml，每日 2 次；儿童酌减。

【规格】每支装 10ml。

【注意】久病体虚患者如出现腹泻时慎用。

【储藏】密闭，遮光。

【生产厂家】唐山康琳药业有限公司；北京中医药大学药厂。

藿香正气口服液 Huoxiang Zhengqi Koufuye

【处方】苍术　陈皮　厚朴(姜制)　白芷　茯苓　大腹皮　生半夏　甘草浸膏　广藿香油　紫苏叶油

【性状】本品为棕色的澄清液体；味辛、微苦。

【用法与用量】口服：每次 5～10ml，每日 2 次，用时摇匀。

【规格】每支装10ml。

【储藏】密封。

【生产厂家】北京亚东生物制药有限公司；太极集团涪陵制药厂。

生脉饮 Shengmai Yin

【处方】人参　麦冬　五味子

【性状】本品为棕黄色至淡红棕色的澄清液体，久置可有微量浑浊；气香，味酸甜、微苦。

【用法与用量】口服：每次10ml，每日3次。

【规格】每支装10ml。

【储藏】密封，置阴凉处。

【生产厂家】张家港申威制药有限公司；天津市爱康药业公司；唐山康琳药业有限公司；吉林紫鑫药业股份有限公司等。

九、糖浆剂

川贝枇杷糖浆 Chuanbei Pipa Tangjiang

【处方】川贝母流浸膏　桔梗　枇杷叶　薄荷脑

【性状】本品为棕红色的黏稠液体；气香，味甜、微苦、凉。

【用法与用量】口服：每次10ml，每日3次。

【规格】(1)每支装10ml；(2)每瓶装150ml。

【储藏】密封，置阴凉处。

【生产厂家】天津市儿童药厂；石家庄乐仁堂制药有限责任公司；河北金牛制药有限公司；内蒙古友方药业有限责任公司；新疆华世丹药业有限公司等。

十、酒剂

冯了性风湿跌打药酒 Fengliaoxing Fengshi Dieda Yaojiu

【处方】丁公藤　桂枝　麻黄　羌活　当归　川芎　白芷　补骨脂　乳香　猪牙皂　陈皮　苍术　厚朴　香附　木香　枳壳　白术　山药　黄精　菟丝子　小茴香　苦杏仁　泽泻　五灵脂　蚕砂　牡丹皮　没药

【性状】本品为棕黄色至红棕色的液体；气香，味微苦、甘。

【用法与用量】口服：每次10～15ml，每日2～3次。外用：擦于患处；若有肿痛黑瘀，用生姜捣碎炒热，加入药酒适量，擦患处。

【规格】每瓶装：(1)0.15kg；(2)0.25kg；(3)0.5kg；(4)0.6kg。

【注意】孕妇禁内服，忌擦腹部。

【储藏】密封，置阴凉处。

【生产厂家】广州羊城药业股份有限公司；浙江英特制药有限公司；台州南峰药业有限公司；佛山冯了性药业有限公司。

国公酒 Guogong Jiu

【处方】当归　羌活　怀牛膝(去头)　防风　独活　牡丹皮　广藿香　槟榔　麦冬　陈皮

五加皮　厚朴(姜炙)　红花　天南星(矾水炙)　枸杞子　白芷　白芍　紫草　补骨脂(盐水炙)　青皮(醋炒)　白术(麸炒)　川芎　木瓜　栀子　苍术(炒)　枳壳(去心麸炒)　乌药　佛手　玉竹　陈皮　红曲　蜂蜜　红糖

【性状】本品为深红色的澄清液体;气微香,味辛、甜、微苦。

【用法与用量】口服:每次 10 ml,每日 2 次。

【规格】每瓶装:(1)250ml;(2)500ml;(3)680ml。

【注意】孕妇忌用。

【储藏】密封,置阴凉处。

【生产厂家】北京同仁堂股份有限公司同仁堂药酒厂;天津达仁堂制药二厂;南阳市张仲景制药有限公司。

十一、滴眼剂

珍视明滴眼液 Zhenshiming Diyanye

【处方】珍珠层粉　天然冰片　硼砂　硼酸

【性状】本品为近无色至微黄色的澄明液体;气香。

【用法与用量】滴眼睑内,每次 1～2 滴,每日 3～5 次;必要时可酌情增加。

【规格】每瓶装:(1)8ml;(2)15ml。

【储藏】密封,置凉暗处。

【生产厂家】江西珍视明药业有限公司。

十二、搽剂

正骨水 Zhenggu Shui

【处方】九龙川　木香　海风藤　土鳖虫　豆豉　姜　猪牙皂　香加皮　莪术　买麻藤　过江龙　香樟　徐长卿　降香　两面针　碎骨木　羊耳菊　虎杖　五味藤　千斤拔　朱砂根　横经席　穿壁风　鹰不扑　草乌　薄荷脑　樟脑

【性状】本品为棕红色的澄清液体;气芳香。

【用法与用量】用药棉蘸药液轻涂患处;重症者用药液湿透药棉敷患处 1 小时,每日 2～3 次。

【规格】每瓶装:(1)12ml;(2)30ml;(3)45ml;(4)88ml。

【注意】忌内服;不能搽入伤口;用药过程中如有瘙痒起疹,暂停使用。

【储藏】密封,置阴凉处。

【生产厂家】广西玉林制药有限责任公司。

十三、锭剂

万因锭 Wanyin Ding

【处方】胡黄连　黄连　儿茶　冰片　香墨　熊胆　麝香　牛黄　牛胆汁

【性状】本品为黑色光亮的球形小锭;气芳香,味苦,有清凉感。

【用法与用量】口服：每次2～4锭，每日2次；3岁以内小儿酌减。

【规格】每10锭重1.5g。

【注意】孕妇慎用。

【储藏】密封。

【生产厂家】天津市儿童药厂；石家庄乐仁堂制药有限责任公司；河北金牛制药有限公司；内蒙古友方药业有限责任公司；新疆华世丹药业有限公司等。

十四、注射剂

丹参注射液 Danshen Zhusheye

【处方】丹参。

【生状】棕色的澄明液体

【用法与用法】肌注：每次2～4ml，每日1～2次；静滴：每次8～16ml，溶于5%葡萄糖注射液250ml中滴入。14日为一疗程。

【规格】每支2ml。

【储藏】密封、防潮。

【生产厂家】山东步长恩奇制药有限公司，正大青春宝药业有限公司。

十五、气雾剂

双黄连气雾剂 Shuanghuanglian Qiwuji

【处方】金银花　黄芩　连翘。

【性状】本品在耐压器中上层为棕红色液体、下层为无色液体。

【用量与用法】摇匀、口腔吸入。视病情每次吸入5～15揿，吸入量约0.15～0.45ml，儿童酌减。

【规格】每支含药液6ml。

【注意】如喷嘴堵塞，用细针疏通后可继续使用。

【储藏】置凉暗、干燥处，防止挤压振动。

【生产厂家】黑龙江哈药集团三精制药有限公司。